SUZHOU

2018 苏州市民营经济发展报告

苏州市工商业联合会
苏州市工业和信息化局　编
苏州市行政审批局

古吴轩出版社
中国·苏州

图书在版编目（CIP）数据

2018苏州市民营经济发展报告 / 苏州市工商业联合会，苏州市工业和信息化局，苏州市行政审批局编. —苏州：古吴轩出版社，2019.9

ISBN 978-7-5546-1410-5

Ⅰ. ①2… Ⅱ. ①苏… ②苏… ③苏… Ⅲ. ①民营经济—经济发展—研究报告—苏州市—2018 Ⅳ. ①F127.533

中国版本图书馆CIP数据核字（2019）第191544号

责任编辑： 俞　都
见习编辑： 王　芳
特约校对： 潘家荣
责任校对： 徐小良　黄菲菲
责任照排： 刘　浩

书　　名： 2018苏州市民营经济发展报告
编　　者： 苏州市工商业联合会　苏州市工业和信息化局
苏州市行政审批局
出版发行： 古吴轩出版社
地址：苏州市十梓街458号　邮编：215006
Http: //www.guwuxuancbs.com　E-mail：gwxcbs@126.com
电话：0512-65233679　传真：0512-65220750
出 版 人： 钱经纬
印　　刷： 苏州市大元印务有限公司
开　　本： 787 × 1092　1 / 16
印　　张： 24
版　　次： 2019年9月第1版　第1次印刷
书　　号： ISBN 978-7-5546-1410-5
定　　价： 68.00元

《2018苏州市民营经济发展报告》编委会

序　言

2018年，面对严峻复杂的宏观经济形势，苏州全市上下以习近平新时代中国特色社会主义思想为指导，以供给侧结构性改革为主线，全面落实中央和省委、省政府的决策部署，坚持稳中求进的工作总基调，自觉践行创新、协调、绿色、开放、共享的发展理念，统筹推进稳增长、促改革、调结构、惠民生、防风险等各项工作。全市民营经济运行总体平稳，经济结构加快调整，改革创新深入推进，转型升级取得新的成效。

编辑出版年度《苏州市民营经济发展报告》（以下简称《发展报告》），旨在全面、准确反映苏州市民营经济发展现状，真实记录苏州市民营企业成长轨迹，为市党委、政府决策提供依据，为相关部门、机构及社会各界了解和掌握苏州民营经济的发展情况提供翔实资料。自2005年起，《发展报告》连续出版了十四年，已经成为我市民营经济工作中的一大亮点和品牌。作为我市民营经济领域研究成果的集中展示平台，《发展报告》一书越来越受到社会各界的广泛关注。多年来，《发展报告》的编辑出版工作得到了市领导和市各有关部门，各市（县）、区党委、政府及全市工商联系统的大力支持，在此表示衷心感谢！

当前，苏州经济、社会发展取得了新提升、新成效，但同时也应看到，苏州经济、社会发展中依然面临不少困难和矛盾，如经济发展新动力仍显不足、科技创新还未成为推动发展的主动力、结构性矛盾仍然存在、产业竞争力有待加强、深化改革任务艰巨繁重、民生事业需要进一步加大力度等。这些矛盾和问题，在一定程度上制约着我市民营经济进一步健康发展。我们既要积极面对，努力加以解决，更要看到有利条件和积极因素，坚定信心，奋发有为。

2019年是中华人民共和国成立70周年，也是决胜全面建成小康社会的关键之年，实施“十三五”规划的重要之年。全市民营企业要树立强烈的机遇意识、进取意识和责任意识，在市委、市政府的统一部署和正确领导下，把握机遇，勇于挑战，要以五大发展理念为引领，以提高发展质量和效益为中心，以供给侧结构性改革为主线，聚力创新求突破，聚焦富民见实效，全力推动苏州民营经济朝着高质量发展迈进，努力当好建设“强富美高”新江苏的先行军、排头兵！

苏州市政协副主席、市工商联主席　李赞

二〇一九年五月

目录

部门篇

市（县）、区篇

乡镇、街道篇

企业篇

大事记

综合篇

2018年苏州市民营经济发展报告

苏州市工商业联合会
苏州市工业和信息化局
苏州市行政审批局

2018年，在市委、市政府的正确领导下，苏州市深入贯彻党的十九大，十九届一中、二中全会和习近平总书记系列重要讲话特别是视察江苏重要讲话精神，紧紧围绕“五位一体”总体布局和“四个全面”战略布局，主动适应经济发展新常态，自觉践行新发展理念，团结依靠全市人民，克难奋进，开拓创新，使得全市民营经济取得一系列成绩。2018年，共有19家企业上榜“中国民营企业500强”，5家民营企业营业收入过千亿元，2家民营企业入围《财富》世界500强，拥有民营地标型企业41家，“专精特新”百强示范企业中民营企业有96家。民营企业已经成为苏州市经济实力不断提升的强大引擎。

一、苏州市民营经济运行的主要特点

（一）市场主体增长较快

2018年，全市新登记私营企业9.92万户，新登记个体工商户17.58万户，平均每天新注册私营企业272家，个体工商户482户。截至2018年底，全市私营企业累计60.32万户，同比增长14.00%，注册资金总额34428.26亿元，同比上升19.20%，从业人员506万人，同比增长4.90%；个体工商户88.67万户，同比增长16.70%，注册资金总额800.04亿元，同比增长25.10%，从业人员171.6万人，同比增长14.90%。

（二）民营工业贡献提升

截至2018年底，全市规模以上民营工业企业实现产值1.12万亿元，同比增长

8.50%，高于规模以上工业总产值增速2.4个百分点，高于外资工业产值增速3.9个百分点；民营工业企业产值占规模以上工业总产值的33.80%，比上年提高0.8个百分点。

（三）民间投资支撑明显

2018年，全市完成民间投资2949.34亿元，同比增长14.00%，高于全市固定资产投资平均增速9.5个百分点。民间投资占固定资产投资比重达64.70%，同比增长5.30%。

（四）“走出去”量质并举

截至2018年底，苏州市民营企业累计在册投资境外项目1244个，中方协议投资额127.5亿美元，分别占全市的67.80%和73.10%；其中，2018年度，民营企业投资境外项目183个，中方协议投资额21.7亿美元，占全市总量的76.60%和81.00%，同比增长67.90%和41.00%。民营企业投资领域多元化，二、三产业均衡发展，呈现制造业、服务业、资源开发和高科技四业并举的生动局面。

二、苏州市促进民营经济发展的举措

2018年，苏州市认真学习贯彻中央、省关于促进民营企业发展的决策部署，结合苏州实际，出台系列举措，扎实推进民营企业可持续健康发展，重点开展了以下几方面工作。

（一）大力优化营商环境，提升民营经济发展“软实力”

一是着力优化营商环境。苏州市先后出台《关于进一步优化营商环境打造良好创新生态行动方案》《关于进一步降低实体经济经营成本发展壮大民营经济的实施意见》，积极营造全方位高水平的投资贸易环境、更加高效透明的政务服务环境、更具竞争力的企业运营环境、更具活力的产业创新发展环境、更具吸引力的人才引育环境、更加公平公正的法制环境。围绕破解企业生产经营中的“堵点”“痛点”，进一步降低企业经营成本、多措并举缓解民营企业融资困难、构建公平竞争的市场环境、完善政策制定执行方式、支持推动民营企业做优做强、依法保护民营企业和企业家合法权益。二是拿出实招，解决问题。根据市民营企业座谈会、“两会”期间市政协“优化民营经济营商环境”专题会议上企业代表的意见建议，市政府召开专题交办会，要求各部门逐条回应企业提出的意见建议。各部门积极协调解决企业面临的问题，并有针对性地制定政策措施，让企业反映的问题件件有回应，让企业有获得感，将优化营商环境、支持民营经济健康发展落到实处。中央电视台财经频道、新华社等中央媒体专题报道苏州市民营经济高质量发展成果，提升了苏州市民营企业和民营企业家的社会美誉度，坚定了苏州市民营企业和民营企业家的发展信心。

（二）大力减税降费，提升民营企业“获得感”

一是大力降低企业经营成本。一方面，全面落实减税降负优惠政策。通过精准扶持，确保小微企业用好政策，保证小微企业税收优惠政策落实全覆盖。落实增值税税率和小规模纳税人标准调整政策，为全市2141户企业办理留抵退税53.3亿元。小规模纳税人暂免征收增值税政策惠及苏州市近50万户小微企业，累计减免税收49.28亿元。扩大享受减半征收企业所得税优惠政策的小微企业范围，累计免税48.99亿元。推动政府投资引导基金及其子基金的设立运行，拓宽企业融资渠道。2016年、2017年、2018年分别为企业节约融资成本20亿元、61.37亿元、40.44亿元。二是着力降低制度性交易成本。深化“放管服”改革，推动“互联网+政务服务”建设，梳理形成一批“不见面”和“见一次面”事项清单，实现全程网办、网上核查、统一邮政快递、全程代办、自助机服务等5种方式的不见面审批（服务）应用。推进办税便利化改革，整合线上流程，简化申请表单，全面实施110项“全程网上办”及16项“最多跑一次”办税事项清单，实现线上办理率99.30%，2小时办结率96.80%。公布行政审批中介服务事项清单，凡未纳入清单的中介服务事项，一律不得作为行政许可的受理条件。规范行业协会商会收费行为，认真落实双随机抽查制度，强化事中监管、事后执法管理机制。三是着眼缓解融资困难。进一步完善苏州综合金融服务平台功能，鼓励符合苏州市创新驱动发展方向的中小微民营企业使用综合金融服务平台。截至2019年1月末，综合金融服务平台企业合计3.1万家，为9600多家企业解决5666亿元融资。引导金融机构加大信贷投放力度，通过“小微e贷”等产品支持民营企业、中小企业融资。从2018年8月推出至2019年2月底，“小微e贷”已发放21.97亿元，支持户数达到1051家，加权平均利率5.42%，最低利率4.35%，户均贷款209万元。加大对中小企业再贴现业务支持力度，2018年中国人民银行苏州中心支行为小微企业提供再贴现业务3865笔、金额达86.4亿元，占业务量和贴现金额的比例分别达到87.77%和86.52%。其中90%以上的票据贴现利率低于苏州市全部金融机构票据贴现加权平均利率。

（三）大力推动创新创业，支持民营企业做优做强

一是营造更具活力的产业创新发展环境。以“产业升级三年行动计划”为总揽，优化智能制造生态体系，加快工业互联网发展，深入推进智能工厂和智能车间免费诊断工作，实施“千企技改升级三年行动计划”，到2020年力争推动3000家企业装备升级，推广应用20000台工业机器人，在全市重点培育命名100家智能示范工厂。加快推进全市工业企业资源集约利用综合评价工作，充分利用评价结果，制定并实施差别化城镇土地使用税、差别化用电、污水处理及管道天然气指导价格等。二是培育一批特色鲜明、原创能力强的新动能企业。市工业和信息化局在全省率先建成了“专精特新”企业导向评价体系，由苏州市培育、推荐申报的国家级单项冠军、省级“专精特新”小巨人企业量质双提升，国家级单打冠军企业及产品9个，省级科技小巨人企业38家，省级“专精特新”产品61个，总数位列全省第一。市科学技术局深入实施高成长创新型企业培育计划，累计将1665家企业纳入省培育库，1901家企业纳入市培育库。纳入统计的民营科技企业达15175家。三是不断优化人才创新创业生态环境。全面落实“人才新政40条”，大力实施姑苏重点产业紧缺人才计划、高技能人才计划、人才乐居工程，鼓励企业通过中介机构招才引智，切实降低企业引才用才成本。加大对民营企业优秀专业技术人才、技能人才培养力度。2018年全市新增“千人计划”人才13人，累计250人，其中新增创业类人才4人，累计131人，继续位列全国大中城市首位；91人入选省“双创人才”，连续12年领跑全省；累计支持市级重大创新团队12个、姑苏“领军人才”1291人。

（四）大力完善公共服务体系，努力提升服务水平

一是建立完善创新型服务载体。2018年苏州市与国内外“大院大所”签约共建创新载体达18家，累计超过120家，实现各市、区全覆盖，尤其是与中国科学院合作共建的科技创新载体达到32家。完善国家技术转移苏南中心功能，苏州市研发资源共享服务平台入网检测机构511家、入网仪器10698台（套），累计服务企业6177次。新增备案市级众创空间56家、省级众创空间42家。纵深推进科技金融工作。二是不断健全民营中小企业公共服务平台网络。面向民营中小

微企业的“1+N（中心、基地）+X（服务机构）”服务体系日益健全，全市累计拥有各级各类公共服务星级平台444家，其中国家级中小企业公共服务示范平台（机构）10家，省级中小企业星级公共服务平台（机构）362家，为苏州市民营中小企业提供创业培训辅导、管理咨询、市场营销、投资融资、产权交易等服务。三是建立健全知识产权保护体系。加快“中国（苏州）知识产权保护中心”的建设，结合新材料、生物制品制造等产业开展知识产权快速协同保护。近年来苏州市共获得中国专利优秀奖60个，总量保持全省第一。组织实施苏州市企业知识产权登峰行动计划项目、专利导航计划项目和高价值专利计划项目等，550多家企业通过知识产权管理规范国家标准第三方认证，800多家企业进入省级贯标备案序列。

（五）大力营造良好法制环境，保护民营企业合法权益

一是畅通投诉举报处理渠道。市场监管部门以“12315”“12365”等投诉专线为窗口，建立专门渠道，听取民营企业对部门相关管理工作的意见和建议，受理民营企业的投诉、举报，并在规定的时间内调查、处理，及时查处侵犯中小企业合法权益的行为。二是加大知识产权保护力度。组织实施知识产权“护航”“雷霆”专项行动。2018年苏州市共处理各类专利案件1317件，同比增长30.53%，其中专利侵权纠纷案件366件，同比增长71.03%；假冒专利案件951件，同比增长19.62%。2018年全市查处商标侵权案件476件，案值750万元，罚没金额773万元。三是积极开展清欠工作。积极清理针对民营企业、中小企业账款拖欠问题，贯彻落实国务院和省政府要求，苏州市迅速行动，制定工作方案，积极落实清欠民营企业、中小企业账款工作。截至2019年3月底，已完成清理欠款任务3.14亿元，偿还率为85.30%，位居全省之首。

（六）大力实施关爱工程，加强民营企业家培养

一是坚定民营企业发展信心。认真组织工商联党组中心组和机关政治学习；在所属商会及会员企业中开展党的十九大精神宣讲，推动十九大精神进机关、进商会、进民企，全市工商联系统掀起学习宣传党的十九大精神、学习宣传习近平总书记在民营企业座谈会上讲话精神的高潮，把全市民营企业家的思想统一到总书记讲话精神上来，坚定发展信心，专心致志、聚精会神办好企业。二是做好非公有制经济代表人士思想政治工作。以“不忘创业初心，接力改革伟

业”为主要内容，扎实开展非公经济代表人士的理想信念教育实践活动。通过典型宣传、主题讲座、专题报告、微信互动等形式，引导企业家认真学习习近平新时代中国特色社会主义思想，增强政治敏锐性和政治鉴别力，防止理想信念动摇、思想观念出现偏差，帮助增强发展信心、破解发展难题，引领企业平稳健康发展。三是加强年轻一代企业家教育培养。深入开展青年企业家培育工程，建立与青年企业家的联系制度，团结培养一批政治觉悟高、发展能力强、社会形象好的青年企业家，为全市民营经济发展储备人才。会同市委人才办、市委统战部、市委党校，与浙江大学合作，举办苏州企业家EMBA总裁班。会同市委组织部、统战部举办多期“全市非公经济代表人士（出资人）理想信念教育培训班”；在苏州大学建立了苏州民营企业家培训基地。四是积极引导非公经济代表人士踊跃回报社会。积极响应习近平总书记全面建成小康社会的号召，积极引导、组织全市民营企业参与“百企帮百村”精准扶贫活动，打好扶贫攻坚战，为全面建成小康社会贡献力量。苏州“1+N”扶贫模式受到江苏省工商联肯定，多家民营企业、商会积极参加宿迁、连云港、铜仁等对口村的扶贫行动，产业扶贫、商贸扶贫、就业扶贫、捐赠扶贫、智力扶贫等全面展开，全年扶贫投入1000多万元。鼓励支持苏州民营企业参与援疆、援藏、援铜仁、援宿迁工作。市光彩事业促进会向铜仁、西藏等地捐款捐物100多万元，向苏州教育事业捐款150多万元，10年累计光彩助教和奖教资金达1500万元。

三、2019年工作计划

党中央、国务院高度重视民营经济发展，苏州市围绕优化民营经济发展环境开展专项审议工作，下一步苏州将以专项审议为契机，抓好、抓实促进民营经济高质量发展各项工作举措的贯彻落实，重点做好以下工作。

（一）进一步提高政治站位，强化政策落实。将以习近平新时代中国特色社会主义思想为指导，坚持“两个毫不动摇”，坚持稳中求进工作总基调，深入贯彻落实习近平总书记在民营企业座谈会上的重要讲话精神，积极纾解民营经济困难，稳定和增强民营企业信心及预期，加大创新支持力度，提升民营企业专业化发展能力和大中小企业融通发展水平，促进民营企业健康发展。

（二）进一步强化组织领导，加强统筹协调。2019年苏州市将根据工作需要调整市促进中小企业（民营经济）发展领导小组，进一步加强民营经济组织机构和工作机制建设，充分发挥组织领导、政策协调、指导督促作用，明确部门责任，加强部门协调和上下联动，形成共促民营企业健康发展的合力。

（三）进一步健全公共服务体系，建立企业服务长效机制。以建设和完善金融综合服务体系、创业创新服务体系为重点，努力形成“网络健全、覆盖面广、受益度高”的全市民营企业服务体系。以营造良好营商环境为目标，通过“互联网+企业服务”，建成企业服务云平台。整合涉企服务，推动政策落实，回应企业诉求，建立健全跟踪督办机制，形成为企业全生命周期服务的长效机制。聚焦融资难融资贵和创业创新中的“难点”“堵点”，切实解决民营企业发展中的问题，推动民营企业高质量发展。

（四）进一步优化营商环境，助力推进民营企业高质量发展。不折不扣地贯彻落实优化营商环境的各项举措，进一步减少社会资本市场准入限制、进一步压减行政许可等事项、进一步简化企业投资审批、进一步减轻企业税费负担、进一步提高政务服务效能，抓好各项政策落实，消除制约企业发展的各种障碍，为苏州勇当“两个标杆”、建设“四个名城”、争做“强富美高”新江苏先行军排头兵提供有力保障。

（五）进一步深化培养工程，促进非公经济人士健康成长。苏州市委统战部、市工商联将通过事业上关心、政治上关怀、生活上关爱，全方位构建和完善服务体系，激发广大民营企业家创新创业活力，引导其有序参与政治，促进其身心健康发展。苏州市委统战部、市工商联将启动“十百千万”青年企业家培养三年行动计划，用三年时间，分别培养10名、100名、1000名、10000名在全国、全省、全市和各县（市）、区有影响力的年轻一代民营企业家。

2018年苏州市民营市场主体注册登记情况分析报告

苏州市行政审批局

2018年苏州市市场主体总量持续扩大，截至年底共有市场主体155.96万户。2018年以来，创业者投资谨慎，内资企业发展总体放缓；外商企业投资规模扩张，产业不断优化升级；个体工商户加速增长，单体规模有所加大；农民专业合作社发展趋缓，注销户数大幅增加。

一、私营企业登记注册情况及发展特点

2018年，苏州市新设内资企业107719户，注册资本总额5201.62亿元，同比分别增长-5.52%、-28.55%。其中私营企业99180户、国有集体及其控股企业8539户，同比分别增长-6.15%、2.45%。截至2018年12月，苏州市实有内资企业647341户，注册资本总额52043.72亿元，同比分别增长14.10%、15.85%。其中私营企业603205户、国有集体及其控股企业44136户，同比分别增长14.04%、14.97%。2018年注销内资企业19177户，同比增长69.68%。其中私营企业16676户、国有集体及其控股企业2501户，同比分别增长69.78%、68.99%。

表1　2018年新设内资企业行业分布情况表

行业分类	2018年户数（户）	2017年户数（户）	同比增长	2018年注册资本总额（亿元）	2017年注册资本总额（亿元）	同比增长
合计	107719	114017	-5.52%	5201.62	7280.00	-28.55%
第一产业	244	303	-19.47%	27.47	11.87	131.40%
第二产业	19381	23690	-18.19%	864.63	1087.74	-20.51%

续表

行业分类	2018年户数（户）	2017年户数（户）	同比增长	2018年注册资本总额（亿元）	2017年注册资本总额（亿元）	同比增长
第三产业	88094	90024	–2.14%	4309.53	6180.39	–30.27%
农、林、牧、渔业	244	303	–19.47%	27.47	11.87	131.40%
采矿业	5	5	0.00%	0.09	0.10	–10.00%
制造业	11132	15440	–27.90%	391.16	563.55	–30.59%
电力、热力、燃气及水生产和供应业	109	178	–38.76%	10.70	47.43	–77.45%
建筑业	8135	8067	0.84%	462.68	476.66	–2.93%
批发和零售业	33435	39426	–15.20%	934.50	911.00	2.58%
交通运输、仓储和邮政业	2609	2659	–1.88%	105.32	94.36	11.61%
住宿和餐饮业	1049	991	5.85%	20.51	20.50	0.03%
信息传输、软件和信息技术服务业	4357	4530	–3.82%	131.42	163.99	–19.86%
金融业	356	409	–12.96%	74.64	308.33	–75.79%
房地产业	3896	3754	3.78%	308.46	349.34	–11.70%
租赁和商务服务业	15917	15554	2.33%	1464.24	3132.38	–53.25%
科学研究和技术服务业	20610	17179	19.97%	1115.55	999.37	11.63%
水利、环境和公共设施管理业	194	219	–11.42%	24.97	66.75	–62.59%
居民服务、修理和其他服务业	1748	1887	–7.37%	41.23	45.84	–10.06%
教育业	739	818	–9.66%	8.82	11.69	–24.55%
卫生和社会工作业	318	187	70.05%	10.24	6.44	58.95%
文化、体育和娱乐业	2862	2409	18.80%	69.60	70.40	–1.13%
其他	4	2	100.00%	0.02	0.01	100.00%

表2　2018年私营企业设立发展情况统计表

企业类型	本期开业户数（户）	同比增长	本期开业注册资本总额（亿元）	同比增长	户均注册资本（万元）
私营企业	99180	–6.15%	4286.41	–29.39%	432.18
其中：独资企业	669	–29.36%	6.48	39.06%	96.86
合伙企业	1606	–4.35%	794.44	–67.85%	4946.70

续表

企业类型	本期开业户数（户）	同比增长	本期开业注册资本总额（亿元）	同比增长	户均注册资本（万元）
私营有限公司	94902	-6.60%	3395.23	-3.36%	357.76
私营股份有限公司	2003	38.14%	90.26	10.71%	450.62

上述数据表明：

一是私营企业超九成，其中私营股份有限公司增速最快。自商事登记制度改革以来，私营企业的发展一直亮眼，2018年全年共设私营企业99180户，占内资企业的92.07%，是国有集体及其控股企业的11.61倍。2018年，全市新设私营股份有限公司2003户，同比增长38.14%，已经连续两年高速增长，其中吴江区与相城区新设量最多，分别新设712户、553户。主要原因是2018年因地方限制政策，位于吴江区的纺织类企业纷纷成立私营股份有限公司，共新设381户，占所有新设私营股份有限公司的19.02%。除此之外，位于相城区的家具制造企业也新设私营股份有限公司179户。

二是私营企业发展速度放缓，注销户数增幅加大。2018年，全市新设户数及新增注册资本总额分别较上年同期增长-6.15%、-29.39%，由于受到市场发展整体环境影响，2018年全市新设量同比上年减少6502户。除此之外，注销户数也在增加，2018年度，全市共注销私营企业16676户，同比增长69.78%，注销前三位的行业为批发和零售业5993户、租赁和商务服务业2927户、科学研究和技术服务业1847户。

三是第二产业发展形势严峻，第三产业中卫生和社会工作业增速最快。从产业结构看，新设立内资企业中，第一产业244户，同比增长-19.47%，占新设立总户数的0.23%；第二产业19381户，同比增长-18.19%，占新设立总户数的17.99%；第三产业88094户，同比增长-2.14%，占新设立总户数的81.78%。三产业中第二产业的发展形势较为严峻，无论是新设量还是注册资本总额，均降幅明显。三产业中第三产业的比重提高了2.82个百分点，归功于科学研究和技术服务业、卫生和社会工作业以及文化、体育和娱乐业的发展。尤其是卫生和社会工作业，2018年新设量明显加大，共新设318户，同比上年增长70.05%，增速在所有行业中排位第一。

四是创业者投资热情高涨，省外投资人超六成。改革措施进一步激发了民间投资活力，带动了创业就业。2018年以来，全市新增投资者158818户，同比增长19.70%，来自省内、省外的投资者分别为39719人、81427人，省外投资人是省内投资人的2.05倍，说明苏州市的创业环境良好，对外省投资者吸引力十足。2018年投资人年轻化趋势明显，30岁以下投资人共28475人，其中20岁以下121人；30岁到40岁的投资者人数最多，为70671人，占比为44.50%。

五是出资形式多元化，融资渠道不断拓宽。2018年企业的出资方式越发灵活多样，除货币出资外，股权出资、实物出资等多种出资形式受到投资者欢迎，其中出资金额前三位的分别是股权出资31.76亿元、实物出资6.58亿元、土地使用权出资5.41亿元。2018年新办理的股权出资登记数量有所增加，出资股权数和担保债权数额增幅亦较明显，共办理股权出资登记1093起、出资股权633.21亿元，帮助企业融资达1890.45亿元，同比分别增长5.00%、19.68%、6.00%，说明企业在经营过程中对资金的需求量依旧相当大。

二、个体工商户登记注册情况及发展特点

2018年，苏州市新设立个体工商户175805户、新增资金总额219.25亿元，同比分别增长8.98%、21.98%。截至2018年12月，全市实有个体工商户886664户、资金总额800.04亿元，较上年同期分别增长16.75%、25.09%。2018年全市个体工商户注销48896户，较上年同期增长19.22%。

表3 2018年新设个体企业行业分布情况表

行业分类	2018年户数（户）	2017年户数（户）	同比增长	2018年注册资本总额（万元）	2017年注册资本总额（万元）	同比增长
合计	175805	161318	8.98%	2192502.20	1797426.41	21.98%
第一产业	589	515	14.37%	17145.20	16019.00	7.03%
第二产业	19206	20496	-6.29%	292766.48	287120.20	1.97%
第三产业	156010	140307	11.19%	1882590.52	1494287.21	25.99%
农、林、牧、渔业	589	515	14.37%	17145.20	16019.00	7.03%
采矿业	1	0	—	5.00	0.00	—
制造业	13874	15815	-12.27%	214864.90	212550.00	1.09%
电力、热力、燃气及水生产和供应业	0	2	-100.00%	0.00	3.00	-100.00%

续表

行业分类	2018年户数（户）	2017年户数（户）	同比增长	2018年注册资本总额（万元）	2017年注册资本总额（万元）	同比增长
建筑业	5331	4679	13.93%	77896.58	74567.20	4.46%
批发和零售业	78964	79029	-0.08%	1171671.45	789626.82	48.38%
交通运输、仓储和邮政业	3938	6307	-37.56%	37755.34	54696.97	-30.97%
住宿和餐饮业	28511	29557	-3.54%	355808.93	370386.45	-3.94%
信息传输、软件和信息技术服务业	751	673	11.59%	5465.80	4150.70	31.68%
金融业	5	5	0.00%	22.00	33.00	-33.33%
房地产业	499	554	-9.93%	6139.50	5119.10	19.93%
租赁和商务服务业	23417	5078	361.15%	79797.42	45692.62	74.64%
科学研究和技术服务业	1532	1112	37.77%	14418.78	12255.30	17.65%
水利、环境和公共设施管理业	140	99	41.41%	2038.80	1184.00	72.20%
居民服务、修理和其他服务业	16279	16078	1.25%	184532.78	181236.15	1.82%
教育业	531	743	-28.53%	7125.00	10101.40	-29.47%
卫生和社会工作业	92	55	67.27%	1790.50	1152.00	55.43%
文化、体育和娱乐业	1135	1015	11.82%	16004.20	18647.70	-14.18%
其他	216	2	107.00%	20.02	5.00	300.40%

上述数据表明：

一是个体工商户发展趋势向上，注销户数大幅增加。2018年一季度开始，个体工商户的新增数量较上年同期相比有明显提升，注册资金总额稳步增长，新设户数超17万户。随着注册资本登记制度改革的推进，投资者对个体工商户和公司的选择更加理性，灵活便捷的个体工商户重新受到小型创业者的青睐，带动就业人员33.63万人。但是个体工商户受市场波动影响大，抗压能力差，歇业户数超4万户，达开业户数的27.81%，同比增长19.22%。

二是第三产业占比提升，租赁和商务服务业新设增长最快。新设个体户中第一产业589户，同比增长14.37%；第二产业19206户，同比增长-6.29%；第三产业156010户，同比增长11.19%。个体工商户中第三产业的占比有所提升，提升了1.76个百分点。所有行业中，租赁和商务服务业新设增长最快，新设23417户，同比上年增长了361.15%，已经连续两年快速增长。

三是个体工商户单体规模有所增长，第一产业户均出资最高。全年个体工商户户均出资12.47万元，同比增长11.94%，其中第一产业户均出资29.11万元，第二产业户均出资15.24万元，第三产业户均出资12.07万元，第一产业即农、林、牧、渔业户均出资额最高。

2017年度苏州市上规模民营企业调研分析报告

苏州市工商业联合会

一、引言

近年来，苏州民营经济呈现总量规模扩大、涉及领域不断拓宽、产业结构日趋合理、竞争能力逐步增强的特点，成为扩大就业机会、活跃市场、满足人民日益增长的美好生活需要、维护社会稳定的重要力量。

上规模民营企业调研自1998年开始，已连续开展了20年。“2018中国民营企业500强”“2018中国民营企业制造业500强”“2018中国民营企业服务业100强”均是根据调研数据分析形成的。2018年苏州市工商业联合会进行的这次调研，以年营业收入5亿元为起点，共收集有效调研问卷159份，较2017年增加4份，上报数居全省第一。从上规模企业的角度分析成长中的苏州民营经济，发现其中成长性好、代表性强的先进群体，透视其发展壮大的原因，无疑是一项很有意义的工作。

本报告从苏州上规模民营企业经营情况、社会贡献、转型升级等多个方面进行量化分析。需要说明的是，本调研报告定位于数据分析，数据面广，内容丰富，可为政府机构和各类研究机构提供数据参考。另外，由于本次调研以企业自愿参加为原则，非全覆盖调研，调研结果尚不能完全反映上规模民营企业发展状况。

二、苏州企业入围“2018中国民营企业500强”情况

2018年8月29日，全国工商联在辽宁沈阳发布了“2018中国民营企业500强”榜单。华为投资控股有限公司、苏宁控股集团、正威国际集团2017年度营业收

入分别达到6036.21亿元、5578.75亿元、4917.99亿元，位居榜单前三甲。“2018中国民营企业500强”榜单入围门槛为156.84亿元，比上年提高了36.32亿元。全国工商联同时还发布了“2018中国民营企业制造业500强”“2018中国民营企业服务业100强”榜单，入围门槛分别为74.65亿元和215.09亿元。华为投资控股有限公司位居“2018中国民营企业制造业500强”榜单第一位，苏宁控股集团位居“2018中国民营企业服务业100强”榜单第一位。

“2018中国民营企业500强”榜单中，营业收入达千亿级的企业有42家，比上年增加了15家；91家企业营业收入在500亿元—1000亿元，比上年增加27家。2018中国民营企业500强的营业收入总额为244793.82亿元，户均489.59亿元；资产总额为281932.21亿元，户均563.86亿元；税后净利润总额为11321.01亿元，较上年增长35.50%；纳税总额为10254.10亿元，比上年增长28.24%，占全国税收比重为7.6%；吸纳就业950.83万人，同比增加7.05%，占全国就业人员比重为1.22%。

苏州共有19家企业入围“2018中国民营企业500强”榜单，与上年持平。恒力集团有限公司（第9）、沙钢集团有限公司（第16）、盛虹控股集团有限公司（第38）、亨通集团有限公司（第62）跻身前100位，12家企业排名前300位。此外，全市入围“2018中国民营企业制造业500强”和“2018中国民营企业服务业100强”榜单的企业分别有24家和1家。苏州市入围三大榜单的企业数量位居全省第一。

表1　江苏省上规模民营企业地区分布

企业数 地区	上规模企业调研数（家）			入围中国民企500强企业数（家）		
	2017年	2016年	2015年	2017年	2016年	2015年
南京市	79	76	53	11	9	10
无锡市	138	158	144	20	15	18
徐州市	37	28	26	3	4	5
常州市	101	87	97	9	10	14
苏州市	159	155	151	19	19	20
南通市	114	132	119	14	13	16
连云港市	10	7	9	4	4	3
淮安市	16	7	1			

续表

企业数 地区	上规模企业调研数（家）			入围中国民企500强企业数（家）		
	2017年	2016年	2015年	2017年	2016年	2015年
盐城市	15	18	7			
扬州市	23	29	30		1	2
镇江市	26	27	6	5	5	5
泰州市	18	16	21	1	2	1
宿迁市	29	17	12			
合　计	765	757	676	86	82	94

三、经营状况

2017年，苏州市民营经济面对复杂多变的宏观经济环境，努力适应经济发展新常态，按照市委、市政府供给侧结构性改革的整体部署，坚持稳中求进，高质量发展的总目标，主动作为、迎难而上，不断提升发展质量和效益，在加快创新转型中保持平稳健康发展，成为国民经济发展的重要支撑力量。

作为民营经济发展的“领头雁”，近年来苏州市上规模民营企业的数量不断增加，反映出民营企业成长壮大的步伐继续加快。2017年营业收入1000亿元以上企业3家，500亿元以上企业5家，100亿元以上企业26家，均比上年有明显增长。（见表2、表3）

表2　苏州市营业收入100亿元以上企业一览表

企业名称	所属行业	营业收入（万元）	中国民营企业500强排名
恒力集团有限公司	化学原料和化学制品制造业	30794113	9
江苏沙钢集团有限公司	黑色金属冶炼和压延加工业	22000971	16
盛虹控股集团有限公司	纺织业	10501949	38
亨通集团有限公司	计算机、通信和其他电子设备制造业	7802628	62
江苏永钢集团有限公司	黑色金属冶炼和压延加工业	5388353	115
通鼎集团有限公司	计算机、通信和其他电子设备制造业	4182581	158
同程控股股份有限公司	商务服务业	3945946	175
江苏中利能源控股有限公司	电气机械和器材制造业	3920488	178
华芳集团有限公司	纺织业	3503459	203

续表

企业名称	所属行业	营业收入（万元）	中国民营企业500强排名
波司登股份有限公司	纺织服装、服饰业	3240801	230
澳洋集团有限公司	纺织业	2966041	253
攀华集团有限公司	金属制品业	2751679	265
永鼎集团有限公司	计算机、通信和其他电子设备制造业	2204688	337
常熟市龙腾特种钢有限公司	黑色金属冶炼和压延加工业	2166918	344
震雄铜业集团有限公司	有色金属冶炼和压延加工业	2163730	345
苏州金螳螂企业（集团）有限公司	建筑装饰和其他建筑业	2156172	347
中亿丰建设集团股份有限公司	房屋建筑业	1802151	428
江苏爱康实业集团有限公司	电气机械和器材制造业	1618952	476
苏州胜利精密制造科技股份有限公司	计算机、通信和其他电子设备制造业	1591311	486
港龙控股集团有限公司	房地产业	1561384	
江苏吴中集团有限公司	综合	1559857	
苏州东山精密制造股份有限公司	计算机、通信和其他电子设备制造业	1538956	
长江润发集团有限公司	医药制造业	1331582	
康得新复合材料集团股份有限公司	橡胶和塑料制品业	1178907	
苏州市相城区江南化纤集团有限公司	化学纤维制造业	1158592	
江苏东渡纺织集团有限公司	纺织服装、服饰业	1059230	

表3　苏州市上规模民营企业营业收入区间分布

营业收入（亿元）	2017年	2016年	2015年	2014年
1000及以上	3家	2家	2家	2家
500—1000（不包含1000）	2家	2家	1家	1家
100—500（不包含500）	21家	20家	19家	16家
50—100（不包含100）	13家	8家	9家	11家
30—50（不包含50）	10家	12家	11家	15家
10—30（不包含30）	50家	42家	54家	42家
5—10（不包含10）	60家	69家	55家	50家
合　计	159家	155家	151家	137家

2017年，调研企业营业收入总额达到14876.57亿元，户均营收93.56亿元，较上年度的78.38亿元增加15.18亿元，增幅达到19.37%，比全省79.83亿元的户均营收高出13.73亿元；资产总额达到11197.3亿元，户均资产规模为70.42亿元，较上年度的65.30亿元增加5.12亿元，同比增长7.84%，比全省57.98亿元的户均资产高出12.44亿元；固定资产净值2715.48亿元，户均17.08亿元，较上年度的16.03亿元增加1.05亿元，同比增长6.55%；净资产总额4739.32亿元，户均净资产29.81亿元，较上年度的25.19亿元增加4.62亿元，同比增长18.34%；平均资产负债率53.94%，负债水平处于合理范畴，资产风险继续在控制之中。（见表4）

其中入围“2018中国民营企业500强”榜单的19家企业营业收入全部超过150亿元，总额达到11470.29亿元，占调研企业总量的77.10%；户均603.7亿元，比上年增长23.33%。资产总额7264.45亿元，占调研企业总量的64.90%；户均382.34亿元，比上年增长15.49%。净资产总额2865.56亿元，占调研企业总量的60.50%，平均资产负债率58.40%。

表4　苏州市上规模民营企业资产情况

项目指标		2017年度	2016年度	增长率(%)
营业收入总额（亿元）	总额	14876.57	12148.28	
	户均	93.56	78.38	19.37
资产总额（亿元）	总额	11197.3	10116.80	
	户均	70.42	65.30	7.84
固定资产净值（亿元）	总额	2715.48	2484.47	
	户均	17.08	16.03	6.55
净资产（亿元）	总额	4739.32	3904.42	
	户均	29.81	25.19	18.34

四、盈利情况

利润总额增长明显。2017年，调研企业利润总额为828.97亿元，税后净利润为675.13亿元，户均分别为5.21亿元、4.25亿元，比上年分别增长1.98亿元和1.52亿元。其中，入围“2018中国民营企业500强”榜单的19家企业，利润总额为567.22亿元，税后净利润为450.78亿元，分别占调研企业总量的68.40%、66.80%。沙钢集团等10家企业利润总额超过10亿元。（见表5）

表5　苏州市上规模民营企业利润总额前十企业情况表

序号	企业名称	所属行业	2017年利润总额（万元）	2016年利润总额（万元）	增长率（%）
1	江苏沙钢集团有限公司	黑色金属冶炼和压延加工业	1927375	505149	281.50
2	恒力集团有限公司	化学原料和化学制品制造业	997854	724523	37.70
3	江苏永钢集团有限公司	黑色金属冶炼和压延加工业	607526	128482	372.80
4	波司登股份有限公司	纺织服装、服饰业	333546	312092	6.90
5	盛虹控股集团有限公司	纺织业	305561	118526	157.80
6	亨通集团有限公司	计算机、通信和其他电子设备制造业	298312	185065	61.20
7	通鼎集团有限公司	计算机、通信和其他电子设备制造业	288439	252974	14.00
8	苏州金螳螂企业（集团）有限公司	建筑装饰和其他建筑业	234203	204396	14.60
9	江苏中利能源控股有限公司	电气机械和器材制造业	158859	11318	1303.60
10	永鼎集团有限公司	计算机、通信和其他电子设备制造业	106839	99409	7.50

行业间差别化明显。值得注意的是，以钢铁为代表的黑色金属冶炼和压延加工业全面复苏，7家企业利润总额和税后净利润达到265.4亿元和203.8亿元，在调研企业总量中的占比超过30%，成为苏州民营企业中的盈利大户，户均分别达到37.9亿元和29.1亿元，是上年的119.70%、120.10%。

亏损企业数量大为减少。调研企业中有5家出现亏损，比上年减少6家。亏损总额为6.36亿元，其中春兴精工股份有限公司亏损额超过3亿元。有1家中国民营企业500强企业即同程控股股份有限公司出现亏损，但已大幅减亏，由亏损额10亿元以上减少为5000万元左右。（见表6）

表6　近三年苏州市上规模民营企业亏损情况

	上规模企业			入围中国民营企业500强企业		
	2017年	2016年	2015年	2017年	2016年	2015年
亏损企业数量（家）	5	11	11	1	1	0
亏损企业占比（%）	3.14	7.10	7.28	0.63	0.65	
户均亏损额（万元）	12721	26600	9572	5225	182137	

企业整体盈利能力有所下降，仍然不强。上规模企业的销售净利率、资产净利率、净资产利润率分别为6.45%、7.32%、17.27%，比上年分别减少0.44%、0.09%、-1.83%。入围中国民营企业500强的企业销售净利率、资产净利率、净资产利润率分别为3.58%、5.01%、12.33%，相较于全省500强企业的三项指标分别为2.96%、4.58%、12.62%，以及中国民营企业500强的三项指标分别为4.62%、4.02%、14.33%。苏州市上规模企业的整体盈利能力还有待进一步提升。

五、社会贡献

在经济新常态下，苏州市民营经济纳税和就业稳步增长，社会贡献显著。2017年，参加调研的159家企业缴税总额为414.54亿元，户均缴税2.61亿元，较上年增加0.31亿元，同比增长13.48%；其中入围"2018中国民营企业500强"榜单的19家企业缴税总额为267.53亿元，户均缴税14.08亿元，较上年增加2.2亿元，同比增长18.52%。参加调研企业中，9家年纳税额超10亿元，53家年纳税额超1亿元，较上年增加2家。沙钢集团纳税额增长超过30亿元，通鼎集团、康得新复合材料集团纳税额增长超过10亿元。（见表7）

表7 苏州市上规模民营企业纳税前十企业情况表

序号	企业名称	2017年缴税总额（万元）	2016年缴税总额（万元）	增长率（%）
1	恒力集团有限公司	717788	839982	-14.55
2	沙钢集团有限公司	685617	387671	76.86
3	港龙控股集团有限公司	255030	177052	44.04
4	通鼎集团有限公司	207918	103256	101.36
5	亨通集团有限公司	167056	179704	-7.04
6	盛虹控股集团有限公司	164573	127703	28.87
7	苏州金螳螂企业（集团）有限公司	133909	119939	11.65
8	康得新复合材料集团股份有限公司	130408	27431	375.4
9	江苏永钢集团有限公司	128320	46943	173.35
10	波司登股份有限公司	85571	62898	36.05

2017年，参与调研的企业员工总数达到52.27万人，户均员工3288人，比上年减少2.26%。其中入围"2018中国民营企业500强"榜单的企业员工总数为26.39万人，户均13890人，减少2.28%。纺织业和服装、服饰业作为用工大户，共吸纳员工

10.59万人，占比20.26%。参加调研的企业中，用工数超万人的有9家，比上年减少4家。恒力集团有限公司吸纳就业人数超6万人，位于全市第一位。（见表8）

表8　苏州市上规模民营企业员工人数前十企业情况表

序号	企业名称	员工人数（人）
1	恒力集团有限公司	63420
2	苏州第一建筑集团有限公司	35609
3	苏州汽车客运集团有限公司	23621
4	亨通集团有限公司	19141
5	苏州金螳螂企业（集团）有限公司	18530
6	江苏沙钢集团有限公司	14862
7	同程控股股份有限公司	14376
8	通鼎集团有限公司	13358
9	苏州东山精密制造股份有限公司	11907
10	江苏永钢集团有限公司	9159

六、行业分布

2017年，苏州市上规模民营企业仍集中于第二产业，其中制造业119家，占比74.84%，建筑业12家，占比7.55%；第三产业数量保持稳定，房地产业比上年增加2家，占比3.77%。从营业收入占比看，第二产业的优势依旧明显，以83.65%的企业贡献了91.99%的营业收入。（见表9）

表9　苏州市上规模民营企业产业分布

产业	上规模企业			入围中国民营企业500强企业		
	企业数（家）	企业数占比（%）	营业收入占比（%）	企业数（家）	企业数占比（%）	营业收入占比（%）
第一产业						
第二产业	133	83.65	91.99	18	94.74	96.56
其中：制造业	119	74.84	87.96	16	84.21	93.11
建筑业	12	7.55	3.76	2	10.53	3.45
电力热力燃气和水的生产供应	2	1.26	0.27			
第三产业	22	13.83	6.63	1	5.26	3.44
其中：批零业	11	6.92	1.54			
房地产业	6	3.77	1.53			

续表

产业	上规模企业			入围中国民营企业500强企业		
	企业数（家）	企业数占比（%）	营业收入占比（%）	企业数（家）	企业数占比（%）	营业收入占比（%）
其他服务业	5	3.14	3.56			
综合	4	2.52	1.38			
合计	159	100.00	100.00	19	100.00	100.00

2017年，参与调研的159家企业共涉及30多个行业。行业集中度仍然较高，其中计算机、通信和其他电子设备制造业，纺织业，橡胶和塑料制品业等十大行业集中了95家企业，占比达到59.75%，比上年上升4.91个百分点。计算机、通信和其他电子设备制造业超过纺织业成为第一大行业。（见表10）

表10　苏州市上规模民营企业前十大行业

主要行业	企业数（家）	占参加调研企业数比（%）
计算机、通信和其他电子设备制造业	16	10.06
纺织业	14	8.81
橡胶和塑料制品业	11	6.92
金属制品业	9	5.66
化学原料及化学制品制造业	9	5.66
电气机械和器材制造业	9	5.66
零售业	8	5.03
黑色金属冶炼和压延加工业	7	4.40
房地产业	6	3.77
其他制造业	6	3.77

苏州市入围“中国民营企业500强”榜单的企业分布在11个细分行业。其中计算机、通信和其他电子设备制造业入围企业4家，居全市各行业之首。入围企业达3家的行业还有：黑色金属冶炼和压延加工业，纺织业。

七、地区分布

2017年，全市参加上规模调研企业数量超过20家的有3个市、区，分别是张家港市、常熟市和吴中区；不足10家的有2个市、区，分别是相城区和工业园区。

苏州市入围中国民营企业500强的企业分布在全市7个市、区，其中张家港市6家，吴江区5家，常熟市3家，工业园区2家，昆山市、姑苏区、高新区各1家。（见表11）

表11　苏州市上规模民营企业地区分布

企业数 属地	上规模企业调研上报数（家）			入围中国民营企业500强企业数（家）		
	2018年	2017年	2016年	2018年	2017年	2016年
张家港市	28	28	32	6	6	6
常熟市	24	29	25	3	2	3
太仓市	16	13	13	0	0	0
昆山市	10	15	13	1	1	1
吴江区	19	20	20	5	5	5
吴中区	23	14	14	0	1	1
相城区	7	8	8	0	0	3
姑苏区	13	13	12	1	1	0
高新区	13	8	6	1	1	0
工业园区	7	7	7	2	2	1
合计	160	155	150	19	19	20

八、治理和守法经营情况

现代企业制度、基层组织进一步完善。2017年，全市上规模民营企业中有154家建立了现代企业制度，占比96.86%，其中入围中国民营企业500强的企业全部建立了现代企业制度；130家设立了党委（支部），占比81.76%；132家成立了工会组织，占比83.02%；83家有专门的法务机构或专职法律员工，占比52.2%；63家企业聘请常年法律顾问，占比39.62%。

企业关爱员工，积极承担社会责任。2017年全市上规模民营企业签订劳动合同职工占在职人员总数的96.38%，缴纳养老、医疗、失业、工伤、生育保险占职工总数的比例分别为94.44%、95.10%、98.47%、95.89%、92.81%。参加调研企业中有133家参与了社会捐赠，占比83.65%；35家参与了“万企帮万村”精准扶贫，占比22.01%；53家企业发布了社会责任报告，占比33.33%。

九、投资和参与国家发展战略情况

受首次公开募股（Initial Public Offerings，简称IPO）放缓、去杠杆等政策影响，2017年全市上规模民营企业上市和并购步伐有所放缓，11家企业境内外直接上市，6家企业开展了国际并购，17家企业开展了国内并购，9家企业发生了企

业或旗下企业股权转让。(表12)

表12　苏州市上规模民营企业发生的重大事件

企业上市		国际并购		国内并购	
上市类型	企业数(家)	并购金额(美元)	企业数(家)	并购金额(元)	企业数(家)
				5亿以上	3
主板上市	7	5000万以上	2	2亿—5亿	6
中小板上市		1000万—5000万	1	5000万—2亿(不包含2亿)	4
创业板上市	1	500万—1000万(不包含1000万)	1	1000万—5000万(不包含5000万)	2
新三板上市	3	100万—500万(不包含500万)		500万—1000万(不包含1000万)	
境外上市		100万以下	2	500万以下	2
合计	11	合计	6	合计	17

企业投资主要以自有资金和银行借贷为主。引入战略投资者和股票债券融资是重要补充方式,还有部分企业获得了政府资助。参加调研企业中,主要来源是自有资金的企业134家,反映了企业的谨慎心态。股权融资的步伐明显加快,通过股票市场融资和引入战略投资者的企业分别达到29家、25家,累计比上年增加6家,反映出民营企业越来越开放的姿态。债券市场融资比上年减少3家,政府资助比上年减少3家。(见表13)

表13　苏州市上规模民营企业投资资金主要来源

投资资金来源	频次(次)
自有资金	134
银行借贷	91
股票市场融资	29
引入战略投资者	25
政府资助	12
债券市场融资	7
其他	8

企业积极参与政府和社会资本合作(Public-Private Partnership,简称PPP)、乡村振兴、东北振兴、军民融合等国家战略。参加调研企业中,15家参与了PPP项目,23家参与了乡村振兴,7家参与了东北振兴,20家参与了军民融合,还有更多的企业有意向进入相关领域。(见表14)

与此同时,我们也发现,广大民营企业对进入相关领域还存在不少顾虑。

如认为PPP项目没有话语权、投资收益不明朗；乡村振兴、东北振兴具体的扶持政策难以落地，仅靠企业单打独斗缺乏吸引力；军民融合门槛较高，企业获取信息困难；等等。通过更具体的法律、政策保障措施，确保民营企业取得合理的回报、依法维护企业自身权益不受损害，是吸引民营企业参与国家战略的关键。

表14　苏州市上规模民营企业参与国家发展战略建设情况

项目	2017年企业数（家）	2016年企业数（家）	意向企业数（家）
PPP	15	14	35
乡村振兴	23		43
东北振兴	7	8	33
军民融合	20	15	41

企业积极参与防范化解重大风险、污染防治攻坚战。参加调研企业中，42家进入金融领域，以银行、小额贷款公司、投资公司为主；140家采取多种措施防范金融风险，以专注实体经济、降低财务杠杆、优化资产结构为主；97家参与污染防治攻坚战，以加快生产设备升级、提高环保节能效率、提高清洁能源占比、淘汰高污染落后产能为主。（见表15、表16）

表15　苏州市上规模民营企业参与的主要金融机构类型

金融机构	企业数（家）	金融机构	企业数（家）
银行	16	证券公司	
保险公司	5	信托公司	1
基金公司	7	投资公司	14
财务公司	2	互联网金融	5
小额贷款公司	20	担保公司	5
典当行	4	融资租赁	9
资产管理公司	6		

表16　苏州市上规模民营企业参与污染防治和防范金融风险情况

污染防治采取的措施	企业数（家）	防范金融风险方面采取的措施	企业数（家）
加大投资力度，进军节能环保产业	20	降低财务杠杆，提高直接融资比重，减少融资成本与债务负担	75
参与重大生态保护修复工程与国土绿化行动	5	专注实体经济	85
调整产业结构，淘汰高污染落后产能	48	优化资产结构	73

续表

污染防治采取的措施	企业数（家）	防范金融风险方面采取的措施	企业数（家）
加快生产设备升级，提高环保节能效率	84		
控制产能，减少污染物排放总量	33		
调整自身能源使用结构，提高清洁能源占比	50		

十、创新发展情况

研发投入持续增长。参加调研企业中，119家有研发投入，比上年增加11家。年研发费用总计217.34亿元，户均研发投入1.83亿元，比上年增长7.65%。年研发费用占填报企业营业收入总额的1.61%，比上年下降0.1个百分点，占所有上规模企业营业收入的1.46%，比上年下降0.05个百分点。32家企业研发投入超亿元，比上年增加4家；3家企业研发投入超10亿元，与上年持平。恒力集团研发投入超过40亿元。研发人员数量稳步增长，参加调研企业中，95家研发人员占比达到10%，与上年持平；20家研发人员占比在3%—10%之间，比上年减少5家。（见表17）

表17　苏州市上规模民营企业研发投入情况

研发投入（亿元）	企业数（家）	研发人员比重	企业数（家）
10以上	3	10%以上	95
5—10	6	3%—10%	20
1—5（不包含5）	23	1%—3%（不包含3%）	11
1以下	87	1%以下	33

调研显示，企业研发主要还是着眼于解决现实技术难题，集中在工艺或流程改进、新材料或新技术开发领域。对基础理论研究、基础技术研究、环境保护等领域逐步重视，研发有所增加。（见表18）

表18　苏州市上规模民营企业研发投入方向情况

研发投入方向	2017年企业数（家）	占比（%）	2016年企业数（家）
工艺或流程改进	118	32.60	114
新材料或新技术开发	114	31.49	107
基础技术研究	46	12.71	39

续表

研发投入方向	2017年企业数(家)	占比(%)	2016年企业数(家)
环境保护	45	12.43	
基础理论研究	18	4.97	11
其他	21	5.80	18

企业创新方向多样化。企业创新体现在技术、产品、管理、商业模式等各个方面，创新成为引领企业发展的重要方式。参加调研企业中，35家在各个方面都有创新，125家进行了技术创新，69家进行了管理创新，112家进行了产品创新，46家进行了商业模式创新。除管理创新外，均较上年有所增长。(见表19)

表19　苏州市上规模民营企业创新方向

创新方向	2017年企业数(家)	占比(%)	2016年企业数(家)
技术创新	125	34.34	118
管理创新	69	18.95	94
产品创新	112	30.77	111
商业模式创新	46	12.64	42
其他	12	3.30	7

企业积极参与各类国际、国内和行业标准的制定。参加调研企业中，58家建立了企业标准自我声明制度；58家牵头或参与了国际、国内、行业标准的制定。

企业更加注重商标及品牌的保护和运用。参加调研企业拥有商标总数7080个，其中国内商标6543个；专利总数24978个，其中国内发明专利5493个，国外发明专利133个。

企业创新平台建设、产学研合作继续深化。参加调研企业中，企业本体及其下属公司中有222个被认定为高新技术企业；114家与科研院所、高等院校开展共建研发机构、共建学科专业等合作，其中60.50%的企业感到产学研合作对企业技术创新支持作用很大；98家设立各类技术中心和实验室，其中“国字号”技术中心、实验室33家，比上年增加12家；49家拥有博士后工作站。(见表20)

表20　苏州市上规模民营企业创新平台、产学研合作情况

创新平台情况	企业数(家)	产学研合作情况	企业数(家)
国家重点实验室	8	共建研发机构	45
国家工程实验室	2	共建学科专业	8
国家级企业技术中心	20	开展项目合作	90

续表

国家工程研究中心	3	作用很大	69
行业重点实验室	5	作用一般	38
其他认定	73		

企业与互联网融合发展持续推进。参加调研企业中，51家企业通过电子商务（B2B、B2C）取得的营业收入占收入总额的比例达到1%以上。116家企业结合自身产业特点与互联网联合开展创新，比上年增加14家。其中智能化生产、网络化协同创新是主要方式，智能化生产呈现加速发展态势。也有23家企业表示未开展相关方面的工作，占比14.47%。（见表21）

表21　近三年苏州市上规模民营企业与互联网融合发展情况

"互联网+"创新	2017年企业数（家）	占比（%）	2016年企业数（家）	2015年企业数（家）
网络化协同创新	49	30.82	37	30
产品智能化	36	22.64	26	21
智能化生产	90	56.60	71	59
个性化定制	38	23.90	26	21
工业企业服务化转型	37	23.27	45	23
建立双创服务平台	6	3.77	11	11
都没有	23	14.47	26	28

十一、企业走出去情况

民营企业走出去步伐稳健。参加调研企业出口总额为174.47亿美元，海外收入为76.92亿美元，海外员工总数为8246人，拥有海外投资项目109个。中国民营企业500强入围企业是走出去的主力，四项指标分别占上规模企业的52.63%、80.24%、65.77%、45.87%。

民营企业走出去形式多样。参加调研企业中，97家开展了多种形式的走出去活动，占比61.01%；59家有产品和服务出口，是企业走出去的最主要形式；对外直接投资、对外工程承包、对外劳务合作也是企业走出去的重要方式，分别有52家、15家、3家。（见表22）

表22 近三年苏州市上规模民营企业走出去主要形式

主要形式		2017年企业数(家)	占比(%)	2016年企业数(家)	2015年企业数(家)
对外直接投资	新设	33	34.02	31	21
	并购	19	19.59	22	12
产品和服务出口		59	60.82	65	49
对外工程承包		15	15.46	17	15
对外劳务合作		3	3.09	7	

“一带一路”沿线是走出去热点。随着“一带一路”倡议不断深化，苏州市民营企业参与的积极性不断提高。2017年，21家参加调研企业在“一带一路”上有投资项目或承包工程，其中中国民营企业500强入围企业10家。另外有54家企业表示未来三年在“一带一路”上有投资意向。

民营企业走出去面临烦恼。尽管民营企业走出去发展步伐加快、成绩突出，但受制于国内外政策、经济环境等多种因素，企业“走出去”也面临多种困难。从内因看，民营企业并不缺乏具有竞争力的产品，但缺失专业人才，这是民营企业开拓海外市场面临的最主要困难，也直接导致了企业在东道国信息了解、本土化经营、境外维权、相应的战略规划等方面的薄弱。如何培育、引进有国际化视野的经营管理和专业技术人才是企业国际化战略中面临的重大课题。(见表23)

表23 苏州市上规模民营企业开拓海外市场遇到的主要困难(内因)

主要困难(内因)	2017年企业数(家)	2016年企业数(家)
缺资金	28	31
缺人才	59	47
缺国际经营管理人才	34	34
缺专业技术人才	28	32
对东道国政策、投资环境、市场信息了解不够	45	37
本土化经营能力不足	11	11
缺乏境外自我保护和维权能力	12	16
产品或服务缺乏竞争力	8	14
投资的战略规划不够	10	13

从外因看，本国方面，民营企业走出去面临的主要困难是外汇管制严格和缺少境外投资的统筹协调。此外，缺乏金融支持，法律、会计、信息、人才等各类专业机构不健全也是影响企业走出去的重要因素。国外方面，东道国汇率波动

成为企业面临的主要困难。加之，东道国的法规、劳工政策、宗教文化与国内多有不同，也是企业走出去的重要制约因素。（见表24）

表24 苏州市上规模民营企业开拓海外市场遇到的主要困难（外因）

主要困难（外因）		2017年企业数（家）	2016年企业数（家）
国内	外汇管制严格	26	27
	双重征税	10	13
	金融支持不够	17	28
	尚未出台外保内贷的政策	8	7
	缺少境外投资的统筹协调	25	16
	法律服务机构不健全	11	14
	会计服务机构不健全	4	2
	投资服务机构不健全	15	6
	信息咨询机构不健全	21	18
	人才培训机构不健全	9	16
	对企业境外投资保护、领事保护不及时不到位	7	9
	出入境手续繁琐、不便利	15	13
	海关通关不便利	6	5
国外	东道国政局动荡	13	19
	东道国法规、政策不完善	16	23
	东道国汇率波动	20	21
	东道国基础设施落后	16	11
	东道国市场秩序差	5	8
	东道国投资审批困难	16	13
	东道国劳工政策或工会影响	17	13
	东道国文化和宗教信仰影响	18	20
	安全没有保障	8	9

民营企业走出去仍受制约。近年来，贸易保护主义有所抬头，我国企业深受其害。2017年，苏州市有11家调研企业遭遇贸易摩擦，比上年减少3家；共计遭遇29起贸易摩擦，比上年减少37起。其中，反倾销和知识产权纠纷是主要的贸易摩擦，分别发生5起、22起。

面对贸易摩擦，企业的应对能力增强。苏州市上规模民营企业中有12家企业加入了各类境外中资商（协）会组织，比上年减少1家。遭遇贸易摩擦的11家企业均表示会积极应对，主动起诉、应诉、协商企业均明显增多。与此同时，企业也积极寻求政府、商会、专业机构等的帮助。

十二、企业转型升级情况

面对经济新常态，转型升级成为民营企业的必然选择。参加调研企业中，87家转型升级明显加快，比上年增加7家；26家转型升级刚刚启动，12家转型升级有所放缓。但也有13家企业表示尚未启动转型升级，比上年增加3家。可以看出，不同企业之间的转型升级进度有所分化。（见表25）

表25　苏州市上规模民营企业转型升级进度

转型升级进度	2017年企业数（家）	占实际填写企业比重（%）	2016年企业数（家）
明显加快	87	63.04	80
刚刚启动	26	18.84	29
有所放缓	12	8.70	18
尚未启动	13	9.42	10
实际填写企业数	138	100	137

从企业本身来看，产品技术升级换代、成本负担上升、生存压力是促使企业转型升级的重要因素。从外部看，国内经济增长趋缓、行业产能过剩、国际市场持续低迷也是企业加快转型升级步伐的重要原因。值得注意的是，成本负担上升、产品技术升级换代、政策支持引导对企业转型升级的影响呈连续上升态势；国内经济增长趋缓、国际市场持续低迷对企业转型升级的影响呈连续下降趋势。一方面体现了企业转型升级更多的是来自于企业自身的动力、做强做大的强烈愿望，也反映出政策支持企业转型升级的力度在加大；另一方面，可以看出在国际经济复苏，国家大力实施去库存、去产能的大背景下，企业的外部环境有所好转。（见表26）

表26　苏州市上规模民营企业转型升级的动因

转型升级的动因	2017年企业数（家）	占比（%）	2016年企业数（家）	2015年企业数（家）
做强做大企业的愿望	96	60.38	105	80
成本负担上升	77	48.43	76	57
产品技术升级换代	81	50.94	75	64
企业生存的压力	64	40.25	57	66

续表

转型升级的动因	2017年企业数（家）	占比（%）	2016年企业数（家）	2015年企业数（家）
政策支持引导	57	35.85	53	31
行业产能过剩	40	25.16	39	34
现有模式不可持续	26	16.35	33	22
国内经济增长趋缓	50	31.45	63	56
国际市场持续低迷	19	11.95	26	32

企业转型升级是一个系统工程，牵涉到各个领域。从苏州市上规模民营企业转型升级的途径来看，以人为本、技术创新支撑了企业转型升级。创新是根本出路，人才是基本保障。加强企业内部员工培训、加大人才引进力度、加强技术创新、加大技术改造、提高质量管理水平，排在推动民营企业转型升级方式前五位。此外，调整企业发展战略和发展规划、实现品牌升级、培育自有品牌、进入战略性新兴产业也是推动民营企业转型升级的重要方式，体现出企业向“战略产业”整合调整和重视“品牌建设”的思路。（见表27）

表27　苏州市上规模民营企业转型升级推动方式

转型升级推动方式		2017年企业数（家）	占比（%）	2016年企业数（家）
跨领域转型升级	进入战略性新兴产业	68	42.77	72
	进入资本技术密集型产业	0		0
	进入现代服务业	22	13.84	26
产业内转型升级	向上下游产业链延伸	0		0
	生产中高端个性化产品	0		0
	加大技术改造	93	58.49	90
	加强技术创新	95	59.75	98
	运用互联网等信息技术改造传统产业	43	27.04	46
	加强海外市场拓展	37	23.27	41
公司管理	调整企业发展战略和发展规划	83	52.20	77
	改进生产组织方式	40	25.16	47
	提高质量管理水平	93	58.49	88
品牌建设	培育自有品牌	70	44.03	73
	拓展品牌推广渠道	57	35.85	56
	实现品牌升级	74	46.54	74

续表

转型升级推动方式		2017年企业数（家）	占比（%）	2016年企业数（家）
人力资源	加大人才引进力度	101	63.52	98
	建立市场化激励机制	62	38.99	57
	加强企业内部员工培训	105	66.04	91
投资	调整企业区域布局	62	38.99	51
	兼并重组	30	18.87	26
	开展海外投资	32	20.13	32

十三、营商环境情况

营商环境就是生产力，政府致力于为企业“降低制度性交易成本”，取得了显著成效。营商环境的改善极大地坚定了广大民营企业发展的信心。

企业对营商环境的满意度大幅提升。数据显示，近90%的企业认为2017年在市场、政策政务、法治和社会四个方面环境较上年有所改善。相对而言，企业对政策政务环境的满意度最高，对市场环境的满意度偏低。（见表28）

表28　苏州市上规模民营企业营商环境改善情况

环境因素	明显改善企业数（家）	有所改善企业数（家）	无改善企业数（家）
市场环境	33	103	11
政策政务环境	38	104	5
法治环境	40	101	6
社会环境	39	100	3

制约因素仍然较多。2017年，民营企业发展遭遇到内外部环境的各种考验与挑战。从市场、政策政务、法治和社会环境方面来看，由于政府加大改革力度，进一步简政放权，企业面临的政策政务环境进一步好转，但原材料、人工成本处于高位，企业承担的市场压力较大。从单个影响因素分析，用工成本上升和税费负担重成为制约民营企业发展的两大因素，国内市场需求不足、融资难融资贵、节能减排压力大、市场秩序不够规范、人民币汇率变动等问题也比较突出。这些都是常年困扰民营企业发展的重要问题，可见制约企业发展的深层次问题还有待进一步解决。（见表29）

表29　苏州市上规模民营企业发展影响因素

影响因素		2017年企业数（家）	2016年企业数（家）
市场环境	国内市场需求不足	56	71
	出口订单减少	18	33
	人民币汇率变动	42	49
	融资难融资贵	52	57
	用工成本上升	114	119
	能源供应紧张	19	16
	土地供应紧缺	23	21
政策政务环境	税费负担重	94	104
	民间投资政策实施细则落实不到位	11	18
	垄断行业开放度不高	10	13
	垄断行业门槛过高	10	13
	节能减排压力大	47	41
	政企沟通不畅	10	4
	政府干预过多	4	8
	政府官员懒政、怠政	3	3
	地方政府诚信缺失	1	1
	地方保护主义	15	15
	公共服务不到位	5	9
法治环境	对私有产权的保护不够	12	13
	市场秩序不够规范	43	59
	对知识产权的保护不够	30	33
	依法行政不够规范	9	14
	民营企业在司法审判中的平等地位不够	15	15
社会环境	对民营经济的负面舆论较多	27	37

表30　苏州市入围“2018中国民营企业500强”名单

序号	全国排名	企业名称	所属行业名称	2017年度营业收入（万元）
1	9	恒力集团有限公司	化学原料和化学制品制造业	30794113
2	16	江苏沙钢集团有限公司	黑色金属冶炼和压延加工业	22000971
3	38	盛虹控股集团有限公司	纺织业	10501949

续表

序号	全国排名	企业名称	所属行业名称	2017年度营业收入（万元）
4	62	亨通集团有限公司	计算机、通信和其他电子设备制造业	7802628
5	115	江苏永钢集团有限公司	黑色金属冶炼和压延加工业	5388353
6	158	通鼎集团有限公司	计算机、通信和其他电子设备制造业	4182581
7	175	同程控股股份有限公司	商务服务业	3945946
8	178	江苏中利能源控股有限公司	电气机械和器材制造业	3920488
9	203	华芳集团有限公司	纺织业	3503459
10	230	波司登股份有限公司	纺织服装、服饰业	3240801
11	253	澳洋集团有限公司	纺织业	2966041
12	265	攀华集团有限公司	金属制品业	2751679
13	337	永鼎集团有限公司	计算机、通信和其他电子设备制造业	2204688
14	344	常熟市龙腾特种钢有限公司	黑色金属冶炼和压延加工业	2166918
15	345	震雄铜业集团有限公司	有色金属冶炼和压延加工业	2163730
16	347	苏州金螳螂企业（集团）有限公司	建筑装饰和其他建筑业	2156172
17	428	中亿丰建设集团股份有限公司	房屋建筑业	1802151
18	476	江苏爱康实业集团有限公司	电气机械和器材制造业	1618952
19	486	苏州胜利精密制造科技股份有限公司	计算机、通信和其他电子设备制造业	1591311

表31　苏州市入围“2018中国民营企业制造业500强”名单

序号	全国排名	企业名称	所属行业名称	2017年度营业收入（万元）
1	5	恒力集团有限公司	化学原料和化学制品制造业	30794113
2	8	江苏沙钢集团有限公司	黑色金属冶炼和压延加工业	22000971
3	19	盛虹控股集团有限公司	纺织业	10501949
4	29	亨通集团有限公司	计算机、通信和其他电子设备制造业	7802628
5	56	江苏永钢集团有限公司	黑色金属冶炼和压延加工业	5388353
6	86	通鼎集团有限公司	计算机、通信和其他电子设备制造业	4182581
7	100	江苏中利能源控股有限公司	电气机械和器材制造业	3920488
8	117	华芳集团有限公司	纺织业	3503459

续表

序号	全国排名	企业名称	所属行业名称	2017年度营业收入（万元）
9	135	波司登股份有限公司	纺织服装、服饰业	3240801
10	146	澳洋集团有限公司	纺织业	2966041
11	155	攀华集团有限公司	金属制品业	2751679
12	195	永鼎集团有限公司	计算机、通信和其他电子设备制造业	2204688
13	200	常熟市龙腾特种钢有限公司	黑色金属冶炼和压延加工业	2166918
14	201	震雄铜业集团有限公司	有色金属冶炼和压延加工业	2163730
15	272	江苏爱康实业集团有限公司	电气机械和器材制造业	1618952
16	280	苏州胜利精密制造科技股份有限公司	计算机、通信和其他电子设备制造业	1591311
17	292	苏州东山精密制造股份有限公司	计算机、通信和其他电子设备制造业	1538956
18	336	长江润发集团有限公司	医药制造业	1331582
19	364	康得新复合材料集团股份有限公司	橡胶和塑料制品业	1178907
20	367	苏州市相城区江南化纤集团有限公司	化学纤维制造业	1158592
21	393	江苏东渡纺织集团有限公司	纺织服装、服饰业	1059230
22	427	香塘集团有限公司	化学纤维制造业	952452
23	448	江苏隆力奇集团有限公司	化学原料和化学制品制造业	885392
24	477	江苏骏马集团有限责任公司	纺织业	806505

表32　苏州市入围“2018中国民营企业服务业100强”名单

序号	全国排名	企业名称	所属行业名称	2017年度营业收入（万元）
1	53	同程控股股份有限公司	商务服务业	3945946

2018年苏州市行业商会发展报告

苏州市工商业联合会

在新的历史条件下，苏州市工商业联合会（以下简称苏州市工商联）行业商会工作如何开展？如何充分发挥行业商会的作用助推苏州经济发展？这些是行业商会发展面临的新课题。2018年以来，苏州市工商联紧紧围绕市委、市政府中心工作，紧贴行业商会特点，按照“重教育、强基础，重服务、讲质量，重管理、立规矩，重品牌、拓功能”的思路，有效推动了行业商会的良性发展。

一、2018年苏州市行业商会总体情况

截至2018年底，苏州市工商联系统共有行业商会245家，其中，市属行业商会（协会、促进会）66家，涉及商贸流通、工业经济、现代服务业等若干行业门类以及新兴产业，行业覆盖率、组织凝聚力、活动影响力显著提高。行业商会在苏州非公有制经济发展中的作用日渐明显，正成为助推苏州经济转型升级、创新发展的生力军。66家市属行业商会（协会、促进会）中，共有5A级3家、4A级13家、3A级15家。2018年以来，苏州市工商联新组建2家市级行业商会（企业卓越运营协会、绿色建筑协会），2家商会作为团体会员加入总商会（苏州国际精英创业周落户企业联盟、苏州市策划协会），1家正在办理注册登记（城市基础建设配套业商会）；苏州市农副产品流通协会、苏州市智能制造产业协会正在办理以团体会员加入总商会；同时开展了生物医药、智能制造、新能源汽车维修等行业筹建商会的前期调研和走访工作。到2018年底，共有7家市属行业商会（协会、促进会）党支部，并组建成立了市工商联行业直属商会联合党支部。各行业商会全面参与和积极配合市总商会党委的各项工作，各行业商会理事会、秘书处与商

会党支部资源共享、交流合作，努力发挥党组织在商会工作中的政治引领作用，保证政治方向，团结凝聚广大会员，建设先进文化，服务人才成长，加强自身建设，推动了行业健康发展。

二、2018年苏州市行业商会发展的特点和作用

（一）注重学习教育，政治思想基础牢固

2018年以来，苏州市工商联坚持政治建会，各行业商会以争当“政府的助手、行业的推手、企业的帮手”为目标，紧紧抓好学习教育，筑牢各个行业商会人员和行业人员的政治思想基础。针对2018年是贯彻落实党的十九大精神的开局之年，是改革开放40周年，苏州市工商联紧贴苏州行业商会的特点，积极组织相关人员参加省委、市委、统战系统和各级工商联举办的专题培训、辅导讲座和研讨交流，先后有20多批次近500人次参加相关的学习交流培训。各行业商会工作人员和行业有关人员先后撰写学习心得，组织并参加十九大知识竞赛，及时传达学习习近平总书记给“万企帮万村”行动中受表彰的民营企业回信、11月1日民营企业座谈会上的讲话等，进一步筑牢了全体行业商会人员和各个行业企业家的政治思想基础。

（二）管理严格规范，商会作用有效发挥

一是积极做好社会组织评估与评级工作。上半年全体市属行业商会参加了年度年审工作，结合上年社会组织年检程序改革，采取先网上填报审核，后纸质材料受理的方式，提前着手指导和组织市属行业商会前期网上申报和材料准备工作，顺利通过年度的社会组织申报和复评工作。

下半年有8家行业商会（协会）（北大企业家商会、连锁经营商会、茶业商会、会计服务业协会、服装业商会、汽车流通协会、餐饮业商会、家庭装饰业商会）参加社会组织等级评估，经过指导和后续材料完善工作，其中4家（连锁经营商会、会计服务业协会、汽车流通协会、餐饮业商会）申报4A级社会组织等级评估，4家（北大企业家商会、茶业商会、服装业商会、家庭装饰业商会）申报3A级社会组织等级评估。

二是深入开展“走进行业看发展”活动。根据江苏省委和苏州市委、市政府“六个一”基层走访调研活动的要求，结合苏州民营企业的实际，进一步在市属

行业组织范围内开展“走进行业看发展”活动，深入了解行业发展和企业情况，各行业商会抓住契机，同步认真展开调查研究、把脉诊切、发现问题、积极建言献策，为解决行业企业生产经营中遇到的共性困难向有关方面反映，提供帮助，得到会员企业的好评。

三是强化领导班子建设，完善社会管理基础。加强市工商联直属商会（协会）领导班子建设，依据“坚持标准，严格程序，把好入口，凡进必评”的原则，进一步完善了“苏州市工商联市属行业商会（协会）会长、副会长候选人考察评价办法”，完善了商会领导班子成员评价体系，全面了解候选人的个人情况和企业情况，2018年先后有18人次行业商会副会长以上人员进行了相关考核。对行业商会正常工作情况进行了摸底统计，到年终基本汇总好了各个商会的相关情况，为考核商会的工作提供了相关依据。

四是加强“四好”商会创建，推动行业商会工作再上新台阶。进一步发挥各级行业组织的作用，增强各行业组织的凝聚力和活力，推动苏州市工商联系统行业组织工作再上新台阶，结合上年在全市工商联系统开展行业商会评选表彰活动和苏州市“四好”商会认定，2018年年初市工商联对各行业商会提出了积极争创“四好”商会的要求，并指导基础好的商会积极争创全国工商联、江苏省工商联的“四好”商会，在全国工商联、江苏省工商联和苏州市工商联分别下发“四好”商会认定通知后，及时上报相关材料，积极争创，先后有苏州市光电缆商会被推荐申报全国工商联“四好”商会，苏州市百货业商会、苏州市餐饮商会、苏州市电梯业商会、苏州市民办教育协会、苏州市制冷商会等5家商会（协会）被推荐申报江苏省工商联“四好”商会，苏州市现代物流业商会、电子制程商会、外贸中小企业促进会、房地估价行业协会等7家商会（协会）申报苏州市工商联“四好”商会。

（三）品牌亮点突出，商会功能有效拓展

一是拓展政商对接工作。部分商会积极开展政府职能承接工作，房地产商会与住建局、物价局、工商局、税务局对接，承接房地产行业发展部分职能；会计服务业协会与财政局对接，承接代理记账许可证年检等工作；服装业商会、外贸中小企业促进会与知识产权局、税务局等对接，开展服装、外贸进出口商标、版权、专利政策、税务政策、新的社保政策解读等工作；民办教育协会与教育局对接，参与承办苏州市教育创投大赛、组织民办教育政策性课题研究、组织课外培训机构老师资格认证考核，并在三届九次理事扩大会议上与150家校外培训机构签署了《苏州校外培训规范办学书面承诺书》；电梯业商会与质监局对接，落实江苏省质监局在苏州开展的电梯在线无纸化维保、按需维保和检验改革试点，举办“e电梯”杯2018年电梯安装维修工职业技能竞赛并为竞赛双合格者申办高级工，配合苏州市住建局出台《苏州市场既有多层住宅增设电梯的实施意见（征求意见稿）》。光电缆业商会在会员中开展苏州市质量奖、苏州名牌的推荐申报组织工作。市工商联积极参加市维稳办关于处置家装公司“关门潮”相关工作，参加市里统一组织的防范和处置非法金融活动工作，做好对相关商会的预警和监督工作。

二是积极提升行业知名度。苏州市苏台工商协进会组织召开“人工智能·两岸机遇对接会”。作为第十七届中国苏州电子信息博览会的重要活动内容，本次大会旨在通过苏州市苏台工商协进会这个平台，深入开展两地企业行业组织之间的互访，促进相互了解，为苏州经济发展和苏台经济合作服务，从而增进苏州市民营企业和台资企业深度合作与交流，提升两岸产业合作层次和水平。苏州光电缆业商会2018年在行业内首次发布苏州光电缆行业20强。民办教育协会组织会员单位参加全国培训教育行业发展大会。制冷商会和德国黑森州制冷培训中心联合开展中国制冷维修国际培训班。协同贸促会于2018年5月9日举办苏州国际商会产业和资本对接会。

三是积极开展多种交流活动。制冷业商会举办苏州市制冷行业制冷与空调技能比赛；咖啡西餐业商会承办2018年中国咖啡师技能大赛华东区域大赛；房地产业商会举办第四届长三角地产论坛；人力资源协会承办第五届中国人力资源服务业创新大会（全国性会议）；玉器业商会举办首届江苏省玉石文化节暨第十届中国—苏州玉石文化节活动。充分发挥工商联组织的平台优势，加强与市有关部门的合作，积极开展各类活动，先后组织会员参加企业产权保护与刑事法律风险治理高峰研讨会、走进法院、走进检察院、走进税务机关等，邀请环保、安监等部门走进企业辅导。组织行业企业参加铜仁、宁夏、东北等地区经贸合作洽谈会；参加民营企业法律风险防范讲座、企业税务稽查及风险防范实务讲座等。

四是持续开展各种社会公益活动。各行业商会、行业企业以不同的形式积极履行社会责任，精准扶贫，“万企帮万村”等行动得到各级肯定。餐饮业商会与姑苏晚报连续14年对30家特困家庭进行一帮一结对活动；走访慰问姑苏区特教集团老师；民办教育协会党支部、光电缆商会党支部、金银珠宝商会、眼镜服务业商会、医保定点药店协会、药品零售业商会等积极开展“在职党员统一服务日”活动；与市同济儿童匡智中心和姑苏区特殊教育学校联合主办“为爱守望，共创美好——全国第28个助残日暨苏州市同济儿童匡智中心成立21周年纪念大会”。

三、2019年苏州市行业商会工作重点和举措

2019年各行业商会将继续抓好商会建设和对企业的服务、引导、帮助工作，当好苏州政府和民营企业、企业家之间的桥梁和纽带，力争为苏州民营经济再上新台阶发挥更大的作用！准备重点从四个方面展开相应的工作。

一是认真抓好行业商会的改革和发展工作。认真贯彻落实中共中央办公厅、国务院办公厅下发的《关于促进工商联所属商会改革和发展的实施意见》。首先组织全体行业商会认真深入地学习文件精神，统一思想认识。结合全国工商联、江苏省工商联、苏州市工商联对“四好”商会的认定和2018年对各个商会正常活动情况的统计，准备按照“四个一”的思路抓好行业商会的改革和发展，即“建强做精一批、完善巩固一批、整改提高一批、注销取缔一批”。“建强做精一批”主要针对被全国工商联和江苏省工商联认定的“四好”商会（6到8家），苏州市工商联将把上述商会着力打造成示范点和标杆点，让这些商会随时经得起看、处处经得起查，随时欢迎省内外乃至国内外同行、专家们参观访问，并力争总结出各个示范点商会的特色和亮点，当好基层组织的排头兵；“完善巩固一批”即针对苏州市“四好”商会和积极申报“四好”的商会（10家左右），瞄准全国工商联和江苏省工商联的标准，完善相关的软硬件，确保“四好”商会质量；“整改提高一批”即针对一些要素不全、有活动但影响力不大、会员发展不多的商会，要求其积极向行业内建设得比较好的商会学习，并限期整改提高，要求其年内改进到位并积极申报“四好”商会；“注销取缔一批”，即对于那些基本没有活动、没有发挥任何作用、会员积极性不高的商会，在限期整改的前提下仍没效果的，建议申请取缔、注销。组织所有行业商会视情适

时召开“四好”商会建设推进会。

二是认真抓好商会领导班子和秘书处建设。在2018年的基础上，2019年进一步推行轮值会长制度，着手促进秘书处工作人员专职化、专业化，重视商会秘书工作的人员年轻化、相对固定化。准备协同人社部门对秘书处工作人员展开职业资格认证试点，对于考核合格取得资格证书的秘书，建议各个商会优先聘用，视情况在全行业内总结推广，争取用两到三年时间，所有秘书处工作人员都经过岗前培训并持证上岗。促进商会秘书处工作规范化，行业发展合理化，让全体会员真正从商会有所获，真正认同商会这个大家庭。

三是进一步深入展开走进行业看发展。结合两年来走进行业看发展的相关做法，认真贯彻近期习近平总书记一系列关于民营企业和民营企业家的讲话精神，从行业的角度来协同政府部门倾听各个行业的诉求，对于制造业行业、实体企业行业发展中遇到的一些困难，积极想办法为其排忧解难，促进行业的良性发展，为苏州经济二次腾飞做出贡献。

四是进一步开展商会与政府职能部门的交流合作。结合电梯业商会、光电缆业商会、民办教育协会等对政府部门部分职能购买服务的经验，适时在行业商会中推广，视情召开行业商会承接政府职能工作交流会，让更多行业商会了解承接政府职能的方法和政策，以便更多商会能承接政府的部分职能，当好政府的助手。

2018年苏州市异地商会发展报告

苏州市工商业联合会

2018年，苏州市各异地商会紧紧围绕“将苏州打造成为中国商会最活跃的地区、作用发挥最明显的地区”这一目标，立足会员需求和商会发展实际，实行“依法治会、民主办会、制度理会、服务立会、活动兴会、创新强会”，逐步实现商会的“自我管理、自我服务、自我协调、自谋发展”。在探索中实践，在工作中创新，形成了一系列具有苏州特色的商会工作经验。

一、基本情况

截至2018年底，苏州市异地商会共计102家，会员企业2万余家。其中市属异地商会40家，会员企业1万余家，覆盖行业20余个。全年新成立市属异地商会5家，6家商会进行了换届。市属40家异地商会中已成立党支部23个、联合党支部1个，实现了党建全覆盖。19家市属异地商会通过社会组织等级评估，其中8家获评5A级社会组织，占全市社会组织的40%；13家获评4A级社会组织，1家获评3A级社会组织。创建全国“四好”商会1家、江苏省“四好”商会3家、苏州市“四好”商会9家。形成了以党建引领、以社会组织等级评估促规范、以“四好”商会创建提质量的良好态势。

二、运行的机制和社会作用

截至2018年底，苏州市私营企业数量已经突破60万家，按照外来人口在苏州总人口的占比来推算，外来人员在苏州创办的企业在30万家以上。这些企业的蓬勃发展和庞大的企业基数，促进了苏州异地商会的蓬勃发展。苏州市的异地商会在从小到大、从弱到强的发展中，工作举措不断出新，有特色、有新意、有创新、有成效，亮点频频，成效显著，凝聚力不断增强，影响力不断扩大，突破令人欣喜。

（一）完善治理结构，创新制度建设，推进组织建设

各商会建立健全以章程为核心的法人治理结构，以自我管理、自我服务、自我教育、自我发展的现代社会组织运行模式开展工作。

1. 注重组织建设。各商会设立了会员大会、理事会、秘书处，大部分商会相继完善了监事会的建设，在权力机构、决策机构、监督机构、执行机构的法人治理结构和运行机制安排下，确保了商会运行平稳、健康，为维护社会组织各方利益、实现商会宗旨和完成商会任务发挥了积极作用。

2. 注重制度建设。依照苏州市民政局、工商联《关于进一步规范异地商会管理工作的若干意见》（苏政民〔2010〕270号）和商会章程，各商会制定了会议制度、重大事项报告制度、财务管理制度、印章与文件管理制度、分支机构管理制度等，保障了商会各项工作的规范运行。

3. 注重文化建设。各商会组织开展了发展论坛、大讲堂、主题沙龙、文体联谊、红色之旅等具有鲜明特色的文化活动。大部分商会创办了网站和刊物，运用新网络载体宣传主旋律，着力典型示范，引领道德风尚；指导商会文化与企业文化融合发展，倡导会员企业践行社会主义核心价值观。

4. 注重班子建设。领导班子是商会的“领航员”。近年来，各商会认真学习《中共中央办公厅 国务院办公厅关于改革社会组织管理制度 促进社会组织健康有序发展的意见》（中办发〔2016〕46号）、《中共中央 国务院关于营造企业家健康成长环境 弘扬优秀企业家精神 更好发挥企业家作用的意见》（中发〔2017〕25号）等文件精神，积极参加“非公经济代表人士理想信念教育培训班”等主题教育活动，各商会领导班子成员政治素养、组织能力、奉献意识、责任担当、人格魅力得到大幅提升，办会能力明显提高，有效促进了各商会职能发挥。

5. 注重党的建设。2013年8月，苏州市总商会党委揭牌成立，市属23家异地商会相继成立党支部，为扩大党的组织覆盖还成立了1家联合党支部。商会各党支部成立后，推进了党员教育管理和党员队伍建设，党支部的战斗堡垒作用和党员先锋模范作用得到进一步发挥，为商会健康发展提供了政治保障。

（二）搭建服务平台，创新服务内容，助力创新创业

十年中，各商会坚持服务立会，聚合力、创载体、搭平台、建网络，助力会员创业创新，引导民营企业积极践行“五大发展理念”，投身供给侧结构性改革，融入“一带一路”建设，不断激发民营经济发展的新动力。

1. 政策宣导平台。全市异地商会围绕“调结构、促转型”等主题，通过组织会员参加各类政策宣讲会、举办新政策解读培训会、印发惠企政策汇编等方式，宣传国家、省、市最新经贸政策，努力提升会员企业的政策获得感，全力帮助企业适应新常态、把握新机遇、求得新发展。

2. 法律维权平台。各商会积极参与市工商联与市司法局、公安局、地税局等部门的合作活动，通过举办警商座谈会、创办纳税人之家等方式，建立与执法部门沟通渠道，主动配合营造支持会员企业发展的法治环境；利用商会大讲堂、法制讲座开展法律“三进”（进乡镇、进农村、进企业）活动，引导民营企业家依法经营、依法治企、依法维权，推动会员企业建立维权援助机制。

3. 融资合作平台。异地商会会员以小微企业居多，各商会不断探索为会员融资服务方式，多渠道为会员企业搭建融资平台。一是联合苏州20多家金融机构建立战略合作关系，给会员企业提供融资额达600亿元之多；二是市工商联与民生银行合作成立的小微企业城市商业合作社，以“民商卡”“铁哥们”借贷帮扶措施支持小微企业融资60多亿元；三是不少商会借助商会平台，组织、联合会员企业筹资成立投资管理公司，为急需解决短期周转困难的会员企业融通资金。

4. 信息服务平台。异地商会大多已建立了商会网站、微信公众号，办起了商会刊物，开通了商会微信群、QQ群、短信平台。商会及时掌握有关政务、商务信息，通过多层次、多渠道、多方式向全体会员发布，为会员提供经济政策信息、市场动态信息，让更多的会员企业得到实惠。

5. 学习培训平台。一是邀请各院校、政府部门、示范单位的专家、学者或优秀企业家，给会员企业培训授课，传授知识、分享经验；二是组织会员参观考察，赴发展热点地区，尤其是苏州对口帮扶地区考察交流，寻觅商机、共谋发展；三是邀请“千人计划”“领军人才”代表举行沙龙活动，组织人才技术的合作对接活动。

（三）热心公益事业，投身光彩事业，倾情回报社会

乐善好施、扶贫济困是中华民族的传统美德。全市异地商会响应市工商联号召，积极引导会员企业“致富思源、义利兼顾、积德行善、扶危济困、回报社会、回馈人民”，组织会员参与助学奖教、抗震救灾、扶贫济困、救残扶老、“百企帮百村”扶贫活动、回乡投资等公益慈善事业和光彩事业。

1. 助学奖教。苏州市福建商会、安徽商会、淮安商会打造了“同在蓝天下，共建新天堂”的爱心主题活动，分别在苏州市第二十四中学、苏州市第十二中学等学校开办“闽商班”“徽商班”“淮商班”等光彩班，帮助在苏品学兼优的异地贫困学生，为三个光彩班捐款累计150万元。苏州市辛庄企业家商会在成立不久就建立“商会奖学（教）金”，并在会员中募集到120万元爱心基金，已连续发放7年，累计为299名优秀学生和735名（次）优秀教师发放奖励金133万元。苏州市盐城商会在组织“重走红军长征路”活动中，回报革命老区人民，在赤水市的小学举办捐赠助学活动，资助了58名贫困学生。苏州市山西商会在成立商会的第一年，就向贵州毕节市的希望小学捐赠了20万元。

2. 赈灾救助。2008年，四川汶川发生地震灾害，苏州各异地商会快速响应，向灾区捐赠，共募集资金、物资500多万元。2010年，江西抚州发生严重洪涝灾害，苏州市江西商会紧急组织会员和社会各界捐款献物，迅速调度8辆货车统一运送抗洪救灾物资赴灾区一线。2017年6月底，湖南发生水灾，苏州市湖南商会通过宣传和发动，共募集50多万元资金及近30万元物资送到灾区人民手中。2016年6月，阜宁、射阳部分地区遭受特大风灾，苏州市盐城商会第一时间成立了爱心捐助工作领导小组，组织募捐，短短几天募集到善款近120万元。

3. 扶贫济困。扶贫捐赠是商会和会员企业奉献爱心的主要方式。苏州市温州商会的房地产企业在慈善捐赠中表现尤为突出，如中梁集团慈善捐赠1亿元，欧蓓莎集团4年慈善捐赠2000多万元，港龙集团4年捐赠善款达2000万元。在苏州市第十六届“同在蓝天下——慈善一日捐”仪式上，异地商会代表苏州市安徽商会捐款10万元。该商会有3家会员企业不慎仓库发生火灾，商会在帮助企业减灾重建的同时，组织会员捐款130多万元。

4. 爱心基金。许多企业通过设立公益基金来为社会分担责任、奉献爱心。苏州市温州商会的亿丰集团设立亿丰慈善关爱基金会，基金额1000万元。苏州

市福建商会2010年成立了闽商爱心基金，连续8年支持“闽商光彩班”项目，累计捐款130万元；为苏闽两地各类助学项目捐款101.5万元。8年来，闽商爱心基金累计捐款近300万元。此外，其他商会也相继建立爱心基金，累计对外捐赠约1.4亿元。

5. 回乡投资。异地商会会员企业回乡投资是回报家乡的重要形式。如苏州市温州商会与温州市经合办签订合作框架协议，会员企业累计回乡投资额高达300多亿元。苏州市如东商会在家乡新建两家公司，总投资规模达1.6亿元，2018年又投资3亿元落户仓储项目。苏州市淮安商会的江苏喜洋洋科教设备有限公司等近30家企业回乡投资，金额达到20亿元。苏州市河南商会部分企业抱团回豫投资，项目总投资额近10亿元。苏州市湖北商会先后在孝感、咸宁、黄梅等地投资了数个工业园、产业园，总投资金额超10亿元。多年来异地商会以乡情为纽带，推进两地经贸合作的“引凤还巢、造福家乡”回归工程，为家乡经济建设、社会发展签约20多个项目。据不完全统计，近十年来市属异地商会回乡投资总额达543.76亿元。

6. 调解维稳。企业发展时常伴随着矛盾和纠纷，为此，各异地商会都聘请了为会员企业服务的法律顾问，协调解决会员企业各种纠纷数万起。此外，成立了60多个人民调解委员会，受理各类纠纷调解约240件。当会员企业发生突发事故和事件时，许多异地商会自觉地维护稳定，以讲政治、顾大局为前提，发挥自身的独特优势，沉着应对，及时有效地化解矛盾，防止事态激化，维护了社会稳定。

不少异地商会会员企业家在致力于发展企业、建设商会的同时，积极参政议政，在苏州、家乡或投资地担任人大代表、政协委员，结合企业实际、联系两地情况为民营经济的发展建言献策。截至目前，市属异地商会中有191位会员企业家在各级人大或政协任职。

三、实践的经验和工作体会

（一）实践经验

十多年来，苏州异地商会工作立足苏州实际，在探索中实践，在实践中创新，在服务商会发展的同时规范商会运行，“依法治会、民主办会、制度理会、服务立会、活动兴会、创新强会”既是异地商会的工作理念，也是他们的工作经验。

1. 坚持依法治会。异地商会是由新经济组织组成的新社会组织，是有法人地位的社会组织，本质上不同于“老乡会”“同乡会”。一是依法登记，各商会都必须按社团登记的规范进行筹备及注册登记。二是依法活动，商会一切工作、活动都必须依法依规开展，充分发挥商会的正能量作用。三是依法自治，商会必须建立健全以章程为核心的法人治理结构，走上依法自治的轨道。

2. 坚持民主办会。异地商会是由同籍民营企业家参与的商会，重大事项在依法依规的前提下民主协商、民主决策、民主管理显得尤为重要。商会活动只有真正体现民主，才能保证商会公开、公平、公正，才能保持商会的凝聚力和向心力。

3. 坚持制度理会。异地商会会员来自各行各业，虽同籍但不同经历，没有统一的、规范的、合理的规章制度来约束，商会就不成组织。制度就是商会的“规矩”，有了好“规矩”，才能做好事情。商会制定适合自身特点的规章制度是商会正常运行的保证。

4. 坚持服务立会。异地商会的有效运行依赖于给会员提供的服务工作，没有服务就满足不了会员企业日益增长的发展需求，就得不到大多数会员的拥护和支持。服务要结合商会的自身特点形成工作品牌，打造出商会特色。服务要与时俱进，不断创新。

5. 坚持活动兴会。异地商会的活力在于会员喜闻乐见的商会活动。会员通过参与商会活动获得学习交流、信息互通、资源共享的机会，使自身得到成长和发展。活动要形式多样、丰富多彩，只要是有益健康的、充满正能量的都可以进行。

6. 坚持创新强会。异地商会的生命力在于创新，会员企业如此，商会组织也是如此。信息化、全球化都迫使商会工作不断创新才能维持商会发展。商会工作创新不只是形式上的更新，而要与时代的步伐、商会的使命吻合，社会需要的、会员需求的就要成为商会能提供的。

（二）工作体会

十多年来，苏州异地商会能够保持规范、有序、健康、持续发展，我们体会到以下几方面。

1. 坚持政治引领，保证正确发展方向。各异地商会以深入开展非公经济人士理想信念教育实践活动为抓手，增强了“四信”，提升了素质。同步推进党的组织建设、阵地建设和队伍建设，有力推动社会主义核心价值观在会员企业落地生根、化为行动，促进了“两个健康”的发展。

2. 健全内部机制，保障商会规范运行。异地商会逐步健全会员大会各项报告制度是提升商会自治能力的重要方式：会长代表理事会向会员大会作理事会工作报告、监事长代表监事会作监事会工作报告、党支部书记代表党支部作党建工作报告、执行会长（或常务副会长）代表理事会作财务工作报告等，保证了全体会员的知情权，推动了商会各机构的正常工作。

3. 发挥会长作用，增强法人治会意识。会长必须通过民主程序产生，还可采用竞选方式产生候选人；对提名会长的资格必须进行综合评价；对当选会长要进行任职谈话，明确会长的职责和要求；会长要代表商会向市工商联、民政局进行年度工作述职；对有问题的商会，召集会长、监事长、秘书长进行诫勉谈话；对离任的会长要请第三方机构进行审计。这些都保证了会长的任职履职。

4. 注重秘书处建设，强化商会运行机制。秘书处是商会的中心枢纽，秘书长是商会的“执行董事”（CEO）。市工商联按季度召开秘书长例会，秘书处人员也按地域分组活动，以问题为导向，部署工作，交流经验，研讨问题。每半年举办一次新任秘书长、办公室主任的业务培训。在市属异地商会中开展以“学商会章程，学管理意见，做合格秘书长”的活动，增进了秘书处“朋友圈”的友谊，起到了互相学习、资源共享的作用。

5. 夯实商会基础，推行社会组织评估。社会组织评估是衡量商会规范工作的重要标尺，苏州各异地商会以社会组织评估为契机，促进商会基础工作水平上一台阶，推动商会对照标准、完善制度、检查工作、整改差距。社会组织等级评估，是商会逐步迈向依法依规自治自理的重要手段。

苏州市民营经济高质量发展情况调研报告

苏州市工商业联合会

民营经济是我国经济制度的内在要素，是推动经济社会发展不可或缺的重要力量。2018年，习近平总书记多次就民营经济发展作出重要指示。在2018年11月1日召开的民营企业座谈会上，习近平总书记充分肯定了民营经济的重要地位和作用，深入分析了当前民营经济发展遇到的困难和问题，明确提出了支持民营经济发展壮大的政策举措。全社会正凝聚起进一步支持民营经济发展的强大动力。

改革开放40年来，苏州民营经济从小到大、由弱到强，不断发展壮大，实现了从“微不足道”到“三足鼎立”，再到“半壁江山”的历史腾跃，已经成为苏州市经济发展的重要支撑、创业创新的主体力量、吸纳就业的主要渠道和创造社会财富的主要来源。民营经济为苏州地区生产总值贡献了近一半的份额；民营经济税收占总税收比重超过了五成；民间投资占全社会固定投资比重超过了六成；全市七成以上的技术创新、八成以上的新增就业和九成以上的市场主体来自民营经济。

一、苏州市民营经济的发展现状和主要特点

（一）规模总量持续增长

截至2018年底，苏州市实有各类市场主体155.96万户。其中，民营企业总数达60.32万家，个体工商户总数达88.67万户。民营市场主体户数在苏州市市场主体中占比超过了95%，成为绝对意义上的主力。

2018年苏州市共有2家企业入围《财富》世界500强，19家企业上榜“中国民营企业500强”。在苏州现有的131家境内外上市企业中，民营企业数量占比达75%。

（二）科技创新与品牌建设亮点频现

截至2018年10月，苏州纳入统计范围的民营科技企业超过1.4万家，总量位居全省前列。认定的国家高新技术企业中，民营企业占比达到73%。全市累计获评国家企业技术中心25家，其中24家为民营企业；累计获评省级企业技术中心480家，其中民营企业占比超过95%。民营企业累计主导或参与制（修）订各类国家标准、行业标准3860项。目前苏州市共有中国名牌63个，江苏名牌459个，苏州名牌1110个；获批筹建全国知名品牌创建示范区累计5个，江苏省区域名牌5个；共有中国质量奖提名奖5家（次），江苏省质量奖6个，其中企业5家，个人1名。

（三）新旧动能加快转换

苏州市民营企业主动适应经济发展新常态，把提高供给体系质量作为主攻方向，新旧动能加快转换，经济质量优势显著增强。全市规模以上民营工业企业实现新兴产业产值占比超过50%，形成了电子信息、光纤光缆、汽车制造、高端化纤、新材料等一大批全国领先的特色优势产业。面对新一轮科技革命和产业变革，我市民营企业正加快在新一代信息技术、生物医药、纳米技术应用、人工智能等先导产业前瞻布局，积极谋划新业态新模式的加速崛起，全力推动产业迈向中高端。

（四）“走出去”发展步伐加快

截至2018年10月，苏州市民营企业累计在册投资境外项目1232个，中方协议投资额125.06亿美元，分别占全市的67.69%和73.06%。随着“一带一路”倡议的深入实施，我市民营企业在“一带一路”沿线国家投资日益踊跃，累计在“一带一路”沿线国家投资项目450个，中方协议投资额76.57亿美元。2018年1—10月，苏州市民营企业新增“一带一路”沿线境外投资项目48个，中方协议投资额6.57亿美元，分别占全市总量的80.00%和81.90%。

二、苏州市民营经济发展中面临的困难和问题

（一）创新能力有待提升

一是研发投入相对不足。苏州全社会研发投入占地区生产总值的比重不到3%，远低于北京、上海、深圳，排在天津、杭州之后。据调查，在年度主营业务收入10亿元以下的民营企业中，企业研发人员占员工总数比重小于

5%的占75%，年度企业研发费用占主营业务收入比重在5%以下的占68%。二是科技人才严重短缺。民营企业高层次的科技领军人才和具备技术特长的“现代工匠”普遍双缺，成为限制民营经济高质量发展的“最短板”。三是创新型企业占比较低。苏州具有全球性国际视野和整合全球资源的机会，但是缺少整合国际创新资源的创新型企业，目前还没有形成综合实力强、带动力显著的创新产业集群。

（二）资源要素供给不足

一是用工成本持续上涨。近年来，苏州企业平均薪酬年涨幅达7%以上，社保征收比例超过工资总额的40%，如果按实际工资缴纳，社保费用增加的部分甚至可能超过企业利润。二是融资难、融资贵依旧。金融机构受风险控制、防范风险压力等因素影响，更倾向于将信贷资金投放到基础设施、国有企业，民营企业直接融资渠道狭窄，被抽贷、断贷和压贷现象较为普遍。虽然金融机构基准利率在下调，但民营企业实际贷款利率在上升。部分上市公司面临股权质押平仓风险。三是土地资源紧张、用地成本高也制约了企业的发展。

（三）外部保障有待加强

对标广东、上海、浙江等地，苏州民营经济高质量发展的支撑体系还需进一步完善。特别是最近一段时期，兄弟省市积极出台政策，持续优化营商环境，推动民营经济高质量发展的做法和经验值得苏州充分学习借鉴。近年来，苏州市出台了一系列支持民营经济发展的政策措施，但有些政策缺乏跟进和细化措施，部分政策隐形门槛高、受惠面窄，加上信息不对称等原因，导致政策效应还未能充分显现。民营中小企业普遍反映政策“获得感”不强。制约民营经济发展的“玻璃门”“弹簧门”“旋转门”等问题依然存在。一些中介机构冠服务之名，行垄断强制收费之实，存在效率低、收费贵、服务差、监管弱等乱象。一些党政干部对“亲清”政商关系的“度”拿捏不准，出现了“怕担当，不作为”的倾向。此外，政策执行一刀切也“误伤”了部分企业。

三、推进我市民营经济高质量发展的建议

（一）强化顶层设计，营造高质量发展的良好环境

营商环境是重要的软实力，也是政府推动高质量发展的前提条件。兄弟省

市的做法和经验也启示我们，必须解放思想再出发，在打造更优营商环境上狠下功夫，培育高质量发展的沃土。一是营造公平竞争环境。全面开放民间投资领域，清理、废除妨碍统一市场和公平竞争的政策文件，落实非公有制企业在投融资、招投标等方面与公有制企业同等待遇，加大政府采购支持民营企业力度。二是推动政策有效落地。认真总结苏州民营经济的发展经验，全面梳理制约当前民营经济发展的困难和问题，进一步细化促进民营经济高质量发展的系列举措。建立健全企业家参与涉企政策制定机制和政策执行后评估机制。三是优化政务服务。大力优化审批服务流程，强化“店小二”精神，服务好企业发展。在全市范围内组织开展“万企百会”评议机关部门活动，切实推动涉企部门提升服务质量。四是构建“亲清”新型政商关系。各级领导干部要主动作为、靠前服务、勇于担当，真正把民营企业的事当成自己的事，做到“亲”不逾矩、“清”不远疏，努力形成“亲上加清”的政商交往模式。

（二）坚持问题导向，构筑高质量发展的新优势

民营经济高质量发展必然遇到不少困难和阻碍，各级党委、政府应始终坚持问题导向，并把解决问题作为提升推动高质量发展工作水平、构筑高质量发展新优势的重要机遇。一是减轻民营企业税费负担。全面落实减税政策和税收优惠政策；减轻企业社保缴费负担，确保企业社保缴费实际负担总体上有实质性下降；加快推进涉企行政事业性收费零收费；严格规范中介机构行为，坚决制止乱收费；降低企业用地用电成本；帮助企业解决用工难题。二是解决民营企业融资难、融资贵问题。加大对民营企业股权投资的支持力度；支持民营企业创新创业贷款；完善金融机构信贷激励机制；建立民营企业纾困和发展基金，帮助有股权质押平仓风险的民营企业渡过难关；做强市级政策性融资担保公司；妥善解决民营企业临时性资金困难。三是完善政策执行方式。对企业实施分类分步有序监管，杜绝“一刀切”式关停企业的做法。严格规范涉企执法检查行为，着力打造“不诉不查”的涉企执法环境。妥善解决涉及企业用地、产权及补赔偿等方面的历史遗留问题。四是保护企业家人身和财产安全，最大限度减少司法活动对涉案民营企业正常生产经营活动可能造成的不当影响。

（三）聚焦创新驱动，增强高质量发展的持续动力

创新是破解民营经济结构困境、推动高质量发展的有效路径和持续动力。

一是构建创新服务体系。研究制定加快科技服务业发展的实施意见。完善覆盖民营科技企业初创、成长、发展等不同阶段的政策支持体系，搭建政府部门、高等院校、科研单位与民营企业共同参与的产学研转化平台，推动政产学研协同创新。二是提升企业持续创新能力。鼓励和支持民营企业建设高水平研发机构，推动创新要素向企业集聚，激发企业创新活力，打造一批创新驱动的标杆。三是加大对创新的支持引导力度。进一步扩大我市科技专项资金的规模，加大对高新技术企业培育库入库企业研发投入的后补助力度。完善科技金融联动发展机制，深化科技与金融相结合，有效缓解创新融资瓶颈难题。

（四）加强宣传引导，培育坚持高质量发展的企业家队伍

一是不断提振发展信心。在民营企业负重前行的非常时期，在新旧动能转换的紧要关口，在迈向高质量发展的重要阶段，市委、市政府要不断传递坚定不移发展民营经济的决心，建立健全政府与企业家常态化沟通联系机制。定期召开政府领导、相关部门负责人、民营企业家等参加的涉企联席会议，听取意见建议，协调解决问题。二是深化理想信念教育活动。加强对民营企业家特别是年轻一代企业家的理想信念教育和社会主义核心价值观教育，引导他们自我教育、自我激励、自我发展。三是加大宣传表彰力度。建议以市委、市政府名义，每两年表彰一批优秀民营企业和企业家，恢复“中国特色社会主义事业建设者”表彰活动，充分发挥优秀企业家典型示范作用；组织相关媒体广泛宣传优秀民营企业家的先进事迹，进一步激发和弘扬优秀企业家精神。

苏州市民营企业参与乡村振兴情况调研报告

苏州市工商业联合会

党的十九大报告中明确提出实施乡村振兴战略，按照产业兴旺、生态宜居、乡风文明、治理有效、生活富裕的总要求，建立健全城乡融合发展体制机制和政策体系，加快推进农业农村现代化。2018年1月，中共中央、国务院颁布《中共中央 国务院关于实施乡村振兴战略的意见》，进一步明确了乡村振兴战略的关键点、路线图和时间表。2018年中共苏州市委一号文件《关于实施乡村振兴战略加快推进城乡融合发展的意见》提出，要鼓励引导工商资本深度参与乡村振兴。为全面了解我市民营企业参与乡村振兴的现状，苏州市工商业联合会组织专题调研组深入苏州各市（县）区进行实地走访调研，并赴成都等地学习借鉴先进经验，调研情况如下。

一、苏州市民营企业参与乡村振兴战略的现状

（一）苏州市民营企业参与乡村建设由来已久，成效显著

苏州市不少民营企业发端于农村，致力于工业反哺农业。如张家港的永联村、长江村，常熟的康博村、梦兰村、蒋巷村等，都是村企共建、共治共享的典型。张家港市永联村1984年筹资30万元创办轧钢厂，1993年以轧钢厂为核心组建永钢集团。2000年和2002年，永钢集团两次改制，但坚持给永联村集体保留25%的股权，由此村企之间成为股权投资关系，也构建起了以工补农、以工促农的长效机制。目前，永钢集团总资产超400亿元，年产钢能力900万吨，员工1万人，2017年销售收入超400亿元，利税超70亿元。这25%的股权，可使永联村集体每年获得超亿元的经济收益。2011年，永钢集团垫资15亿元，启动永联小镇建

设，实现了1600多户农民的集中居住，并配套建设学校、医院、农贸市场、商业街等设施，永联小镇成为幸福美丽的新家园。永联村连续三届被评为“全国文明村”。波司登起源于常熟市康博村，在公司发展中始终以企带村、以村促企、村企共赢、共同发展，营造出村企共建共享的良好氛围。目前企业已孵化出江苏雪中飞制衣有限公司、江苏冰洁服饰有限公司、常熟神花针织有限公司、江苏田娘科技有限公司、常熟康博田园水果种植有限公司等一批工农业实力企业，为康博村各项社会事业提供了强大的经济支持。江苏常盛集团在常熟市蒋巷村着力打造“四园一基地”（蒋巷生态园、村民新家园、常盛工业园、农民蔬菜园和无公害优质粮油生产基地），实现农村集镇化、管理信息化、服务社会化和工业向园区集中、居住向社区集中、农田向能手集中。民营企业参与乡村建设不仅带动了农业升级、农民致富，还极大改善了农村环境，提振了乡风文明。

（二）苏州市民营企业参与乡村振兴形式多样，作用多元

近年来，一批民营企业与农村通过市场化合作，积极参与农业产业化、乡村旅游、互联网+等农村新产业、新业态发展，成为乡村振兴的支撑。

苏州市一些有着独特资源禀赋的“明星村”积极引进第三方合作经营和纯社会资本经营，充分依托山水资源，挖掘产业特色，推进农文旅融合发展，为乡村振兴提供活力，为农民增收创造潜力。涌现出如吴中区旺山村、相城区清水村、高新区树山村等一大批宜居宜游的美丽乡村。

当今，互联网已全面渗透并推动传统农业华丽转身。布瑞克（苏州）农业信息科技有限公司，通过对各类农产品的数据采集，分析研究市场形势，可以为电商提供更优的销售策略。企业还自主开发了大宗农产品B2B（Business to Business）电商平台以及特色农产品的B2C（Business to Customer）电商平台，帮助农户从种植到产品的加工销售实现互联网化。2017年，企业交易额突破100亿元。苏州食行生鲜是本土专业的生鲜电商平台，立足于家庭生鲜农产品的供应，以C2B2F（Customer to Business to Farm）电子商务为载体，以生鲜直投站为社区服务点，形成集种植、采摘、分拣、包装、冷链配送于一体的产业链，业务范围迅速扩大，目前已在苏州、上海、无锡设立了2800多个社区站点。

针对经济薄弱地区和薄弱村的实际，苏州市民营企业积极参与以“百企帮百村”精准扶贫活动为主的各类帮扶行动。在推进全省精准扶贫工作中，苏州市工

商业联合会创新打造"1+N"众筹扶贫模式，即1个商会+多个企业对接1个贫困村，有的以产业扶贫帮助农民增收，有的为贫困农民开拓市场。今年以来，吴中区工商业联合会（总商会）结合自身职能优势，广泛发动基层和行业商会参与到区内经济薄弱村帮扶工作中。区内24个基层和行业商会，采取"二帮一"的形式全面参与12个区级经济薄弱村帮扶，余下5个基层商会参与镇级经济薄弱村帮扶。

苏州市民营企业已成为现代农业的主力军。随着苏州城乡一体化的发展，小农生产基本退出舞台，合作经营、种养大户成为主力军，企业经营、园区农业成为新兴力量。据苏州市农业委员会不完全统计，截至2017年底，全市农业专业大户14719家，登记注册家庭农场381家、农业生产经营类合作社1363家、农业龙头企业271家，农业龙头企业年均销售额达4.5亿元，规模化特征明显。

调查发现，在已经参与农业农村建设的民营企业中，主要形式有：带动农民就业、参与社会公益事业、组织农民工技能培训、开展农业产业化经营、促进农村商贸流通、改善村容村貌、丰富农村文化生活等。从参与动力上看，有资源配置驱动型、企业反哺型、乡情感召奉献型、"百企帮百村"动员型。从助推方式上看，有以工养农型、以旅富农型、特产带农型，最多的还是各类公司+（基地+合作社+科研+互联网）+农户的农业增效型。从利益联结机制上看，既有纯市场机制的平等交易型，也有纯公益捐赠的不求回报型，最多的还是以双赢、共同发展为目标的义利兼顾型，还有村企共建共享共治的全面参与型。从具体合作形式上看，有股份合作型、经营租赁型、订单生产型等。

二、苏州市民营企业参与乡村振兴存在的问题

虽然苏州市民营企业参与乡村振兴取得了一定的成绩，但仍然存在一些困扰，主要有以下五个方面。

（一）土地流转期限短

由于投入的回收期长和对预期不确定性的担忧，民营企业要求有较长的土地租用期限。但是，出于对民营企业逐利性较强的不信任感、较高的土地租金上涨预期和可能存在的征占用补偿等方面的考虑，农民更希望进行短期流转，政府出于对农民利益的保护，也规定流转期限原则上不得超过3年，有的地区只有1年。这与民营企业期望的最短租期5年有较大差距，一定程度上影响了民营

企业的投资积极性，不利于现代农业的发展和乡村振兴战略的实施。

（二）用地指标落实难

原国土资源部、农业部在《关于进一步支持设施农业健康发展的通知》（国土资发〔2014〕127号）中明确规定了设施农用地管理的有关要求和支持政策。在当前严守基本农田红线和土地指标紧缺的大背景下，民营企业投资农业获取设施用地指标和建设用地指标都非常困难，即使是符合条件的农业设施临时用地建设审批许可也因为政策从紧而难以落实。土地指标难落实几乎是本次被调研对象共同反馈的问题。

（三）农业人才短缺

在2018年的全国两会上，习近平总书记先后参加广东、山东人大代表团审议，论及实施乡村振兴战略时，强调“要推动乡村人才振兴，把人力资本开发放在首要位置”“打造一支强大的乡村振兴人才队伍”，凸显了人才作为第一资源对于乡村振兴的重要性。企业实现规模化、集约化和标准化生产，既需要大量的农业技术人才，也需要高素质的管理人才，而大多数民营企业过去没有农业背景，缺乏相关人才储备，进来后才发现相关专业人才少，而且短期内难以聘到满足要求的人才，即使聘到少数高级农业人才也难留住。据高新区北窑村反映，该村在推进乡村振兴战略中，人才短缺是一大制约，村里没有专门的农业技术人才。

（四）投资领域不平衡

总体看来，苏州民营企业投资农业的领域大多集中在种养业和观光、餐饮、民宿等一产和三产项目，投资二产领域的较少。苏州市农业委员会专题调研显示，截至2017年底，涉及的661个工商资本下乡企业，投资总额424373万元，平均每个企业投资642万元。其中：一产投资额198334万元，占比46.7%；二产投资额111510万元，占比26.3%；三产投资额114529万元，占比27.0%。二产投资占比最低，与当前苏州市一二三产业结构分布极不匹配。从国外民营企业参与乡村振兴较好的地区看，投资一二三产融合体是乡村产业链、价值链、利益链所在，这是苏州民营企业参与乡村振兴的努力方向。

（五）金融服务滞后

融资难、融资贵一直是民营企业反映的老大难问题，苏州市民营企业进入农业领域也不例外。集中反映在三个方面：一是缺少抵押物或者抵押物不符合金融机构要求，难以获得贷款审批，吴中区光福镇反映，由于集体土地没有产证，难以进行抵押融资，无法实现土地资产货币化；二是涉农项目投入高、回报周期长，贷款的不确定因素多，且民营企业规模相对较小、抗风险能力较弱，影响金融机构信贷投入的积极性；三是农业领域投资风险控制制度远不及二三产业完善可控，尽管目前苏州各金融单位普遍设立“三农”工作部门，但农业农村领域经营主体小而散的现状加大了工作量和投资成本。

三、鼓励引导民营企业深度参与乡村振兴的建议

（一）加强组织领导，调动各方力量

办好农村的事情，实现乡村振兴，关键在党。实施乡村振兴战略，各级党委和政府必须加强领导，汇聚起全党上下、社会各方的强大力量。各级党委和政府要充分认识到民营企业参与乡村振兴的重要意义，统一思想认识。要把引导民营企业参与乡村振兴纳入党委、政府日常议事日程，形成常态化、制度化的工作安排。要成立专门机构，配备专门人员，安排专项资金，确保资金和人员充足，扎实推进乡村振兴工作。要制定科学的考核标准，细化考核措施，把各地区、各部门引导民营企业参与乡村振兴成果作为年终考核的重要指标之一，并根据考核结果，奖优罚劣。

人心齐，泰山移。要加大舆论引导和宣传力度，树立正面典型，让全社会充分认识到实现乡村振兴并不仅仅是党和政府的责任，更是全社会共同的事业，作为市场主体的民营企业更是责无旁贷，逐渐在全市形成民营企业参与乡村振兴的浓厚氛围。要借乡村振兴战略的东风，把民营企业参与乡村振兴作为集聚生产要素的关键支撑和重要着力点，加快打造乡村振兴“苏州模式”，推动苏州乡村振兴走在全国前列。

（二）鼓励基层探索，激活优势资源

党中央已经明确了乡村振兴的顶层设计，要求各地因地制宜，科学把握乡村的差异性，制定符合自身实际的实施方案，善于总结基层的实践创造。苏州要结合自身特点，既要强化制度执行，更要积极鼓励基层探索，盘活各地优势资源。一是鼓励农户进行中长期流转土地。政府要综合施策，引导民营企业与农户签订合同期限较长的土地流转合同，寻求双方利益平衡点，调动民营企业投资的积

极性。要努力提高农民的参与度与受益度，通过股份分红、利润返还等形式，推动民营企业与农户、农民合作社建立紧密的利益分享机制，确保农户共享乡村振兴发展成果。二是鼓励多渠道为民营企业提供建设用地。要严格落实国有建设用地以长期租赁、先租后让、租让结合方式提供乡村休闲游建设用地政策；城乡建设用地增减挂钩节约建设用地指标优先用于发展休闲农业和乡村旅游。要允许对通过村庄整治、宅基地整理等方式节约建设用地采取入股、联营等方式，重点支持都市田园综合体创建和农村产业融合发展。要将通过土地整治、美丽乡村、生态特色小镇、郊野公园建设增加的耕地作为占补平衡补充耕地指标，按照“谁投入、谁受益”的原则返还指标交易收益。三是鼓励工商资本流转土地。要建立健全土地流转财政补贴政策，创新农用地经营权长期流转试点，探索“村级连片经营”等流转新模式，并逐步在全市推广。要落实国家和省设施农业用地政策，鼓励利用非耕地建设农业设施。

（三）加大引导力度，稳定政策预期

政府要加大对民营企业参与乡村振兴的引导力度，在投资领域、投资项目等方面给予民营企业较为明确的指导，稳定政策预期，消除民营企业投资的后顾之忧，充分调动民营企业投资积极性。一是要明确民营企业可以投资的重点领域。要通过贷款支持、税收优惠等措施，引导民营企业进入适合企业化经营的现代种养业。要引导民营企业发展农产品加工业，通过技术入股、资金入股、联合经营等方式与农业产业化龙头企业合作，提升农产品加工水平。要引导民营企业把高新技术、新兴业态、新商业模式引入农业，大力发展农村电子商务、互联网+、冷链物流等新型经营业态。要鼓励民营企业以市场为导向，大力发展特色农业，加大品牌推广力度，加快农业现代化进程。二是规划建设一批民营企业参与乡村振兴项目。要筛选一批投资规模大、产业关联度高、辐射效应强的项目，建立全市民营企业参与乡村振兴重点项目库。要举办民营企业参与乡村振兴项目推介招商会，搭建投资对接平台，发挥好企业招商主体作用，将策划包装的项目与有投资意向的工商资本企业进行对接，促成双方合作。

（四）强化日常监管，维护群众权益

在走访调研中发现，不少村民担心民营企业有着较强的逐利性，进入乡村后可能会损害村民权益，对于民营企业的进入持谨慎态度。因此，政府要建立健全监管体系，强化日常监督管理，防止民营企业突破红线、损害群众利益。一是在土地流转上切实维护好农民的利益。要把好土地流转关，本着平等协商、互利共赢的原则约定合同条款，确定双方认可的流转费用，积极探索土地升值部分在企业和农民之间合理分享的有效办法。二是建立健全风险防范机制。政府要成立土地流转风险保障基金，先进行局部试点，再逐步完善推广，有效开展土地流转风险预防、控制和处置，及时协调和化解可能出现的土地流转纠纷，保障农民流转土地权益和社会和谐稳定。三是建立健全全市统一的日常监管制度。要制定全市统一的管理制度，细化监管措施，明确监管主体，重点监管流转土地的用途、土地租金的支付、民营企业注资的进度等方面，形成常态化、制度化的监管，确保农民权益不受损害。

（五）加大保障力度，释放制度效能

政府要在政务服务、金融、人才培养等方面给予支持，加大保障力度，最大限度释放制度效能。一是加大政务服务力度。要建立全市统一的、专门服务于乡村振兴的公共服务平台，为企业提供农业产业投资指南、政策解读、法律法规咨询、融资支持等方面的服务。二是加大金融支持力度。要充分发挥苏州政策性农业担保优势，放大城乡一体化引导基金与金融机构开发工商项目投资。要充分运用银行扶贫再贷款资金，为涉农企业提供资金支持。要引导金融机构创新金融产品，探索设施设备、土地经营权等多种抵押贷款方式。要设立农业产业化投资基金，引导工商资本增加投入。要积极推进农业保险，有针对性地增加保险品种和覆盖范围。三是加大人才培养力度。要深化与农业大专院校和农业科研机构的合作，保障专业人才供给和加快科研成果转化。要鼓励苏州大学、苏州科技大学等本地知名院校成立专门的农学院，在专业设置、人才培养模式等方面与市场需求对接，为市场提供更多的涉农人才。四是加大人才吸引力度。要打破城乡人才资源双向流动的制度樊篱，畅通智力、技术、管理下乡通道，建立有效激励机制，把有志于推动农业农村发展的各类人才“引回来”，让那些想为家乡做贡献的各界人士能够找到参与乡村振兴的渠道和平台。要想方设法创造条件，让农村的居住环境、就业机会、配套设施、公共服务等能够吸引人才、留得住人才。

苏州智能制造产业发展情况调研报告

苏州市工商业联合会

智能制造作为未来制造业发展的趋势，已成为引领制造业高质量发展的重要引擎。“十三五”以来，苏州市委、市政府以智能制造为主攻方向，全力推进制造强市战略，相继出台了《中国制造2025苏州实施纲要》《关于打造先进制造业基地的若干措施》《关于加强智能制造生态体系建设的若干措施》等一系列政策文件。2017年颁布的《苏州市加快建设国家智能制造示范区的意见》，进一步明确了全市智能制造的发展路径，提出实施智能制造“十百千万”工程，到2020年，培育形成年营业收入10亿元以上的新兴产业企业超过300家，打造形成十大年产值过千亿元的高端产业集群。全力推动“苏州制造”向“苏州智造”转型，为打造具有国际竞争力的先进制造业基地注入了强大的新动能。

企业作为智能制造转型升级的主体，在此过程中既积累了大量宝贵的经验，也存在迫切需要解决的问题和困难。如何推广先进经验以避免后来者走弯路、如何以问题为导向做出切实可行的政策部署从而更进一步推动我市智能制造深入发展，成了当下急需解决的难题。

一、苏州市企业参与智能制造转型升级的现状与经验

近年来，苏州市智能制造产业呈现了良好的发展态势，主要特点和经验如下。

（一）智能制造工业体系初步建立

近年来，苏州已初步形成了包含智能设计、智能生产、智能产品、企业资源计划管理、供应链管理、企业电子商务等环节的智能制造体系。据统计，全市工业企业中开展智能设计覆盖面为26%、智能生产为41%、智能产品为42%、智能

管理超过85%。形成包括智能测控装备、重大成套设备、智能关键基础零部件制造三大产业。工业园区、高新区、昆山市等先进制造业基础较好的区域已开始布局工业互联网产业。其中工业园区把“人工智能+工业”作为其人工智能产业的主攻方向。

（二）智能制造产业规模和区域集聚加快形成

截至2018年底，苏州市累计获得国家级智能制造工程项目13个、工业强基工程项目9个、绿色制造工程项目5个，共建成262个省级示范智能车间、获省首台（套）重大装备认定186个，稳居江苏省第一。涌现出一批如博众精工、杰士德、赛腾精密、明志科技、金龙科技、菱创智能等具有一定影响力的智能制造整体解决方案供应商；科沃斯、汇川、绿的谐波、新松机器人等智能制造关键零部件和本体制造商。恒力、亨通、盛虹、莱克、龙腾光电等需方龙头企业率先进行智能化改造升级。全市各地智能产业发展特色初步显现。张家港市、昆山市工业机器人，常熟市、相城区智能汽车，太仓市、吴中区智能制造核心部件，工业园区智能传感与控制装备，高新区高档数控机床，吴江区智能系统集成等智能制造产业集聚区加快形成。

（三）智能制造服务载体和创新平台加速落地

目前，苏州正在建设投运的智能制造和工业互联网重点平台已有20多家。已建有苏州智能工业融合发展中心、苏州工业大数据创新中心、中国制造知识服务中心（苏州）、苏州智能制造产业协同创新中心等产学研协同创新平台。紫光云引擎、阿里云等工业大数据平台相继落户，苏州市智能制造公共服务平台正式上线。成立了由企业、高校、科研院所、金融机构等单位共同组建的智能制造产业联盟。

（四）龙头企业智能化转型成效明显

从已建成智能化生产车间或工厂的经验来看：一是稳扎稳打、按需上项目上设备，在关键环节率先实施智能化改造再逐步推广到全车间或全工厂，生产线升级是智能制造转型升级的必由之路。循序渐进、逐步推进，既能让企业顺利启动智能化升级进程，又在一定程度上缓解了企业的资金、生产等压力。二是加强产研结合、技术引进消化吸收与自主创新之间的深度融合。将购买新设备、上马新项目与在现有设备基础上进行改造升级相结合，实现智能制造转型升级，夯实了企业发展基础，提升了企业自身研发、创新能力与核心优势。三是在推进机器换人等智能制造转型升级的同时，建立起与智能制造相匹配的企业运营制度，包括设计、生产、营销、数据收集等流程的智能化制度设计，确保智能化改造能为企业带来生产效率的提升、产品质量的提升、成本的下降，最终达到提高产品和企业竞争力的目的。总体来说，按需改造、逐步推进、多手段加强企业研发创新能力和核心优势，以及生产线与制度的同步优化是已成功实现智能制造转型升级企业的共同选择，也可作为后来企业学习模仿的可行之路。以吴江区为例，企业实施智能化改造后，产能增加了30%，效益提升了40%，用工减少了50%。

二、苏州市企业在智能制造转型升级中面临的困难和问题

（一）企业智能化转型压力大

苏州制造业企业数量庞大，但以传统行业为主，产业层次较低，生产环节大部分处于价值链低端。目前不少制造业企业仍处于“工业2.0”和“工业3.0”并行发展的阶段。车间装备、管理思维相对落后，数据开发应用能力不足，智能装备集成能力不强。个别企业上了智能化生产线后，由于无法与整个生产系统融合，出现了闲置现象，“工业4.0”技术成了“工业2.0”工厂的不可承受之重。

此外，企业实力不足同样制约了智能制造发展。智能制造转型升级是一项系统性工程，需要先期投入大量资金对生产设备更换升级，后期对设备进行维护、对企业员工进行技能培训，甚至在升级过程中需要一段时间停产停工，给企业造成的压力可想而知。还有的企业原有的用地、厂房面积达不到新设备的要求，而用地指标又极为紧缺，也是制约升级的一个重要方面。总体而言，眼前的生产利益与大规模的投入和长周期的回报相比，不少企业易选择前者。

（二）研发创新能力有待加强

目前苏州智能制造产业链已初步形成，但国内相关企业在智能装备、工业软件、自动化系统等基础环节，与国外先进企业相比仍存在较大差距，构成智能制造装备和实现制造过程智能化的关键核心技术和关键零部件还依赖进口。就苏州相关企业而言，既面临外资先进企业的挤压，又要和国内其他先进地区先进企业竞争，可谓头顶着双重压力。

（三）服务保障有待优化

一是智能制造的标准体系尚未形成，以及以此标准为依据对智能制造领域涉及的产品和服务进行第三方质量检测的体系尚未建立。二是公共技术服务支撑不足。能够为龙头企业开展智能技术创新提供智能制造整体解决方案和技术支撑的公共服务机构相对缺乏。部分本土智能制造集成商虽然能提供局部的智能化改造服务，但系统化方案解决能力依然不足，难以满足广大制造企业开展智能制造转型升级的个性化需求。

（四）技术人才严重短缺

智能制造主要涉及两类相关企业，一是智能制造整体解决方案供应商及重点装备和关键零部件制造商（供方），二是智能化改造应用方（需方）。智能制造作为从旧的制造方式母体中产生的脱胎换骨般的新的制造方式，从供方到需方均存在着人才严重短缺的现象。据供方企业反映，目前智能制造领域的高端人才几乎被国内外知名互联网和软件企业囊括。苏州虽然是宜居城市，但是知名度和各项生活配套毕竟比不上北京、上海、广州、深圳等城市，基础性研发人才引进有难度。对于应用型企业来说，完成智能制造转型升级后，企业需合理安置转型后裁撤的员工，也需提高员工技能以操作新设备、应用新系统。而目前能够适应智能制造的，将自动化、信息化与生产流程融会贯通的复合型人才严重不足。

三、进一步提升苏州市智能制造发展水平的建议

智能制造作为引领产业升级和经济转型的“牛鼻子”，对于提升苏州市制造业核心竞争力，促进经济高质量发展具有重要意义。要以问题为导向，切实发挥企业主体作用、建立健全政策支撑体系、提升优化发展环境，进一步推动全市智能制造又好又快发展。

（一）推进制造业强基工程，打通智能制造承载能力的“堵点”

一是提升制造业基础水平。聚焦产业发展瓶颈，强化产用结合，针对关键基础材料、核心基础零部件（元器件）、先进基础工艺和产业技术基础等“四基”短板精准发力，深入推进工业强基工程。大力推进精益管理模式，采用“工业2.0”补课、“工业3.0”普及、“工业4.0”示范的“并联式”发展方式，用最短的时

间追赶智能制造的大潮。

二是提升工业互联网基础。工业互联网是两化融合的结合点，也是发力智能制造的主要方向。要依托苏州作为全国首批5G试验网城市，探索开展5G在工业领域的商用试点和布局，推动制造企业开展网络升级改造。加快新一代互联网协议（Internet Protocol Version 6，IPV6）在云计算、工业互联网的推广应用，争取窄带物联网（Narrow Band Internet of Things，NB-IoT）技术商用和重点项目落地。加速企业“上云”和“企企通”，组织工业企业与华为、阿里云、电信等服务机构在云诊断、云解决方案、项目实施、运营维护等多领域、多层次开展深度合作。

三是强化智能制造公共服务支撑。建立智能制造公共服务平台网络体系，在重点区域、行业建设一批国家和省级示范平台。不断加强推进智能制造产业技术、行业云、软件开发系统集成、工业大数据、创新设计协同、工业物联网、数据智能应用、检验检测等服务平台建设，推进优质“智造”服务商集聚化、市场化发展，为企业自动化、数字化、智能化改造提供技术支持和系统解决方案服务。

（二）打造多层次人才供给体系，破解智能制造人才瓶颈“难点”

一是大力引进基础性研发人才。企业反映，苏州对于引进高端人才的扶持政策非常好，但希望在认定条件上给予一定的灵活性。同时要进一步加大城市软环境建设力度，为各类人才解决生活、工作后顾之忧，提升苏城对人才的吸引力。

二是加强技能性人才培养。依托在苏高校资源，打造推动苏州发展的“自己的有生力量”。支持在苏高等院校通过扩容、引智等方式壮大智能制造相关专业，引导“高等院校教授、学生进企业，企业专家、员工进校园”，积极互动、沟通供需，优化高等院校院系、专业、课程设置，有的放矢地扩大人才供给数量、提升人才供给质量。支持有条件的企业与高校院所直接开展合作，进行人才定向培养，开展适应智能制造生产需求的相关技能培训，培养“接地气”的适合企业需求的高中低端各层次人才。

（三）多方发力，精准施策，消除智能制造发展的“痛点”

一是建立健全弹性支持政策。根据不同产业、不同行业、不同企业的现实需求，在资金、装备、人力资源等方面按产业、行业、企业建立分类扶持政策，加大对中小企业、实力相对弱小企业的扶持力度。加大“腾笼换鸟”力度，挖掘用地指标潜力，保障有条件的企业率先完成智能制造转型升级。

二是强化产研结合，助推智能制造量质并进。进一步支持高校等研发机构与企业紧密对接，鼓励双方合作设立研发机构，以企业需求为导向开展科研工作，高效率、高质量助力智能制造转型升级。支持有条件的企业在北京、上海、广州等一线城市设立办事处，依托当地高校优质生源、科研院所招聘一流人才进行研发。

三是打造优质营商环境，激发企业内生动力。进一步打造更为优质的营商环境，全面推进“放管服”改革，优化办事流程、简化审批手续、缩短审批周期、创新监管模式，全力减轻制造业企业在智能制造转型升级中的制度性压力。改进智能制造相关补贴申报程序、申报方式，规范相关中介机构行为，避免中介机构挤占补贴资金。齐心协力培育精益求精、追求完美的“工匠精神”，加强知识产权保护力度，营造追求卓越的工作氛围。大力弘扬优秀企业家精神，在全社会范围内营造勇于担当、包容失败的干事创业氛围，充分调动企业家积极性、主动性，推动智能制造进一步发展。

行业篇

2018年苏州市百货行业发展报告

苏州市百货业商会

2018年，苏州市百货业商会坚持以习近平新时代中国特色社会主义思想为指导，全面认真贯彻落实党的十九大精神，主动适应新常态，加快推进经营结构调整和升级，推动传统百货零售实体店与时俱进，较好地适应了市场消费的新变化和新需求，全市百货行业取得了较好的发展，为苏州零售商业的繁荣和城市形象的提升做出了贡献。2018年，苏州市百货行业商会再次受到苏州市工商业联合会表彰，被授予“苏州市四好商会”称号。

一、2018年苏州市百货零售市场概况

2018年苏州市百货零售市场可以概括为三句话：一是市场商品丰富多样，消费需求保持平稳发展；二是企业不断调整经营结构、经营策略和经营措施，以满足市场消费新需求；三是城市商贸区或购物中心和网店日趋成熟，促使消费多处分流。

（一）社会消费品零售额平稳增长

2018年，苏州市百货行业实现销售收入5746.9亿元，同比增长7.4%。虽然增幅比上年回落2.9个百分点，还低于全国2个百分点，但仍保持7%以上的增长。从结构上看，八大类消费支出全面增长：1.食品烟酒增长2.1%；2.衣着增长6.4%；3.居住增长11.9%；4.生活用品及服务增长8.3%；5.交通通信增长2.5%；6.教育文化娱乐增长8.9%；7.医疗保健增长13.3%；8.其他用品和服务增长10.8%。

（二）电子商务交易额快速增长

2018年“双11”当天，苏州市电商企业商品零售总量超4800万件，交易额达

68亿元，同比增长21.0%。根据邮政管理部门统计，11月10日—15日，苏州全市快递寄件量达6900万件，同比增长52.0%。

从增长数据看，电商对居民消费仍有很强的吸引力，在线上价格优势的刺激下，网购还将在一定程度上激发消费潜力，并增加其他商品的消费预期。

（三）百货零售仍有较大增长空间

从城镇居民人均生活消费支出来看，医疗保健、居住、其他用品和服务支出增长较快，分别比上年同期增长13.5%、12.1%、11.5%；食品烟酒、居住和交通通信支出占消费支出的比重较大，分别为25.1%、24.9%、16.4%；居住、教育文化娱乐和医疗保健支出对消费支出增长的拉动作用最为明显，贡献率分别为43.7%、19.7%和9.2%。以上数据足以说明苏州居民消费储备和潜力较大，商贸业特别是百货零售在新一年仍将有较大的增长。

二、苏州市百货店在零售市场竞争中求发展

2018年，苏州市百货零售企业通过不断加强内部管理，挖掘潜在消费群体与开拓新的经营门类，使传统百货店有较大的市场吸引力和相对电商还是有一定的市场竞争优势，总体呈现四大特点。

（一）百货大店发展放缓

2018年是苏州城区百货零售大店开业最少的一年，城区网点布局已基本完成。在姑苏区、工业园区、高新区、相城区、吴中区等五大区域，基本没有特别大的且有一定影响力的大店开张。

（二）同业兼并增多

如大润发大卖场兼并经营规模同样较大的外资大店欧尚大卖场，天虹百货进驻原石路十几万平方米的新苏天地店。

（三）大小生意一起做

国内家电卖场巨头苏宁电气拿下了苏州所有大润发门店的家电经营权，同时还在大街或小区大举开设苏宁小店。出现大市场与小市场、大生意和小生意携手并举的零售市场新现象。

（四）电商稳步走与实体相结合之路

电商经过前几年的快速发展，网店与实体店的利弊都已表现出来了。电商为

了克服自身的弱点，开始稳步重返实体店，以满足顾客更多的购物体验需求。

三、商会和企业共建共创经营新发展

一年来，商会努力为企业服务并与企业共创共建在新零售市场形势下的营销新环境，促使企业经营稳健发展。

（一）积极做好会员企业日常走访

严格根据《商会章程》规定坚持开好“三会”，从制度上保障会员享有的权利与义务，也确保商会日常工作的正常运作。使每个会员都感到商会是他们的家，组织是他们反映诉求与政府沟通的桥梁。一年来，商会坚持每月走访会员单位，倾听会员呼声，通过请示形式向政府或相关部门反映行业的诉求和建议。

（二）制定行业经营工作指导建议

商会通过对全市消费市场和行业企业的调研，在2017年底就向全体理事大会提出新一年的行业经营工作指导建议，并经会议讨论修改后在2018年初的会员大会上公布，正式作为行业企业的经营工作指导意见，以帮助企业了解更多的政府新政策、市场新动态和新趋势，使企业能制订出与企业自身条件相适应的年度工作新目标。

（三）组织会员开展会员活动

为推动行业企业寻求更大的市场商机和经营发展，商会免费组织会员参加上海国际袜业采购交易会、上海国际流行服饰展暨上海国际帽子围巾手套展览会和全球三大展会之一的第二十三届中国美容博览会（上海CBE）。在第二十三届中国美容博览会上我会会员企业苏州市人民商场、华润万家获得中国化妆品商业企业至尊荣誉——2018中国尊盛商业大奖。

（四）强化行业精神文明建设

商会在行业积极开展学习与宣传党的十九大会议精神。企业积极参与行业创建和诚信消费承诺活动，为苏州文明城市建设树立了良好的行业形象。企业还以切实行动投入到社会公益与慈善事业之中。副会长单位函数集团美罗商城对姑苏区“一家人”慈善互助中心进行了第15次爱心捐赠活动。

当前零售市场已经进入消费者主权时代。2019年，苏州市百货行业将积极由营销商品转变为营销顾客，在经营理念、经营策略和经营目标上，切实结合自身的实际情况精准聚焦：一是精准聚焦和定义企业自身经营与消费群定位；二是精准聚焦经营商品品类、商品品牌与价格定位；三是精准聚焦坚持自己的市场在线下而不是线上，实体店要在“实”字上做经营、做体验和做服务；四是精准聚焦并利用互联网大数据为扩大经营与顾客服务。

2018年苏州市餐饮行业发展报告

苏州市餐饮业商会

2018年，苏州市餐饮行业坚持新发展理念，深化供给侧结构性改革，大力实施创新驱动，不断增强发展内生动力，推动餐饮经济稳步发展。

一、2018年苏州餐饮业发展概况

2018年，苏州市餐饮市场稳定运行，势头巩固，质量效益稳步提高。全年住宿餐饮业零售额收入712.3亿元，同比增长9.0%，在扩内需、促消费、稳增长、惠民生方面作用强劲，餐饮市场继续呈现稳步增长态势。

（一）苏州市餐饮行业变化巨大。改革开放以来，苏州市餐饮业坚持以人为本、服务民生的基本原则，优化发展结构，创新发展模式，提升服务质量，为推动餐饮业转型发展、促进餐饮业的进一步增长发挥积极的作用。苏州市得月楼餐饮有限公司荣获“改革开放40年中国餐饮行业老字号新辉煌企业”称号，苏州市善正鑫木（新梅华）餐饮管理有限公司荣获“改革开放40年中国餐饮行业创业发展突出贡献企业”称号，书香酒店集团荣获“中国主题酒店杰出创新奖”，金鸡湖大酒店荣登“中国品牌连锁饭店紫爵榜”榜单首位。2018年以来，苏州市餐饮业涌现出一大批极具品牌影响力的先进企业和个人。4月12日，由苏州市餐饮业商会与苏州广播电视总台联合主办的“苏州餐饮行业品牌影响力年度评选颁奖盛典”在现代传媒广场演播厅隆重举行，同时启动了“阳光餐饮联盟”。阳光餐饮联盟将通过一系列的行业主题活动，全力提升餐饮行业的品质与服务，致力于打造高质量的美食新天堂。

（二）供给侧结构性改革成为餐饮业主攻方向。2018年以来餐饮市场运行总体平稳、稳中有进，持续领跑消费市场，坚持质量效益优先、品质提升，逐步在经营管理、品牌塑造、模式创新、技术应用、现代供应链等环节全方位改进，激发餐饮市场活力，增强内生动力。为此，需把提高供给侧体系的质量作为餐饮行业未来发展的主攻方向，以供给侧结构性改革为主线，激发餐饮市场活力、增强内生动力。随着消费结构不断升级，餐饮消费需求更趋品质化、精细化、体验化，中高端需求再次细分，既注重消费场景和菜品精致美感，又能够达到宴请、聚会双重体验的模式开始受欢迎。大众化餐饮蓬勃发展，中高端餐饮逐渐回归理性。以往餐饮业有一种观点，认为苏帮菜在人均80元左右档次有市场，随着市场经济的发展，人们生活水平的提高和对美好生活的向往，人们的消费观念正在发生明显的变化。以苏州味道为主题的"四季宴"，制作精细，不断创新，与时俱进。包括春之宴、夏之宴、秋之宴、冬之宴，淋漓尽致地展示了苏州菜四季口味，深受市民欢迎。工业园区李公堤江南雅厨以四季苏州园林为装修主格调，同时引进苏派赏石、吴门大家书画，以及评弹、昆曲等表演，引得苏州市民纷纷慕名而去，还吸引了众多外地游客。随着市民"吃消费"升级，不仅中低端市场增长快，而且人均200元以上"苏州味道"的中高端市场，只要适应现代消费、物有所值，也大有潜力。国家统计局苏州调查队公布的调查数据显示，2018年，苏州人均在外饮食消费1917元，同比增长17.2%。

（三）品牌企业、老字号仍然是当前消费的主流。苏州餐饮业通过调整产品结构和商业模式，改进供给侧供给质量与数量，提升整体服务水平，打造餐饮业新的内生增长动力，进一步深化近年来餐饮业转型发展成果，涌现出了大批新产品、新品牌、新模式。在餐饮业态分布中，中式正餐、休闲餐饮市场最为火爆，商业综合体餐饮，翻台等座排队呈现井喷式消费，餐饮外卖在线订餐也在逐渐增加。节假日苏州传统苏帮特色菜、经典菜、时令菜，销售比平时猛增好几倍，家常菜、创新菜销量猛增，农家菜、外帮特色风味菜等，争相登上顾客点吃排行榜。近年来，餐饮与文化、餐饮与旅游的有机结合，已成为拉动苏州经济增长的新亮点。外卖方便快捷，餐馆环境好、有特色，消费者对大众餐饮的需求推动了餐饮行业新一轮增长。2018年国庆期间，市区苏帮菜知名饭店、购物中心特色餐饮、周边农家乐等多路商家，人头攒动，排起就餐长龙。黄金周首日，"吃客大军"就纷至沓来，店内启动连轴转的翻台模式。据市区不少餐饮店介绍，黄金周期间，涌进饭店品尝美食的人流，比上年同期增长一成以上。大闸蟹、鸡头米、松鼠鳜鱼等苏州招牌菜以及各种“新奇特”餐饮全面开花，在休闲度假品美食的人潮中销量大增。

二、苏州市餐饮行业发展中存在的主要问题

近年来，虽然苏州餐饮行业继续保持稳定发展的态势，但是，由于市场竞争激烈，作为第三产业中的一个传统服务性行业，苏州餐饮行业仍然面临以下问题。

（一）餐饮行业的用工荒正趋于常态化，从业人员素质有待提高。众所周知，餐饮行业是个劳动密集型产业，人员流动频繁，流失率高。目前全市共有3万多家餐饮企业，就业人员40万左右，但餐饮一线人员长期短缺。餐饮行业用工荒的难题在中小餐饮企业更为明显，较大的餐饮企业有相应的部门进行人才储备、分配、培训，有的餐饮公司还跟劳务公司有合作，进行人员输送，员工待遇良好并且稳定，流失率相对较低。一些中小型餐饮企业员工多是相互介绍或者亲戚朋友，缺乏服务培训，企业忠诚度也很低，人才流动方面还会产生连带反应。现在餐饮用工荒已不仅局限在节假日期间，平时也会面临这种难题。而在员工方面，工资已经从此前到手的两三千元涨到了现在的四千多元甚至更高，但用工形势依然很严峻，年轻人不愿从事服务行业。此外，除了厨师等一些有特殊专业要求的岗位外，其他岗位上岗门槛较低，员工学历普遍不高，流动性强，接受新技术、新管理理念能力弱，因而从业人员的整体素质不高，缺乏良好的服务意识和服务质量，在一定的程度上也会影响到企业的发展。

（二）餐饮业还面临着巨大的成本压力，“四高一低”现象依旧突出。能源成本、人力成本、物业成本和原材料成本居高不下，而餐饮行业的平均利润率已不到5%。餐饮业原材料价格的涨幅也不小，据某餐饮店老板介绍，该店产品从总部的进货价已经调整了两次，每次涨幅在3%至5%，虽然终点零售价暂时没调，但是利润越来越低了。除了餐饮行业的“四高一低”以外，部分餐饮企业在员工住宿方面的开销急剧上升，此前给员工租房一套四五千元，现在都涨到一万多元，导致企业的利润非常低。近年来，餐饮用工成本、房租费用快速攀升，商业地产的租金上涨，让餐饮企业在经营扩张方面停滞不前。有媒体调查显示，前几年，零售企业续租门店的租金平均上涨30%。但近几年，有些企业门

店的租金上涨达100%，有的甚至更高。据悉，78%的餐饮企业经营场所是租用的，租金上升对成本影响较大，餐饮企业门店租赁期一般8至10年，一旦到期，物业方就会大幅上调租金，企业利润则被大大压缩。高额的门店房租，成为制约餐饮行业发展的瓶颈。

（三）餐饮行业的网点规划布局不合理，餐饮成为购物中心的引流业态。近年来，集吃、喝、玩、购物为一体的商业综合体像雨后春笋般涌现，随着久光、泉屋、金鹰、龙湖天街、永旺、天虹、万达、苏州中心等商业综合体落户苏州，由购物、餐饮、娱乐等业态构成的新型商业综合体已成为市场主流。而餐饮作为商业综合体中吸引客流最简单最直接的业态增速迅猛，有的商业综合体中餐饮占比达到40%至50%。如今购物中心数量繁多且发展参差不齐，很可能会加剧商业综合体餐饮市场的过度竞争。大量的商场落地，并没有带起综合体效应，反而因同质化竞争，或经营等问题，使得各方都损失惨重。如瑞富广场，曾经热闹非凡的景象已不复重现，那个曾经吸引众多苏州人的美食广场，再也找不到当时的人气了，如今不少店面已经关闭，一些还在营业的餐饮店或是几经易主，或者勉强维持。一些家住附近的居民也表示很无奈，附近环境太差了，一般出去逛街也会去其他地方。网点规划布局不合理，众多餐饮企业集中在同一个区域，宾馆（酒店）尤为突出。苏州市酒店业规模在不断扩大中，据统计，2018年全市住宿业经营单位达6000余家，其中规模较大的有600多家，星级酒店100家，五星级酒店27家，四星级38家，三星级27家，二星级8家，客房总数23000余间，床位39000余个，餐位95000余个，员工26000余人。希望政府加强对商业网点的引导，在城市相关产业布局和规划中，充分考虑餐饮发展的实际需要，巩固餐饮业主体定位，改善企业经营环境。

三、对策及发展思路

2018年是贯彻党的十九大精神的开局之年，是开启改革开放伟大历史进程的40周年。在苏州市工商业联合会的领导下，在全体会员的共同努力下，商会认真学习贯彻习近平新时代中国特色社会主义思想和党的十九大精神，围绕服务会员、服务政府、服务行业的宗旨，在维护行业合理合法权益、优化行业发展环境、提高行业自律与诚信经营水平、促进并引导餐饮行业健康发展等方面开展了一系列工作，为推动苏州市餐饮业发展做出了积极贡献。

（一）认清经济形势，增强发展信心。商会认真学习党的十九大精神和中央经济工作会议精神，根据当前总体经济形势“稳中向好、稳中有难、稳中求进”的目标，做好各项工作。年初，商会召开四届四次常务理事（扩大）会，邀请苏州市记者协会名誉主席、商会顾问郦方同志根据当前国内外形势，结合党的十九大、全国“两会”精神，融会贯通、深入浅出地进行了宣讲，让参会人员对目前国际国内的形势有了比较全面的认识，更加明确在新形势下如何提升企业核心竞争力，坚定信念，增强信心，推动餐饮业向更高质量发展，为满足人民日益增长的美好需要而做出新的贡献。陈素兴会长针对当前餐饮行业态势进行了分析和探讨，他指出：要认真学习《中共中央 国务院关于营造企业家健康成长环境 弘扬优秀企业家精神 更好发挥企业家作用的意见》《最高人民法院关于充分发挥审判职能作用为企业家创新创业营造良好法治环境的通知》，在新形势下，不断加强餐饮企业相关税收、社保等系列政策的理解，增强法律意识。党的十九大以来，政府明确了要依法保护企业家合法权益，明晰了企业家精神的地位和价值，为企业家创新创业营造了良好环境，餐饮企业家不能辜负好时代，要明确目标，要脚踏实地地实干，要持之以恒地学习，要勇往直前地创新，要根据市场变化，拓展服务领域，调整产品结构，打造电子商务、网络营销、微信订餐等新兴功能，共同携手推进苏州餐饮行业健康稳定发展。

（二）履行社会责任，倡导诚信经营。2018年初，苏州市食品安全委员会办公室召开餐饮业质量安全提升工程工作会议，对《苏州市餐饮业质量安全提升工程工作方案》和相关指标体系进行了解读，相关部门结合工作职责对提升工程的组织实施提出了意见和建议。结合职责分工，扎实推进，促进全市餐饮业供给侧结构调整，强化品牌和示范建设，引导餐饮业提档升级、集约经营。同时，分别落实好食品安全主体责任及监管责任，促进全市餐饮业质量安全水平的稳步提升。商会要求各会员企业进一步加强自查，积极落实食品安全主体责任。对自查中发现存在发生食品安全事故潜在风险隐患的，认真采取整改措施，消除安全隐患。同时建立长效性管理措施，抓好食品安全知识培训和食品安全检查员队伍建设，提升食品安全管理水平。营造良好的食品安全消费环境，促进全行业的稳定健康发展，与政府监管部门、社会监督力量等一同构建食品安全社会共建共治格局，保障全市餐饮服务食品安全。为保证餐饮场所用餐安全，各市、区餐饮商会借助微信、短信平台，及时提醒会员企业加强安全防范措施，配合相关职能部门进行督查，保障节日期间餐饮市场稳定，努力营造安全放心的餐饮服务环境。姑苏区餐饮业商会认真部署2018年春季食品安全检查，在4月16日至4月27日期间组织18个检查小组、93名检查员对100家餐饮企业开展行业自律、行业检查。为强化企业自律，落实长效管理，充分发挥标杆示范作用，以优秀典型带动姑苏区餐饮服务食品安全水平再上新台阶，经申报推荐、组织评审等程序，新世纪大酒店等8家单位获得“姑苏区示范餐饮单位”称号。昆山市餐饮宾馆业协会分别制定了《诚信守法经营倡议书》《食品安全承诺书》《行业诚信公约》《从业人员职业道德公约》。

（三）拓展经营思路，推动创新发展。苏州餐饮业坚持以人为本、服务民生的基本原则，优化发展结构，创新发展模式，提升服务质量，为推动餐饮业转型发展，促进全市餐饮行业进一步增长发挥积极的作用。商会秉承“服务、交流、学习、共赢”的理念，搭建平台，努力为会员企业服务。2018年以来，陈素兴会长一行分别赴吴中区、工业园区、相城区会员企业走访调研，了解企业发展情况。锦阳渔港大酒店顺应餐饮业经济发展新常态，主动调整、积极转型，在苏城首推“明厨亮灶”超大明档土灶区，以全新的超市量贩式点菜模式，让消费者直观地看到菜肴的制作、数量、价格，明明白白放心消费。百盛餐饮连锁企业——百盛天地大酒店、百盛鼎膳、百盛人家、鱼小漾、卤小凤、锅品面吧、米芝莲等十几家品牌店，已发展成集餐饮、甜品为一体的综合性连锁企业。企业以“今天的服务、明天的客户”为核心价值，在江、浙、沪地区树立良好的口碑。金鸡湖大酒店以昂扬的姿态奋发前行，以高质量发展和卓越服务勇攀服务业高峰，提升品牌运营，迎接八方来宾。东山雕花楼宾馆充分利用本地资源，结合雕花楼“月月有花、季季有果”的自然景观，举办一系列应季活动，将住宿餐饮与文化、住宿餐饮与旅游融为一体。新黄埭大酒店始终奉行“忠于客户、精于服务”的理念，随着消费者需求的日益提升，用周到细致的服务、脍炙人口的名菜名点，推动了企业转型升级。昆山市餐饮宾馆业协会先后赴无锡、扬州、泰州等地拜访友好商会；常熟市餐饮业商会赴泰州天德湖宾馆等餐饮企业学习取经，寻商问道谋发展。各地餐饮业同行传承匠心匠艺，受益匪浅。商会组织各市、区秘书长赴福州进行了为期5天的学习考察，对福州地区餐饮业发展动态，进行市场调研，认真考察福州商业街的时尚餐饮业态。

为配合全市打造全域旅游大市，进一步提升苏帮菜特别是苏州面的水平和影响力，彰显工匠精神和创新特色，商会协同市旅游局、商务局、烹饪协会联合举办“苏州十碗面”大赛，从年初起延续到6月底，经过初赛、网评、暗访、明察和决赛，胥城奥灶面、同得兴枫镇大肉面、朱鸿兴冻鸡面、陆长兴爆鱼面等“苏州十碗面”全新出炉。同时，由市烹饪协会、市餐饮业商会、市旅游饭店协会、苏州日报报业集团共同举办的“苏州双十佳面馆”“三十只苏州名小吃”评选，也是此次大赛的重要活动，全市近百家面业、小吃知名品牌参加。活动通过网络评议、专家评定等方式，对具有市场影响力的面食、小吃进行评定、公布，取前20名为“苏州双十佳面馆”，前30名为“三十只苏州名小吃”。

2019年，商会将在苏州市工商业联合会的领导下，认真学习宣传贯彻党的十九大精神，坚定“四个自信”，增强“四个意识”，提倡企业家精神、劳模精神、工匠精神，弘扬苏州餐饮文化的传承和创新，提供更多、更好、富有地方特色的健康优质产品，在品牌上下功夫，在合作共赢上求亮点，促进行业高质量发展，以优异成绩迎接中华人民共和国成立70周年。

2018年苏州民办教育行业发展报告

苏州市民办教育协会

民办教育是顺应经济发展、市场需求的产物，是我国教育事业的重要组成部分。随着国家全面放开二胎政策的实施，教育行业面临很大的压力，作为教育市场重要力量的民办教育，其地位显得更加重要，也面临着新的机遇和挑战。

一、苏州市民办教育行业概况

苏州市经济发达，全市常住人口1072.17万人，其中户籍人口703.55万人。2018年完成地区生产总值1.86万亿元。新建中小学、幼儿园52所，改扩建17所，新增学位6.8万个。年末全市拥有各级各类学校1620所，在校学生185.45万人。

2018年，苏州市共有各级各类民办学校（包括幼儿园）408所。其中民办幼儿园280所，民办普通小学79所（含九年一贯制学校、十二年一贯制学校），民办普通初中（含九年一贯制学校）26所，民办普通高中19所（含4所完全中学、12所十二年一贯制学校），民办特殊教育学校1所，民办中等职业学校3所。由市、区教育行政部门审批的教育培训机构有478家，由人社部门审批的教育培训机构有160家，工商部门登记的教育培训机构有10881家。民办教育已经成为苏州市教育必不可少的重要组成部分。

二、苏州市民办教育行业成绩斐然

（一）学前教育稳定增长，普惠性幼儿园为发展重点

苏州市学前教育一直处于全国领先地位，随着人口数量的逐年增长，公办幼儿园早已不能满足社会的需求。2018年全市有280所民办幼儿园，超过幼儿园

总数的三分之一；在园儿童108251人，超过在园儿童总数的30%。部分区域民办幼儿园的数量已经占据了半壁江山。虽然从单体幼儿园来比较，部分民办幼儿园的规模、硬件、师资、管理等方面与公办幼儿园存在差距，但政府部门积极支持和引导民办幼儿园的办学方向，新办幼儿园必须符合省优质幼儿园或市优质幼儿园的相关要求，同时鼓励存量民办幼儿园投入资金，努力改善硬件设施、加强师资队伍建设、提高管理水平，争取成为优质幼儿园。近几年，每年都有民办幼儿园进入省优质幼儿园或市优质幼儿园行列。苏州市学前三年教育毛入学率2018年达到99.60%，其中民办幼儿园贡献了很大的份额。

（二）外来工子弟学校提档升级，办学水平进一步改善

随着城市化与现代化的迅猛推进，近年来，苏州市外来人口数量持续加大，流动人口登记数已近700万人。在坚持“两为主”（以流入地政府管理为主，以全日制公立学校接收为主）政策的基础上，外来工子弟学校作为义务教育学校的有效补充，为保障流动人口随迁子女入学发挥着积极的作用。

外来工子弟学校第二次提档升级列入2017年苏州市政府实事工程，全市有75所外来工子弟学校参与了该项目。作为标准化建设主体，积极开展项目申报和方案设计。各地教育行政部门承担辖区内项目管理责任，全力推进提档升级项目工作的实施，对标整改，全面改进。这次提档升级项目更注重于标准引领，内涵发展。75所外来工子弟学校针对2016年省义务教育学校标准化监测薄弱环节，围绕学校设置、校园建设、教育装备、教师队伍、教育教学、学校管理、质量评价、经费保障八个方面开展提档升级工作。通过有针对性地改进，外来工子弟学校标准化建设薄弱环节得到显著改善。市教育局委托苏州市教育质量监测中心组织实施外来工子弟学校五年级英语质量监测，对英语教学工作提出改进提升建议，进一步促进外来工子弟学校教育教学质量的改进和提高。

在各级政府、教育行政部门和75所外来工子弟学校的全力配合下，市级财政投入780万元标准化建设引导资金，县市区地方政府投入资金3702万元，学校自筹资金5080万元，顺利完成299个提档升级子项目，外来工子弟学校标准化办学水平得到显著提高。各区、市积极做好本区域内提档升级项目的指导和监督工作。经苏州市教育局组织专家组对学校项目达成度进行评估验收，评选出特等奖3个、一等奖24个、二等奖24个、三等奖21个、鼓励奖3个，涌现出一批提档升

级工作先进集体和先进区域。

（三）国际化教育市场持续升温，优质教育资源供不应求

文化底蕴深厚的苏州，虽然学历教育资源比较多，但对优质教育资源的竞争相当激烈。目前，江苏省有国际学校120多家，苏州有国际学校49家，名列江苏第一。还有一批国际学校正在筹备或建造之中。随着经济条件的改善，很多家长都在择校，都要选择好学校、优质学校。这就给民办教育提供了发展良机。民办学校只要办出特色，办成优质教育，就会受到社会的欢迎。国际学校的不断涌现，正好顺应了国家战略和社会需求。

苏州的国际教育一直处于高位发展水平。历年来，苏州学生境外名校的录取率一直处于全省领先水平，甚至已经跃居全国前列。根据世界大学学术排名、美国新闻世界高校排名、英国职业与教育研究世界大学排名与泰晤士高等教育世界大学排名等四大国际主流世界大学排名榜单综合遴选出的世界百强大学，2018年苏州全市共有1087名学生考入境外世界百强名校，其中美国、加拿大、英国、澳大利亚等国名校均录取了上百名苏州学生。苏州学生在顶尖名校的录取表现依旧抢眼。2018年，苏州学生“牛、剑”录取率再创新高，共有来自江苏省苏州中学园区校、苏州外国语学校、苏州工业园区德威联合书院、北京外国语大学附属苏州湾外国语学校、张家港常青藤实验中学等校的13名学生被牛津大学和剑桥大学录取。综合四大国际主流世界大学排名榜单前10强名校，苏州市共有125名学生被录取，在全市被录取境外百强名校的所有学生中，占比达11.4%。

（四）培训教育面临新的挑战，刚性需求仍会推动行业发展

多年来，培训机构在满足人民群众对教育的多元需求、弥补公办教育资源的不足、拉动教育产业和大学生就业等方面，以及对地方经济和社会事业的发展都做出了一定的贡献。同时，一批优质、规范的教育培训机构在竞争激烈的培训市场中发展壮大起来。

就民办教育机构的数量而言，从事非学历教育培训的机构占了一大半。据统计，目前苏州市由市、区教育行政部门审批的教育培训机构有478家，由人社部门审批的有160家，工商部门登记的有10881家。而工商部门登记的大部分是以教育咨询、教育服务等名义办理营业执照，并没有办学许可证。此外，还有部分以俱乐部、训练中心为名的机构在从事教育培训业务，社会上无照无证从事教育

培训的机构至少有几千家。

为了切实解决面向中小学生举办的非学历文化教育类培训机构存在的突出问题，2018年2月，教育部、民政部、人社部、工商总局等四部门联合颁发了《关于切实减轻中小学生课外负担开展校外培训机构专项治理行动的通知》，省、市政府部门也出台了相应的政策，一场全国范围内的专项治理行动全面展开。在各级政府、社会及广大培训机构的共同努力下，消除了许多安全隐患，关停取缔了一大批无照无证或违规的培训机构，进一步规范了培训市场。截至2018年12月底，江苏省共有中小学学科类校外培训机构17167家，合规（含整改后合规）校外培训机构5159家，关停取缔12008家。苏州市共查出2000余家培训机构存在问题，通过集中整治，全市共关停取缔（含不再从事学科类培训）校外培训机构1758家，被责令整改并整改到位继续开展学科类培训的机构共284家，消除培训机构各类安全隐患452例。2019年1月，苏州市教育局公布了第一批校外培训机构的白名单，有476家培训机构榜上有名。

幼升小、小升初和初升高的压力越来越大。为了进入更好的学校就读，大多数学生家长愿意付出。在公办学校中，有一大半中小学生都在参加各种文化补习类的课外培训班。根据《2017年苏州市义务教育学业质量监测课外辅导情况专题报告》，约有一半的初中生参加课外辅导。尤其是初三学生，参加课外辅导的比例达64.7%。大量持续而稳定的刚性需求将推动培训行业逐年增长。经过一年来的专项治理行动，培训教育市场将进入更加规范有序发展的新阶段。

三、苏州市民办教育政策环境有待继续提升

（一）《民办教育促进法》配套政策有待进一步完善

2016年底通过的《中华人民共和国民办教育促进法》原定于2017年9月1日正式施行，但是直到2018年底也未见公布，使得该法到了实施期却无法真正落地。该法实行非营利性和营利性分类管理在实施上遇到难题，对民办学校的产权明定和清产核资难以施行，地方政府实行财政、用地、收费差别化扶持难以兑现。

（二）小区配套的普惠性幼儿园实施细则还未出台

2018年11月中共中央、国务院印发《中共中央 国务院关于学前教育深化改革规范发展的若干意见》，2019年1月国务院办公厅又发布了《国务院办公厅关于开

展城镇小区配套幼儿园治理工作的通知》(国办发〔2019〕3号),提出城镇小区配套幼儿园应由当地政府统筹安排,办成公办幼儿园或委托办成普惠性民办幼儿园。并将开展城镇小区配套幼儿园治理工作,对小区配套幼儿园治理的主要任务、工作措施、治理时间表和组织领导等方面提出明确要求。对于已经存在于建成小区内的民办幼儿园来说,政府可以通过购置或置换改成公办幼儿园,也可由政府部门委托办成普惠性民办幼儿园,但具体购置或置换的方案及补贴标准等一些实施细则尚未出台。

(三)要加大民办教育快速健康发展引导力度

2017年,苏州市人民政府印发《苏州市教育事业第十三个五年发展规划》,支持社会力量办学。大力发展非营利性民办教育,加快培育优质民办学校,探索公办民办混合制改革试点,提高民办教育在全市教育事业中的占比。到2020年,基本形成政府主导和社会参与、保基本和强高端、多元化办学和规范化管理相得益彰的民办教育新格局,满足人民群众多层次、多样化的教育需求。到2020年,民办幼儿园、义务教育民办学校占全市幼儿园、学校比例将明显提升。

落实民办教育扶持政策。全面落实苏州市政府《关于加快全市民办教育发展意见》(苏府办〔2015〕35号),把民办教育发展纳入各级政府教育事业发展规划。加强部门协同,建立健全扶持政策,各级政府设立民办教育发展资金,完善政府购买教育服务和奖补机制,加大对兴办非营利性民办学校支持力度,大力提升民办教育整体办学水平。到2020年,民办学校教师工资待遇与公办学校教师大体相当。

四、苏州市民办教育行业发展趋势

(一)非营利性民办学校将得到政府更多支持

政府积极鼓励和大力支持社会力量举办非营利性民办学校,各地在政府补贴、购买服务、基金奖励、捐资激励、土地划拨、税收减免等方面对非营利性民办学校给予扶持。2018年2月,江苏省政府出台《省政府关于鼓励社会力量兴办教育促进民办教育健康发展的实施意见》(苏政发〔2018〕31号),鼓励各地设立民办教育发展专项资金,用于发展非营利性民办学校。省财政继续安排民办高等教育发展专项资金,并根据民办高校办学绩效等给予综合奖补。建立健全民办教育政府补贴制度，完善政府购买服务的标准和程序，健全向民办学校购买就读学位、课程教材、政策咨询等教育服务的政策。义务教育阶段民办学校学生免除学杂费标准，按省定生均公用经费基准定额执行。要坚持公益普惠，在大力发展公办幼儿园的同时，积极引导和扶持民办幼儿园提供普惠性服务，对执行公办幼儿园收费标准的非营利性民办幼儿园，按照公办幼儿园同等标准安排生均公用经费拨款。

（二）学前教育市场规模将继续扩大

随着国家二胎政策全面放开，未来几年的新生婴儿数量将呈现稳中有升态势。预计到2020年学前教育适龄人口将超过1.2亿人，这将为学前教育的发展提供良好的人口规模基础。同时因国民生活水平的提高，到2020年学前教育市场中城镇家庭教育支出预计将达到8000亿元。

另一方面，“80后”“90后”逐渐成为家长，整体社会的家长结构开始年轻化，他们对学前儿童的投入、关注以及需求更加超过从前。伴随着我国新生儿数量、入园率、幼儿园费用的齐增长，社会整体对0—6岁学前教育市场的需求急速增加，教育低龄化的趋势越发显著，这些因素都将导致中国学前教育市场的消费升级，即全面的专业早教系统之下，孩子身心健康的高质量成长、全方位技能熏陶，更成为家长们的目标所在。随着早教行业渐渐步入正轨，能够提供优质内容、贴合用户需求的早教企业具备更广阔的发展前景。

（三）校外培训机构办学行为将更加规范

为了防止出现反复，巩固专项治理的成果，促进培训教育市场健康有序地发展，在2018年专项治理的基础上，政府将会制定落实各种政策措施，加强对校外培训机构的监管。2018年8月，国务院办公厅颁发了《国务院办公厅关于规范校外培训机构发展的意见》（国办发〔2018〕80号），着重要求健全校外培训机构日常监管机制，要求明确教育、市场监管、人社、编制等各部门职责，形成工作合力，落实年检年报制度、黑白名单制度，强化对校外培训机构的全过程监管。

（四）新应用技术将渗透到民办教育行业

新技术不断诞生并渗透教育行业，随着大数据、人工智能、立体化等技术的发展完善，教育行业长期存在的资源分配不均等问题将有望得到改善。一是具有人工智能的教育机器人将逐渐走进校园。如能提供人工智能课件和教师资源，或向学生提供在线问答式智能服务等。二是在线直播教育将持续快速增长。在政策经济环境利好、技术更新换代、教育需求上升的带动下，在线教育进入了智能时代。三是虚拟现实教育将成为教育科技领域发展的重点之一。2018年国家教育部明确要求推动虚拟现实在教育教学中的应用，并落实责任明确到教育部各职能部门。教育部已经明确虚拟现实发展对教育行业未来可能带来的巨大变革，政府大量资金的扶持向市场传递信息：虚拟现实+教育将是科技与教育融合的重点之一。

2018年苏州市光电通信产业发展报告

苏州市光电缆业商会

2018年是我国改革开放40周年，也是苏州市光电缆业商会步入第二届升级发展之年，更是苏州市光电通信产业面临国际国内严峻形势、坚持锐意创新发展的重要一年，全市光电通信全产业链积极调整心态，主动攻坚克难，取得了年度较好发展。

一、当前现状及分析

2018年初，光纤价格从2017年的最高位开始下行，光纤首次出现积货滞销现象，这标志着行业从2015—2017年的大好光景步入了另一个发展新周期，对全行业的冲击和影响在不断加剧。

（一）中美贸易酣战。2018年的中美贸易战，对苏州光电通信产业的阶段性发展是有影响的，主要体现在三个方面：1.亨通等龙头企业的国际化产业投资和市场布局，较前几年明显减少；2.苏州东沪、志宏等一批企业的出口额尤其是美洲市场份额有所下降；3.一些企业的海外上下游配套受到一定冲击。2018年6月，经苏州市商务局授权同意，“苏州市光通信产品公平贸易工作站”在苏州市光电缆业商会挂牌成立，对中美贸易战、国际公平贸易等方面开展了大量工作，从某种程度上有效降低了中美贸易战对苏州市光电通信行业的影响。

（二）5G进展延迟。2018年发生的几件事，如美国对中兴的限购打压、华为海外5G受阻等，业内专家认为旨在延迟我国5G商用进程，阻止我国对全球5G的引领。商会对比分析发现，移动、联通、电信三大运营商以及铁塔公司的2018年度集采放量，较前两年是放缓和不足的。一些参与集采的中小企业反映“吃不饱”，就连亨通、通鼎、永鼎、中利等大企业也受到影响。

（三）光纤低价滞销。自2018年4月开始，光纤市场从2017年历史高位开始跳水，价格持续降低，回归到了三年前的行情，几家光纤生产企业也出现不同程度积货，与2017年“一纤难求”形成了明显反差。亨通、通鼎、中利三家自制光棒企业因自身光缆产能和光纤消化能力较强，与其他外地同行企业相比影响较小。商会调研发现，2018年新上光棒、光纤项目的一些外地企业，受到的冲击和影响巨大。分析原因主要有：一是5G进程放缓和运营商放量不足；二是受国际市场竞争激烈的影响；三是前几年行业大好光景让很多企业纷纷上马光棒、光纤项目，造成供大于求；四是行业新一轮整合优化窗口已经到来，企业开始割肉保命。

（四）股价低位萎靡。苏州市光电通信产业已拥有15家上市挂牌企业，还有几家在排队等待。2018年行业中一个高频话题就是“股价”。受大盘形势、银行收紧和高杠杆股权质押等宏观、微观因素的影响，很多上市公司2018年较以往过得比较紧巴。但随着国家对实体经济、民营企业的不断重视和高度关注，企业只要迈过了这道坎就会迎来春天。2018年11月1日，习近平总书记主持召开民营企业座谈会，国家、省、市都密集出台相关政策，采取必要行动，为上市民营企业发声，相信上市民营企业能挺过这个难关。

（五）光棒、光纤再次反倾销。2018年7月10日，商务部发布公告：自2018年7月11日起，对原产于日本、美国的进口光纤预制棒继续征收反倾销税，实施期限5年；自2018年7月11日起，对原产于美国的进口非色散位移单模光纤征收反倾销税，实施期限5年。光棒、光纤再次获得反倾销，对苏州及我国光电通信产业发展来说至关重要。苏州市光电缆业商会、苏州市光通信产品公平贸易工作站、亨通集团等单位积极参与了该项工作，体现了行业组织、龙头企业应有的担当与责任。

（六）工业互联网提速。2018年是我国工业互联网发展的起步和提速之年，苏州市提出了“工业互联网看苏州”的响亮口号与愿景。工业互联网的发展，对光电通信产业是一个利好，既可以带动开拓产业市场需求，也可以提升企业加速转型升级。光通信产业，在2018年已被苏州市工信局列为工业互联网发展重点产业。苏州市光电缆业商会按照市工信局的安排，与紫光云引擎进行了光通信产业工业互联网创新发展战略合作，共同建设了光通信产业工业互联网平台。亨通、通鼎等企业的工业互联网建设也在不断加速。

（七）产业规模攀升。2018年尽管是比较困难的一年，但苏州市光电通信产业仍保持两位数的高位增长，整个行业全年产值近3000亿元，已基本接近全国行业产值的三分之一。从前述三家上市公司2018年报来看：亨通光电上半年营收152.72亿元，同比增长34.00%，净利润同比增长53.00%，预计全年度净利润将同比增10.00%—30.00%；通鼎互联上半年营收23.33亿元，同比增长14.37%，净利润同步增长24.62%，最大主业光纤光缆板块强劲增长30.57%，预计全年度净利润将同比增长30.00%以内；永鼎股份2018全年营收31.8亿元，同比增长11.00%。

（八）新技术新项目涌现。2018年涌现出一大批新技术、新项目，如：亨通500千伏海缆18公里无接头创两项世界纪录（世界上电压等级最高、路由最长），"亨通造"助力港珠澳大桥开通，亨通护航"2018APEC峰会"成功交付巴新国家通信海缆系统，亨通光网6款光模块产品顺利通过美国联邦通讯委员会符合性测试获得FCC证书，亨通光电设立合资公司江苏科大亨芯半导体技术有限公司向无线通信领域延伸，2018通鼎互联ICT行业应用新品发布会在国家会议中心隆重召开，通鼎互联获批光电缆国家高新技术产业标准化试点，永鼎股份第一根高温超导直流电缆通电导体研制成功，东大—永鼎智在云BIM技术建设应用联合研发中心成立，永鼎加速有源光器件布局，永鼎集团年产600吨光纤预制棒项目开工，中利集团博士后科研工作站揭牌成立，青海中利光纤三期年产600吨光纤预制棒智能制造项目开工建设，旭创科技最新400G高速光模块产品小批量出货，全球领先的NB—IOT全网通模组"吴通WT208"顺利通过中国电信严苛测试圆满入库，苏州天孚光通信全资子公司江西天孚科技新工业园开工建设，等等。

（九）政府更加重视。在2018年6月29日市委、市政府召开的全市民营经济高质量发展大会上播放了专题片《苏州市民营经济高质量发展巡礼》，片中"光纤光缆"被列入苏州已拥有的"一批全国领先的特色优势产业"。苏州市光电缆业商会会长崔根良应邀做了现场交流。亨通、通鼎、永鼎、中利等5家企业荣获"苏州市优秀企业"称号，通鼎沈小平、永鼎莫林弟、吴通万卫方、旭创刘圣等4人荣获"苏州市优秀企业家"称号。2018年相关部门对光电通信产业高度重视，也对商会的行业工作继续赋能：3月“红色光电联盟”入选市委两新工委的10个全市红色领航基层党建品牌；5月市商务局批准建立“苏州市光通信产品公平贸易工作站”；6月市知识产权局指导揭牌“光电缆及光通信产业知识产权运营中心”；8月市工信局指导推进“光通信产业工业互联网平台”，9月—11月市版权局授权开展“光电缆行业正版化软件使用引导扶持工作”，12月市知识产权局评选光通信入选5个“苏州市重点产业知识产权运营中心”建设项目之一……

（十）行业组织更加完善。作为苏州市光电通信产业的唯一行业组织，苏州市光电缆业商会在2018年取得了长足发展。商会被全国工商联评为首批全国“四好”商会，成为为数极少同时获得两个最高国家荣誉（国家民政局的5A社会组织、全国工商联的全国“四好”商会）的行业组织。2018年商会成功步入第二届，崔根良继续全票当选第二届会长，带领商会步入新一轮高质量发展征程。成功完成了为期两年的商会升级更名筹备工作，将商会更名为“苏州市光电产业商会”，涵括光电线缆、光电通信、光电器件、光电显示等4大领域，进一步扩展了商会的产业覆盖面和服务产业链。

二、产业特点及趋势

苏州作为全国通信光缆生产密集区、国家火炬计划光电缆产业基地，已拥有了亨通、通鼎、永鼎、中利、新海宜、旭创、吴通、天孚、安捷讯、瑞可达等15家知名上市挂牌企业，在全国乃至国际上已树立起苏州光电通信的整体区域品牌知名度、影响力和话语权。

（一）产业链日益健全。历经40多年建设发展，苏州已被誉为“中国光电缆之都”，是中国四大线缆基地、国际主要线缆生产基地之一，已积累了深厚的光电缆及光电通信产业基础与发展优势，有着较强的品牌竞争力、市场占有率和持续发展力，是全国光电通信系列品类较为齐全完整的地区，成为全国光电通信产业的聚集地、制高点、示范区，在全国乃至国际上已树立起了整体区域品牌和行业龙头地位。

（二）供应链日益完善。依托光电通信产业的集聚效应，苏州已形成了一大批原辅材料、机械设备、检测认证等配套企业，有中广核高新核材、德威新材、银禧科技、达胜、太湖等知名材料配套企业，UL、TÜV、VDE等国际检测认证机构在苏州建有分公司并都加入了商会，全国唯一的国家通信光电缆产品质量监督检验中心也建在苏州。可以说，苏州光电通信产业足不出市就能实现供应链的高性价比配套供应。

（三）价值链日益提升。2018年6月，商会首次率先对外公布了《苏州市光电缆及光通信行业20强企业名单》，入围的20家企业2017年度营收总额达1773.29亿元，营收超200亿元的企业4家，超20亿元的9家，其中亨通集团以780亿元位居榜首，充分对外展示了苏州光电通信产业的最优价值链。2018年底召开的“改革开放40年苏州光电产业高质量发展”表彰大会，20家卓越奖和20家优秀奖获得单位，也都是产业40年发展的优秀参与者、见证者和贡献者。

（四）创新链日益跃升。2018年3月3日中央电视台综合频道播出的《大国重器》重磅推出亨通集团，重点介绍了亨通作为光纤预制棒生产基地、超级海光缆制造工厂，自主研发的光纤预制棒打破美国康宁、日本住友、欧洲普睿司曼等少数光棒制造巨头的垄断，抢占了行业制高点，支撑起了中国通信行业的“脊梁”。综观苏州市光电通信行业，既有国家技术创新示范企业、国家企业技术中心、院士工作站，又屡获市长质量奖等重磅级奖项，获评数量明显高出其他行业，成为一道独特的风景。

（五）生态链日益优化。苏州市光电缆业商会调研分析发现，苏州市光电通信产业已形成一定规模和独具特色的分地区生态链，如吴江区光电缆及光通信、昆山市电子线缆、吴中区光通信、太仓市新材料、常熟市光电缆及无纺布、张家港市机械设备等；基本上每个地区都有几家龙头企业带动形成了整个产业生态链，比如：吴江区亨通、通鼎、永鼎等，吴中区耐克森、安捷讯、瑞可达、苏驼等，太仓市中广核高新核材、德威新材等，常熟市中利、中联等。

三、主要困难及建议

光电通信作为苏州的传统集聚优势产业，有着得天独厚的地缘优势、资源优势和平台优势，但在发展中也长期面临着一些主客观困难，这些困难不同程度地在一定范围内制约着苏州光电通信产业的进一步增长。

（一）企业规模扩张受限。无法在苏州拿到土地建厂房、厂房租金越来越贵，已成为一大批苏州中小企业发展的头号困扰和瓶颈。受此影响，这些中小企业只得忍受高额租金的持续增长，或者是迁出苏州搬往外地。2013年开始，不断有会员企业向苏州市光电缆业商会提出由商会牵头联合共建产业园，因一直拿不到土地而搁浅，目前仍有很多企业在等候商会有此作为。尽管商会曾向市政府、市政协、市工商联等汇报请求协调，但仍无结果。2014年8月，商会与常州高新区大丰工业园管委会签约共建“苏州光电缆（大丰）产业园”，尽管双方近几年一直在有序推进，但一些企业仍在观望，仍将商会在苏州建产业园作为首选，而将外地产业园作为备选。由商会牵头联合在苏州选址共建光电通信产业园，任重道远！

（二）产业人才保障不足。产业人才尤其是一线工人不足，是苏州市光电通信产业发展的一大困难，也一直是商会的一项重点服务工作。企业面临的人才困境主要为：一是一线工人招进难、留住难、栽培难；二是车间班组长、技术熟练师傅难求；三是行业职称、专业学历、技能培训和鉴定等通道不畅、信息不对称；四是行业商会组织的产业人才服务载体与功能不足。商会自2015年成立行业大学，2016年开始协助企业工程师、经济师职称评定，自2013年提出建设行业技能鉴定站，但至今没有真正打通上下渠道，离建立一套涵括技能培训、职称鉴定、学历培养、人才服务于一体的产业人才服务体系与平台，还有很长一段路要探索。

（三）技术协同创新不强。随着国家政策扶持和地方产业发展的趋势和需求，已有企业不约而同提出了希望由商会出面牵头协调，从产业层面进行企业联合创新，探索以联盟、股份等形式搭建行业技术联合创新平台（如：行业创新联盟、行业研究院等）。尽管出发点和目标都很好，但具体操作起来还需要大量的沟通和摸索过程，也是一个资源整合的全新课题。根据商会专家委员会的工作计划和思路，未来商会将在技术创新方面做一些积极创新与探索实践。

（四）区域品牌亟待提升。苏州市光电通信产业这些年尽管持续高速增长，但国家层面的“金字招牌”却一个都没增加，行业品牌建设与行业发展明显不成正比。竞争对手产业集聚地都是由当地政府、园区管委会牵头向上申请“牌子”，苏州却没有这样的单位和载体。尽管苏州市光电缆业商会非常愿意和希望充当这个角色、担起这个使命，但申报主体却往往又不符合资质。光电缆作为传统制造业，也不在优先扶持产业之列，甚至是不符合扶持方向。如何在区域品牌建设中充分重视和体现行业商会的平台资源和集聚优势，仍需要政府、社会、行业等各方的积极探索实践。

（五）行业合力相对不足。苏州作为我国主要的光电通信产业集聚地和发展高地，尽管亨通、永鼎、通鼎、中利等很多企业都参与了国家行业标准编制，也都建立有自己的企业标准，但至今没有苏州地区的光电通信行业标准（团体标准、地方标准），不能不说是一个遗憾和一大缺失。自2018年开始，国家进一步重视行业组织牵头团体标准建设，尽管商会在为之努力，但受诸多方面制约还没有实际成果。我们认为，为全国甚至全球拿出苏州光电通信行业的“样板”，是必须要做的事情，这需要商会、企业和政府、社会的共同参与和齐心合力。同时，建立地方标准对于本地产业、企业发展，也是非常好的科学保障、体系规范和有效促进。

（六）集采、集销模式创新推进缓慢。原辅材料、物流、市场营销等成本优势，直接关系着中小企业的性价比和竞争力。光电缆、光通信作为典型的“重料轻工”产业，材料（铜杆、光纤）占到了产品成本的80%以上，开展材料的集中采购可有效降低成本。同时，集中销售、实行大批量订单，也是帮助中小企业有效降低物流、营销成本的手段。近几年，商会积极探索集采、集销市场服务，但推进难度很大，受到商会体制、专业人才与团队、业务运作模式等多方面制约。反观同行，目前广东、安徽等地已取得成绩，苏州如何跟上，仍需要进一步大胆创新，将线下的集采、集销与线上的电子商务有机结合。

（七）行业商会发展缺力。苏州市光电缆业商会作为行业商会组织，自2011年成立至今已取得了长足发展，“三手职能”（政府的助手、行业的推手、企业的帮手）在不断深化落实与延伸。但商会自身发展也受到了制约，如秘书处办公条件、经费、团队人手、专业经验等的影响，导致商会发展已逐步跟不上产业的快速发展步伐。2018年，商会升级覆盖光电线缆、光电通信、光电器件、光电显示4个分领域，在分会建设、发展会员等方面也考验着商会组织的工作智慧与能力。芯片、工业互联网、5G、新一代通信技术、柔性显示等新方向，也要求商会不断丰富自己、提升自己，不落伍于时代。

（八）长三角一体化探索。2018年，长三角一体化进程明显加快和进一步落地。苏州是长三角一体化的重要一极，苏州光电通信产业在其中也应该扮演重要角色，积极引领长三角光电通信产业发展。因此，苏州市光电缆业商会作为长三角唯一全涵括光、电两大产业，全覆盖光电线缆、光电通信、光电器件、光电显示4大领域的行业组织，面临着重大使命和巨大挑战，时不我待，任重道远。有大格局才能有大作为，有大作为才能迎大机遇、谋大发展，对商会而言，这将是组织带领光电通信产业、企业一起下的一步大棋。

2018年苏州市无损检测行业发展报告

苏州市无损检测协会

一、苏州市无损检测行业的主要任务和宗旨

苏州市无损检测协会（SAN）是从事质量监督和设备公共安全检验检测的区域性社会组织，同时也是具备中国无损检测行业独立法人资格的商业协会，是集中了苏州地区无损检测产业链、供应链以及应用企业的社会组织。苏州市无损检测协会的主要任务是：依据国家制造业发展和能源设备需求及其规划，组织无损检测行业发展规划的制定工作；依据工业和信息技术部检测产业发展的计划，组织无损检测行业标准的制定、修订工作；开展无损检测专业国家和行业标准的宣讲、解释、咨询等技术服务工作。苏州市无损检测协会的宗旨是：立足长三角地区，使无损检测产业不断适应社会主义市场经济和我国贸易体制向国际贸易体制接轨的要求，促进国内和国际交流。

二、苏州市无损检测行业发展现状

（一）数字化和自动化

20世纪80年代，德国、法国等发达国家已经开发和应用了自动化无损检测设备和系统，涉及钢板、环焊缝、直焊缝的自动超声检测，涡流、漏磁、电磁分选的自动化，工业电视的半自动化，自动射线照相，机械手或爬行器等方面。国内企业竞相进口了自动化无损检测设备和系统，同时也开始了自主研发半自动化和自动化无损检测设备和系统。与发达国家相比，我国在自动化方面的起步虽然比较晚，但发展速度很快，目前在很多领域已经与发达国家差距不大。苏州市无损检测协会理事单位博昇科技高起点崛起，在国内首次研制成功超声导波设备、

空气耦合超声系统，在德国慕尼黑的全球展览会甫一亮相就受到国内外专家的追捧。沈博士研发的数字化仪器和自动化装置以及超声检测机械手，虽然在国内领先，但是在装配工艺上与国外先进技术仍存在差距，在无损检测仪器经过严格例行试验方面还有不小改进的空间。自动化的方向在于检测机器人的应用，尤其在核电站的推广使用，达到无人化自动检测的目标。

（二）在线化和智能化

数字化并不是智能化，数字化只是计算机化，并且对操作人员的要求依然很高。自动化也不是无人化，只是在某些场合和某个阶段实现了无人操作或者机器换人，实现在线检测。智能化不仅要实现无人操作、机器人检测，还要实现检测结果评价的无人化，就是要实现由机器代替检测人员来做检测并对检测结果做出评价结论，使无损检测全过程无人化。所以智能化的目标就是要开发出“傻瓜机”（就像数码照相机），可以自动校准和采集数据、实现数据通讯、评价检测结果、给出评价结论。需要解决的问题，包括数据采集、数据处理、评价检测结果、评价准则、现场的视频影像传输及其物联网时代的远程操作等。

苏州市无损检测协会会员企业科耐视智能科技有限公司以及丹杰电器研制数字射线成像（DR），虽然在国内领先，不仅解决了硬件配套，而且软件也寻找到合作方，整机制造已没有问题，但是远远没有实现智能化。对检测结果的解释和评价，还是非常依赖于检测人员的经验，这跟开发出无损检测“傻瓜机”、实现智能化专家检测系统、做到无人化的自动判别，还有比较长的距离。

（三）标准化和统一化

无论是数字化时代或电气化时代，还是未来的智能化时代，标准化和统一化都是基础。智能化时代将会充分利用互联网，交流面将会更加广阔，所以无损检测标准化和统一化将越来越重要，任何不标准或不统一的细节都有可能导致不良后果，甚至是障碍和纠纷。

标准化的目标就是统一化。对于无损检测标准化而言，其目标就是要让术语和方法达成统一。在无损检测领域，术语和方法的不统一现象还是比较严重的。苏州地区也是如此。比如，现在普遍使用甚至滥用术语“缺陷”，而拒绝使用术语“缺欠”或“不连续”。实际上，“缺欠”与“缺陷”的定义是不同的。“缺欠”对应的英文词是“imperfection”，“缺陷”对应的英文词是“defect”。在焊接标准中，焊接"缺陷"是指超过规定限值的"缺欠"。在无损检测术语标准中，"缺陷"是指尺寸、形状、取向、位置或性质不满足规定的验收准则而拒收的一个或多个伤。而缺欠（imperfection）、不连续（discontinuity）、伤（flaw）等术语也是各有定义的，它们都不是一回事。根据定义，"缺陷"意味着不合格或不可验收，意味着拒收、召回或不得出厂。但无损检测所发现和记录的结果并不都是不合格或不可验收的，所以要慎用术语"缺陷"，尤其不要把合格或可验收的检测结果也都叫作"缺陷"。就像GB/T19000的3.6.3所提示的那样：使用术语"缺陷"应当极其慎重。因此，出具检测报告，不要把合格的数据说成是"缺陷"，要注意规避风险或不必要的纠纷；撰写研究报告，也要慎用术语"缺陷"，因为在可选用的各种术语中，"缺陷"的尺寸是最大的，所以能检测出"缺陷"并不意味着是有很高的检测灵敏度或检测能力。一定要准确使用术语，如果用词不当还不以为然，让人感觉无损检测人员说话不靠谱，何谈无损检测的可靠性？哪来无损检测的地位和无损检测人员的地位？除了术语问题之外，方法标准的不统一现象似乎更加严重。目前，涉及无损检测方法的标准数量巨大，国家标准和行业标准合计约500项。并且很多标准中的方法是同类的，如超声检测类方法标准超过150项。存在的问题是标准数量大，且很多标准中的方法名称虽然相同（如超声检测），但具体要求却各自不同，相互之间就无法比较，也无法交流和沟通。这样的标准本身就很不标准，这样的标准越多，制造的麻烦和障碍也就越多。

三、苏州市无损检测智能产业的发展思路

苏州市无损检测产业的发展总思路是：聚焦五大支柱，打造亮点工程；聚力创新，发挥无损检测创业群体拼搏精神，聚集无损检测创新基地；围绕既定目标，创新发展向上攀登，服务会员向下扎根，抓落实促发展，办实事解难题；促进形成以检验检测产业为核心，以协同配套装备为特色产业集群发展的格局。

（一）聚焦数字射线，打造智能科技新亮点

以苏州科耐视智能科技以及丹杰电器的数字射线检测装备为支撑，结合位于苏州工业园区的江苏康众数字医疗科技股份有限公司的DR成像板，系统集成形成替代进口DR产品的生产基地，为汽车零部件中外厂商提供检测服务，推动数字射线"高新科技"走进民营企业。

聚焦数字射线成像广泛应用于汽车零部件质量控制和其他特种设备的安全检测等多个领域。作为具有社会公益性质、事关公共安全的行业，以人身和设备的公共安全为己任，以“功成不必在我”的境界，多做利长远、增后劲的事情。全力支持、保驾护航苏州市无损检测协会会员企业研发新产品，从常规技术发展到智能时代的数字成像新产品，瞄准国内外的尖端检测装备，比肩美国伟杰（VJ）、瓦里安（varian）公司、德国依科斯朗（YXLON）公司产品，努力超越。

（二）聚焦空耦检测，打造超声导波新亮点

继续重视博昇科技创业中心建设以及智能创业园众创空间搭台。加快推进人才战略，营造良好的创新创业环境，推进产业转型升级。以产业创新为目标，以管理创新为助力，以市场为导向，以科技型中小企业为服务对象，提供科技政策、创业指导、评审咨询、项目申报、业务培训、融资贷款等一系列支持，聚焦特种设备、航天航空等安全检测目标，打造超声导波新科技亮点工程。同时，推出了换能器配套电磁超声导波检测仪器。经过发展，苏州博昇科技完成电磁超声检测仪器技术平台建设，并且将在这个技术平台上发展出一系列与电磁超声有关的产品，包括同时具有测厚和导波功能的手持式电磁超声检测仪器、多通道电磁超声检测仪器、空气耦合超声检测仪器和大功率超声检测仪器等系列产品。下一步补短板，加强传感器系列新技术研发，完成超声换能器同仪器原创性对接，向更高的产业化目标迈进。

（三）聚焦探伤器材，打造纳米工艺新亮点

为促进会员企业的科技创新发展，着力强化科研作为，根据市场导向，聚焦探伤器材打造纳米工艺新亮点。由于制造业的检测器材是一个国家发展建设的“发动机”，其发展水平体现着一个国家的整体竞争力。竞争之中就蕴含着民营企业的生存空间与机遇。“核安牌”着色渗透探伤剂的研发将具备产业化生产能力，终结我国向国外进口原料生产渗透探伤剂的历史，生产成本可降低50%。投产后，年产量将占全国市场的40%，同时，新产品的新特性可大大降低对核电站设备的腐蚀性，从而保障了核设备的安全可靠。

在新产品研发中，将引领企业利用科学手段，解决纳米粉体的均一性以及氯氟硫低含量的工艺难题，生产的渗透剂将实现原料细滤化，粉体粒径尺寸在微纳米范围，将灵敏度比同类产品大为提高，可以发现比0.5微米还细的缺欠

（慎重谈论“缺陷”），填补国内在无损检测领域渗透剂产品的空白。且新型渗透剂的主要参数不低于发达国家同类渗透剂产品的技术指标，个别指标还要有所超越，将成为中国及其出口核电站表面检查主打的着色渗透剂。

（四）聚焦科技应用，打造特殊试块新亮点

与国家技术监督总局北京特种设备检验检测研究院等公司实施战略合作。苏州耐迪特精密模具有限公司是集模具开发、无损检测试块加工、特殊制品制造于一体的配套试块产品解决方案的新星供应商。利用特色加工手段解决特殊功能并开发新的试块，及时为新制定国家行业标准做好试块系列建设迈上新台阶，同有关院所对接，实现可视化信息研判等功能，进一步增强了对标准管理部门的监督能力。同时优化标准实施的可操作性，化解标准执行困难的压力。特别是聚焦科技应用，打造特殊试块（华夏第一块）新亮点。

从公司的加工设备改造及控制层面，综合运用多工段有序控制和自适应控制等控制方式，全面布局、合理调整、科学优化精密试块的机械加工工艺协调控制体系，为特殊试块的生产提供保障。这个打造探伤试块的企业已为核电提供了国内其他企业无法加工、以往都由外国厂家完成的涡流标准比对管。在成为检测行业大热门的同时，耐迪特精密模具有限公司有着远大的国际视野，引进高素质技能型人才，着力打造具有创新精神的特殊试块新亮点。

（五）聚焦在役检查，打造安全端测新亮点

从事无损检测的央企特别是科研院所，将聚焦在役检查打造检测新亮点，像苏州市无损检测协会理事单位——中广核检测技术有限公司就是“少数”之一。在“工业智能超声波关键技术”荣获国家科技进步二等奖之后，作为反应堆压力容器射线检查专用设备，其设计理念的新颖性、检查方式的独创性、现场应用的广泛性获得了专家的一致好评。安全是核电发展的生命线，中国核电行业将涌现出越来越多的具有自主知识产权的高精尖技术，把核电技术打造成中国智造的一张靓丽名片。该公司自主研制的核反应堆压力容器接管安全端焊缝射线检查设备荣获第44届日内瓦国际发明展金奖。他们将继续探索核反应堆压力容器接管安全端焊缝检查新设备和新技术。比如数字射线技术应用，以解决核电站重要设备的现场检测新课题。

四、苏州市无损检测行业近期规划

（一）努力扩大国际影响力

一是加强内外沟通，增加苏州市无损检测协会的知名度，并扩大服务范围至工业领域、学术界、政府、代码机构以及普通民众等。利用与其他无损检测组织的差异，进一步促进优势发展。确定无损检测专业相关问题的主要信息来源途径。导行波检测技术实施产业化。确保苏州市无损检测协会项目、产品和服务能够满足国际化需求。在确定有需求时支持并提供出版物和会议程序的国际语言翻译。扩大物联网的使用，使苏州市无损检测协会会员在全国范围内都能使用相关检测技术和服务。同现代物流商会合作，提升运输效率，使得相关考试和书籍产品在国内各地都能更容易地获得。

二是与相关科技组织合作，促进无损检测行业和苏州市无损检测协会的发展。确定相关领域中的研究重叠现象，寻求合作机会。苏州市无损检测协会协调或主办大专（苏州信息职业技术学院）、大学（苏州大学）学科教育研讨会。在国内相关学院和技术学校建立无损检测课程并随时提供指导建立无损检测课程的指南，增加教育工作者和学生获得技术内容的机会。扩大奖励基金计划，为那些崭露头角的科研学生提供平台。

（二）为会员企业制定成长与发展战略

一是提高会员企业的参与度和满意度。与大专院校教育者和学生进行接触互动，提高他们对无损检测及其相关专业的了解和意识。为I级和II级技术人员分享技术论文、参考文献、标准和其他资源提供在线知识数据库等可用渠道。增加出版物中II级相关内容。提供工程师和研究人员更多基于工程的无损检测技术内容。为相关组织活动提供多种多样的可选择性场地。创造可以使得组织内成员与相关领域的其他专业人士进行互动和建立关系的机会。制订计划，鼓励会员单位培养专业人员，并帮助他们在职业生涯的各个阶段取得进步；建立方案资源，如充分利用网络；率先制订无损检测教育计划；帮助无损检测领导者建立指导计划；积极提供客户服务及其反馈；提升数据捕获能力，提高数据完整性以改善招聘情况，建立就业数据库。

二是基于成员需求或要求开发、定制相关程序。努力使每个成员体验到积极和难忘的活动，融合时代流行的苏州检测元素。增加亲密的企业合作关系，为会员企业带来切实的利润和发展的好处。提升访问、了解认证考试的便利性。与相关行业、政府、专业组织和教育机构建立有意义的合作伙伴关系。制定一些在组织内具有最高级别的参与程度和参与意识的合作伙伴计划。重新评估苏州市无损检测行业协会合作伙伴计划,包括增加对行业领导者和决策者的曝光率、建立更多的网络机会、评估广告折扣和潜在增加的代表人数。创建行业特定的全国网络,以提高对行业成员的覆盖面和工作有效性。探索与其他社会组织建立互惠会员资格的可行性。

2018年苏州市电梯行业发展报告

苏州市电梯业商会

一、行业目前状况

苏州市是全国电梯制造产业重要基地。2018年，苏州市电梯行业遇到了电梯制造产业历史上从未有过的寒冬，从高速发展转向高质量发展阶段，从行业旺盛期转入到衰退低潮期：

一是竞争激烈，利润大幅下滑。对于电梯制造企业来说，2018年是行业最揪心、最紧张的一年，企业如履薄冰，在宏观经济艰难转型、原材料上涨、电梯行业竞争升级等形势下，面临着利润下滑达50%以上，碰到了效益吃紧的压力和困难增加的坎。有些电梯企业面临关门，但是我们迎来了2019年第一缕温暖和希望的曙光。

二是降本提效，推动转型升级。电梯维保企业、维保市场鱼龙混杂，市场秩序不规则，恶性低价竞争时有发生，电梯维保公司举步维艰，受到无序竞争的冲击。多年来维保价格不升反降，尤其是互联网的兴起与最近电梯配件指导价格的出台，电梯配件的利润日渐走低，用“寒冬来了”形容并不为过。电梯维保企业逐渐意识到，以低价抢来的市场不仅不稳定，还具有一定的风险。所以，电梯行业一方面开始寻找通过管理降低成本；另一方面坚定了“保质保价”的信心，正逐步通过加强内部管理、提高维保质量赢回市场。

二、行业发展趋势及对策研究

（一）党建引领，上下求索

苏州市电梯行业坚持以习近平新时代中国特色社会主义思想为指导，全面贯彻党的十九大和十九届一中、二中全会精神。推动行业高质量发展，必须始终坚持党的领导，增强思想自觉性。要把习近平新时代中国特色社会主义思想往深里走、往心里走、往实里走，准确把握贯穿其中的马克思主义立场观点方法，做到学思用贯通、知言行统一。商会领导班子及每个会员单位要勇于争先、担当实干，要有紧迫感和责任感，深入思考："高质量发展我该做什么？""全国试点工作我该怎么办？"

（二）练好内功，做精主业

习近平总书记在民营企业座谈会上发表重要讲话，听取10位企业家代表发言，有企业家表示，"只要信心不滑坡，办法总比困难多"。新的一年，电梯行业将会抱团取暖，正确认识民营经济的发展困难，紧紧围绕"一个中心""两个基本点""三大运营管理重点"，稳步实现"四大转型"。

"一个中心"即：要实现2019年的高质量发展，核心重点仍是在运营上不懈推进7个质量，目标就是利润和综合效益的持续稳健提升。

"两个基本点"即：聚焦技术和创新、营销+售后。电梯行业将加大对市场用户需求产品的研发创新投入，加快推进智能制造，继续实施狼性营销战略，提高战略客户及海外市场份额，提升安装、改造、维保、加装能力水平，完善和优化EOS（对电梯全生命周期管理的系统化数字互联网平台）。

"三大运营管理重点"即：聚焦核心业务，全面合理地优化资源配置；加强提升综合管理平台的能力；重点推进组织和人力资源建设。

"四大转型"即：稳步实现发展业态上从制造型向制造服务型转变，着力打造产品和售后双赢，开拓安装维保、加装电梯、电梯检测等服务；保证一定速度同时要注重内涵式增长，合理控制规模同时强化现有规模有效产出；发展模式上从业务、机会型向平台管理、综合创新型转变，在捕捉机遇、抢占市场的同时，锻造一个赋能、商能的管理机制和平台；发展目标上由中国制造、中国品牌向全球智造、全球品牌型转变，实现"中国造、全球卖"。

（三）两化融合，集精气神

商会的文化与人的行为规范化、技能专业化、维保无纸化融合在一起，展示商会的精气神。为了贯彻落实《国务院办公厅关于加强电梯质量安全工作的意见》（国办发〔2018〕8号）、江苏《省政府办公厅关于加强电梯质量安全工作的实施意见》(苏政办发〔2018〕45号)、《市场监管总局关于同意在江苏省安徽省开展电梯维保和检验改革试点的批复》(国市监特设函〔2018〕234号)精神,苏州市市场监督管理局出台相应的实施方案。

1.《苏州市电梯定期检验方式改革试点实施方案》

在电梯检验改革试点地区,根据上一周期监督检验或定期检验结果和设备综合状况,科学调整定期检验周期,将定期检验周期调整为2年;在两次定期检验之间由苏州市市场监督管理局核准的第三方社会电梯检测机构或取得电梯检验资质的电梯制造企业进行检测;实施"检验机构定期检验+社会企业自行检测的1+1试点工作"。

2.《苏州市电梯无纸化维保改革试点实施方案》

实施电梯无纸化维保工作,建立电梯在线维保管理系统,完善电梯维保监管体系,不仅适应当前信息技术高速发展的社会背景,更是符合特种设备监管特点,满足特种设备监管需求的有效措施。

科学信息技术的运用已成为当前的必然趋势,苏州市电梯行业将会齐心协力,走出传统模式的圈子,要求行业有条件的电梯制造企业维保公司及电梯的维保公司尽快加入电梯维保在线维保管理系统,大力推动电梯行业实现跨越式发展!

2018年张家港市电子商务行业发展报告

张家港市电子商务商会

近年来，电子商务作为网络化的新型经济活动，在各领域的应用不断拓展和深化，正在与实体经济深度融合，成为经济发展的新引擎。电子商务作为现代服务业中的重要产业，有“朝阳产业”“绿色产业”之称，具有“三高”“三新”的特点。“三高”即高人力资本含量、高技术含量和高附加价值；“三新”是指新技术、新业态、新方式。人流、物流、资金流、信息流“四流合一”是对电子商务核心价值链的概括。2018年，张家港市积极适应社会经济发展新常态，加快发展电子商务产业，形成了具有张家港特色的电商产业群。下面对2018年张家港市电子商务行业发展做简要分析。

一、张家港市2018年电子商务发展状况

2018年，张家港市积极引导鼓励多种模式电子商务产业发展，形成了具有张家港特色的电商产业群，推动了商贸新业态发展。

（一）发展环境得到完善

随着经济体制进一步完善，推进经济增长方式转变和结构调整的力度继续加大，张家港市发展电子商务的需求更加强劲。电子商务被广泛应用于生产、流通、消费等各领域和社会生活的各个层面。这促使全市电子商务的应用意识不断增强，有关电子商务的政策、法律、法规不断出台，电子商务发展的政策法律环境不断完善。同时，物流、信用、电子支付等电子商务支撑体系建设更全面地展开，使得电子商务发展的内在动力持续增强。

（二）现货交易平台发展迅速

张家港市不断引导电商产业发展提速提效，化工品交易中心、玖隆电子商务等现货交易电子商务平台加速发展。目前，张家港市已有数千家电子商务企业和网店，2018年上半年全市网络零售额达9.7亿元，零售量为0.4亿件左右。

（三）载体服务平台功能更优

电子商务产业园作为张家港市电子商务产业发展的重要载体，自2014年8月获批成立以来，不断完善配套服务，加速提档升级，通过设立六大公共服务平台，产业集聚效应凸显。目前，产业园汇聚了60余家优质企业入驻，吸引400多位人才驻园就业，并通过推进与沙洲工学院等三个电商培训基地的合作，每年培育电商人才数百名。园区获评2017—2018年度省、市级电子商务示范园区。此外，积极推动产业园相关电商企业与农产品企业加强合作，研究制定农产品电商发展模式和推进方案，农村电商得到了长足发展。同时，我市两个行业社会组织（张家港市电子商务商会、张家港市电子商务协会），依旧从规模型电商企业和中小外贸型企业两个层面予以规范引导，相辅相成，协同发展，成效显著。

（四）外贸综合平台创新突破

自2014年江苏省开始推进外贸综合服务试点工作以来，张家港市围绕贸易模式创新突破，积极创新审核服务流程，提升贸易便利化水平，外贸综合服务试点企业取得快速发展。江苏一达通作为全国首个企业与政府合作的中小企业进出口外包服务平台，2017年实现出口额9.07亿美元，2018年上半年实现出口额3.86亿美元，服务对象包括华东地区近万家中小微外贸企业，处于全省领先阵营。

（五）跨境电商创新高

2018年进出口总值再上新台阶。2010年，张家港市外贸进出口总值1767.7亿元，2017年达2179.5亿元高位，2018年再上新台阶，创自2010年以来历史新高。

进出口增速高于江苏省、苏州市平均值。2018年江苏省外贸总额同比增长9.5%，出口同比增长8.4%，进口同比增长11.3%；苏州市这3项指标分别为同比增长9.3%、7.8%和11.4%；张家港市这3项指标分别同比增长10.2%、6.4%和13.9%。（见表1）

表1 2018年江苏省苏州市及张家港市外贸进出口值（单位：亿元）

地方名称	进出口	出口	进口	同比±%		
				进出口	出口	进口
江苏省	43802.4	26657.7	17144.7	9.5	8.4	11.3
苏州市	23375.6	13656.9	9718.7	9.3	7.8	11.4
张家港市	2401.3	1153.2	1248.1	10.2	6.4	13.9

一般贸易和加工贸易进出口均保持增长。2018年张家港市以一般贸易方式进出口1945.0亿元，同比增长8.8%，占同期张家港市外贸进出口总值的81.0%，较上年同期下降1个百分点。同期，以加工贸易方式进出口205.0亿元，增长7.2%。

二、张家港市电子商务发展存在的问题

（一）商业模式缺乏创新

目前，张家港市电子商务处于对传统商业模式和国外经营模式的抄袭、模仿阶段，很少有结合市场行情的创新模式。从理论上讲，与传统商务对比，电子商务具有很多优越性。但由于各种原因，网站的爆炸式增长与网站的"烧钱式"亏损形成了巨大的反差。

（二）政府的产业扶持政策有待加强

政府必须充分认识到发展电子商务的战略性意义，将电子商务的发展作为张家港市发展的长久大计。电子商务因其行业的特殊性，前期要求投入较高，张家港市许多电子商务企业，没有政策上的扶持，难以做大做强。

（三）传统企业对电子商务认识存在不足

目前，张家港市很多企业特别是小型企业以为，电子商务就是找个公司策划一个网站，然后把产品放上去等着生意上门，还有很多人完全不相信电子商务，对虚拟的网络经济不屑一顾。企业对电子商务认识的不足限制了它的发展。张家港市发展电子商务，必须做好相应的准备工作，用实实在在的案例，让企业相信电子商务可以给他们带来利益。

（四）电子商务政策法规还需完善

在宏观层面上，政策法规不健全、标准不统一以及商务实践的盲目性等显示张家港市电子商务发展缺乏统一的指导方针、发展规划和实施战略。电子商务是一项复杂的系统工程。它不仅涉及参加交易的双方，而且涉及不同地区、不

同国家的工商管理、海关、保险、税收、银行等部门。这就需要有统一的法律和政策框架以及强有力的跨地区、跨部门的综合协调机构。虽然，近年来已经出台了一些有关政策法规，但总体来看，还是很不健全，尤其是在跨国家、跨地区、跨部门协调方面存在不少问题。

（五）电商人才培养还需强化

电子商务是信息化与传统商务的有机结合，需要大量既掌握现代信息技术又精通现代商贸理论与实务的复合型人才。目前张家港市具有创新思维的电子商务理论、规划与管理的人才奇缺，人才匮乏是电子商务发展的一大难题。

从张家港市来看，电商人才的匮乏一方面是由于缺乏有影响力的电商平台、物流企业、第三方支付机构，难以集聚高层次的电子商务人才；另一方面是由于目前从事电商的企业以中小企业为主，规模小、实力不强、薪资水平缺乏吸引力，电商人才流失率较高。电子商务人才短缺，已成为张家港市电子商务特别是跨境电商发展的又一软肋。

三、张家港市电子商务发展建议和构想

（一）强化政策扶持引导作用

利用好商务发展专项资金、现代服务业专项资金等财政资金，加大对电子商务的扶持力度，支持发展大型电子商务企业和重点平台、建设电子商务特色产业园、打造中小企业公共服务平台等。

（二）深化示范创建引领作用

通过推进各类示范创建工作，不断优化电子商务发展氛围，鼓励企业及各类主体，创新经营模式，整合市场资源，发挥示范典型的引领带动作用。

（三）深入加强人才培育和引进工作

加强与人力资源、教育等部门工作协调，积极认定符合标准的培训机构，科学设置电子商务培训内容，依托电子商务知名研究机构、专业培训机构、大型电子商务企业和其他社会力量，开展形式多样的高级人才、运营人才、技能人才培训活动。

（四）适时制定电子商务发展规划

与相关产业发展规划、土地利用规划有机结合，明确发展定位、发展目标、

措施举措；树立互联网思维，健全政府投入与社会资本有效融合的投融资机制，引导风险投资基金向电子商务领域倾斜，重点支持电子商务试点示范、关键技术研发、重大工程、公共服务平台建设、模式创新和人才培训。

综上，2019年的张家港市电子商务市场充满机遇和挑战，而政府和企业的通力合作是抓住机遇并赢得挑战的基础。在此基础上，张家港市电子商务市场将一步步向发达地区电子商务水平靠近，在成为全国网络经济中心的道路上稳步前行。

2018年常熟市沙家浜镇玻璃模具产业发展报告

常熟市沙家浜玻璃模具商会

常熟市沙家浜镇玻璃模具产业历史悠久，早在20世纪30年代初，沙家浜镇就有一批农家子弟去上海学“外国铜匠”，实际上就是中国最早的模具工。从抗日战争全面爆发前夕至20世纪70年代，生于沙家浜镇的这批农家子弟，带着全面的玻璃模具制造技术回到了家乡，成了沙家浜模具行业发展的“开拓者”。特别是郁阿苟师傅培养的一批模具师傅和他们的传承人，成为沙家浜玻璃模具制造企业的技术骨干。在改革开放的大潮中，沙家浜镇的玻璃模具企业从量态的扩张转化为质态的提高，呈现出经济外向化、布局小区化、企业集团化、产品科技化、经营多元化的格局。2001年中国加入世界贸易组织（WTO）后，行业内的龙头企业建华模具承接了第一批外贸业务，紧接着，一批重点企业相继取得自主出口权。短短几年里，产品已先后进入日本、美国、德国、法国、比利时、意大利等20多个国家的高端市场，并与世界顶尖和国内著名的日用玻璃企业建立紧密的合作关系。沙家浜镇先后荣膺“中国玻璃模具之乡”“中国玻璃模具之都”等称号。2017年，沙家浜玻璃模具特色产业创新平台成立，开启了玻璃模具产业智能化改造的新局面。

近年来，沙家浜镇紧扣“中国制造2025”十年行动纲领，紧抓产业转型升级，促使玻璃模具行业“品牌化”“高端化”“全球化”步伐不断加快，成为实现沙家浜镇经济高质量发展的最具活力的因素。现将全镇玻璃模具行业发展情况做如下分析。

一、玻璃模具行业发展情况

一是产业规模不断扩大。近年来，沙家浜镇经济发展环境不断优化，发展动力不断增强，发展空间不断扩大，已经形成一个集玻璃模具设计、生产、制造于一体的特色产业基地。截至2019年3月，沙家浜镇已拥有玻璃模具生产企业110余家，从业人员3500余人，人均年收入超过7万元。精工模具、建华模具、东方模具、伟恒模具、兄弟模具等企业凭借其综合实力成为行业领跑者，被誉为中国玻璃模具行业的“五朵金花”，并带动了整个行业发展。如今，全国市场四分之三的玻璃模具产自沙家浜，每年有超过150万套玻璃模具从这里销往世界各地。

二是创新动能持续增强。以产业创新平台为载体，沙家浜镇玻璃模具产业创新平台先后成功举办了玻璃模具数控车工中级工培训、模具设计与制造职业技能竞赛等活动，大大激发了模具制造工的创造积极性，对发扬沙家浜镇玻璃模具产业代代相传的精益求精的匠心精神起到了一定的积极作用。近年来，企业通过加强与各大高校交流合作，积极对接国内有技术的高层次人才和海外归国人才，通过技术创新、制度创新、企业文化建设、企业形象塑造等方式，形成在国际玻璃模具生产领域内具有影响力的国际知名企业。目前沙家浜镇模具行业企业已经拥有设计、加工、结构、材料等方面的专利达330多项，其中有效期内发明专利68项。

三是智能制造步伐加快。企业内部科技创新动力充足，中国制造加快向中国创造升级。企业勤修内功，建立研发机构，实行自主创新，走“科技兴企之路”，以高新技术改造传统产业推动行业快速发展。特别是近年来，玻璃模具企业技改投入力度不断加大，不断增强从业人员技术优势，不断引进国内外先进设备，连续多年投入重金，不断提升产品质量，做到了设计自动化、加工数控化、职工知识化、生产专业化。目前全镇共有包含德马吉五轴五联动数控加工中心、小巨人双主轴双刀塔车床、哈斯立式镗铣加工中心等在内的数控加工中心500余台，卡尔蔡司倒式研究级金像显微仪、斯派克直读光谱仪、海克斯康三坐标测量仪等国际水准的检测设备30多台（套）。在技术方面，不断汲取国外先进的设计理念，着重对玻璃模具材料的配方，材料的组织，制造方法，玻璃模具的散热结构、外形结构进行了大胆尝试，取得了突破性的进展。2018年，以玻璃模具龙头企业建华模具为代表，苏州东海玻璃模具、常熟市沙家浜芦苇荡振华模具厂等10家骨干模具企业成功申报2018年度“机器换人”奖励政策，全行业当年累计投资智能化设备超6000万元。

二、产业目前发展主要问题

一是企业自动化水平仍有待提高。近年来依托政府政策导向，不少模具行业企业陆续购进自动化设备，实现企业转型升级，但仍存在不少车间需要靠大量人力来完成作业。以浇注车间为例，除精工模具、建华模具、兄弟模具等中大型企业已使用自动浇注外，大量中小型企业仍以工人手工作业完成浇注工艺，不仅造成了资源浪费，车间内部也存在一定的环境问题。

二是专业型技术人才仍然缺乏。好马配好鞍，智能化设备的使用更需要人才的支撑。在智能化生产改造浪潮之中，不少企业积极响应，完成设备更新换代，但模具产业属传统产业，生产工艺以家族形式代代相传，且管理大多依靠经验，对新设备了解不够全面，无法聚合企业资源做到物尽其用。虽然玻璃模具产业创新平台的建立，为工人技能培训提供了更多资源，解决了一部分问题，但以目前来说人才缺乏现象仍普遍存在，例如兄弟模具有限公司，该企业已完成自动化改造，全厂设备90%以上为自动化设备，但其年产量不足产能的一半，企业资源仍需进一步整合整优。

三是企业金融信贷瓶颈制约。企业发展和规模扩张离不开金融的支持，企业的融资已成为企业战略发展中的核心内容。民营中小模具企业是沙家浜镇模具产业的中坚力量，而银行信贷更多投向大项目大企业，民营企业尤其是中小企业融资难问题愈显突出。中小型企业，由于其资产规模、产业特点、组织程度、成长性等原因，要获得银行贷款较为困难，导致广大模具企业的资金需求受到限制，影响了企业的扩大再生产。融资难、融资贵是沙家浜镇模具行业企业发展所面临的瓶颈。

三、产业未来发展主要思路

一是持续推动智能化进程。在整个行业里没有替代品，随着健康绿色生活理念的深入人心，玻璃容器在日常生活中的需求量势必越来越大，同时，契合了制造强国战略，结合“中国制造2025”十年行动纲领，沙家浜镇玻璃模具产业将放眼全球，着力打造世界玻璃模具生产基地和研发中心。

二是强化平台建设。进一步发挥玻璃模具商会、玻璃模具技术创新战略联盟的作用，协调协会成员之间通力合作共谋发展。同时，用足用好包括中国玻璃模具网、玻璃模具科技展馆、玻璃模具检测中心、玻璃模具技术研发与技能培训基地在内的沙家浜玻璃模具特色产业创新平台，全方位加强沙家浜玻璃模具企业合作交流，全方位展示沙家浜玻璃模具良好的诚信公认度和行业形象。

三是加速产业提档升级。作为亚洲有名的大型玻璃模具生产基地，也是目前中国唯一的“玻璃模具之都”“玻璃模具产业基地”，沙家浜将继续加大科研投入，在提升科技含量和产品档次上取得实效，打造“专精特新”产品，增品种、提品质、创品牌，为提高模具产品附加值、提升产业档次提供强有力的技术支撑。

四是强化产学研合作。继续扶持已经建立高校合作关系的企业，同时鼓励更多的玻璃模具企业主动走出去，与相关高校合作，设立企业研究生工作站，推动企业人才的培养引进和高校科研成果的转化。培养一批懂技术、会管理、能创新的复合型人才，逐步完善轻质化、钢质化、合金化技术，将产业聚集效应最大程度地转变成发展动力。

2018年昆山市餐饮宾馆业发展报告

昆山市餐饮宾馆业协会

2018年是贯彻党的十九大精神的开局之年，是改革开放40周年。昆山市餐饮宾馆业在昆山市工商联的正确领导下，在上级餐饮商会的指导下，引导会员企业扩大服务消费、发展中高端消费、促进绿色循环消费、推动消费渠道升级、营造良好消费环境等方面实现消费升级，行业产品质量进一步提高，产品结构进一步优化，全年全市餐饮住宿业实现零售额189.69亿元，同比增长10.4%。

一、昆山市餐饮住宿业发展的基本情况

（一）企业会议市场迅速崛起。会议是地方经济的晴雨表，教育培训行业的迅猛发展，证明了发展中的公司和个人对于知识获取和素质提升的巨大诉求。2018年，昆山市酒店行业抓住教育培训、金融保险培训等新兴市场，实现了高速增长。其中，教育培训行业以超过100%的增速成为预订会议行业的新贵，金融保险业培训位列第二。

（二）大众消费成为主流消费。2018年餐饮业的主体市场还是大众化餐饮，大众化餐饮包括早餐、快餐、团餐、特色正餐、地方小吃、社区餐饮、外卖送餐、美食广场、农家乐等，占整个餐饮市场的80%以上，“80后”成为大众餐饮消费的主力军，“90后”成为餐饮消费新群体。新消费群体的消费理念逐渐向个性化、快捷化、绿色化、体验化转变。

（三）宴席市场带红了酒楼的业务。近年来，昆山市宴席市场（婚宴、寿宴、升学宴、满月酒、团拜活动等聚会性质的消费市场）发展迅速，不少大中型酒店都改造了大型的宴席大厅，如华东海鲜大酒店不但装潢了店面，还改造、扩大了

宴席大厅，收到了很好的效果。

（四）美食老字号深受市场喜爱。一批老企业的代表菜经受了时间的考验，不仅是本企业的招牌菜，也成为昆山的代表菜。比如银峰老鹅馆的铜锅红烧老鹅、天元酒店的金角大排、一醉楼饭店的红烧肉、东方美食府的冰糖甲鱼烧猪爪、老阿爸江浙土菜馆的江团鱼汤等。他们的生命力来自于企业美食文化的技艺传承和深度挖掘。

（五）精品美食成为企业新的增长点。餐饮+零售成为餐饮业的新方向，一批会员企业利用现代科技，加强名菜名点的工业化，推进餐饮的新零售，通过门店餐饮+零售，线上线下结合为企业带来新的增长点，如银峰的半成品菜肴，奥灶馆的方便面、爆鱼、奥鸭礼盒，全福饭店的正仪青团子，昆山宾馆的清炒河虾仁、鲜肉大包等零售都占企业营收的一定比例，在昆山百姓心目中强化了餐饮品牌的知名度。

二、2019年昆山餐饮宾馆业发展展望

2019年昆山餐饮宾馆业要自觉研究和适应新时代、新格局、新消费、新政策对行业发展提出的新需求、新考验，住宿和餐饮中产品质量的提高和产品结构合理化将成为全年发展的重点。

（一）用工成本将提高。政策规定，2019年起用工单位的各项社会保险费将由税务部门统一征收，不再由人社部门征收，企业通过社保避税的难度将大大提升，这意味着部分经营状况一般的饭店将会雪上加霜，预计企业用工成本将提高15%—20%。

（二）行业生存环境更加艰难。目前，昆山市委宣传部门根据江苏省委、苏州市委指示精神，做出了节简办理婚宴的多项规定，明确规定了婚宴桌数、每人用餐最高标准和婚宴礼金的最高标准，还要求婚宴在社区喜事中心办理。这将使饭店的生存环境更加艰难。预计2019年兼并重组将频繁发生，通过整合来提高竞争力，降低人工成本将会是另一个方向的选择。

（三）餐饮品牌将瞄准社区店。前几年餐饮经营企业热衷于进商场，2019年社区店将逐步成为竞争新高地，奥灶馆带头瞄准社区展开抢滩行动，目前已在周庄社区、朝阳社区先后开出奥灶面馆，深受群众欢迎。餐饮品牌进入社区，

租金会更有优势，回报也会更丰厚。随着越来越多品牌布局社区门店，势必对传统的夫妻小店带来碾压式冲击。

（四）“餐”加“饮”成新风尚。餐饮业在相当长的时间内，是餐强饮弱，但从去年开始“饮”逐渐赶了上来，昆山饮品店数量已超过了火锅店铺数量，肯德基增加了咖啡品牌，昆山宾馆增加了豆浆供应，小龙坎推出了龙小茶，皇冠国际开出了装潢一新的大型咖啡茶饮场所。加入饮品并不只是增加一种营销途径，往后延伸一点是对消费需求变化的洞察与迎合，消费者喜欢的，都可以拿到店里卖。

（五）“明厨亮灶”将成行业新亮点。一是明档成为行业趋势，让厨师成为演员，让菜品自己说话，菜品制作成为产品售卖的一部分，味道、声音、烹饪动作全方位刺激顾客，让顾客“忍不住点菜”。二是海底捞全面提升门店亮化工程，厨房360度无死角监控，顾客可以看厨房视频直播也可以去厨房参观。食品安全事件频出，让餐饮人主动选择“明厨亮灶”来优化升级厨房，2019年“明厨亮灶”将会大面积席卷餐饮行业。

2018年太仓市物业行业发展报告

太仓市物业管理协会

2018年，太仓市物业行业紧紧围绕全国文明城市创建和“331”综合整治等工作重点，抢抓发展机遇，克服不利因素，有力促进了太仓物业行业健康有序发展，赢得了社会和广大业主的充分肯定。各项物业服务和管理工作迈上了一个新台阶。

截至2018年11月，太仓在管物业项目366个约2811万平方米，其中住宅物业管理项目260个约2269万平方米，非住宅物业管理项目106个约542万平方米。太仓本土物业服务企业91家，外地物业服务企业41家，共有从业人员近万人。

一、2018年太仓市物业行业发展特点

近年来，随着太仓经济社会的快速发展，人口集聚总量逐渐增加，房地产业平稳升温，广大人民群众对美好生活的期盼日益显现，太仓物业行业与时俱进，内练苦功，外树形象，呈现出新的发展势头。

（一）物业企业不断增加。积极开展物业管理项目监督工作，一批物业项目通过审核预售，2018年完成项目交付11个，涉及面积71万平方米，物业用房8916平方米。对全市343个住宅项目开展专项检查，发现存在问题落实企业加快整改，推进物业小区圆桌会议制度。城管进社区、物业企业、小区业委会定期召开圆桌会议，围绕物业管理的重点、热点和难点，开展平等交流、沟通协商，切实发现、研究和解决问题。仅上半年就召开圆桌会议38次，涉及社区20个、物业小区86个。

（二）管理方式逐渐优化。全面启动2018年住宅小区物业管理提升工作，老

城区范围内小区电梯黑匣子安装、监控点设置、停车设施建设等维护及消防设施配备有序推进。物业管理信息平台三期工程建设加快推进，完成了40个小区主要出入口的127个监控以及5个试点小区20个智能单元门禁的安装、调试和启用，完成各功能模块的需求调研，与智慧社区对接的应急维修等功能模块进入开发阶段。做好老小区基础性物业服务工作提档升级，主城区服务外包下水道清理，包括疏通下水道、清理窨井、倾倒淤泥，提供应急抢修服务，包括应急疏通、开挖下水道、修补路面墙面、维修窨井盖等，清理小广告11200平方米，排除安全隐患案件10件。桃园、南园等8个老城区住宅社区微型消防站示范点建设稳步实施。组织物业企业开展小区内电瓶车停放排查整改工作，结合市政府办公室等有关文件精神要求，物业服务企业开展楼道电瓶车、杂物清理整顿工作，并切实做好电瓶车充电安全宣传和教育，引导业主和物业使用人提高消防安全意识和火灾逃生能力。

（三）服务质量日趋提升。围绕全国文明城市创建工作，完成主城区200个物业小区物业行业规范公示牌上墙，同时加强物业管理人员统一着装、持证上岗、挂牌服务和文明礼貌，公开行业规范、收费标准、办事制度，全天候值班，保修及时，保安、保洁、绿化服务到位，建立和完善高效的投诉、回访处理机制等。2018年小区综合整治工作有序推进，桃园、中区、弇山等社区改造工程加快实施。出台《城管进社区片组长考核管理制度（试行）》等系列管理规章制度，编订《城管进社区指导手册》，开展法律知识、人民调解、业务知识等培训，完成“六乱”上报案件9262件，其中违章搭建案件154件。切实做好2018年苏州市示范社区申报工作，获批2个。开展“2017年度太仓市十佳物业人”评选，树立了行业标杆，创造了良好氛围。

（四）行业管理更加规范。物业行业协会主动当好政府联系企业的纽带和桥梁。倾听会员心声，做到上情下达、下情上达，针对行业存在的困难和顽疾，采取有效措施，利用各种渠道，强化人员素质培训，着力提升服务品质。企业开展小区广告整治、建筑和绿化垃圾处置、垃圾分类收集等，问题得到有效解决。2018年，协会共计举办各类培训8次，受训企业2012家，参训人员596人次。通过学习交流、外出考察等形式，进一步开拓视野，提升意识，对标先进，找出差距。协会增强“造血”功能，助推自身建设。2018年，协会通过民政部门3A社团评审，加入市工商联团体会员。

二、2019年太仓市物业行业发展目标及措施

2019年是中华人民共和国成立70周年，也是决胜全面建成小康社会的关键之年，也是实现第一个百年奋斗目标的关键之年。随着太仓高质量建设“两地两城”目标拉开帷幕，物业管理也将迎来一个新的春天。为此太仓市物业行业将未雨绸缪，做好充分准备，科学谋划布局，实现绿色发展，切实搞好各项物业管理工作，让老百姓工作和生活在太仓有更多的获得感、安全感和幸福感。

（一）在物业发展上争取有新突破。规模效应是太仓物业行业的“短板”。随着城区范围扩大，城乡一体化推进，一批新建、改建和扩建的楼盘、小区将交付启用，还有一批老小区提档升级，太仓物业行业的规模将越来越大，管理任务也越来越重，各种新旧矛盾交织一起，物业企业要自觉树立现代管理意识，运用新的思维、理念和手段，以满足业主的诉求为出发点和落脚点，探索绿色物业发展路径，在舆论引导、技术创新、人才发展等方面提供保障，切实有效地做好各项物业服务管理。要创建一批具有引领性的国家级、省级、苏州市、太仓市示范小区，发掘和树立一批“最美物业人”，从而增强太仓现代物业管理能力。2019年有条件的物业企业要加快建立党组织、工会组织，不断增强企业的凝聚力和向心力，充分发挥支部的“堡垒”和党员的先锋作用，积极带领员工凝心聚力，爱岗敬业，守正创新。让物业行业成为受人们尊敬的行业，不断提升物业行业的社会影响力。

（二）在服务民生上争取有新突破。老百姓的生活感受、家园情怀，很大一部分取决于物业管理程度。“一枝一叶总关情”，物业行业要立足民生，心系百姓，顾大局、识大体，甘于忍辱负重、自加压力，把老百姓的生活琐事当作自己肩负的大事来抓，真心体验，真情解决。对规模小、层级低、情况复杂的老小区，更是要投入全副精力，多措并举，多管齐下，切实解决老百姓的生活不便，营造良好的和谐家园氛围。2019年，要配合政府有关部门出台的法规与政策，主动做好物业管理与服务工作。全国文明城市创建等带有全局性的工作要继续协同推进，对标上级要求，主动夯实基础。如垃圾分类是2019年政府十大实事工程之一，物管部门与协会要形成合力，齐抓共管，深度融合，坚持绿色发展，明确各自

职责，加强协同作战。围绕行业提出的标准与要求，努力增强从业人员的素质。倡导终身学习的理念，运用新思维、新知识、新技能，不断提升学习实践能力。2019年，要继续开展物业上岗证、三级项目经理证、继续教育培训等物管技能培训，持续提高物业从业人员的综合素养。

（三）在规范管理上争取有新突破。2019年是行业“标准建设年”。要坚持行业品质服务，加快体系建设。行业主管部门、协会等要切实加强调查研究和政策研讨，积极向政府和社会反映行业诉求、意见，提出建议，主动与社区、业委会等沟通交流。精准梳理行业存在的难点和痛点，找准突破口，先易后难，循序渐进，围绕小区业委会建设、垃圾处置、违章搭建等一批群众聚焦的问题，逐一寻找解决问题的途径、办法和渠道。要围绕年度重点工作、业务工作、亮点工作等深入推进，以点带面，重点突破，形成太仓特色，造福百姓生活，为提升现代城市品质做出新的贡献。

（四）在协会建设上争取有新突破。协会的社会影响力和综合实力，事关协会的规范、自律和健康发展。2019年，协会要紧密围绕以党建为引领，在成功创建3A基础上，按照4A的创建目标要求，完成与主管部门的脱钩，创造条件逐步建立党支部、行业工会等，进一步优化社团组织架构，充实协会团队力量，为争创高标准高质量的社团组织打下坚实基础。“他山之石可以攻玉”，协会要主动“走出去”，对接交流，取长补短。把外地物业管理的好经验、好做法带回来，有效提升太仓物业管理的能级。

2018年吴江区光电线缆行业发展报告

吴江区工商业联合会

2018年是不平凡和极具挑战的一年，面对国际风云变幻莫测、国内经济增速放缓、下行压力增大、市场竞争激烈等挑战，吴江区光电线缆行业审时度势，抢抓机遇，锐意进取，继续取得不平凡的业绩。

一、发展情况与特点

（一）销售和产能均创新高

2018年，吴江区几大主要光电线缆企业集团（亨通、通鼎、永鼎、欣达、胜信，以下统一简称主要企业）实现营业收入1710亿元（其中亨通突破千亿元），同比增长30%以上，实现利税100多亿元。棒纤缆综合排名居世界前列，吴江光电线缆三大上市公司拳头产品光棒产量超4000吨，光纤、光缆产能分别达1.5亿芯公里和1.2亿芯公里，数据电缆达1000多万箱，“棒—纤—缆”产业综合产能、关键产品技术能力、成本竞争力均达同行领先水平。

（二）多领域协调发展

主要企业在聚焦光电线缆制造领域，延伸产业链，拥有光棒、光纤、光缆、特种光电缆到光纤传感、通信设备、房地产、酒店等业务板块和完整产业链基础上，大力发展新兴产业。亨通已瞄准5G通信产品进行布局，进军新能源配套领域，重点在半导体芯片及材料、产业电商及工控安全、物联网传感技术、智能装备、新能源电池材料、港务物流等布局初具雏形；通鼎光通信产业从光纤光缆向通信设备延伸，形成光承载网、接入网至光网络的完整解决方案；永鼎在延伸传统光电上下游产业基础上，致力于发展海外工程、汽车、超导等产业。

（三）研发创新取得新突破

主要企业通过不断加大创新投入，开展原创性、自主性技术的研发创新。亨通打破了光通信海洋领域很多关键核心技术长期被欧美巨头垄断的局面；通鼎成立“未来信息技术研究院”，智慧安监项目完成首版软硬件开发，无线专网项目完成1.4G基站射频单元研发；永鼎研制国内首根高温超导消磁电缆测试成功。全年主要企业实际开展300多项新产品开发工作，完成技术装备革新改造360台（套），获得政府科技资金资助批准近3.2亿元；申报政府科技扶持项目共计360项；获得国家授权专利共计200项，专利总数累计4000余项；主持或参与标准制定共235项，其中主持各类标准编制共计44项；与90余家科研院所及产业链企业开展110多项产学研合作项目。

（四）国际影响力显著提升

主要企业海外业务范围扩大，中标EPC总承包重要项目，新增研发和生产基地。亨通共在全球建立10家研发生产基地，出口同比增长40%，海外销售实现六大洲全覆盖，产品服务已覆盖全球130多个国家和地区，在119个国家注册商标，取得66个国家和地区的商标核准保护，被20多个国家60多家客户评为“优秀供应商”；通鼎在埃塞俄比亚、印度建厂，推进产业国际化；永鼎的海外工程业务，专注输变电和电站的电力工程总承包，扎根孟加拉、老挝、埃塞俄比亚、赞比亚等东南亚和东非两个新兴市场的“一带一路”沿线国家，2018年，开工的合同额近17亿美元。

（五）社会影响力持续扩大

吴江光电线缆行业为吴江地区提供就业岗位达2.8万个，上缴地方税收30亿余元，积极参加各类慈善公益活动，全年捐赠善款1.25亿元，捐助总额近15亿元。亨通社会责任报告入选《中国民营企业20家社会责任优秀案例》，有2家企业连续入围“中国企业500强”，3家入围“中国民营企业500强”，且排名不断稳固攀升。

二、吴江光电线缆业发展过程中存在的问题

（一）发展不平衡

主要上市企业所在的集团公司年营收、利润、上缴税收均同比出现15%—

30%增长，但中小企业出现增产不增收现象，也即订单、出货量增长明显，但受市场价格波动和最低价中标影响，收入和利润反而同比出现10%左右的下降情况。

（二）经济效益下滑

运营商对光纤光缆需求缩紧。中国移动光纤光缆集采开标，价格较去年同期下降了50%左右，“腰斩”成为现实，个别企业为了拿中标单子，做起亏本生意。主要是中国移动取消固网的大规划投资，4G投资已接近尾声，5G投资尚未开始所致，预计市场在今后一段时间仍会处于这样的低迷状态。

（三）人才流失严重

人难招、人难留一直是中小企业发展的一大难题。尽管不少企业制定了优厚的人才培养政策，但由于受地理位置偏僻、生活环境单调等因素影响，高学历、高层次人才难以引进。有的企业甚至连刚毕业的大学生都招不到。

（四）运营成本居高不下

一是银行放贷利率高。2018年沪深3500家上市公司的利润36129.63亿元，但其中26家银行总利润达到14147.52亿元，占整体利润的近40%，对中小企业、实体企业的高利率，带来高财务成本，降低了企业产品竞争力。二是行业垄断也将压力转嫁给企业。比如：天然气等运营存在区域性的垄断，每到冬季都会出现限供和加价的情况，2018年11月到2019年3月，天然气每立方就加价0.52元。另外还存在央企给民营企业开商票，变相拉长了付款周期的问题。

（五）税负仍然较重

国家已将增值税税率降低3%，但得利的仍是大企业和垄断性企业，他们可以少缴税。但其产品下游的民营中小企业，因产品供不应求，仍要以较高价格购进原材料。因此减税降费在基层执行时往往被打折扣。

（六）资金压力较大

一是贷款融资仍较难。现银行对企业的授信额度比较大，多的可以好几十亿元，但2018年由于银根紧缩，实际贷款很难贷到，企业想上新项目，资金不到位会影响项目的进度。二是应收账款不及时到位。由于三大运营商营商核算系统的更改，2014年及以前的应收账款存在坏账的风险，且客户从订货到最后一笔付款，周期较长，占用流动资金较多。

三、2019年发展建议

2019年经济形势稳中有变、变中有忧，通信行业发展遇到前所未有的冲击，但同时云计算、大数据、5G以及人工智能等新技术的发展给行业带来崭新机遇。

从国际上看：通信和电力需求仍不断增长，特别是“一带一路”推进，为中国企业带来了新机遇，但经济全球化面临困难，保护主义、单边主义明显抬头，企业走出去遇到的阻力仍会较大。

从国内来看：随着网络强国、5G通信、量子通信、大数据、物联网建设、海洋战略实施，通信与电力仍处于上升通道。但从今年来看，经历通信网络、超强智能电网建设高增长后，特别是在政府去杠杆、降债务前提下，建设速度慢下来，影响最大的是基础设施投资。

当前，政府支持、扶持民营企业推出了有史以来最好的政策。这些都是有利企业发展的外部条件和环境，但企业要真正转型，迈向高质量发展之路，还必须靠自身变革，吴江光电线缆企业必须根据国内外经济形势、产业前景的预判，从发展规律和事物本质上去把握未来3年及更长期的产业发展路线，坚持战略定力，加快产业新布局。

（一）聚焦主业，全力推动高质量发展

一是要聚焦主业。要心无旁骛地把行业产品做精做专，甚至在大行业细分市场中，把某个产品做到全国乃至全球领先，力争做全球行业的“隐形冠军”。不盲目投资赚快钱的项目，不过度跨行业发展。每进一个新行业，都是企业发展的新雷区。二是要勇于创新。创新是企业发展的原动力。对吴江光电缆业来说，不仅要聚焦主业，更要聚焦创新，瞄准世界光通信前沿科技及相关的领域，提前布局多个领域关键核心技术自主研发。三是要善于走出国门。要善于走国际化道路，敢于跟国际化企业去竞争，敢于在国际市场攀高峰、创大业。吴江光电缆业未来增长的最大动力来自企业的国际化产业，主要企业应积极响应“一带一路”倡议，增加出口，在海外建设生产基地，开拓海外市场。

（二）加强培养，全力培养高水平人才

要面向国际化，全力打造有全球视野及管理经验的国际化人才队伍，熟悉新兴产业发展的市场、技术、运营、管理的领军人才和核心骨干人才队伍，高素质、高技能的匠人队伍，为制造高端产品奠定坚实基础。要创新人才培养路径（见习、轮岗、AB角、负责人岗位代理制等多渠道培养方式），加大对实际工作岗位胜任能力的考查。重要岗位人才选拔使用要向市场一线、经营一线、生产一线倾斜，总结探索与地方高职院校（苏州大学未来校区、苏州信息职业技术学院、苏州工业职业技术学院）合作培养人才队伍的模式、机制和方法。

（三）强化支持，助力行业更好发展

一是希望政府出台相关配套政策，保证上级政府出台的优惠政策落地生根。二是进一步完善吸引并留住人才的政策措施。除继续落实高学历、高技能专业紧缺人才奖励政策外，创新留住人才的举措，切实解决中小企业难留住人才的问题。三是政府相关部门加大对企业扶持力度能有实质性措施。海外总承包项目前期勘察设计、保函及信用证、项目团队等前期费用投入巨大，再加上市场竞争越来越激烈，希望政府出台加大扶持企业发展力度的实质性政策文件。由于总承包项目周期长、技术及管理要求高，希望对项目融资利率出台优惠政策。四是及时加强与企业的沟通联系。目前社会各界对环保、安全、税收等很重视，诚信体系建设日趋健全。政府相关部门在企业是否违规等方面要及时与企业确认沟通，避免误判、错判的发生，给企业造成不必要的麻烦。五是统筹协调，充分发挥行业协会的作用。

行业协会要继续加强对企业的指导和服务。充分发挥政府与企业之间的桥梁和纽带作用。组织行业内高端人才到企业帮忙解决科技研发中遇到的实际问题，组织中小企业抱团走出去，扩大行业企业的影响力，助推吴江的光电线缆行业进一步做大做强。

2018年吴中区模具产业发展报告

吴中区模具智造产业联盟

模具是工业生产的基础工艺装备，被称为“工业之母”。75%的粗加工工业生产零件、50%的精加工零件由模具成型，绝大部分塑料制品也由模具成型。作为国民经济的基础行业，模具涉及机械、汽车、轻工、电子、化工、冶金、建材等各个行业，应用范围十分广泛。与机械加工相比，模具加工具有程序少、材料利用率高、能耗低、易生产、效益高等优点，因此成为工业生产的基础工艺装备。

吴中区模具行业发展始于20世纪70年代末期，在区委、区政府的大力支持下，随着现代化工业生产的迅速发展而迎来快速崛起。2016年，吴中区角直模具特色小镇成功入选中国第一批特色小镇。目前，模具特色小镇已有400多家模具相关企业，从业人员6000多人（其中技术人员约3000人），实现工业产值约50多亿元，税收贡献近3亿元。

一、吴中区模具制造产业发展现状及特点

（一）政府支持力度大。围绕中央及各级各地发展实体经济的导向，依托工业产业特别是模具产业基础，坚持走工业发展之路。角直镇在规划建设区中预留了21.7%的工业规划空间，并通过“多规融合”调优匹配来引导保障工业发展，加强对制造业特别是模具产业的全方位扶持，引导成立苏州市模具行业协会角直分会、苏州市吴中区模具产业联盟等行业协会，实施领导挂钩、项目联系单等创新服务，助推项目落地、企业发展。4.7万平方米的角直合金产业园是全市首个建成投用的工业地产项目，目前已进驻模具相关企业18家，年产值超2亿元，亩均税收50多万元。统筹角直镇村资源，由镇级集体公司规划建设了20万平

方米的模具装备产业园，引导模具产业发展，已有20家左右一定规模的模具企业进驻，建成市级产业园。

（二）龙头企业突出。在模具行业发展过程中，重点培育发展了一批产业集聚区和龙头企业。柳道万和热流道系统（苏州）有限公司是热流道领域市场占有率全球第一的企业，重村钢模机械工业（苏州）有限公司是全球知名专业模架提供商和长三角最大的钢模企业，这两家企业2017年分别实现工业产值近9亿元和3亿多元，形成税收近1亿元和2500万元；苏州好特斯模具有限公司荣获高新技术企业、名牌产品、信用管理示范企业、工程技术研究中心、科技型企业等称号，拥有自主知识产权400多项。这些龙头企业有效带动了产业链上下游一批企业在吴中区投资发展。针对龙头企业、上市企业，角直模具特色小镇重点打造了上市企业产业园，整个产业园面积在450亩左右。目前，产业园已引进落地了凯博易控、元顿、赛闻、天脉、俐玛、雷格特、宝强等8家拟主板上市和细分行业龙头企业，近两年即可投产投用，届时整个产业园区税收将在三四亿元，未来两年可形成6—8家上市企业。

（三）转型创新步伐快。技术方面，模具行业已完成了技能型向技术复合型的转变，由模具制造向模具技术服务过渡，模具企业不仅仅是模具供应商，还成为集成技术服务商。这不仅大大提高了产品附加值，为模具企业提供了更为广阔的发展空间。为助推吴中区模具行业加快转型，邀请了中国模具协会牵头量身编制《模具产业发展纲要》《模具发展规划》，依靠本地现有资产转型升级，积聚了一批“专精特新”企业，大大提升了区模具行业的核心品牌和优势。

（四）市场需求不断加大。以汽车模具为例，汽车模具是模具行业的重要组成部分，主要包括冲压模具、注塑模具、锻造模具、铸造模具、玻璃模具等。近年来伴随着汽车产业的兴盛，汽车模具市场需求快速释放，新增需求从2011年的221吨增长至2018年的348吨，市场规模则从2011年的547亿元增长至2018年的888亿元。吴中区模具行业规模的壮大以及技术水平的提升，推动了全区模具以较快速度走向国际市场。

二、吴中区模具产业发展过程中存在的问题和困难

在政府的大力扶持下，吴中区模具产业近年来虽然得到较快发展，但设计

制造水平总体仍明显低于国内其他知名模具产业地区，例如深圳、宁波、台州等地，具体主要体现在以下几个方面。

（一）产品层次不高。虽然个别企业的产品已达到或接近国际先进水平，但总体来看，吴中区模具生产厂商工艺条件参差不齐，差距很大。现代模具行业早已进入了数字化时代，实现了无图化生产，靠计算机设计，通过计算机输入数据加工制作模具。但吴中区不少厂家由于设备不配套，很多仍依靠手工完成，加之交货期短，试模设备局限，严重影响了精度和质量。例如角直模具小镇的400多家模具企业，主要以中低档为主，整体技术工艺和设计能力水平不高，因此没有能力承接一些大型、精密、复杂和长寿命高档模具的订单。

（二）标准化水平较低。模具是专用成形工具产品，虽然个性化强，但也是工业产品，所以标准化工作十分重要。由于吴中区模具标准化工作起步较晚，模具标准件生产、销售、推广和应用工作也比较落后。随着工业产品多品种、小批量、个性化、快周期生产的发展，中小型模具企业标准件品质规格少、供应不及时、配套性差等问题长期存在，严重影响全区模具行业的应变能力和竞争能力。

（三）专业人才欠缺。据统计，角直模具行业从业人员6000多人，模具设计人才严重不足。目前企业对模具人才的需求越来越大，模具设计人员、模具开发人员、模具维修人员等已成为人才市场的紧缺人才之一。加之模具行业是一个需长期积累经验的行业，一个模具师傅至少要有2—3年的实践经验，一个精通模具设计的工程师，要有5—8年的经验累积。最初的学习非常枯燥，因此很多初学者半途而废。此外，传统的教育方式对模具人才的培养存在很大的不足，社会上各种各样的模具培训班，由于缺乏规范的职业标准，造成学员质量良莠不齐。

（四）发展资金不足。多数中小型模具企业存在固定资产挤占流动资金现象，加之市场行情不好，资金回旋余地几乎没有；同时企业规模相对较小、经营风险大、信用度低，加上抵押和担保制度不完善，导致银行对中小企业采取惜贷政策，严重影响吴中区中小模具企业的发展。

三、2019年吴中区促进模具产业发展的主要举措

紧紧围绕市委“一基地一高地”建设、区委先进制造业轴发展要求，以及当

前模具特色小镇发展这一契机和浪潮，坚定“工业发展”导向，依托国家级模具特色小镇平台，重点培育模具特色小镇品牌，将其打造成为吴中区未来发展的核心竞争和品牌优势，争取至“十三五”末，实现“模具产业发展‘1215’计划”和“两个翻番”的目标，即甪直模具特色小镇在未来新建约100万平方米的高标准厂房和工业地产载体，引进约200家模具及相关企业，新增约100亿元的工业产值（模具相关产值50亿元）和实现超5亿元税收。

（一）挖掘资源要素效力。结合已获批通过的吴中区总规模较大修改以及控制性详细规划的应对修改调整，邀请中国模具工业协会以及上海交通大学、国家工程中心等科研院校，加快编制吴中区模具产业发展纲要，谋划未来5—8年模具小镇特色建设和模具产业发展前景。突出资源优化，围绕模具产业等重点方向进行产业更新、资源重置，开展重点项目推进年行动，梳理排定总投资约320亿元的先进制造、工业地产、公共服务等12大类133个区镇两级重点项目，通过党委督查等工作保障项目有序推进，并加强项目动态储备，以持续有效投入保障模具企业的建设发展。

（二）加快转型升级步伐。把握模具产业高质量发展方向，加快建设协同发展的产业体系，引进和培育一批示范性强、带动性好、支撑作用明显的重点项目，实现规模以上工业总产值增长5%左右。密切关注经济贸易新动向，帮助企业防范进出口风险。组织企业参加境内外知名模具展会，推进吴中跨境电商建设，拓展模具企业全球贸易网络。抢抓国家“一带一路”发展机遇，鼓励支持模具企业对外投资，境外并购，提高国际化经营水平。

（三）全力引进龙头企业。以引进重大项目和模具主导产业强链、补链、扩链为重点，以模具产业园、上市企业产业园等载体为依托，全力引进一批科技含量高、占用资源少、附加值高的龙头企业，全力提升模具产业“量”的规模，补足模具产业“质”的短板。进一步关注模具行业中潜力型、高成长型和骨干企业、规上企业的发展动态，落实创新转型政策，支持引导这些企业增资扩产、发展壮大。对接工业园区等区域产业转移需求，瞄准模具装备等主导产业链中高端，引进一批优质项目，支撑推动模具产业园壮大成形、创新。

（四）强化项目载体建设。将工业地产作为未来承载模具产业发展的主要方式，目前，甪直镇模具特色小镇有一批国内知名工业地产项目（320多亩）正在规划建设，谋划储备约600亩的高标准厂房和工业地产载体，将是未来2—3年带动提升模具企业发展的主要后劲。加快建设一批生产性服务项目，培育发展相关模具数据信息、检验检测、模具设计等生产性服务业，支持推动模具产业创新发展，培育打造多个小而精、小而特、小而优的模具细分优势行业。

（五）大力优化营商环境。在积极对接提供上级各类利好政策基础上，加强对中小模具企业的全方位扶持，引导苏州市模具标准件协会角直分会、苏州市吴中区模具智造产业联盟等行业协会，实施项目代办制、企业服务卡等创新服务，助推项目落地、企业发展。对于龙头企业在人才申报、企业上市方面予以优先保障，对于高成长性模具企业予以重点关注，帮助解决生产发展方面的困难问题，助推企业做大做强，早日成为细分行业龙头。全面利用作为核心枢纽的角直模具科创中心的规划展示、产品展销、交易交流、会展活动等方面的服务功能，引导支持模具企业与高校、科研院所合作，助推企业创新发展、高端人才引育，争取市级以上高层次人才、上市企业实现新突破。

2018年吴中区医药行业发展报告

吴中区医药行业商会
吴中区生物医药行业协会

中共吴中区委四届三次全体（扩大）会议决定，将生物医疗及大健康产业明确为吴中区主导产业。2018年，吴中区医药行业认真贯彻区委部署，解放思想，开拓创新，迈出新步伐，喜获新成果。

一、2018年吴中区医药行业发展情况

2018年，吴中区10家规模以上医药制造业企业全年工业总产值同比增长达到10.9%。吴中区医药行业面对药品招标、二次议价、限抗生素、限注射剂、医保控费、一致性评价、两票制等诸多政策制约因素，保持稳中求进态势，增速又创历史新高，主要得益于以下几个方面。

（一）基地建设的产业导向作用。2001年12月，经国家科技部批准，吴中区建立“国家火炬计划吴中医药产业基地”；2009年，经江苏省商务厅批准，吴中区建立“江苏省生命科学（科技兴贸）出口创新基地”；2013年，江苏省经信委认定“苏州吴中生物医药产业集聚示范区”；吴中经济技术开发区被认定为“苏州市生物医药（吴中）特色产业基地”“苏州市新型工业化产业示范基地（生物医药产业）”“苏州市战略性新兴产业（生物技术和新医药）基地”。基地和示范区建设，对吴中区医药产业发展起了良好的导向作用。2018年3月，吴中区又被国家商务部确定为“国家外贸转型升级基地（西药）”，标志着吴中区医药行业外贸转型升级进入新的发展阶段。

（二）产业形态的协作配套作用。吴中生物技术和新医药产业门类较多，包

括化学药、医药中间体、中药、医疗器械、生物医药与制品、包材辅材制造及医药服务外包等，形成了从研发、测试、生产到检测、销售的全产业链形态。目前，吴中区已经成为规模极大的非处方（OTC）营养补充剂生产基地，第三、第四代头孢类抗生素及中间体供应基地，品种齐全并已获得欧洲相关资质认证的肽类系列产品研发生产基地，规模大、综合条件好的灵长类实验动物基地。全区已经逐步形成科技创新企业的有效集聚和医药产业的合理布局，为“吴中药港”的发展壮大奠定了坚实的基础。

（三）龙头企业的引领带动作用。惠氏制药、东瑞制药、吴中医药、天马医药、药明康德为代表的一批龙头企业，在吴中区医药产业发展中发挥着引领带动作用。辉瑞惠氏制药有限公司是国内最大的维生素系列产品和钙补充剂生产企业之一，主打产品钙尔奇和善存，国内市场占有率分别为20%和25%，主要出口澳大利亚、菲律宾、新加坡、哥伦比亚、中国香港等10多个国家和地区；2018年6月，辉瑞苏州新厂在吴淞江科技产业园开业投产，建成了目前全球制药行业首个获得LEED铂金认证的园区新工厂。苏州东瑞制药有限公司于2018年11月获得国家食品药品监督管理局药品补充申请批件，“安内真—苯磺酸氨氯地平片”和“雷易得—恩替卡韦分散片”通过仿制药一致性评价，达到国际原研药厂的质量标准和疗效，其中“雷易得—恩替卡韦”还是目前国内唯一出口、唯一获得36个月有效期的恩替卡韦。苏州天马医药集团天吉生物制药有限公司主攻具备剂量小、疗效高、吸收快、副作用小等优势的多肽药物研发、生产和销售，醋酸曲普瑞林、醋酸去氨加压素、醋酸奥曲肽、卡贝缩宫素、胸腺法新等产品先后通过CDE的技术审评，成为国内拥有多肽药品批文数量最多的企业之一，近两年公司销售均保持50%以上的增速。吴中区医药行业龙头企业以自身综合素质的提升及影响力的扩大，跻身各级“百强”。2018年，江苏吴中医药集团有限公司获评2017年度“中国医药工业百强”“中国化学制药行业工业企业综合实力百强企业”；苏州市春晖堂药业有限公司获评“2017年度中华民族医药百强品牌企业”；惠氏制药有限公司获评“苏州市2018年度工业企业‘亩产英雄’百强企业”“在苏卓越发展跨国公司十佳优秀企业”“全国质量诚信示范企业”。

（四）公共平台的服务创新作用。吴中区医药行业现有省级以上企业技术中心4家、市级企业技术中心41家，拥有国家非人灵长类实验动物种子中心、江苏省动物实验开放服务中心、江苏苏州药物非临床研究及评价公共服务中心、苏州吴中生物医药服务平台等一批公共服务平台，为区内外医药企业产品的研发、生产、认证等提供业务支持。2018年，平台建设进一步加大投入，完善配套，提升功能。药明康德新药开发搭建的“江苏苏州新药研究测试公共服务中心”，累计投入约3000万元；药明康德检测检验搭建的“国际标准的生物安全检测服务平台”，新增投入约1000万元；药明康德“医疗器械中国测试中心苏州设施”2018年初动工，2019年2月接受CNAS现场评审并顺利通过；西山中科药物研究搭建的“农药安全性评价公共服务平台”，新增设备仪器投入700多万元；国辰生物科技搭建的“生物样本分析检测公共服务平台”，新增投入1200多万元，服务客户70余家，是2017年客户数的2倍多。2018年，江苏苏州新药研究测试公共服务中心以及国际标准的生物安全检测服务平台、农药安全性评价公共服务平台、生物样本分析检测公共服务平台等获得国家外包平台资金支持。

（五）社会组织的团结协作作用。吴中区医药行业商会建会11年来，团结会员、凝聚力量，交流合作、资源共享，发挥桥梁纽带作用，为企业排忧解难，赢得了“吴中区医药行业温馨‘娘家’”的美誉。2018年，吴中区医药行业商会组织“理想信念之旅”“党建引领 药企惠民”等品牌活动，深化理想信念教育实践活动，激励发展信心；与吴中区生物医药行业协会联合举办吴中区生物医疗及大健康产业高端论坛暨第二届医药产业发展论坛，邀请国家级专家以及本区医药企业代表演讲、研讨，并现场发布、解读《吴中区生物医疗产业园规划》，规模空前，主题鲜明，圆满成功；组织中小企业抱团参加中国国际医疗器械博览会，展位统一布置“吴中医疗”“吴中出口基地”醒目标志和吴中区医药产业情况简介，“吴中医疗”展位已成为博览会主展馆的新亮点；协助吴中经济技术开发区规划设计吴中区生物医药产业规划展示馆，加大产业宣传力度；组织企业参加2018年中国（苏州）跨国技术转移大会、第五届世界互联网大会、试行凭电子处方销售处方药专题座谈会等活动，推进交流合作；协助政府有关部门落实《“两票制”对我区制药企业的影响及对策建议》，扶持企业，扩大税源；提交《关于对医疗器械与新医药项目实行扶持的建议》《关于保障河东工业园电力供应稳定的建议》，积极服务医药企业健康发展。

二、进一步加快吴中区医药行业发展的建议与对策

当前吴中区医药行业面临的问题，也是国内医药行业面临的普遍问题。吴中区坚持生物医疗及大健康产业的主导产业地位，主动应对，破解难题，定能在新一轮发展中获得新的竞争优势。

（一）持续推进医药产业的结构调整。针对不同类型的医药企业进行结构调整的分类指导。对西药类企业，要引导化学药生产企业逐渐摆脱依赖于大宗原料药生产的现状，抓住全球一批临床用量大、销售额居前列的专利药陆续专利到期的机遇，加强与大专院校及科研机构合作，加快仿制研发和工艺创新，开发具有自主知识产权和国际竞争力的新的化学制剂品种。对生物药生产企业，要引导加大科技研发投入，对于进行关键技术研发的企业进行重点扶持；对医疗器械类企业，要引导逐步提高产品的技术含量，加大核心部件以及关键技术的研发投入。对医药研发外包类企业，要引导融入全球外包服务市场，进一步加强知识产权的建设，形成涵盖新药研发各阶段的外包服务链。同时，鼓励区内医药企业进行多种形式的兼并、收购，使得优质资源、先进品种、领先技术向更具优势的企业集聚，培育具有国际竞争力的大型医药企业。对具有特色的中小企业，要引导其和大企业分工协作，向更为专业化、更具自身特色的方向发展。鼓励有实力的企业强强联合，提升规模效益，打造以龙头企业为核心的产业集群。

（二）持续加强医药产业的规划引导。吴中经济技术开发区河东工业园以及规划中的吴中生物医药产业园，都是“吴中药港”未来扩展升级的最佳区域。梳理全区化工园区内低效用地并加快腾退，优先为医药产业发展提供宝贵的载体空间；加快建设吴中区生物医药产业园，进一步提升承载吴中区生物医疗及大健康产业的能力。在招商引资中，鼓励引进环保压力小、科技含量高的生命科学、生物制药、医疗器械、医药研发等企业、项目，规划建设与医药制造业配套的研发、检验、检测区；通过龙头企业带动上下游企业集聚吴中，补齐产业链缺失环节，加快形成具有吴中地域特点和核心竞争优势的医药产业集群。政府对医药企业要在引导、帮助方面多下功夫，企业因安全、环保等需要进行升级改造而增加的投入，可以根据实际情况给予经济补贴。

（三）持续扶持医药企业的自主创新。医药产业是生物医疗及大健康产业的主要部分，是高投入产业，建议政府建立专项扶持资金，对区内医药企业在化学

药、生物制品（生物药）、中药、医疗器械等领域开展创新研发进行扶持。对通过各类国际认证和取得新药证书、新药临床试验批件、医疗器械注册证等相关成果的企业进行奖励；对于开展仿制药质量和疗效一致性评价的企业，按进度给予后补助扶持。充分考虑生物制药等新生行业的特殊性，主动作为，加快生物制药类新项目的落地和发展。政府扶持建立的医疗器械中国测试中心等公共服务平台要对区内企业实行优先、优惠服务，减免检测费用，降低企业成本，支持自主创新。

2018年相城区阳澄湖镇服装行业发展报告

相城区阳澄湖服装商会

一、相城区阳澄湖镇服装行业概况

服装行业既是相城区阳澄湖镇的传统产业又是特色产业。相城区阳澄湖镇服装行业的发展从最初家庭作坊自产自销童装起家，经过历年原始积累，扩大生产规模，实行产品结构调整，开发成人男装产品。为了提升服装业的自身价值，扩大市场覆盖率，顺应市场发展的潮流，参与市场的激烈竞争，服装业中的领军人物自发组织，经相城区民政局审核批准，苏州市相城区阳澄湖服装商会于2005年4月成立。

阳澄湖服装商会始终坚持自愿入会、自组班子、自聘人员、自筹经费、依会治会、依会养会、协调发展的原则。商会会员企业自成立伊始的34家，发展至今已有98家，会员企业资产达9亿元，全年生产男装衬衣、T恤、夹克、棉衣、羽绒服和羊绒女装等1800万件，销售收入达35亿元，企业职工约2万人。商会拥有1200平方米的办公大楼，创办了阳澄湖服装发展陈列馆，建立了阳澄湖服装商会网站和多功能职工之家，组建了阳澄湖服装行业工会联合会和苏州市相城区阳澄湖服装商会劳动争议调解委员会。2017年被苏州市工商业联合会评为苏州市“四好”商会。

二、相城区阳澄湖镇服装行业发展中存在的问题

经过20多年服装销售高峰和低潮的周期性考验，高峰时期服装行业得到迅速发展，相城区阳澄湖镇服装企业达到138家，为镇经济发展、社会事业做出了巨大贡献。近几年服装市场连续出现疲软，再次趋于低潮，从2013—2014年因

经营不善造成连年亏损，倒闭或自动关厂的企业18家，2015年又关闭18家，2016年底再次自行关闭4家，目前还剩98家。主要原因一是市场竞争激烈。阳澄湖服装企业销售主要依靠常熟招商城，面向国内扩大服装市场，进行批发与零售。随着全球气候变暖和网络销售的冲击及产能过剩，逐渐导致市场饱和，出现产品滞销等现象。二是缺乏自主品牌。服装产业科技含量不高，缺乏自主品牌，产品附加值低，T恤、衬衫、夹克、棉衣和羽绒服等产品大众化、跟风快，行业之间出现不正当的价格竞争，导致销售旺季时间短，经济效益逐年下降。三是用工成本持续走高。服装企业是劳动密集型行业，劳动成本逐年提高，职工工作时间长，加班时间多，劳动强度高，福利待遇低，“80后”和“90后”的年轻人不愿在服装行业干，逐步向其他行业转移，使服装企业招工越来越难。用工荒是制约企业发展的瓶颈。

三、服装行业今后的发展设想

（一）制度规范化。阳澄湖服装商会应严格按照镇党委、政府提出的“政府引导、商会规范、企业自律、员工守法”的总要求，实行制度规范化。

1. 规范领导班子分工制度。会长、副会长、常务理事，实行划块对口分工，有利于增强领导班子人员的责任心、主动性和创造性，有利于与上级政府和各主管部门的沟通联系协调，最快获取更多的政策扶持和商机信息，有利于贴近会员企业的零距离服务。根据会员企业的需求和出现的问题，寻找分管领导，尽可能做到第一时间传布信息，第一时间组织协调，促使商会工作顺利推进。

2. 规范劳动合同的签订。企业招收职工后必须在一个月之内与职工签订劳动合同（必须是上级劳动部门统一印发的劳动用工合同），在签订劳动合同时，每个职工必须提供本人的身份证，是否符合劳动法规定，防止出现使用童工的现象，劳动合同必须本人签订，不得他人代签，并报商会和镇劳动保障事务所进行备案。

3. 规范工资结算方式。职工工资的结算方式必须按计件制结算，实行多劳多得，工价必须符合商会工资协商指导价，制作职工工资发放明细表，分基本工资、加班工资、双休日及节假日工资和奖金，并由职工本人签字确认。

4. 规范工资支付方式。职工工资实行月结月清，并通过银行打卡支付，企业必须把每月职工工资明细表和打卡支付凭证上报商会和镇劳动保障事务所备案。

5. 规范班组长管理。班组长必须坚持每天上班，协调组内职工生产秩序，抓好生产质量和职工宿舍内的安全、卫生工作。确保职工之间和谐稳定。

6. 规范劳动用工秩序。服装商会会员企业之间应相互尊重，相互沟通，主动配合，禁止商会内企业不规范招录工人。一旦职工与商会内企业签订劳动用工合同后，会员企业之间不准相互挖人。企业在中途招收职工时必须调查清楚该职工和管理人员是否在会员企业中已签订劳动合同和已上班情况，并与对方企业进行联系沟通。否则按挖人处罚。每个企业向商会缴纳违约金5000元，并立即退还招录工人。

7. 规范安全生产管理。企业内部必须有一名专职安全生产负责人，严格落实各级消防安全要求，配备配齐消防设施，禁止"三合一"企业，建立安全生产工作台账，安全制度上墙。企业内部每月必须组织一次安全生产和环境卫生自查，发现安全隐患及时整改到位，并且对职工进行安全生产知识教育。确保企业内部不出现安全生产事故，一旦出现伤亡事故，根据事故性质和伤亡人数追究其法律责任，或给予其经济处罚。

8. 规范租赁企业管理。房东对租赁企业主身份、证照、资产、消防设施和历年生产经营情况必须全面了解掌握。对身份不明、证照不齐者不得出租。符合条件出租的，房东必须与镇劳动保障事务所签订房产抵押承诺书，业主必须向镇劳动保障事务所缴纳职工工资支付保证金，每个职工5000元，由镇劳服所专户保管，待年终发放职工工资时，连本带息一并退还业主。

9. 规范会费收支管理。商会会费必须实行专款专用，坚持勤俭节约的原则，杜绝一切铺张浪费的现象。会员企业必须按照商会规定每年按时缴纳规定的会费。会费的使用必须经会长、副会长讨论决定后方可使用。报销发票必须由会长、常务副会长、分管会长、秘书长签字后方可入账。每月会费的收支情况及财务报表向会长、副会长通报，每季度向理事以上领导通报，每年向所有会员公开通报。

（二）管理科学化。企业必须全面贯彻落实商会下发的《加强服装企业内部管理的实施意见》，质量是企业的生命，管理是企业的效益，我们必须转变陈旧的管理机制，增强科学管理的理念，依靠科学的管理方式来降耗增效，向管理要效益。一是建立健全企业厂规厂纪，明确管理人员职责分工和员工必须履行的职责，以制度来约束每个员工在工作中的言行，决不能贴在墙上、唱在嘴上，切实做到奖罚分明。二是建立健全考勤制度，考勤是结算职工平均工资和人均产量的基础，考勤可以采用指纹考勤和日记考勤的方式，每月考勤表必须由班组长签字确认。三是各企业应根据市场销售淡季和旺季的情况因厂制宜，定期下达各班组的日产任务指标，由车间主任负责制作日产统计表，根据各组每天实际完成的产量记载后由班组长签字确认并上墙公布。四是企业应注重科学发展，舍得投入，引进先进设备，提高产品质量和工作效率，降低生产运营成本，增加企业的效益。五是加强企业生产成本核算，压降非生产性开支，企业管理成员应定责定酬，精简管理人员和职工数量，建立激励机制，原辅材料的进出，成品入库与销售，必须建立台账，实行专人负责，责任到人。

（三）服务主动化。商会是大家的商会，是会员们的娘家。商会的宗旨是全心全意为会员企业服务。1. 商会将定期走访会员单位，听取企业主的意见和建议，了解企业的生产经营和资产情况，掌握企业主的需求与面临的困难，每月把所有信息提供给会长们进行讨论分析研究，制定应对方案，竭诚为企业排忧解难。2. 商会每年与区人社局、区总工会、区安监局等部门领导和专家定期对企业法人代表、工会主席和安全生产负责人进行法律法规培训。3. 商会将联动镇工会、安监办、劳保所和村委会组织对会员企业的劳动用工、工资支付、环境卫生、安全生产执法大检查，并把检查情况及时反馈给企业主，要求企业主及时整改落实到位。4. 商会应根据企业自身发展的需求，扩建生产和生活用房，积极主动与镇党委、政府沟通协调，鼓励企业向上发展。5. 商会将建立融资机制，会同各银行进行沟通协调，争取短期流动资金贷款指标，切实解决企业发展中暂缺流动资金的困难。凡是会员企业确有房产和固定资产及国有土地证的，商会将尽力担保。

（四）信息共享化。在信息畅通的时代，利用好信息平台，将带来更大的利益。1. 建立健全商会网站。利用阳澄湖服装展示馆介绍商会的地理优势、交通优势和人文优势，整合会员企业的集中优势，发布招聘人才和职工信息，打造著名品牌，展示商会的实力，争取更多客户的信任。会员企业也可利用商会网站互相学习，建立业务交流的平台。2. 建立合作伙伴。一是利用网站捕获信息；二是赴市内外优秀企业参观考察，交流各方面的经验，取长补短，引进先进的管理观念和生产技术；三是主动出击，寻找、引进职工培训基地，由商会统一管理，统一支配，实行有偿服务，切实解决部分企业招工难的问题。3. 根据平时走访，统计制作各企业每年服装款式加工费结算表，提供会长、副会长、常务理事、理事，根据当年服装行情，研究制定计件制工价发放的指导意见，供会员们参考。4. 传达贯彻地方党委、政府和上级主管部门下发的文件和各种会议精神。

（五）议事民主化。商会是合法的社团组织，始终坚持自治自律的原则，涉及商会的重大事项，必须通过会长、副会长、常务理事、理事讨论决定后方可实施。商会章程和行业行规的修订必须通过全体会员大会讨论表决同意后方可以执行。

（六）财务公开化。会费的收缴是商会工作有序开展的基础保障，会费必须实行专款专用，坚持勤俭节约的原则，杜绝一切铺张浪费的现象。会员企业必须按照商会规定每年按时缴纳规定的会费。会费的使用必须经会长、副会长讨论决定后方可使用。报销发票必须由会长、常务副会长、分管会长、秘书长签字后方可入账。每月会费的收支情况及财务报表向会长、副会长通报，每季度向理事以上领导通报，每年向所有会员公开通报。实行财务公开，会员参与监督管理。

（七）慈善爱心化。服装行业从起步至今，一直受到镇党委、政府的关心和支持，镇党委、政府以“放水养鱼”的优惠政策，扶持企业的发展。目前，企业应该适当回报社会，献一份爱心。继续发扬爱心捐助的优良传统，例如参加区民政募捐115万元、汶川地震捐献80万元、玉树地震捐款30万元，参加区“相商乐助爱在身边”慈善活动捐助30万元，捐助镇慈善基金会10万元、镇敬老院8万元，扶贫帮困5万元，每年扶助3名困难学生发放助学金每人4000元，2018年积极响应习近平总书记提出的精准扶贫计划，组织部分会员前往铜仁市石阡县坪山乡发放捐助资金6万元，采购石阡农副产品22万元。

（八）创新特色化。商会要想做强做大，企业要想健康稳步发展，必须在创新特色上求突破。女装企业从2014年至2018年底已有68家，从前几年女装开发情况来看，比较顺畅，销售呈良好势头，畅销国内各地区，利润空间相当大，为女装生存与发展打下了坚实的基础。但是随着女装企业的不断扩大，女装生产量逐年上升，销售利润逐年下降，不正当竞争、以次充好、应收款增加等不利因素越来越凸显。因此，我们应该保持清醒的头脑，理清思路，在延长女装产品生命周期上大做文章。一是充分发挥阳澄湖服装商会女装分会的作用，设想在巴城建立女装分会办事处，为女装会员企业量身定制会员台牌，既能方便与业主的沟通协调，又能提高企业的知名度。二是建议规模比较大、资金实力比较强、历年男装生产经营比较好的企业应在保留男装生产经营的基础上开发女装产品。三是新开发的女装企业一定要经过市场风险评估，避免盲目开发。四是现有生产女装的企业应开发新面料、设计新款式，切实符合消费者的需求。五是扩大国内销售市场，增加销售网点，采用门店销售和电商平台销售相结合，寻找信誉高、资金回收快的合作伙伴。六是搭乘“一带一路”快车，拓宽对外销售渠道，建立国外客商，切实把女装产品推向国际市场。提高产品的附加值，吸引更多的客户，创造更大的效益，促使女装企业步入良性轨道，真正成为阳澄湖女装开发的一大亮点。

2018年高新区枫桥商会新生代企业家协会发展报告

高新区枫桥街道商会

改革开放以来，枫桥经济发展史，就是一部枫桥民营企业家的创业史。他们为枫桥地方经济和社会发展贡献了重要力量。随着时代的发展，民营企业正面临转型升级和领导更替的双重挑战，民营企业的传承和发展对地方产业的转型升级起到至关重要的作用。

在街道办事处和商会的大力支持下，枫桥街道新生代企业家协会成立于2017年7月18日，协会是由自主创业的优秀青年企业家和枫桥商会企业中已参与家庭型企业传承的接班人（新生代）自愿参加组建的非营利性社会组织。协会隶属枫桥商会，接受枫桥商会的领导，会长由已经顺利接班的优秀“企业二代”代表苏州建鑫建设集团有限公司总经理金伟康担任。会员总数29人，平均年龄31.5周岁，研究生学历7人。协会围绕“两聚一高”开展“两高两新”实践，坚持创新发展理念，加快企业转型升级，培养和发展新一代优秀企业家，为枫桥经济和社会发展再做新贡献。

一、新生代企业家队伍的特点和不足

（一）文化程度普遍较高，但实践经验不足

新生代企业家大多接受过高等教育。和老一辈企业家相比，新生代企业家大多文化程度较高，创新动力较足，敢于突破传统，勇于接受新事物新理念。伴随着新生代企业家的文化教育程度的提高，新生代企业家对西方经济管理理论和中国传统企业经营理念有着新的视野方向，不仅面向国内，还普遍具有国际

视野，善于把握时代发展的潮流，具备坚持“走出去”和“引进来”的战略思考眼光，更加注重企业文化建设。

枫桥街道新生代企业家尽管文化层次和水平普遍较高，但在实际管理和经营中，缺乏系统的实战锻炼，实践经验普遍不足，在战略思维、全局意识、统筹协调、科学发展等方面还缺乏独特的眼光，对国家的政策信息、经济形势、发展导向等的理解还不够透彻，缺乏足够的政策把握能力。

（二）讲究团队合作，但缺乏掌控全局的能力

新生代企业家普遍注重企业管理的团队建设，注重推广运用先进的管理理念。在新生代企业家经营的企业中，大多有抱团发展的想法，注重团队的力量和集体的智慧，借助抱团来实现互惠互助共赢，真正成为实现追赶式发展的新兴力量。

新生代企业家在思维方式、行为方式上与父辈相比有很大不同，更喜欢独立思考和从互联网上获取信息，在创业过程中热衷于选择信息技术、互联网、生物科学、新材料等未来发展潜力较大的新兴产业，也愿意用互联网改造所传承的传统产业。但新生代企业家缺乏掌控全局的经验，在现实的企业经营管理中不能有效地规避市场经济所带来的风险。

（三）政治参与积极性高，但理想信念教育有待加强

新生代企业家有较强的政治参与意识，他们思想开放，思维敏捷，价值观取向呈现追求社会地位、注重财富本身的价值、扩大社会关系、追求社会影响、实现自身价值等多元特点。但由于与老一辈企业家不同的成长背景和经历，新生代企业家的政治理想信念不够强，在决策过程中考虑经济利益比政治信念更多。因此，新生代企业家的理想信念、传统文化、革命道路的意识有待进一步增强。

（四）注重学习，但缺乏人脉关系

新生代企业家普遍对学习培训的内容和形式较为“挑剔”，比较注重学习培训的实效性和针对性，与传统的课堂学习不同，新生代企业家更重视向实践学向他人学，因此他们比较注重人脉关系的积累与处理，善于利用各类社会资源，注重在发展“朋友”的过程中加强沟通、交流、学习和历练。

对于大部分年轻的新生代企业家而言，目前迫切需要解决的问题还是企业内部和外部的人脉关系处理。有的新生代企业家刚从学校毕业就接管家族企

业，他们的人际关系较弱，一般依靠父辈留下来的经验和人际关系网络，在拓展社会人脉、关系疏通方面还是要靠父辈，社会影响力还不强，很多新生代企业家只有提及父辈时，方为对方所认知。

二、进一步加强新生代企业家培养的建议

新生代企业家的培养问题是当前推进枫桥街道民营企业可持续发展面临的首要课题，不仅关系到民营企业的代际传承和兴衰成败，也关系到街道经济社会的转型发展和创新发展。因此，研究建立新生代企业家的培育引导机制，加快实施新生代企业家成长培养引领工程，具有重要的战略意义。

（一）搭建学习平台，促进经验传承交流

搭建学习交流平台，促进新老企业家之间的沟通交流，传递时政发展热点，组织参观学习。对新生代企业家有计划、有步骤、分期分批地加以系统培训，为新生代企业家健康成长和企业健康发展传授经验、解疑释惑。积极搭建新生代企业家素质提升的平台，支持新生代企业家论坛、讲座、沙龙等活动；不断拓宽企业家培训、考察学习渠道，不断使新生代企业家开阔眼界、开阔思路、提升自身素质。坚持传承互补，实现新老代企业家合作共赢，通过新老企业家相互交流，互动论坛，以老带新、经验互补、方法共享。

（二）加强引导培育，提高社会责任感

新生代企业家是中国共产党执政下的新生力量，必须加强他们主流价值观的引导培育。通过开展红色教育和国学教育，培养新生代企业家爱国爱家的社会责任感、时代使命感。将新生代企业家主流价值观的培养与社会主义核心价值观结合起来，从商业价值观到道德价值观和社会价值观等多个维度进行培养。同时，提升他们的道德价值观，培养新生代企业家社会责任感，引导他们主动践行社会主义核心价值观，让中国的传统美德在新生代企业家心中得到更多的体现，培养新生代企业家乐善好施、乐于助人、扶贫济困、敬业奉献等优秀道德品质。

（三）改善营商环境，构建和谐政企关系

新生代企业家的健康成长是经济快速发展的关键，改革开放以来，民营企业和国有企业之间具有天生的鸿沟，需要打破一些政策壁垒，积极营造公平公正的营商环境，鼓励和引导新生代民营企业与国有企业公平竞争，并加以政策

扶持，好的营商环境有利于促进新生代民营企业家对经济发展的信心。探索建立党政部门挂钩帮扶制度，进一步链接和深化新生代企业与政府的关系，实施政府部门与新生代企业的对接帮扶，促进新生代企业家的健康成长。

（四）建立导师团队，完善企业家梯队建设

物色、推荐、聘请一批相关专家为新生代企业家提供一些个性化指导，切实帮助新生代企业家更好地成长。组织一批经营管理实绩突出、社会形象好的第一代成功企业家及成功人士对新生代企业家开展传帮带工作，促进新生代企业家健康成长。

（五）建立政治激励机制，助推非公企业良性发展

对一些政治素质好、能诚信守法经营并具有良好社会影响的新生代企业家，在人大代表、政协委员安排方面，应当向新生代企业家倾斜，鼓励新生代企业家多参政议政，多一份政治参与感。充分发挥他们参政议政、建言献策的作用，为新生代企业家接班提供更多的成长锻炼平台。同时在推荐劳动模范荣誉、先进典型企业等方面多向新生代企业家倾斜，对经营业绩较为突出和社会信誉度好的新生代企业家进行物质和精神方面的奖励。

部门篇

2018年苏州市民营科技企业发展情况报告

苏州市科学技术局

近年来苏州市深入实施创新驱动战略，科技投入持续加大，创新人才加速集聚，创新载体更加丰富，以民营科技企业为主体的创新型企业群体不断壮大，对全市经济社会发展的支撑作用日益凸显。

一、苏州市民营科技企业发展现状

一是企业实力显著增强。目前，全市民营科技企业总数达15175家，民营科技企业产值超过全市规上工业产值的40%。“2018中国民营企业500强”榜单中，苏州共有19家民营科技企业上榜，其中恒力集团以年营业收入3079亿元的成绩排名全国第9。全市80%的科技项目由民营科技企业承担，90%的研发投入、90%的专利产出来自民营科技企业，立项引进的科技领军人才90%集聚在民营科技企业。民营科技企业的发展有力推动了苏州经济发展与产业转型升级。

二是产业支撑能力显著增强。广大民营科技企业持续向高新技术产业领域拓展，特别是纳米技术、新一代信息技术、高端装备制造、新材料、新能源与节能环保、生物医药与医疗器械等新兴产业领域。民营企业已成为科技型中小企业、高新技术企业的主力军，是我市创新创业的主要力量。

三是创新产出水平显著增强。苏州民营科技企业始终坚持创新引领、创新驱动，不断抢占新兴产业发展制高点，加强高附加值新产品的研发和市场推广。在中国民营科技促进会最近一期发布的中国民营科技发展贡献奖中，苏州共有8家企业获得优秀民营科技企业奖、4项科技成果获得优秀民营科技创新成果奖、1家单位获得优秀民营科技管理服务奖。

二、推进民营科技企业发展的主要举措

一是推进科技政策落实，降低民营科技企业税负。2018年全市落实重点科技创新政策减免企业所得税约138.79亿元，同比增长21.27%。近三年累计减免企业所得税约343.25亿元，其中，企业研发费加计扣除政策落实企业13852家次，加计扣除额412.74亿元，折合减免企业所得税103.19亿元；全市6246家次高新技术企业享受企业所得税15%的优惠税率，减免企业所得税238.21亿元。

二是重点培育高新技术企业，推进民营企业创新发展。组织开展省、市高新技术企业培育库2018年度入库企业申报工作。新增1106家企业入市高企培育库，累计入市库培育企业1901家。新认定高新技术企业2325家，累计有效高企培育企业5410家。贯彻落实《苏州市高新技术企业培育实施细则（试行）》，对2017年入库高企培育企业研发后补助资助10769.212万元。

三是纵深推进科技金融工作，缓解民营企业融资困难。制定出台《关于加强科技金融结合促进科技型企业发展的若干意见》，加快推进省、市、县三方联动推进科技金融的体制机制，扩大民营中小科技企业融资渠道，降低民营企业融资成本。全年“科贷通”为1296家企业解决贷款75.22亿元，累计为4985家企业解决贷款356.66亿元。累计成立21支天使投资引导阶段参股基金，募资总规模30.57亿元，78%的被投企业为我市初创期民营科技型企业。

三、2019年促进民营科技企业发展的工作打算

一是以深化科技与产业融合为引领，加快促进科技成果转化，包括打造产业创新集聚区、加快推进市产研院建设、深化产学研合作交流、加大民生科技工作推进力度、加大知识产权的保护等。市产研院是苏州市科技体制改革的“试验田”，2019年将加快建设，推进“研发为产业、技术为商品”的新型经济模式。

二是以增强科技创新能力为重点，加快突破关键核心技术。包括加大人才引育、实施重大科技项目、建设重大创新载体、发展创新型企业集群等。2019年争取市县两级引进科技领域创新创业领军人才（团队）700人以上，推动100项技术含量高、产业带动性强的重大科技成果实现转化，强化与著名高校院所合作，新增签约共建35家左右创新载体。

三是以健全完善政策环境为支撑，加快优化创新生态。进一步优化创新创业的营商环境，聚焦企业生产经营的难点、痛点、堵点问题，有针对性地解决民营经济发展中的一些突出问题，包括推动科技金融深度融合、提升科技服务水平、营造良好创新氛围等。2019年力争“科贷通”受惠企业达1200家、贷款85亿元，全年科技服务业收入达1110亿元，各类众创空间超过250家，全年落实加计扣除政策企业6800家以上，减免企业所得税150亿元以上。

2018年苏州民营企业“走出去”发展情况报告

苏州市商务局

2018年，在苏州市委、市政府的正确领导下，全市上下深入贯彻习近平新时代中国特色社会主义思想和党的十九大精神，全面落实中央和省委、省政府决策部署，积极实施“走出去”战略，鼓励企业主动、深入、全面参与“一带一路”交汇点建设，全市开放型经济实现了由“引进来”为主向“引进来”和“走出去”并重、由“向东开放”为主向“东西互济”的转变，正加快形成全面开放新格局。其中，苏州的民营企业作为“走出去”的主力军，“走出去”规模和水平继续稳步提升。

一、民营企业“走出去”全面均衡、量质并举

截至2018年底，苏州市民营企业累计在册投资境外项目1244个，中方协议投资额127.5亿美元，分别占全市的67.80%和73.10%；其中，2018年度，民营企业投资境外项目183个，中方协议投资额21.7亿美元，占全市总量的76.60%和81.00%，同比增长67.90%和41.00%。民营企业投资领域多元化，二、三产业均衡发展，呈现制造业、服务业、资源开发和高科技四业并举的生动局面；对外投资合作项目遍布全球一百余个国家和地区；投资方式既有大量的绿地投资和海外并购，也有遍布全球的海外销售、服务网络，更有埃塞俄比亚东方工业园、印尼吉打邦农林生态工业园这样的国家级境外经贸合作区和省级境外产业集聚区开发建设。近年来，越来越多的民营企业通过“走出去”，打通全球产业链，布局全球高价值链。

（一）民营企业“走出去”主力军地位愈加显现。2018年新增境外投资项目中，民营企业投资183家，中方协议投资额217266.66万美元，同比增长40.95%，

占总额的81.02%。其中，张家港民营企业境外投资25个项目，中方协议投资额39164.86万美元，同比增长12.13%，占张家港市总协议额的98.74%；吴中区民营企业境外投资16个项目，中方协议投资额29449.53万美元，同比增长71.82%，占吴中区总协议额的96.60%；高新区民营企业境外投资17个项目，中方协议投资额20324.11万美元，同比增长1804.08%，占高新区总协议额的98.23%。吴江区民营企业境外投资17个项目，中方协议投资额20297.89万美元，占吴江区总协议额的99.82%。常熟民营企业境外投资11个项目，中方协议投资额17202.5万美元，占常熟市总协议额的97.32%。

（二）全面融入“一带一路”倡议。截至2018年底，民营企业累计在“一带一路”沿线投资270个项目，中方协议投资额40.1亿美元，占比21.70%和31.50%，其中，2018年当年在“一带一路”沿线投资51个项目，中方协议投资额7.6亿美元，占比21.30%和28.40%。投资相对集中的国别和地区为新加坡、印尼、越南、缅甸、波兰等。民营企业在“一带一路”投资制造业占比突出，项目数占总数近五成，中方协议投资额占比超两成。亨通光电投资的国际海底光缆通讯项目跨越俄罗斯、巴基斯坦、肯尼亚、埃及等国。海洋市场具备技术和认证高壁垒、高毛利、未来市场空间大的特征，为企业发展开辟新空间。AB集团设立柬埔寨子公司、扬子江新型材料并购俄罗斯钢铁公司、阿特斯阳光电力在泰国设立生产基地、拓展光伏产业链等项目都取得了良好的经济效益；奥林特等本市数家纺织、钢铁企业在埃塞俄比亚投资兴业，甚至挽救了濒临破产的本土企业。民营企业在“一带一路”沿线国家投资设厂，加强国际产能合作，消化富余产能，突破贸易壁垒，已成为苏州市“走出去”新趋势，为全市实现“腾笼换凤”、产业升级打下基础。

（三）海外并购十分踊跃。民营企业聚焦海外先进制造业、高科技产业和知名品牌，通过“购并、引进、吸收、消化、再创新”，实现“走出去”与创新互动发展，已成为苏州市走出去的特色亮点。2018年，民营企业海外并购36个项目，中方协议投资额10.4亿美元，同比攀升111.80%和41.40%。东山精密股份有限公司继成功收购在纳斯达克上市的美国MFLX公司，显著提升软性电路板业务后，再次收购FLEX下属PCB刚性电路板及软硬结合板制造业务相关主体Multek，产业整合后，企业电路板业务如虎添翼。苏州胜利精密制造科技股份有限公司收购的芬兰JOT Automation Oy是世界领先的电子生产工业方案提供商。法兰泰克重工股份有限公司收购的奥地利弗艾斯起重机有限公司以技术创新、安全可靠享誉欧洲市场。

（四）全球化产能布局提速。苏州市在全省率先提出打造本土跨国经营企业，早在2003年就制定了专门政策支持条款。保利协鑫、沙钢、亨通集团、东山精密、纽威阀门、胜利精密等30多家企业在境外设立了3个以上子公司，累计境外投资项目300多个，中方协议投资额逾50亿美元。企业把总部设在苏州，在全球布局产业和配置资源，达到降低成本和实现利润最大化的目的；拓宽了企业发展空间，提升了跨国经营能力，已具备本土跨国经营企业的雏形。

（五）境外载体建设形成亮点。张家港永元投资有限公司开发的埃塞俄比亚东方工业园2015年4月被商务部、财政部确认为国家级加工制造型境外经贸合作区；包括李克强总理在内的多位党和国家领导人，数十批次省部级领导人到访东方工业园并给予了高度肯定。目前，东方工业园二期建设顺利推进，开发、建设和招商已呈现良性可持续发展态势。江苏吉打邦农林生态产业园建设发展有限公司依托前身先锋木业有限公司在印尼的农林产业开发基础，开发建设印尼吉打邦农林生态工业园，于2018年9月被江苏省商务厅、财政厅确认为省级境外产业集聚区。江苏国泰、中亿丰等企业在缅甸、越南积极推进境外经贸合作区建设。

（六）对外工程承包亮点频现。民营企业对外工程承包完成了由土木工程分包转向各种类型总承包的战略性结构调整，总承包工程、非土木工程的新业态工程占比均超过90%；永鼎、中亿丰、金螳螂、亨通等民营企业将境外投资和海外工程承包相结合，利用国内资本优势，扩大国际市场份额，取得了良好的经济效益。永鼎股份承建的孟加拉全国电网项目由国家主席习近平和孟加拉总理谢赫·哈西娜共同见证签约，被列为中孟国家间合作示范工程。2018年12月，该公司承建的3.3亿美元孟加拉库尔纳电站项目成功签署贷款协议，并获得国务院“421”特别项目的融资贷款支持。中亿丰在越南承接了多个EPC总承包项目，并拟开展境外合作区建设。龙头企业通过海外工程提升国际竞争力的带动效应开始显现。2018年，亨通光电、常熟风范等民营企业纷纷首次正式进入国际工程总承包领域，在孟加拉、柬埔寨、尼泊尔等国家开展通信光缆、电站建设、风力铁塔等新业态总承包项目。

二、民营企业"走出去"存在的问题

（一）软实力有待提升。一方面，民营企业国际化人才不足。熟悉国外语言文化、商业规则、法律体系、行业标准的经营管理人才紧缺；民营企业招聘国际化经营人才的渠道不多，国内培养高端国际化人才的平台较少。另一方面，民营企业国际化管理水平不高，在价值观感召、标准规则制定以及法制契约塑造等方面处于劣势，尤其2018年以来，复杂多变的国际形势对企业境外经营的适应能力和管理水平提出了更高要求，特别是海外并购后的整合能力、境外经营的盈利能力都有待提高。

（二）社会服务有待提升。近年来，苏州市涉外律师事务所等咨询服务机构不断加强自身业务修炼，主动服务"走出去"企业，但总体而言，足以全过程服务海外投资项目的本土中介机构较少。投资目的国政治、经济、社会环境复杂多变，金融风险和地缘政治风险、运营风险阶段性存在，特别是部分"一带一路"沿线国家和地区风险系数较高，目前国内的中介服务机构为民营企业"走出去"出谋划策、保驾护航的能力有待提高。苏州企业在海外的商协会建设处于起步阶段，行业协会和群团组织的协调作用有待发挥。

（三）融资瓶颈仍然凸显。一方面，民营企业普遍反映在开展境外投资合作过程中，国内存在融资门槛高，融资渠道相对狭隘，融资额度不足的问题，一定程度上阻碍了企业的快速发展。近年来，尽管各政策性银行、商业银行相继推出"走出去"金融产品，但不少企业反映，开展境外投资申请内保外贷、外保内贷程序繁复、要求高。另一方面，民营企业"走出去"的主要国别、地区，特别是"一带一路"沿线国家和地区，金融环境相对不完善，对企业的金融支持有限。

（四）境内外审查趋于严格。一方面，国内相关部门加强了对外投资监管，在推进对外投资便利化的同时加强风险防范，保持国际收支基本平衡。特别是2018年以来，苏州市商业银行普遍要求企业境外投资时需同时提供商务主管部门和发改委的双重备案文件，在执行过程中出现部分新老政策衔接问题，企业感到审查程序复杂了，准备材料多了，时间也长了。另一方面，海外并购主要目的地，如美国、英国、德国、澳大利亚等国家，普遍对中资并购加强了审查。美国《外国投资风险评估现代化法案》扩大了美国外国投资委员会（CFIUS）审查范围，增加对特定领域投资的强制性申报以及"特别关注国"名单；英国政府拟扩大调查并购交易的权力；德国经济部将中企收购德国公司股权的审查线从25%降低到20%、15%甚至10%，中资企业海外并购审查的不可预测性显著增加，敏感领域扩大，并购海外优质资产的难度增加。

三、下一步工作打算

（一）优化政府服务。围绕服务实体经济发展需求，完善事中事后管理服务体系，联合相关部门、板块，加强政策创新、形势分析研究、信息收集发布，为企业“走出去”营造良好的政策环境、提供坚强后盾。完善“走出去”金融、法律、人才、宣传、投资促进、企业家全球互助等六大服务平台，引导企业制定国际化战略，开展跨国经营和投资。发挥财政资金的杠杆效应，进一步修订《关于鼓励企业转型和创新发展的若干商务政策措施》（苏府办〔2017〕190号），指导企业争取各类“走出去”扶持资金，帮助企业向上对接两优贷款、丝路基金、亚投行等国家级平台，积极寻求国家层面在资金、项目、政策等方面的支持，加快企业国际化步伐，推进对外投资合作行稳致远。

（二）加强载体建设。进一步推动埃塞俄比亚东方工业园二期建设，提升东方工业园招商水平。推进省级境外产业集聚区印度尼西亚吉打邦农林生态产业园建设。支持苏州中亿丰集团开发越南中亿丰工业园区。鼓励江苏国泰集团在缅甸开发建设纺织产业集聚区。关注“一带一路”沿线国家和地区重点项目进展，鼓励企业在条件成熟的时候申报各级境外经贸合作区和产业集聚区。

（三）深化产能合作。一是抢抓“一带一路”倡议带来的发展机遇，积极应对贸易摩擦，突破贸易壁垒。近期全球贸易保护主义抬头，贸易摩擦不断升温，“一带一路”倡议为企业应对带来空间。鼓励受贸易摩擦冲击的企业做好向“一带一路”沿线国家和地区转移相关产能的准备。通过召开投资推介、政策宣讲、人才培训等一系列活动，引导企业加强风险防范。二是转移富余产能，着重推进纺织、建材等苏州市传统优势行业，以投资、工程建设为主要方式转移富余产能。三是推广苏州中材、永鼎股份等企业通过海外总承包开拓国际市场的模式，将苏州市国际工程总承包从目前的多点发挥向大面积带动转变。

（四）培育海外商协会。充分利用政府、企业、个人的海外关系和资源，依托贸促会、国际商会、企业家全球互助等平台，在“一带一路”投资热点地区推荐熟悉当地情况的苏州企业家或海外华侨担任召集人，推进海外商会建设，实现资源共享和抱团“走出去”。探索对成熟的海外商会，以购买服务的方式，增挂政府驻当地投资贸易促进办事处的牌子。

（五）强化风险防范。进一步引导企业规范有序地开展对外投资合作，树立苏州企业良好形象。督促企业高度重视境外风险防范，建立境外安全生产制度。引导企业加强与我驻外使领馆、经商处的联系，加强境外中资机构和人员安全管理，提高舆情监测和危机处理能力，提升应对境外突发事件的能力和水平。充分利用国际执法合作的资源，维护海外企业的合法权益。充分发挥中信保海外投资险和省海外投资合作政治风险统一保障平台作用，全面提高境外安全保障和应对风险能力。

2018年苏州市民营企业人力资源发展报告

苏州市人力资源和社会保障局

2018年，苏州市各级人社部门在市委、市政府的正确领导下，高举习近平新时代中国特色社会主义思想伟大旗帜，全面贯彻党的十九大精神，紧扣社会主要矛盾变化，按照率先推动高质量发展要求，坚持人才优先、民生为本，就业创业、人才引育等各项人力资源工作都取得了新的进步。苏州就业创业工作受到省政府督查激励，被人社部、国家工商总局联合表彰为“2018年全国清理整顿人力资源市场秩序专项行动取得突出成绩单位”。苏州市连续7年入选“魅力中国——外籍人才眼中最具吸引力的中国城市”十大城市。

一、聚焦产业转型升级，激发民营经济人才队伍活力

2018年，苏州市狠抓“人才新政40条”落地见效，深入推进人才发展体制机制改革，持续加大人才引育力度，为推动我市高质量发展提供坚强智力支撑和人才保障。全年新增引进各类人才15万人，其中专业技术人才5.86万人、高层次人才2.24万人、高技能人才2.05万人、留学回国人才3271人。入选第四届“江苏服务业人才特别贡献奖”2人，占全省20%。全市人才总量超274.2万人，其中高层次人才24.54万人，占人才总量的8.95%；高技能人才56.92万人；累计自主申报入选国家“千人计划”人才250人，其中创业类131名，继续位居全国大中城市首位；入选省“双创计划”人才873人，连续11年位居全省第一；全市海外留学回国人员规模继续扩大，达到4.5万人。

一是人才引育政策不断创新完善。根据产业发展需要和人才竞争现状，不断完善人才引育政策。优化实施紧缺人才“倍增工程”，启动新一轮姑苏重点产

业紧缺人才计划，扩大紧缺对象范围，确立393个紧缺岗位，同比增加47.00%；全市新入选认定资助2017名，共拟资助1.653亿元。启动首轮高校院所引才新政工作，充分发挥高校引才桥头堡作用，全市资助5家单位，拟资助1395万元。深入实施企业猎头引才资助，充分激发企业引才用才主体作用和人力资源机构引才主干道作用，资助38家企业，拟资助254.6万元。完善人才激励机制，落实《苏州市优秀人才贡献奖励若干意见（试行）》，给予符合条件的人才每人累计最高100万元贡献奖励，全市拟资助716人，拟资助3302.7万元。加大人才安居保障，落实《苏州市人才乐居工程实施意见（试行）》，给予符合条件的5类人才相应的购房贴、优购房、优租房、租房贴、直通车、助力贷等优惠政策。深入实施“海鸥计划”柔性引才引智计划，154个项目的198名海外专家入选第七批“海鸥计划”，入选项目数和海外专家数量同比增加27.30%和27.70%，补贴资金1461.24万元。完善博士后服务体系，与省内外“双一流”高校建立联系制度，及时发布设站企业博士后招收需求，多渠道开展对接交流，全年招收博士后135人，累计招收博士后993人。出台《苏州市高技能人才公共实训基地考核评估实施办法（试行）》和《苏州市技能大师（名师）工作室考核管理实施办法（试行）》，新增市级高技能公共实训基地9个，市级技能大师（名师）工作室19个。

二是人才品牌集聚效应不断显现。创新举办第十届国际精英创业周，努力打造创业周升级版，其间正式签约项目866个，同比增长12.70%；实际落户项目952个，同比增长9.90%。前十届创业周累计落户项目达4737个，落户创业项目注册资本超364亿元，共引进、培养市级以上领军人才400余人。落户创业项目中，19个年产值过亿元、14个挂牌新三板。持续做强“赢在苏州”引智品牌，在美国、日本、德国、瑞典、英国等国家举办6场海外大赛，征集项目909个，苏州总决赛的10个决赛选手中6个来自海外大赛。实施2018年度高技能领军人才引进项目，资助姑苏高技能领军人才8人。创新招才引智模式，定向邀请设立“苏州育才奖学金”的11所“985”“双一流”高校的217名硕博研究生来苏参加“菁英汇——名校硕博苏州行”系列活动；成功举办首届留学生专场招聘会及“校园苏州日”、苏州校园引智、苏州校园引才等系列校园招才引智品牌项目，深入挖掘名校智力资源，加速集聚青年人才。

三是人才评价体系开放度不断提高。接轨国际化人才评价体系，落实《苏州市国际职业资格比照认定职称资格办法（试行）》要求，分3批遴选出197项国际职业资格列入比照认定目录，其中29项涉及中国台湾地区比照认定职称资格。继续推动国际职业资格与职称有效衔接，不断创新技能导向激励机制，实现技高者多得，激发技能人才的积极性、创造性，鼓励引导具有国际先进水准的技能人才在苏、来苏创业就业，出台《苏州市境外职业资格持有人享受技能等级待遇管理办法（试行）》，遴选14项境外技能等级资格参照享受同等待遇。推动职称评价市场化、精准化，尊重用人单位主导作用，充分发挥正向激励，放活企业人才自主评价权，新增5家企业人才自主评审试点，全市试点企业达15家；首批10家试点企业全部完成自主评审，评审通过企业专技人员职称382个。

四是人才引育载体不断拓展强化。加快推进离岸孵化体系建设，新建10家国际创客育成中心，构建海外加速孵化、国内落地转化新模式。不断扩大留创园规模，大力推进市级留创园建设工作，新增省留创园示范基地2家，省留学回国人员创新创业项目35个，新认定7家市级留创园，全市市级留创园达到10家。发挥省博士后创投中心积极作用，召开省博创中心理事会成立大会、举办首届江苏省博士后项目投融资对接洽谈会、承办首届江苏省博士后创新创业大赛，积极推动省博创中心实质性运转；推动设立市级博士后创投中心，高水平举办市级博创中心投融资对接和项目路演，精准服务全市博士后创新创业人才，通过市场化运作，累计为全市博士（后）创新创业和设站企业项目融资超1.5亿元。大力推进博士后载体建设，新增博士后工作站点72家，全市博士后工作站点达487家，继续位居全国地级市之首。完善博士后工作平台体系，创新设立苏州市博士后预备站19家，更好地服务小微科技企业。以高技能人才计划为指导，不断完善立体多层次的技能人才培养平台体系，大力推进苏州技师学院创建省重点技师学院。新获批国家级高技能人才培训基地、技能大师工作室各1家，占全省20%，稳步推进市级大师工作室、高技能人才公共实训基地建设。3家单位、8名选手入选第45届世界技能大赛中国集训基地及集训名单。在第四届“江苏技能状元”大赛中，获得一等奖4名、二等奖9名、三等奖15名。

五是人才服务不断彰显精准高效。创新理念、创新机制、创新方法，为全市高层次人才提供优质配套服务。高效运作高层次人才一站式服务平台，首批整合14个部门26个服务事项，通过专窗、专网、专线、专员“四专”服务，为两院院士在内的3000名高层次人才提供高效便捷服务。不断拓展一站式服务平台服务项目，积极对接姑苏英才服务卡系统、人才乐居工程系统、优秀人才贡献奖励系统，为高层次人才提供高效、专业的一站式服务。优化运作创业周落户企业联盟，制定出台“培优计划”，扶强做大落户企业，形成了包含16项品牌服务的“四大服务体系”；深入实施“伙伴计划”，推动全面形成“总联盟+十大县市区分联盟”的全市联动服务资源网络。

二、聚焦稳定就业目标，增强民营企业吸纳就业能力

2018年，苏州市深入贯彻落实上级相关政策，制定出台全市就业创业新政及19项相关配套政策，推进就业创业新政全面落实。全年新增城镇就业17.55万人，社会登记失业率、城镇登记失业率均为1.78%，继续保持低位运行。全市提供高校毕业生就业岗位20.6万个，开发公益性岗位8941个，开展城乡劳动者技能培训5.01万人次。支持成功自主创业人数1.94万人，创业带动就业9.1万人；新增认定创业孵化载体21个，开展创业培训1.37万人次。

一是就业形势保持总体稳定。全市就业形势总体平稳，企业用工总量呈稳中有升态势。积极开展“人社惠企”政策宣传活动，通过编印政策服务手册、开展政策培训，营造助企惠企良好氛围。持续落实好社保降费政策，大力实施失业保险援企稳岗“护航行动”和技能提升“展翅行动”，切实为企业降本减负，全年共发放稳岗补贴3.32亿元，惠及企业7636户、参保职工121.13万人；向6506人发放技能提升补贴990.39万元，人均补贴水平1522元。调整失业金标准，最低标准由每月1138元提高到每月1229元，最高标准由每月1940元提高到每月2020元。继续实施降费率政策，失业保险阶段性降低费率至1%政策延长至2019年4月30日，共为企业节约成本8.99亿元。开展供给侧职业能力提升服务活动，公开招标服务项目，引导开展“培训送企业”活动。

二是重点群体就业得到保障。将就业困难人员认定对象范围由9类扩大到11类，重点将低保边缘、重病困难对象救助家庭人员纳入扶持范围。调整灵活就业人员社会保险补贴标准，由每月345元调整为每月397元，其中男性年满55周岁、女性年满45周岁的人员，补贴标准由每月428元调整为每月529元。高度重视高校毕业生就业，出台引导和鼓励高校毕业生到基层工作的实施办法，拓宽

基层工作渠道，完善政策扶持举措，落实成长保障措施，畅通职业发展通道，为高校毕业生到基层成长成才、建功立业提供全面服务和有力保障；留学回国人员同等享受高校毕业生就业创业扶持政策。加大企业吸纳毕业年度高校毕业生就业激励力度，对符合条件的企业给予2万元一次性奖励；小微企业吸纳本市户籍毕业年度高校毕业生就业的，按每人3000元给予企业奖励。加大基层公共服务公益性岗位开发力度，发挥其托底安置困难高校毕业生作用。鼓励通过见习实现就业，将见习学员补贴标准提高到不低于当年城镇职工月最低工资标准，对满足条件的企业按每留用1人3000元标准给予一次性见习奖励。

三是创业带动就业效应不断显现。强化政策激励作用，出台苏州市创业引导性资金使用管理办法，加大创业扶持力度，引导鼓励投身创业，拨付市区2017年创业引导性资金244.38万元。强化对创业孵化载体动态跟踪和精准扶持，对认定为国家、省和市级创业孵化基地的，分别给予一定的认定补助。2018年新增5家省级创业孵化示范基地、21家苏州市创业孵化示范基地，全市省级示范基地达到36家。提档升级“创E贷”平台，覆盖苏州大市范围9个市、区，2017年5月平台上线以来累计发放贷款1945笔，总额达2.83亿元。落实大学生初创企业获得天使投资奖励政策，对4家企业拨付奖励资金200万元。引导社会力量共同参与创业培训并纳入管理框架，出台促进创业培训系列管理办法，创新开展创业培训市场化运行。连续11年举办“燃情创业”系列大赛，创业品牌影响力不断提升。

四是人力资源服务持续优化。高水平推进人力资源服务产业园建设，发挥产业园引才聚才载体作用。全市人力资源服务机构超过2800家，10个人力资源服务集聚区已集聚企业510多家，从业人员超过2.9万人，年产值超过760亿元；中国苏州人力资源服务产业园入驻企业超过350家，营业收入突破350亿元，税收超10亿元；全市人力资源服务业人力资源配置贡献率超过80%。人力资源产业园规模不断扩大，高新园区、常熟园区和吴江园区保持良好发展势头，昆山园区启动新规划，相城高铁新城产业园入驻企业超过40家；工业园区人力资源服务产业园与50多家人力资源服务机构达成入驻意向。人力资源服务业品牌不断强化，评选出市级人力资源服务业诚信机构30家、人力资源服务骨干企业10家、人力资源服务业领军人才10名、人力资源服务品牌11个。举办第五届中国人力资源服务业创新大会，率先发布《人力资源服务企业社会责任蓝皮书》，引导行业履行社会责任，提升产业影响力。人力资源产业园促进就业优势充分发挥，组织参加各类公益专场招聘会、洽谈会；组织2次中国苏州人力资源服务产业园“名企优才”高校毕业生专场招聘会，300余家企业提供岗位5852个。

三、聚焦健康持续发展，增强民营企业劳动关系和谐发展动力

2018年，苏州市按照《中共中央 国务院关于构建和谐劳动关系的意见》要求，积极落实省、市实施意见，不断完善协商协调机制，健全企业工资决定和分配制度，解决劳动关系领域主要矛盾，全力打造苏州共建共治共享和谐劳动关系新局面。全市规模以上企业劳动合同签订率保持在99%以上，已建工会企业集体合同签订率保持在99%以上。

一是大力推进和谐创建工作。引导和鼓励广大企业积极参与和谐劳动关系创建，在全省率先出台对劳动关系和谐企业的联合激励政策，在劳模评选、工伤费率降低等方面给予企业实实在在的激励，激发企业参与劳动关系和谐创建的内生动力，打好激发企业创建“组合拳”。强化跟踪考核和服务指导，将“和谐劳动关系创建”项目纳入《苏州市社会治理创新三年行动计划（2018—2020年）》《苏州市2018年社会民生改革工作要点》，列入市委绩效考核的重点工作任务。探索引入第三方培育指导和综合评估，研究制定劳动关系和谐企业（园区）评价指标，建立了苏州市和县（市）区两级和谐创建评估体系。新建省级和谐劳动关系综合试验区1家、示范园区2家。全市符合劳动关系和谐标准的企业数占已建工会正常经营企业数的20%以上。全市A级（含2A级以上）劳动保障诚信企业数达4997家，省级和谐劳动关系创建示范园区达4家。

二是加强工资分配宏观指导。调整全市最低工资标准，由每月1940元调整为每月2020元；非全日制用工小时最低工资标准，由每小时17元调整为每小时18.5元。扎实推进部、省、市三级企业薪酬和工资指导价位调查工作，为工资集体协商提供有效参考。落实2018年制造业人工成本监测试点工作，选择纺织业等4个行业79户企业实施人工成本定点监测，动态掌握企业人工成本，增强工资分配宏观调控的科学性和实效性。开展2018年集体协商“春季集中要约行动”，大力推进企业工资集体协商，建立集体协商成果运行审议制度，推进集体协商履约兑现。做好高温津贴支付有关工作，落实全省高温津贴调整工作。

三是不断强化监察执法能力。全力打好“治欠保支”攻坚战，通过实名制监管、网格化管理全覆盖等措施，创新落实农民工实名制管理、分账制管理、按月足额支付工资等工程建设领域工资支付重点保障制度。加大行政执法与刑事司法衔接，严厉打击恶意欠薪违法行为，共查处拒不支付劳动报酬案件34件，同比下降12.8%。在2017年度全省工作考核中，苏州被列为A级。加快推进劳动关系监测预警维权调度指挥中心建设力度，大力推进人社领域综合执法改革，不断提升行政执法效能。加大举报投诉案件查处和“双随机”抽查检查力度，集中开展夏季高温劳动保护等5次专项检查。加大职业介绍等重点领域整治力度，重拳整治黑职介，取缔非法职业介绍活动255件；责令退赔劳动者中介服务费、押金或其他费用7.31万元；对涉嫌诈骗等违法犯罪行为刑事拘留42人。

四是提升劳动人事争议处理效能。完善裁审衔接工作机制，积极探索“智慧仲裁”建设，强化基层调解组织建设，深入挖掘亨通光电、恒力纺织等劳动争议调解委员会示范点，不断增强规模型企业建立调解组织的积极性和主动性，推动企业劳动争议调解组织建设制度化、规范化发展，全市新增规模企业调解组织450家。狠抓源头预防，积极走访基层，化解重大风险，全市各调解专家团队共调解劳动人事争议6219件，位居全省首位。进一步完善10多项仲裁办案制度和监督制度，形成仲裁全程质量监控体系，确保办案环节规范有序。探索开展劳动人事争议案件不见面受理，通过苏州人社微信公众号在线申请争议案件仲裁，进一步方便群众办事。加强与法院、法援中心、劳动监察、工伤认定等部门的协调，合力调处争议案件。

2018年苏州市民营企业质量监督工作情况报告

苏州市市场监督管理局

一、2018年工作总结

2018年，苏州市市场监管相关职能部门认真贯彻落实省市场监管局和市委、市政府决策部署，紧扣“服务高质量发展，推进高效能监管”工作主线，突出重点、全面履职，各项工作取得新的成效。

（一）深入推进“放管服”改革，市场营商环境不断优化。一是商事制度改革向深度广度拓展。新增各类市场主体25.5万户，成为全省首个外资企业登记管理权限市、县（区）两级全覆盖的地级市。深化“证照分离”改革，办理改革事项登记业务7478件。推动将企业名称自主申报改革纳入国家试点。联合海关实施“多报合一”改革。全面推进跨部门“双随机一公开”监管。加强企业经营异常名录管理工作。指导全市企业申请注册商标11.7万件。二是质量提升行动富有成效。市委、市政府出台《苏州市质量提升行动实施方案（2018—2020年）》，主动融入地方经济发展大局，积极构建质量共治格局。开展电梯、丝绸制品、人工智能等12类产品质量提升行动。大力推进品牌“植树育林”，实施质量人才“三个一千”计划。三是市场监管工作基础更加坚实。打好“技术牌”，念好“服务经”，开展“百城千业万企对标达标提升专项行动”，深入落实《苏州市电子信息产业标准化规划（2017—2020）》，推动企业申请IEC国际标准19项、国家标准及国家军用标准90项。稳步推进苏州国家质量基础（NQI）基地建设项目。四是食品药品安全责任体系进一步完善。启动国家食品安全城市创建工作，“实施食品药品安全战略”被列入市委常委会2018年工作要点，“完善食用农产品质量安全监管体系”被纳入市政府实事项目。落实省委、省政府深化审评审批制度改革、鼓励药械创新和仿制药供应及使用精神，推动出台《关于加快推进苏州市生物医药产业集聚发展的指导意见》《苏州市提升新药与医疗器械临床试验能力实施方案（2018—2025年）》，由苏州企业研发的首个国产PD-1抗体药物获批上市。

（二）强化竞争执法工作，市场竞争更加公平有序。一是突出重点领域执法维权。加大打击侵权假冒工作力度，市“双打”办获“全国打击侵权假冒工作先进集体”称号。严格落实公平竞争审查制度。集中组织开展“一日游”市场秩序综合整治、教育培训机构专项治理及扫黑除恶专项斗争工作等专项治理。大力推进涉金融广告、房地产广告专项整治工作。二是持续加大“打传规直”工作力度。组织开展网络传销联合整治等专项执法行动。强化直销企业日常监管，审核报备直销企业各类活动2701场，新增2723个经营性网站申领和安装电子标识。三是紧密部署红盾质量维权行动。强化对儿童用品等重点领域、重点商品监管，突出流通领域商品质量抽检工作，组织开展电动自行车专项整治行动，开展“净网雷霆”专项行动，查处网络违法案件967件。四是价格检查持续推进。开展涉企收费专项检查，查处涉嫌价格违法金额1572.94万元。组织供水、供气、供暖、电信等民生领域价格重点检查，联合住建部门开展商品房明码标价专项督查。五是知识产权保护全面。组织实施知识产权“护航”“雷霆”“剑网”专项行动，积极进驻各大展会开展维权执法，处理各类专利案件1317件。苏州市获国家知识产权局批准建设中国（苏州）知识产权保护中心。

（三）创新安全监管方式，质量安全持续保障。一是食品药品安全监管成效显著。开展食品药品专项整治，办理食品药品违法案件5221件，案件罚没款5494万元，移送公安案件176件，其中2件被列为公安部督办案件。食品抽检完成65926批次，千人抽检率为6.17批次。率先实现食药监警务室、检察官办公室全覆盖，建立食品药品生产经营严重失信联合惩戒机制。基本建成食用农产品市场销售质量安全区域性防控体系。加强网络订餐服务食品安全监管，依法处理美团、饿了么网络餐饮服务平台驻苏分支机构违规行为。二是特种设备安全有效保障。国家市场监管总局对苏州电梯安全监管工作成效予以激励，批准开展电梯安全监管改革试点。制定《苏州市电梯安全监管工作意见》等多个文件，推动监管工作责任高效落实。开展起重机械、气瓶、叉车等重点领域专项整治。圆满完成节日期间和重大活动期间特种设备安全保障任务。三是重点产品质量水平稳步提升。围绕新兴产业发展、传统产业升级、消费品质量提升，部署开展电线电缆等54类产品质量监督抽查和电动自行车等11类产品质量风险监测。

（四）发挥职能优势，利企惠民水平不断提高。一是知识产权工作创下“量质齐升”新局面。专利申请量13.59万件，万人有效发明专利拥有量53.19件，29项专利获中国专利奖，占全省获奖数的29%。16家企业成为国家知识产权示范企业、44家企业成为国家知识产权优势企业。成立知识产权运营基金，首期规模2亿元。江苏国际知识产权运营交易中心“一站式全产业链服务云”正式上线。二是深化多元消费维权方式。全面搭建消费维权综合平台，开展消费维权“一会两站”重新登记规范工作，设立苏州市阳澄湖大闸蟹行业协会维权监督站，打造“诚信苏州·消费天堂”品牌，全年新培育省级先进示范单位38家。三是做优惠民利企品牌。电梯应急救援指挥中心处置困人故障5873起，解救被困人员11608人次。连续开展“健康计量惠民”工程，为4796人次市民的5855台（件）家用血压计开展免费检定维修服务。组织开展节日期间市场计量监督检查、停车场电子计时计费装置和加油机、LNG加气机计量专项督查，有效净化市场消费环境。

二、2019年工作思路

2019年，苏州市市场监督管理局将继续以习近平新时代中国特色社会主义思想为指导，全面落实省市场监管局和市委、市政府各项工作决策部署，以机构改革为契机，突出重点任务，强化机制创新，加强工作融合，推进综合执法，持续优化市场准入环境、市场竞争环境和市场消费环境，切实推动经济高质量发展，不断满足人们日益增长的美好生活需要。

（一）深化商事制度改革，释放市场活力和社会创造力。一是加强事中事后监管。全面推进“双随机、一公开”监管，健全跨区域、跨层级、跨部门协同监管机制。建立“黑名单”制度，探索实施包容审慎监管。二是加快创新药审评审批制度改革。加快创新药审评审批，贯彻落实《关于加快推进苏州市生物医药产业集聚发展的指导意见》《苏州市提升新药与医疗器械临床试验能力实施方案（2018—2025年）》，加强药品检验检测公共服务等平台建设，促进生物医药产业发展。三是构建现代知识产权服务体系。强化知识产权运营、信息分析、法律咨询等高端服务供给，加快建设国家知识产权服务业集聚发展示范区、江苏国际知识产权运营交易中心，加大高端服务机构和高端人才引进力度，加快培育知识产权服务品牌机构。

（二）打造质量品牌高地，促进产业转型升级。一是深化推进质量提升行动。围绕《苏州市质量提升行动实施方案（2018—2020年）》，积极抓好推动落实，重点推进吴江国家级电梯产业质量提升示范区创建工作。开展生物医药、人工智能、新能源汽车、纳米等四大产业竞争力分析，开展制造业质量竞争力指数、服务业满意度测评工作。编制发布“2018年度全市产品质量状况白皮书”。二是深入实施品牌广告战略。深化“品牌强市”工程，加强自主品牌培育。以“市长质量奖”获奖企业为重点，开展质量品牌故事系列报道。完善商标重点保护名录，加大打击侵权假冒力度。做大做强广告产业，深化国家广告产业园区建设。三是强化知识产权保护。加强源头保护，引导企业运用知识产权手段防控风险。加大行政保护，加快建设中国（苏州）知识产权保护中心。开展“护航”“雷霆”“闪电”等专项行动，开展海外知识产权预警分析。发挥知识产权运营基金作用，加快建设重点产业知识产权运营中心。健全知识产权质押融资、保险、股权投资、证券化等激励举措。

（三）强化竞争政策实施，发挥市场机制决定性作用。一是扎实推进公平竞争审查。严格落实公平竞争审查制度要求，进一步清理和废除妨碍统一市场和公平竞争的规定和做法，保障各类市场主体平等使用生产要素、公平参与市场竞争、同等受到法律保护。二是加强竞争执法工作。强化反垄断和反不正当竞争执法，加大对混淆仿冒侵权、商业贿赂、互联网不正当竞争行为的查处。强化网络市场一体化监管，在网络服务交易、移动电商、微商和跨境电商等领域有所突破。三是强化市场经济秩序监管。查处一批严重扰乱市场经营秩序、损害经营者、消费者权益的典型案件。加大整治医疗、食品、药品、互联网金融等领域虚假违法广告。四是做好价格检查工作。加大涉企收费整治力度。做好清费降本减负情况专项检查，特别是加大对商业银行服务收费的规范和整治力度。组织教育、医疗、涉农等民生领域专项价格检查，密切关注药品、商品房、停车收费等热点行业和领域。

（四）严守质量安全底线，营造安全放心消费环境。一是坚决守住食品药品安全底线。严格贯彻“四个最严”要求，开展大督查、大排查、大落实，严厉打击违法犯罪行为。针对食品安全领域突出问题，深化探索实践，完善体制机制，形成制度规范。及时对食品小作坊示范点、餐饮服务集中区、食品安全社会共治示范点建设等项目进行总结、提炼和推广，争创食品安全示范城市。二是强化特种设备安全监察。全面推进电梯质量提升行动，做好电梯维保改革试点工作。大力开展气瓶、公共场所电梯、大型游乐设施等隐患排查与执法行动。全面推进起重机械、电梯、场（厂）内机动车辆专项整治工作。加快推动建立特种设备安全诚信体系和“黑名单”制度。推进电梯物联网项目的扩展应用。三是严格重要工业产品质量安全监管。加大监督抽查力度，扩大监督抽查领域，突出对社会公众关注的热点消费品和涉及安全、健康、环保等关键指标的重要工业产品质量监管。强化消费品风险监测和质量安全事故调查。加快建立风险产品追溯处理机制。四是努力营造安全放心的消费环境。加大对民生领域、新消费领域的维权力度，积极强化维权便民。继续深化放心消费创建，积极开展公益护民。聚焦消费维权重点热点问题，开展消费调查、消费体察和比较试验，适时发布消费者投诉分析报告。

（五）夯实市场监管基础，提升市场监管整体效能。一是全力打造市场监管技术基础。开展技术标准比对、达标提升、先进标准研制、标准化服务业培育等工作，争创标准国际化创新型城市。积极推进苏州国家质量基础（NQI）基地建设，做好项目规划和实施工作。加快推进国家新能源汽车充电设施质检中心建设，跟进国家机器人质检中心项目。二是加强干部队伍建设。抓好巡视整改工作。深入开展各类业务培训。建立激励和容错纠错机制。强化机关党建工作，严格干部管理，建设一流的市场监管队伍。三是积极稳妥做好机构改革工作。提高政治站位，强化大局意识，按照省市场监管局和市委、市政府安排，精心做好机构改革工作。认真制定“三定”方案，有序做好职能整合、人员转隶、机构组建等工作。做好干部队伍思想工作，引导广大干部理解改革、支持改革，努力做到改革和工作“两不误、两促进”。

2018年苏州市民营企业司法保护工作报告

苏州市中级人民法院

2018年，全市法院深入学习贯彻习近平总书记在民营企业座谈会上的重要讲话精神，全面落实中央、省委、市委以及上级法院有关部署要求，找准工作切入点和着力点，着力在营造公平竞争环境、保护企业合法权益、减轻民营企业负担、解决民营企业发展难题等方面采取扎实有效措施，努力为民营企业发展营造法治化营商环境，促进民营经济健康发展。

一、工作开展情况

（一）着力完善服务保障民营企业发展工作机制

1. 加强统筹谋划。苏州市中级人民法院（以下简称“市中院”）结合全市法院工作实际，制定出台《关于依法服务和保障民营企业健康发展的20项措施》，明确服务保障民营企业发展的指导思想、工作思路和服务措施。太仓、吴中、相城、虎丘、张家港等法院从辖区经济发展实际出发，分别制定《关于为民营经济健康发展提供司法保障和服务的意见》《关于服务保障民营企业高质量发展的若干措施》《关于依法保障和促进民营企业发展的实施意见》《关于服务和保障高新区“项目突破年”在更高起点上走在高质量发展最前列的实施意见》《服务和保障全市上市公司高质量发展的意见》，增强工作的针对性、实效性。

2. 拓宽服务渠道。通过案例宣讲、法治宣传、庭审观摩等方式，不断丰富司法服务保障民营企业发展的形式。同时，依托综治网格化管理平台拓宽法律服务范围，为辖区民营企业提供法律风险预警和防范措施建议，引导民营企业在法治轨道上健康发展。相城法院组建“企业法律风险应对巡回宣讲团”到黄埭镇、苏州机器人研究院等开展《公司法》、企业治理法律宣讲；吴江法院出台《关于区人民法院推进法官进网格工作的实施意见》，全面部署“法官进网格”工作，多次组织辖区企业开展法治讲座。

3. 完善长效机制。加强与行业主管部门、行业协会的沟通协作，着力打造“法院牵头、协会搭台、多方协力、共谋发展”的服务保障民营企业发展长效机制。工业园区法院与工业园区工商联签署共建协议，建立商事矛盾纠纷化解联席会议制度，聘请企业家作为调解员协助法院化解商事纠纷，形成矛盾纠纷化解合力；常熟法院在常熟经信委和常熟服装城分别设立法律工作室，有针对性地为中小型民营企业提供法律服务；昆山法院与该市建筑行业协会、模具行业协会建立共建关系，定期开展法治宣讲、提示法律风险。

（二）认真履行服务保障民营企业发展工作职责

1. 着力维护公平诚信营商环境。尊重和保护市场主体，合理判断各类交易特别是新型交易模式的合同效力，严格依法认定合同解除、撤销、变更及相应法律责任，依法制裁违约失信行为，维护交易安全。审结涉民营企业一、二审买卖合同纠纷案件10455件，加工承揽合同纠纷案件2405件，租赁合同纠纷案件1440件。落实公有制与非公有制企业一视同仁、平等保护司法政策，充分保障各类市场主体法律地位平等、权利保护平等和发展机会平等，为民营企业发展清除市场壁垒，营造统一开放、竞争有序的市场环境。审结不正当竞争纠纷案件70件。

2. 切实加强企业法人权利和股东权利保护。深入贯彻落实中央《关于完善产权保护制度依法保护产权的意见》，妥善审理公司股东会（股东大会）、董事会决议效力案件，依法确认股东资格，保障股东利润分配请求权、优先购买权等权利，切实维护民营经济主体投资者权益。坚持尊重公司自治与司法适当介入并重原则，妥善审理各类公司治理纠纷案件，加强诉讼调解，引导民营企业规范经营管理，建立符合发展需求的现代企业制度。审结涉民营企业股权转让纠纷案件449件，股东资格确认纠纷案件70件，股东知情权纠纷案件67件，损害公司利益责任、公司解散、公司决议等案件582件。

3. 努力缓解民营企业融资难融资贵问题。妥善审理民营企业借贷纠纷案件，严格规制出借人变相抬高实际利率、预扣利息、预收保证金、手续费等行为，依法否定借贷合同中的变相高息，减轻民营企业利息负担，降低融资成本。妥善办理民营企业因资金链断裂引发的债务纠纷案件，对资金短缺但仍处于正常经营状态、有发展前景的民营企业，慎用财产保全措施，多做调解工作，通过提供担保等方法促成双方达成债务清偿协议。审结涉民营企业一、二审借款合同纠纷案件4649件。认真甄别借贷纠纷中存在的虚假诉讼、“套路贷”等涉黑涉恶线索并及时向有关部门移送，防止不法分子通过民事诉讼侵害民营企业财产权益。

4. 积极营造鼓励创新、宽容失败的良好氛围。发挥司法保护知识产权主导作用，加强对战略性科技成果、原创作品、驰名商标和老字号的保护，加大对恶意侵权行为的处罚力度，支持和保障民营企业通过技术进步和科技创新实现产业转型升级。加强破产审判工作，对于符合国家产业政策但暂时陷入困境的民营企业，充分发挥破产重整、和解的制度功能，使其恢复生机，重返市场。综合运用强制清算、破产清算、“执转破”等多种手段，引导产能落后、经营困难、资不抵债的民营企业依法有序退出市场，实现优胜劣汰。审结涉民营企业破产案件152件。吴江法院审理的巨诚喷织有限公司等二十家企业实质合并破产清算案、工业园区法院审理的恩杜罗生物技术（苏州工业园区）有限公司破产和解案均入选2018年度江苏法院破产案件十大典型案例。

5. 依法维护企业及企业家人身财产安全。加大对侵犯民营企业财产权利及其投资者、管理者、从业人员人身财产权利犯罪的打击力度，审结挪用资金案件87件、职务侵占案件27件、串通招投标案件2件、强迫交易案件2件。坚持罪刑法定、疑罪从无和证据裁判原则，严格区分罪与非罪、犯罪与行政违法、犯罪与民商事纠纷，坚决防止将经济纠纷当作犯罪处理，防止将民事责任变为刑事责任，确保无罪的民营经济主体不被追究刑事责任。例如，对企业实际控制人在经营过程中的资金拆借、融投资行为，着重审查其是否记账，是否用于经营，是否阻碍其他股东知情等情形，对非法占有目的不明确，以及民事途径已经救济的，依法不认定为犯罪。

6. 妥善审理涉及民营企业的行政案件。加强对民营企业产权保护，依法审理有关行政征收、征用案件。认真审查行政行为合法性，依法审理与民营经济主体市场准入相关的行政许可案件，以及涉及税收、市场管理、物价、海关监管等行政案件。近年来，以牟利为目的的“职业投诉举报”大量出现，有些对民营企业发展产生不利影响。对此，全市法院一方面从维护市场秩序出发，监督支持市场监管部门查处产品违法标注、不实宣传等违法行为；另一方面，对无理投诉、恶意投诉等行为加强法律规制，支持民营经济主体依法开展经营活动。

二、案件反映的问题

（一）风险控制难。有的民营企业在交易中较少订立条款完备的书面合同，一般仅凭口头约定或签订极为简单的书面协议，标的物的质量规格约定不具体、违约责任约定不明确、合同条款制定不详尽、合同内容审核不严谨等现象时有发生，诉至法院时只能提供送货单等证据，部分送货单也未经有权签收的主体签字确认，追究对方违约责任往往缺乏证据。同时，企业的逐利性使民营企业更注重把握商业机会，而不注重审查对方的资信情况，在订立合同时无法确知对方的履约能力，导致合同签订后无法履行的现象频发。而且出现纠纷后，又不注重收集、保存证据，导致诉讼中处于被动局面。

（二）货款催收难。涉案的民营企业多集中于机械制造、纺织服装等领域，纠纷标的物一般为大型机械设备以及钢铁、建材、布料等原材料。涉案标的物数量多、价值大，由于交易金额大，制造时间长，通常采用先交货后付款或分阶段付款的方式，不少买受人经常故意拖延货款，或在标的物没有瑕疵或瑕疵微小不影响合同目的实现的情况下，以质量异议为由拒付货款，多数企业还会要求进行质量鉴定，以此拖延诉讼时间，达到占用出卖人货款进行资金周转的目的。

（三）资金周转难。现阶段经济下行压力较大，中小企业盈利能力下降，货款回收周期长，单纯依靠企业生产经营利润难以保障现金流充足。当银行贷款难以获取、资金周转受阻时，相对于民间借贷市场的高额利率，企业拖欠原料款、往来货款的成本更低，于是拖欠到期货款、材料款便成为企业维持资金周转的有效途径，导致企业债务链问题更加严重。不少企业频频被诉的原因就是盈利能力降低、不能正常支付货款，债权人丧失信心而选择诉讼。而部分债权人的诉讼行为又会引发多米诺骨牌效应，其他债权人也闻风而动，加剧了企业资金压力。

（四）融资风险大。中小民营企业由于经营规模较小，缺乏抵押、质押物等原因，难以向银行融资，主要通过向小贷公司借款或者民间借贷融资，且应出借人的要求提供相应的担保。此种借贷往往存在高额利息，或提前扣除利息、保证金、手续费等情况，一方面给中小民营企业的融资行为带来了风险，另一方面也给案件事实查明带来了困难。

（五）治理不规范。一些民营企业的股东在设立公司时，往往没有具体协议对相互之间的权利、义务关系进行书面约定。同时，公司章程也多采用工商行政机关提供的模板，未考虑公司性质及业务范围，导致公司自治缺乏必要规范，频繁涉诉。而股东之间发生矛盾之后容易出现连环诉讼，从股权转让纠纷、股东知情权纠纷开始，到股东会决议效力纠纷、损害公司利益责任纠纷，甚至提起解散之诉，继而在相同的当事人之间形成一连串相互关联的诉讼。

三、加强民营企业司法保护的工作重点

（一）进一步发挥审判职能作用，营造公平透明、可预期的营商环境。法治是最好的营商环境。要严格贯彻依法保护、平等保护、全面保护、及时保护的原则，依法妥善审理涉民营企业各类纠纷案件，为民营企业营造公平竞争的市场环境。牢固树立公正、高效意识，在确保办案质量前提下进一步提高审判效率，依法及时保护民营企业物权、债权、知识产权等各项财产权利。

（二）进一步加大虚假诉讼审查力度，依法保障民营企业公平参与市场竞争。加大对涉民营企业虚假诉讼的甄别力度，防范恶意利用诉讼打击竞争对手、破坏企业信誉的行为。在诉讼保全中，认真审查是否存在利用查封、扣押等保全措施干扰竞争对手依法经营活动。加大依职权调查取证力度，对确实属于虚假诉讼的，依法采取民事诉讼制裁措施，涉嫌刑事犯罪的，依法移交公安机关处理。因虚假诉讼导致权益受损的，依法保障权利人侵权损害赔偿的诉讼权利。

（三）进一步强化裁判引领作用，充分发挥典型案例的法治宣传效应。在妥善审理案件的同时，注重发挥裁判在维护交易秩序和交易安全方面的调节、引导、规范作用，注重选择体现契约精神，符合诚实信用、公序良俗、公平竞争等价值追求的涉民营企业典型案例，通过官方微信、新闻媒体、案例刊物等途径向社会公开发布，扩大裁判的影响力。

（四）进一步拓展服务，深化联系民营企业工作机制。积极搭建服务联系民

营企业平台，扩展联系范围，丰富联系方式，通过挂钩联系、座谈研讨、问卷调查等形式及时了解民营企业司法需求。坚持“请进来、走出去”相结合，通过深入企业开展普法宣传，邀请企业家旁听庭审、座谈交流等形式，引导企业守法经营、公平竞争、依法维护自身合法权益。及时梳理和分析审判工作中发现的涉及民营企业营商环境的新问题，认真研判风险点，及时提出司法建议，帮助民营企业做好风险预防工作。

（五）进一步加强部门协调联动，深入推进矛盾纠纷多元化解工作。深化与工商联、行业协会等部门的对接和联动，加强商会调解与诉讼程序之间的有机衔接，推进商事纠纷多元化解机制建设。加强与行业主管部门、市工商联及其下属行业商会联系，根据案件具体情况采用委托调解、邀请调解、协助调解，妥善化解矛盾纠纷，降低纠纷对企业正常生产经营活动的影响。

（六）进一步加强分析研判，建立健全服务保障民营企业发展专项司法调研机制。密切关注民营企业发展的新动向，及时跟踪和研究民营企业在转型升级和“走出去”过程中遇到的法律风险和法律问题，深入开展前瞻性调研。对于民营企业法律风险防范和化解工作中存在的突出问题，联合行业主管部门、市工商联共同开展调研。同时，注重调研成果运用，主动向党委、政府及有关职能部门提出司法建议，提升服务保障民营企业发展工作实效。

市（县）、区篇

2018年张家港市民营经济发展报告

张家港市工商业联合会

2018年，张家港全市上下以习近平新时代中国特色社会主义思想为指导，认真落实中央、省、苏州和张家港市委的决策部署，大力弘扬张家港精神，坚持稳中求进工作总基调，以供给侧结构性改革为主线，牢牢把握高质量发展要求，践行“四大路径”，建设“四个港城”，统筹推进稳增长、促改革、调结构、惠民生、防风险各项工作，全市经济呈现稳中有增、结构优化、提质增效的态势。营商环境不断优化，个私经济蓬勃发展。2018年，张家港市新办私营企业和个体工商户分别为7477家和15599户，当年新办私营企业注册资本387.31亿元，同比增长28.6%。

一、张家港市民营经济发展概况和特点

（一）工业生产稳步发展，服务业快速提升

2018年，全市实现地区生产总值2720亿元，同比增长6.8%，人均达21.6万元；完成规上工业总产值4790亿元，同比增长6.0%，近62.0%的企业产值实现增长；规上工业企业全员劳动生产率41.62万元/人，提高4.1万元/人；工业增加值率21.2%，提高0.6个百分点。五大主导产业的总产值中，冶金行业增长3.5%，机电行业增长9.3%，化工行业增长9.8%，纺织行业增长3.2%，食品行业下降5.0%。服务业继续保持较快增长，全年完成服务业增加值1265.87亿元，增长10.5%，占地区生产总值的比重为46.5%，同比提升0.1个百分点。另外，随着张家港市实施的一系列精细化调控措施，经济增长对房地产的依赖显著降低，全市商品房销售面积同比下降3.9%，房地产开发投资增速明显回落。

（二）新兴产业提质增效，创新动能不断增强

2018年，全市坚持把发展新兴产业作为结构调整、产业转型的重要举措，重点发展壮大新材料、新能源、高端装备“两新一高”产业。全年完成新兴产业产值2274亿元，同比增长5.8%，占规上工业总产值的比重47.5%，新兴产业投资占工业投资比重超90%。富淼集团等5家企业成功创建省级企业技术中心，金陵体育、飞驰环保2家企业获评省级工业设计中心。灿勤科技的CDWF介质波导滤波器等48家企业的88个产品（技术）被认定为省级新产品新技术。全社会研发投入占地区生产总值比重达到2.85%，科技进步贡献率达到63.5%，新增省级以上企业研发机构51家。新获评高新技术企业96家，高新技术产业产值占规上工业总产值比重达到25.8%。新增科技部创新创业人才1名、省“双创”和“姑苏”计划人才34名，年销售超千万元人才企业达100家。万人有效发明专利拥有量达42件。

（三）骨干企业支撑明显，重大项目取得突破

2018年，全市百家骨干企业中的79家工业企业完成销售3784亿元，占规上工业的比重近72%；实现利润超344亿元，同比增长0.8%，占规上工业的比重接近90%；实现入库税收183.5亿元，同比增长44.7%，占全市入库税收的46%以上。5家企业荣登2018年“中国企业500强”榜单、6家企业入围2018年“中国民营企业500强”，总数均列苏州各市（区）第一；11家企业入围“全国服务业企业500强”，总数列全省县级市第一。长城宝马光束汽车项目正式落户张家港市，沙钢环保技改、庄信万丰汽车催化剂、华灿光电半导体等重大项目开工建设。沙钢冷轧硅钢等重大项目竣工投产。重点改革稳步实施，完成玻璃去产能684万重量箱，整治淘汰低端低效产能企业276家。新增上市企业1家、“新三板”挂牌企业5家。

（四）对外贸易快速增长，金融信贷稳健运行

2018年，全市实现进出口总额364.67亿美元，同比增长13.5%。其中，出口总额175.18亿美元，同比增长9.6%；进口总额189.49亿美元，同比增长17.4%。从贸易方式看，附加值高的一般贸易进出口占总值比重达81%。从出口的贸易地区看，非洲、东盟、拉丁美洲和大洋洲均实现两位数增长，增速分别为29.7%、25.1%、23.8%和19.7%。截至2018年底，全市金融机构本外币存款余额为2928.72亿元，比年初增加240.27亿元，同比增长8.9%，贷款余额为2368.85亿元，比年初增加118.32亿元，同比增长5.3%。2018年，全市完成社会消费品零售

总额650.87亿元，同比增长6.4%，其中批发业和零售业增速为5.5%，住宿和餐饮业增速为11.2%。

（五）营商环境更加优化，服务效能不断提升

“多证合一”、全程电子化登记新政落地，市政务管理平台、电子证照库建成启用，“3550”改革、“不见面”审批、“证照分离”常态化推进，“一窗受理、集成服务”审批新模式深入实施，关检业务全面融合，国际贸易“单一窗口”建设全省领先。抢抓“一带一路”倡议机遇，埃塞俄比亚东方工业园、国泰缅甸服装产业园建设加快推进。新批境外投资项目32个、总投资4.75亿美元。制定出台《关于进一步促进民营经济高质量发展的意见》《小巨人企业培育三年行动计划（2018—2020年）》《氢能产业发展三年行动计划》，打造一流营商环境。落实企业降费减负系列政策，兑现市级各项扶持资金超10亿元。

二、张家港市民营经济发展中遇到的主要困难

（一）工业经济增长承压。伴随着环保限产的压力、转型升级的阵痛，2018年四季度企业家信心指数、企业景气指数均出现下滑，2019年谋求工业经济新增长点的压力不减。工业投资增长乏力，保持工业经济中高速增长难度较大；土地、能耗等资源要素趋紧，部分项目审批受限。

（二）企业运行成本上升。随着原材料价格不断上升或波动频繁，较多企业利润空间受到挤压。如机械行业，钢板、钢材等价格上升，纺织、化纤企业原辅料价格也普遍上升，增加了企业经营难度。薪酬水平呈持续上升态势，企业环保成本也逐年提高。

（三）投资需求有待改善。服务业投资结构不尽合理，房地产投资占服务业投资比重为85.4%，房地产开发投资已成为全市服务业投资的支柱，服务业投资过度依赖于房地产开发。从在建项目看，重大项目储备偏少。2018年全市重大投资项目、计划总投资和完成投资相较去年同期都有所下降。

（四）用工难现象加剧。一方面是高端人才匮乏，另一方面是一线员工尤其是技术工人紧缺。企业缺员成为常态，员工流动性加大，“331”专项行动带来房屋的供需矛盾，部分外地员工因住宿成本大幅上升而回流或迁移，企业用工难现象更为突出。

三、2019年促进民营经济发展的主要举措

2019年，全市上下将与时俱进，大力弘扬张家港精神，抢抓长江经济带高质量发展、长三角区域一体化发展两大机遇，坚持“稳中求进、争先率先”，扎实做好稳就业、稳金融、稳外贸、稳外资、稳投资、稳预期各项工作，全面深化、统筹推进各领域改革，以“招商突破年”为主攻点，全方位开启“港城经济、港城功能、港城生态、港城生活、港城治理”五个升级版建设，奋力推动港城高质量发展走在前列。

（一）大力支持实体经济发展。开展“招商突破年”活动，紧盯“新材料、新能源、高端装备制造”等新兴产业，推进产业链招商，以龙头企业、旗舰项目为依托，招引一批上下游关联项目。大力推进省、苏州和50个本市重大项目建设，激发社会资本投资活力，扩大项目有效投入。全面落实各类扶持政策，制定出台针对性强、含金量高的政策措施，多措并举为民营企业、特别是中小微企业赋能减负。发挥产业资本中心、“港城合伙人”等平台功能，打好银政企对接、产融合作、企业上市等“组合拳”，努力解决企业融资难、融资贵问题。积极应对中美经贸摩擦影响，加强对骨干外贸企业的监测预警和跟踪服务，确保企业平稳健康运行。大力弘扬企业家艰苦奋斗、敢闯敢干、聚焦实业、做精主业的精神，激励广大企业加大创新投入，加快转型升级。

（二）做强做优先进制造业。精选优势领域，壮大优势产业，布局先导产业，加快打造一批新兴产业集聚区和产业链。做强精品钢材产业，推进总投资超100亿元的沙钢、永钢升级改造项目，加快向硅钢、超薄带等高端特钢领域迈进，打造国内领先的绿色智能冶金产业基地。做优新材料产业，打造千亿级新材料产业基地。做精半导体产业，依托张家港纳米产业园、张家港集成电路产业促进中心、华灿光电等重大项目建设，加快完善半导体设计、封装、测试等产业链布局，打造先进特色半导体产业基地。拓展汽车产业，推进长城宝马光束汽车及加特可变速箱、采埃孚汽车电子等重大项目建设，培育壮大新能源汽车、高端汽车零部件等产业，建设新能源汽车产业新城。进军氢能产业，以苏州氢能产业创新中心为引领，聚焦氢气制备与储运、氢燃料电池等领域，引进一批行业领军人才，培育一批行业领军企业。力争年内新兴产业产值占规上工业总产值比重达到49%。

（三）推动传统产业高质量转型。深入实施产业提升行动计划，鼓励引导冶金、化工、纺织等传统产业，加快提升产业价值链和产品附加值，增强在全链条中的主导权和影响力。启动新一轮智能车间和智能工厂建设，发展一批智能制造专业技术服务平台、产业发展联盟和专业协会，滚动实施100个智能制造重点项目，培育15家以上省级示范智能车间。落实小巨人企业扶持政策，培育一批先进制造业新地标企业。年内制造业投资占固定资产投资比重提高1个百分点，工业增加值率达到21.7%。以支撑港城制造业发展为导向，重点发展研发设计、检验检测、供应链融资、文化创意等生产性服务业，促进生产性服务业向专业化和价值链高端攀升。深入推进工业企业、码头岸线资源集约利用综合评价，实施差别化资源配置政策，倒逼企业压减、淘汰落后产能。

（四）统筹集聚创新资源要素。高水平推进“十大新型研发机构”建设，鼓励引导企业建办重点实验室、综合性技术创新中心和产业技术创新战略联盟。全社会研发投入占地区生产总值比重达到2.9%；大中型工业企业和规上高新技术企业研发机构建有率达96.0%，企业研发经费占主营业务收入比重达1.5%。新获评高新技术企业70家。新增上市企业2家，积极引导优质创新型科技企业挂牌科创板。年内引进市领军型创业创新人才项目80个，新增国家、省、苏州市级人才30名以上。新增省级以上众创空间5家。

2018年常熟市民营经济发展报告

常熟市工商业联合会

2018年，全市上下深入学习贯彻习近平新时代中国特色社会主义思想和党的十九大，十九届二中、三中全会精神，坚持稳中求进工作总基调，落实高质量发展要求，以供给侧结构性改革为主线，解放思想、担当实干，全力以赴稳增长、促转型、调结构、保发展，推动民营经济的健康发展。截至2018年底，常熟市共有私营企业52633户，同比增长15.84%，注册资本总额1934.61亿元，同比增长14.20%，从业人员551944人，同比增长2.20%，实现产值1630.41亿元，同比增长7.20%；个体工商户累计12.46万户，同比增长12.31%，资金数额115.8亿元，同比增长18.48%，从业人员226767人，同比增长12.25%。全市民间投资达219.09亿元，同比增长46.60%。

一、2018年常熟市民营经济发展情况

（一）民营经济增速有所回落，主导产业增势良好。2018年，全市规模以上工业产值累计完成3759.3亿元，同比增长6.10%，民营工业产值全口径累计1630.41亿元，同比增长7.20%。全市三大主导产业（装备制造、纺织服装、汽车及零部件）完成规上产值1831.6亿元，同比增长8.10%，其中装备制造业产值同比增长14.50%，作为常熟市民营企业主导产业的纺织服装业规上产值460.37亿元，同比增长1.60%，竞争能力下降较大。

（二）工业结构稳步优化，新兴产业占比提升。2018年高新技术产业完成规上产值1325.5亿元，同比增长4.10%，占规上产值比重为35.30%。八大新兴产业完成规上产值1880.1亿元，同比增长10.80%，高于规上增幅4.7个百分点，占

规上工业产值比重为50.0%，比上年提升2.1个百分点。其中高端装备制造、新材料、集成电路、生物技术和新医药、节能环保、平板显示增长较好，分别完成产值735.4亿元、585.8亿元、30.86亿元、31.79亿元、57.49亿元、26.72亿元，同比分别增长20.2%、11.8%、3.5%、19.5%、4.7%、3.5%；新能源仍然下行，同比下降11.8%。

（三）经济效益呈现下滑，降本增效压力增大。全市工业企业税收入库完成212.5亿元，同比增长1.2%；规上工业实现利税总额305.5亿元，同比增长1.9%；利润总额215.7亿元，同比微降0.1%；其中主营业务收入3750.5亿元，同比增长5.5%，利润率为5.8%，较去年同期下降0.3个百分点。新增利润主要来源于化工、机械、冶金等行业，占规模以上工业企业利润增长的贡献率将近50%，其中龙腾特钢、索特传动、三爱富中昊等4家企业占利润总额的17.4%。

（四）工业投资增速平稳，技改拉动作用明显。2018年全市完成工业投资176.7亿元，同比增长5.4%，民间投资达219.09亿元，同比增长46.6%。完成技术改造投资133.4亿元，同比增长34.7%；新兴产业投资占工业投资比重分别为75.5%、68.0%，与去年相比分别提升6.8个百分点、10.3个百分点。民间投资主体地位稳固，占工业投资比重达70.6%，同比提升6.5个百分点。

（五）新增长点项目支撑作用减弱。88个新增销售收入超3000万元的新增长点项目，全年实现销售收入、应税销售和实现利润只完成了年度目标的50%，严重拖累了经济增长。

二、常熟市民营经济发展中存在的问题

（一）稳增长压力增大。受中美贸易战和国家产业政策调整等因素的影响，民营工业企业下行趋势明显，光伏企业中利集团有限公司、苏州中来光伏新材料股份有限公司等重点民营企业降幅较大，生产经营状况不容乐观，累计拉低了规上工业增速1个百分点。

（二）企业经营成本上涨较快。融资、用工、环保等成本上升，企业生产经营成本居高不下，尤其是从三季度以来，原材料价格猛涨，企业生产成本上升明显。全年规模以上工业企业营业成本同比增长5.5%，其中主营业务成本增长5.6%，销售费用、管理费用、财务费用分别增长15.1%、14.3%、0.4%。亏损企业

亏损额进一步扩大，同比增长55.7%；企业流动资金周转慢也增加了企业负担。“331”整治以来，租金涨价、企业整改费用、用工流失严重都增加了企业的经营成本，影响了企业的正常生产和工业产值的增长。

（三）民营支柱型企业匮乏。全市民营规模企业除中利集团公司、常熟龙腾特钢有限公司、波司登集团公司销售收入达到百亿元外，没有其他的民营企业接力赶超。常熟市参加全国工商联上规模民营企业调研的企业仅有24家。在常熟市三大主导产业之一的纺织服装产业中，具有规模优势的服装企业仅有波司登集团公司和常熟市千仞岗有限公司，其他服装企业受国内外经济形势的影响，发展停滞。

（四）民营企业投资意愿不足，竞争能力下降。随着国家供给侧结构性改革的深入和复杂多变的国内外经济形势，在经济发展过程中营商环境、市场准入和融资情况以及市场主体要求依然存在差距，导致了部分民营企业家发展信心不足，投资意愿不强，新兴项目不多，产业结构调整不够，特别是我市的三大主导产业之一的纺织服装企业，有缩减企业经营规模的现象，经济下行明显。

三、加快常熟市民营经济发展的几点建议

（一）要在思想认识上再深化。要深刻领会习近平总书记重要讲话精神，坚定发展民营经济信心不动摇。要坚定发展信心，营造发展氛围，坚持亲商安商理念，支持民营企业转型升级。要坚信：民营经济强，常熟经济才能强；民营经济转，常熟经济才能转；民营经济活，常熟经济才能活。要牢牢把握民营经济发展的政策机遇、开放机遇和市场机遇，毫不动摇支持民营经济发展壮大。

（二）要在政策支持上再加力。要认识到给企业“减负”就是为经济“蓄能”，帮企业“克难”就是给发展“除障”。要不折不扣落实上级出台的关于促进民营经济发展的政策措施，大力支持和服务民营企业在市场开放、简政放权、要素配置、财税支持、信贷融资、人才引进、降低运行成本等方面实现新的突破。要继续实施高新技术企业倍增，“专精特新”、科技“小巨人”、“小微进规模”等企业培育计划，加快推进企业智能化改造，实施“两化融合”提升工程，全面提升民营企业核心竞争力。

（三）要在营商环境上再集优化。要围绕打造政府和市场“双强引擎”，着力提升服务效能，推行“一窗受理、集成服务”“不见面审批”“3450审批”等“放管服”改革，落实上级税收减免、产权保护、规范降低保证金和社保费率等政策，引导金融机构加大资金支持，真心帮助民营企业纾难解困，进一步构建公平竞争的市场环境、“亲”“清”和谐的营商环境、简明有效的政策环境、公正透明的法治环境，营造“亲”“清”新型政商关系。

（四）要在企业家精神上再张扬。广大民营企业家要解放思想、锐意进取，坚持聚焦实业，做精主业，苦练内功，外拓市场，以人为本，诚信经营，自觉履行社会责任，努力做有立场、有思想、有情怀、有坚守、有匠心的企业家，为常熟民营经济高质量发展提供有力支撑。要加强非公企业党建工作，党员企业家尤其要发挥先锋模范作用，充分发挥基层党组织及工会组织作用，营造和谐劳动关系，促进民营经济的持续健康发展。广大民营企业家要加强自我学习、自我教育、自我提升，进一步加强“创二代”、新生代企业家培育力度，让常熟的民营企业家代代有新人、一代胜一代，共同把优秀的企业家精神一代代传承下去，促进民营企业家的健康成长。

2018年太仓市民营经济发展报告

太仓市工商业联合会

2018年，太仓市以习近平新时代中国特色社会主义思想为指导，自觉践行新发展理念，坚持稳中求进工作总基调，以思想解放为先导，抢抓“一带一路”倡议，长江经济带、长三角一体化等国家战略叠加交汇的重大机遇，大力实施“扶优扶强重点民营企业‘1123’行动计划”，在错综复杂的形势下实现了高质量发展良好开局。2018年，太仓市民营工业累计实现工业总产值1219.2亿元，同比增长1.72%，占全市工业的44.69%；实现主营业务收入1188亿元，同比增长10.15%，占全市工业的45.15%；完成利税总额70.2亿元，同比增长6.99%，占全市工业的29.61%；利润总额44.7亿元，同比增长10.73%，占全市工业的27.58%；新增私营企业4996户，截至2018年12月底总数达30018户，同比增长16.01%，注册资本总额达1722.58亿元，同比增长22.02%；新增个体工商户11576户，总数达63701户，同比增长17.86%，资金数额达49.04亿元，同比增长23.00%。个私净增注册资本320亿元，完成目标任务的290.94%。

一、2018年太仓市民营经济发展的特点

（一）聚焦政策引导，民营经济成为工业经济的重要支撑。太仓出台了《关于加快创新驱动转型升级培育经济发展新动能的实施意见（2017—2020年）》《关于推动工业经济发展向中高端迈进的若干政策》和《扶优扶强重点民营企业“1123”行动计划三年行动方案（2018—2020年）》等政策，及时兑现优惠政策，帮助企业对上争取，举办“高级职业经理人培训班”等培训活动，组织企业参加中部投资贸易博览会、中国国际工业博览会等各类展销会，运行太仓企业

公共服务平台网站、微信服务号等，有效推进了民营企业总体平稳发展、效益提升。2018年底，全市工业企业超过12000家，其中民营企业占88%以上，呈现出销售好于产出、去库存能力增强等特点。2018年规模以上民营企业实现产值894.8亿元，同比增长8.71%，比上年增幅提高6.5个百分点；产销率达97.45%，比上年同期上升7.46个百分点。私营企业和个体工商户快速增加，市场主体逼近10万户，其中私营企业突破3万户。

（二）聚焦“两新”产业，民营企业已占据新兴产业半壁江山。策应国家产业发展方向，太仓重点推进高端装备制造、新材料、生物医药三大战略性新兴产业发展，加快培育新一代信息技术、机器人和智能装备等产业。全市纳入统计的280家（含12月新增的9家）新兴企业中，民营企业占据半壁江山。2018年，规上民营高端装备制造、新材料、生物技术和新医药三大产业实现产值607.68亿元，同比增长6.90%，占全部规上民营企业的67.91%。同时，太仓民营企业加快创新步伐，新增省级企业技术中心8家，贯龙电磁线被认定为江苏省专精特新产品企业，康辉科技、北新建材、荣文合成纤维3家企业获评苏州市专精特新示范企业，华一新能源获评苏州市十大专精特新示范企业，宏马科技等10家企业被认定为太仓市科技小巨人企业。

（三）聚焦智能制造，民营企业加速迈向工业经济中高端。智能制造是当前世界工业发展的总趋势、大方向，太仓召开智能制造大会，举办2018中德智能制造解决方案供应商大会，强力推进以智能制造、机器换人为重点的制造业模式变革。2018年，太仓共有103个企业项目入选《太仓市智能制造项目库》，其中机器人及系统项目22个、智能制造项目81个，项目总投资35.81亿元，设备投资16.5亿元。其中，民营机器人及系统项目8个、智能制造项目39个，项目总投资19.47亿元，设备投资7.63亿元。3家民营企业获评省级示范智能车间，4家民营企业获评苏州市级智能示范车间，同维电子获评苏州市十大智能制造示范企业。同高先进制造科技（太仓）有限公司，设立同济高功率激光焊接技术联合实验室和同高逆向工程应用技术联合实验室，开发出了国内领先的基于大功率激光加工的混合工艺复杂制造系统仿真技术，先后在国内实施了十多个成功案例，获得17个授权专利，其中发明专利6项，董事长汤旭东入选“万人计划”、省“双创人才”、姑苏领军人才和太仓科技领军人才。

（四）聚焦对德合作，推进民营企业与德资企业建立合作关系。太仓集聚了三百多家德资企业，被工信部授予全国唯一的中德（太仓）中小企业合作示范区。利用这一优势，太仓组织10家企业参加“法兰克福太仓日”活动，与德国企业开展对接活动，推动全市民营企业“走出去”；组织15家民营企业负责人走进巨浪和通快等德资企业参观、考察、学习，近距离接触德国工业4.0，学习德资企业先进的经营管理理念和管理模式。目前，太仓已有三百多家民营企业与德资企业在技术合作、人才、资本等方面建立了较为稳定的合作关系，实现了双方互利共赢。苏州东南佳新材料股份有限公司与德国崇德集团就碳材料技术进行合作，不仅推进了铁路、轨道交通、动车组及高铁弓网受流系统新材料产品的研发，促进全体员工学习德国工匠精神，形成做专、做精、做细、做实每一件事的浓郁氛围，而且提升了铁路机车车辆配件、铁路专用设备及器材配件、发电机及发电机组配件的档次和质量。

二、2019年太仓市民营经济发展的目标和措施

2019年是中华人民共和国成立70周年，也是决胜全面建成小康社会的关键之年。太仓民营经济将牢固坚持“五大发展理念”，大力实施“扶优扶强民营经济‘1123’行动计划”，推进总量提升、品牌创新、营销创新、技术创新和管理创新，开创民营经济高质量发展新局面，为太仓高质量建设“两地两城”做出更大贡献。

（一）推进“1123”行动计划，增强民营经济高质量发展定力。建立服务“1123”行动计划民营企业挂钩联系制度，切实为企业送信心、送政策、送服务，帮助企业理清思路、化解难题。定期召开民营企业例会，及时了解掌握全市民营经济发展的动向，真正为民营企业提供精准服务。建立民营企业转型升级评价体系，实时打分，动态调整。帮助更多民营企业获得国家和省政策扶持项目的支持，及时兑现地方有关优惠政策，运转好市级和区镇级应急转贷资金，引导民营经济新旧动能加速转换。

（二）培育重点企业项目，提高民营经济高质量发展实力。支持“1123”行动计划重点培育企业，优先保障用地需求，优先纳入“科贷通”、融资担保、应急转贷政策等金融扶持体系，促进民营企业技术改造、自主创新、智能升级、两化融

合、上市融资。建设100个市级以上重点项目，加快实施瑞铁、宏马等20个亿元以上技改项目，加强跟踪服务，落实专人负责，提高能效水平，帮助民营企业协调解决项目建设中遇到的问题，力保重点民营企业项目早建成、早投产、早达效。

（三）打造优势特色产业，增强民营经济高质量发展活力。引导民营企业在提升产业层次上下功夫，支持民营企业加盟高端装备制造、新材料、物贸总部经济、生物医药等“1115”产业集群，进军数控机床、医疗器械等细分领域，探路智能机器人、航空零部件等先导产业，增加民营企业新兴产业产值占比。引导化纤、纺织、服装、五金加工等传统民营企业转型升级，推进民营企业与外资企业配套协作、融合发展。支持民营企业建成一批智能工厂或苏州市级以上智能制造示范车间，培育一批市级以上“专精特新”企业、地方标杆型企业和行业“隐形冠军”。

（四）实施创新驱动战略，增强民营经济高质量发展动力。把创新摆在高质量发展全局的核心位置，深度参与苏南国家自主创新示范区建设，持续打造临沪科创产业高地，推进省“苗圃—孵化器—加速器”科技创新孵化链条试点。全力推进科技型中小民营企业量质双升，进一步加大民营企业研发投入，增加民营企业有效高新技术企业数量，提高民营企业高新产业产值占比，鼓励更多民营企业制定各类标准、申请马德里体系国际商标。

（五）构建能力提升体系，增强民营企业家创新发展能力。加强民营企业家培育，大力弘扬企业家精神，开展各类高级管理人才培训工作，提升民营企业管理人员素质和能力。实施平台建设工程，搭建民营企业—德资企业交流合作平台，进一步丰富开放性培训内涵。大力弘扬工匠精神，组织开展基层管理者业务能力培训、各类技能大赛，评选出一批高技能人才。表彰和宣传一批专注于产品技术研发、质量提升、工艺改进的工匠型人才，为民营企业高质量发展提供高技能人才支撑。

2018年昆山市民营经济发展报告

昆山市工业和信息化局
昆山市工商业联合会

2018年，昆山市委、市政府坚持以习近平新时代中国特色社会主义思想为指导，紧紧围绕全市重点工作和总体要求，以供给侧结构性改革为主线，聚心发展、聚力转型、聚智创新，向产业要实力，向创新要动力，向改革要活力，全力提高全市工业发展质量和核心竞争力，着力推动高质量发展。据统计，全市新注册民营企业1.8万家，实现注册资本1164.9亿元。截至2018年底，昆山市拥有民营企业13.8万家。其中，民营工业企业25857家，规模以上企业804家，占全市规模以上企业40.7%，超亿元企业308家，占全市超亿元企业33.8%。拥有3家国家级企业技术中心、55家省级企业技术中心、102家苏州市企业技术中心、179家昆山市企业技术中心，分别占昆山市的100%、58%、51%和52%。新认定江苏省民营科技企业270家，累计达1656家。

一、工业经济提速发展，“稳”的基础更加坚实

（一）工业经济运行总体平稳。全市规模以上工业企业完成产值8247.5亿元，同比增长4.8%。实现利润总额371.1亿元，同比增长3.9%。规上工业增加值率由上年的20.7%提高到21.3%，提高0.6个百分点。规上工业全员劳动生产率由上年的20.4万元/人提高到22.5万元/人，同比增长10.3%。新兴产业产值占规上工业产值比重由上年的46.3%提高到47.9%，提高1.6个百分点。

（二）工业项目扎实推进。全年完成工业投资204.7亿元，同比下降5.7%；完成工业技改投资159.3亿元，同比增长8.8%。列入转型办考核统计的165个重点

技改项目完成投资117.9亿元，完成年计划的113.4%。从重点项目看，中科曙光、澜起科技、华天科技等半导体重大项目有序推进。世硕三期累计投资11.6亿元，占年度计划的193.3%；纬新三期累计投资7.3亿元，占年度计划的122.4%。从重点企业看，丘钛微电子被认定为省“专精特新”企业，若宇检具、艾森半导体被认定为省科技小巨人企业，萨驰华辰机械被认定为省“隐形冠军”企业，优尼电能运动科技被认定为“隐形小巨人”企业。

（三）新旧动能加快转换。全市生产销售的新产品新技术已突破10000个，累计通过省新产品新技术鉴定的产品有262个，列入省两新目录的新产品新技术累计达122个。61个工业经济新增长点项目实现新增销售200亿元；20个列入省监控的新增长点项目中，立讯电子完成新增销售52亿元，完成年新增目标的5.2倍。昆山睿力得自动化技术等14家企业喜获2018年省首台（套）重大装备认定，占全省十分之一。截至目前，累计35个装备产品被认定为“江苏省首台（套）重大装备”，大大提升了企业产品竞争力和市场占有率。国家强基项目嘉华电子“高精密电子多工位级进模”已完成项目验收。

二、产业结构不断优化，“转”的效果更加明显

（一）支柱产业特色鲜明，支撑全市工业发展。在电子信息产业发展方面，全市已形成了以昆山开发区、高新区为龙头，各区镇联动发展的产业空间格局，已构建包括智能终端、新型平板显示、集成电路、电子元器件、模具等上下游配套的完整产业链，呈现消费电子、新型平板显示、通讯、集成电路等“一强多元”的产品生产格局。电子信息产业完成产值4546.7亿元，同比增长3.4%。在装备制造业发展方面，全市已形成工程机械、高端数控机床、基础制造装备、智能制造装备、专用设备等特色鲜明的装备制造产业集群。宝能新能源汽车、毛豆新车等新能源汽车龙头项目入驻昆山，完善昆山汽车制造产业链。装备制造业完成产值2070.4亿元，同比增长7.2%。

（二）四大产业集聚发展，成为全市工业新增长点。由市重点产业发展促进中心牵头，制定实施光电、半导体、小核酸及生物医药、智能制造四大高端产业2018年推进工作计划；出台《昆山市四大产业集群企业认定办法（试行）》《昆山市半导体产业发展扶持政策意见（试行）》；完成《生物医药和生命健康产业

发展研究报告》;研究制定《关于支持全市小核酸及生物医药产业发展的若干政策(试行)》;制订半导体产业发展三年行动计划、智能制造三年行动计划;启动人工智能战略规划研究报告、光电产业发展规划编制工作。成功举办2018中国(昆山)品牌产品进口交易会互联网+新品发布活动。2018年经贸活动期间,分别在德国和奥地利、昆山花桥、上海张江举办了昆山智能制造产业国际交流合作与项目对接会、昆山半导体产业投资说明会和昆山市生物医药产业合作(上海)对接会。积极筹建德国弗劳恩霍夫在华首个产学研用综合平台、上海产业合作中心项目对接平台,支持哈工大机器人、沈自所(昆山)智能装备研究院等载体做大做强,放大华为、中软国际、赛迪灵犀平台、慧德咨询、西门子智能制造创新实验室等平台资源,推动产业项目加速落地。全年四大产业实现销售收入2023亿元,其中光电产业1170亿元,同比增长8.1%;半导体产业280亿元,同比增长43.3%;小核酸及生物医药产业103亿元(其中80亿元为销售收入,23亿元为医药贸易收入),同比增长53.7%;智能制造产业470亿元,同比增长27.0%。光电、半导体、小核酸及生物医药、智能制造四大产业分别完成投资项目35个、31个、34个和130个,光电、半导体产业新增投资77.6亿元,小核酸及生物医药、智能制造产业新增注册资本29.9亿元。

(三)先进制造业集群初显,驱动智能制造发展。不断完善智能机器人及成套装备创新中心和小核酸技术应用创新中心建设,智能机器人及成套装备中心建设方案已经通过赛迪研究院评审,并在积极争取列入国家机器人创新中心分中心。发挥智能机器人及成套装备协会和创新联盟的功能,实质运作机器人学院。牵头组织维信诺、国显、龙腾等龙头企业筹建新型平板显示创新中心,辅导培育能讯5G中高频功率器件创新中心建设。牵头组织15家企业参加南京世界智能制造大会,组织“赋能协同、创新智造——平板显示智造装备”昆山展馆的展示,昆山经信委获组委会优秀组织奖。积极抢抓人工智能产业发展先机。开展人工智能产业基础调研工作,摸排全市人工智能相关企业71家,中德宏泰人像识别系统“深眸”进入2017人脸识别技术企业排行榜TOP20。全市省级示范智能车间新增获批30家,累计拥有省级示范智能车间45家,位列全省前列。

三、两化融合深入推进，“智”的升级更加有力

（一）扎实落实国家“互联网+”行动。结合昆山工业经济发展的现实需求，制定了《昆山市深化“互联网+先进制造业”发展工业互联网工作方案（征求意见稿）》，明确推进全市工业互联网工作目标和措施。联合云服务商和行业协会共开展了5场“企业上云”项目推介活动，全年共创建省星级上云企业24家。鼓励和支持工业互联网平台企业加快推进步伐，迅速形成服务能力。积极创建工业互联网示范平台，全年创建省重点工业互联网平台1个，省制造业“双创”示范平台3个，省工业互联网服务资源池6家，苏州市工业互联网企业7家。

（二）主动服务软件企业发展。2018年，全市软件产业产值达745亿元。通过软件企业年度评估51家，新增软件企业评估16家，软件产品评估270个，累计通过软件企业评估236家，软件产品评估2339个。组织9家软件企业参加中国（南京）软件产品和信息服务交易博览会等国家级展会活动，为昆山软件企业走出昆山创造条件，收到良好的效果。6家软件企业入选省“腾云驾数”优秀软件和信息服务企业名单，2家软件企业入选优秀融合创新发展案例名单，6家软件企业入选优选产品、平台、服务和解决方案目录；好活网络获省第四届“i创杯”互联网创新创业大赛优秀奖；组织7家企业申报省级专项软件类项目，组织龙腾光电申报省级专项大数据应用示范项目；组织4家企业申报省优秀软件产品奖（金慧奖）；组织5家企业申报省、苏州市优秀版权作品；组织花桥大数据产业园申报省大数据产业园。

（三）制造业与互联网融合进一步深化。以两化融合企业全覆盖、服务全程化为重点，积极推进两化深度融合。全年共创建15家省两化融合管理体系贯标试点企业；星云获第三届“江苏智造”创新大赛二等奖，活跃量子获大赛优秀奖，昆山经信委、友达光电获大赛优秀组织奖。发挥省企业信息化协会昆山分会、昆山CIO联盟等社会组织的桥梁作用，开展两化融合培训、行业交流、对接沙龙等活动。开展两化融合专场活动6场，服务企业超500家。

（四）信息化建设工作进一步强化。制定了“2018年昆山市信息化工作要点”，为全面推进社会信息化建设、提升社会信息化应用水平指明方向。加强示范基地建设，龙潭水产获批苏州市“智慧农业”示范基地（企业）。积极开展5G网络试点，组织机器人产业园、光电产业园重点园区企业参观运营商5G实验

室，协调各电信运营商加快推进5G在重点产业园区的网络技术试验及局部试用。牵头通信企业启动昆山市信息基础设施空间布局规划的修编工作。开展工控领域网络安全检查工作，对智能制造、电子信息等行业和领域的重点企业进行检查。协助上级无线电管理部门和市公安局、文广新局等部门开展非法电台测向定位和取缔工作。2018年共开展夜间非法电台测向定位37次，查处非法电台2部。

四、落后产能淘汰提升，"绿"的发展更加深入

（一）创新开展工业企业资源集约利用工作。根据苏州市的统一部署，依托工业企业资源集约利用数据库，牵头制定《昆山市工业企业资源集约利用综合评价实施细则》等五个文件。从9月起对参加评价的规上工业企业和实际用地3亩以上的规下工业企业共8067家企业发放"工业企业资源集约利用体检表"，完成2017年度工业企业资源集约利用综合评价结果公示，分类指导，精准服务。截至目前，昆山33家企业入围苏州首发"亩产英雄百强榜"，入围数量与苏州工业园区并列第一。

（二）努力推进减化和节能降耗工作。2018年全面完成省定减化关停任务。关停、淘汰低效产能企业277家，腾出发展空间4550亩。加快实施节能重点工程，组织全市年能源消费量达3000吨以上的重点用能企业实施节能技术改造项目147个节能技改项目，项目投入资金约3.6亿元，年产生经济效益约1.5亿元，可实现节能量约7.4万吨标准煤，有效提升工业企业能效水平。积极鼓励企业开展自愿清洁生产审核，全年完成26家企业的清洁生产审核工作，新增培育市级循环经济示范企业13家。加快淘汰落后用能设备，全年完成18家市级重点耗能企业节能监察工作，监测高耗能设备180台（套）。全力支持企业绿色经济发展，世硕电子（昆山）有限公司等2家企业被国家工信部列入第三批"绿色制造示范企业"。

五、精准服务系统推进，"创"的环境更加优化

（一）企业服务落到实处。牵头制定《2018年昆山市企业信用管理贯标和示范创建工作方案》。完成信用管理贯标企业53家，创建苏州市级信用管理示范企业4家。积极开展经信培训活动，全年举办涉及质量、安全、环保、认证等中小企业技术讲座13场，培训企业管理技术人员超1500人次。特别是北大（昆山）工商管理研修班、中小企业技术帮扶培训、制造业企业家标杆企业学习等活动受到企业家的一致认可，进一步强化了“经信惠企”的服务品牌。先后组织企业参加中国西部国际装备制造业博览会、中国国际装备制造业博览会、青岛国际机床展览会、北京机器人大会等16次市场开拓活动，参展企业111家次，参展面积约3800平方米，降低企业市场开拓成本约600万元。

（二）平台建设取得实效。2018年，全市特色产业园区21个，发展与创新载体27个，创新平台32个，初步建立了以特色产业基地（园区）为依托的区域性创新体系。全市6个特色产业园区规模超百亿元，分别是光电产业园、高端装备制造产业基地、模具产业基地、电子新材料产业基地、综合保税区、昆山德国工业园。小核酸基地的工研院小核酸研究所、旭辉检测获省市共建“中国制造2025”苏南城市群切块奖补资金（医疗器械和生物医药）扶持，占全苏州6个项目的三分之一。截至目前，拥有省级及以上企业技术中心96家，主要分布在电子信息、智能制造、生物医药等领域，其中包括国家级企业3家、物流企业6家。

（三）要素供给全面保障。加大政策宣传，全面落实市级转型升级各项政策，2018年经信委审核通过项目740个，拨付财政资金4.15亿元，其中，技改综合奖补项目137个，补助资金1.77亿元；工业经济项目224个，补助资金1.035亿元；机器人及智能制造项目343个，补助资金1.214亿元；企业降成本项目36个，补助资金1326万元。积极帮助企业向上争取国家、省扶持政策，组织企业申报省级工业和信息产业转型升级专项资金项目五大类121个。修订《昆山市工业企业转贷应急资金管理办法》，全年为1036家实体经济企业提供14.86亿元低费率融资担保，降低企业融资成本1486万元。

六、2019年工作要点

2019年，昆山市委、市政府将以习近平新时代中国特色社会主义思想为指导，全面贯彻党的十九大，十九届二中、三中全会，中央经济工作会议精神，坚持稳中求进工作总基调，坚持新发展理念，坚持推动高质量发展，坚持以供给侧结构性改革为主线，全力实施高质量发展三年行动计划，加快培育壮大新动能、改造提升传统动能，加快建设制造强市，推动质量变革、效率变革、动力变革，全力推动昆山工业经济高质量发展走在前列，建设国家一流产业科创中心。

2019年具体工作预期目标：全市规上工业总产值增长5%，规上工业利润总额增长率与经济增长保持同步，新兴产业占比提高1个百分点；全年完成工业投资250亿元，其中新兴产业投资175亿元，技术改造投资175亿元。全员劳动生产率达到23.8万元/人，增长7%左右。淘汰落后产能企业270家、腾出发展空间超5000亩。

2019年全市将重点做好以下几项工作。

（一）坚持“稳”字当头，筑牢产业发展根基

1. 抓龙头企业，稳工业产值。科学研判国际国内经济形势，千方百计坚定企业发展信心，积极帮助企业抢订单拓市场，构建应急快速反应通道，力争“快一步”分析、“快一拍”反应，确保仁宝、世硕、纬创、立讯等龙头企业总产值保持适度增长。

2. 抓规模企业，稳经济增长。加强全市工业经济运行分析，密切关注宏观经济走势和政策变化，坚持问题导向，围绕重点大型企业、快速成长企业、新增长点企业、产值下滑企业、重大产业项目“五张清单”，建立百家企业党政领导挂钩联系、百家企业百名局长精准服务帮扶、百名科长百场活动政策基层宣讲、百名行长千家企业银企需求对接“四百机制”，强化领导挂钩联系、部门协调推动、企业专班对接，为企业发展解难题、增信心、稳预期。

3. 抓工业投资，稳发展后劲。优化完善重大产业项目建设协调机制和市领导挂钩领班制度，围绕“新批项目快供地、拿地项目促开工、开工项目促建设、建设项目促投产、增资项目促技改”，建立单月例会制度和双月现场调研机制，落实工信局领导挂钩联系区镇企业机制，全力抓好272个工业投资项目，尤其是30个计划投资1亿元及以上项目和165个重点技改项目，确保全年完成工业投资250亿元。实施“千企技改升级”行动，调整优化技改综合奖补政策，研究扩大工业有效投资的政策措施，促进企业加大技改投入，力争工业技改投资完成175亿元，技改投资超过工业投资70%以上，完成新兴产业投资175亿元。

4. 抓实体经济，稳企业信心。支持民营企业做大做强，鼓励台资企业转型升级，加大重点企业挂钩服务力度，变“坐等企业咨询”为“勤送政策上门”，建立快速响应机制，落实个性化帮扶措施。全面落实国家、省、苏州和我市的降税减

负政策，制定出台《关于促进昆山市民营经济高质量发展的若干意见》，实施民营企业成长“个十百千万行动计划”，全力优化提升政策、产业、金融、法治、市场、营商等九大环境，稳定企业发展预期，提振企业发展信心。

5. 扎实建设昆山市经济高质量发展监测平台。以“信息系统升级”和“评价结果应用”为重点，围绕“亩产论英雄”“创新论英雄”，按照企业和宗地全覆盖要求，以现有的工业企业资源集约利用系统为基础，搭建集企业社会信用代码、地理空间定位、各类数据资源为一体的大数据平台，构建“工业宗地工业企业”双评价体系，开发融用地规划、空间规划、产业规划“三规合一”的可视化可分析云图，打造经济高质量发展监管平台，实现对全市经济要素的精准化、综合性分析，优化工业企业资源综合利用评价细则，落实资源要素差别化配置机制，推动工业经济转型升级、提质增效。

6. 开展老旧工业集中区优化提升行动。突出规划引领、注重形态提升、完善功能配套、建立评价机制、强化督查考核，全面推动老旧工业集中区有序开展提升优化工作，积极推动有条件的企业转型升级为科创产业综合体。

（二）坚持创新驱动，提升产业竞争能力

1. 聚焦新动能，加快壮大高端产业。瞄准自主可控，不断深化人才科创“631”计划，全面推动产业链和创新链“双向融合”，发挥重点产业发展促进中心的牵头抓总作用，围绕产业发展研动态、编规划、搭平台、聚资源、引人才、定任务、强督办，推动四大产业加速发展，确保四大产业占规上工业比重提高2个百分点，新兴产业占比提高1个百分点。探索建立全市四大高端产业“四库一平台”，即企业库、专家库、资源库、项目库和产业链精准招商大数据决策辅助平台，编制四大产业发展地图和重点企业地图，排出对接大院大所产学研合作清单和精准招商目录清单。在光电产业方面，编制《光电产业发展规划（2018—2020年）》，加快推进国显光电二期建设。新增投资项目30个，销售增长11.1%。在半导体产业方面，优化完善半导体产业扶持政策，以市场细分领域需求创新应用开发为牵引，发挥中科曙光、澜起科技等龙头企业的带动作用，以华天等领军企业为重点，推动半导体封测产业做大做强。新增投资项目30个，销售增长14.3%。在小核酸及生物医药产业方面，编制全市生物医药和大健康产业规划，出台关于支持全市小核酸及生物医药产业发展的若干政策（试行），研究制定政策实施细则，推动昆山生物医药产业园二期规划建设，建立生物医药产业引导基金，加快培育集聚规模型创新型生物医药企业。跟踪落实上海思脉生物医药投资基金+生物科技生态化服务平台、上海智慧健康产业应用技术研究与产业化中心、昆山（上海）医疗器械产业基地等项目进展，做好生物医药产业区域协同发展与上海嘉定先进技术创新和育成中心的项目对接合作工作。新增投资项目30个，销售（含医药贸易收入）增长48.5%。在机器人及智能制造产业方面，大力推进川崎、哈工大机器人等重大项目建设，新增投资项目80个，销售增长17.0%。

2. 聚焦新业态，前瞻布局先导产业。主攻以5G通讯、互联网、人工智能等为代表的新一代电子信息产业。大力培育以5G为基础的无人驾驶技术、虚拟现实技术、可穿戴设备、物联网爆发式发展等新增长点。大力推动新能源汽车产业发展，充分发挥宝能新能源汽车、清陶新能源、毛豆新车等龙头项目带动作用，推动整车、零部件以及相关配套产业全链条发展，推进生产制造技术与自动驾驶技术相结合，全力打造从电池研发到整车制造销售的新能源汽车产业集群。

3. 聚焦新模式，发展生产性服务业。重点推动工业设计创新能力提升，强化工业设计载体建设，着力培育省级工业设计中心，争创省级以上工业设计中心1家、市级工业设计中心3家。深入推进服务型制造企业发展，推广集成总承包、全生命周期管理、在线支持服务等新型产业模式，新增省级服务型制造示范企业2家。加快建设以工业软件为特色的软件服务产业，培育做大本地软件企业，推广数字化设计、生产过程管控、工业大数据分析等应用软件。

4. 聚焦新动力，提升企业创新能力。实施本土龙头企业创新培育工程，围绕好孩子、沪光等民营龙头企业，因企施策打造昆山地标企业。开展重大技术攻关，鼓励企业积极参与工业强基工程，推进好孩子、龙腾光电先进技术研究院建设，支持好孩子依托企业优势打造婴幼产品双创平台。出台自主可控企业创新能力提升计划，围绕自主可控重点培育企业，组织企业围绕“卡脖子”环节开展技术联合攻关，出台细化方案，推动评价考核，落实专项支持，年内再培育自主可控重点企业15家。新增省级企业技术中心10家以上，苏州市级以上企业技术中心15家以上。做好省首台（套）重大装备培育工作，力争新增认定省级“首台（套）”重大装备及关键部件10项以上。制定市级“专精特新”企业（产品）认定管理办法，建立“专精特新”企业培育库，培育一批行业“隐形冠军”。重点推进中小企业“专精特新”发展及“隐形冠军”单项冠军企业培育工作。推动制造业创新中心体制机制改革，加大小核酸、智能机器人及成套装备创新中心建设力度，推动昆山市优势产业列入省制造业创新中心布局。

（三）注重融合提升，提高产业智造水平

1. 大力实施智能制造工程。推进“互联网+先进制造业”行动计划，研究出台《关于加强智能制造生态体系建设的若干措施》，召开智能制造全市推进大会。企业智能车间诊断服务超300家，智能化改造重点项目超300个，推动“机器换人”6000台（套），全年创建20家以上苏州市级示范智能车间，争创15个以上省级示范智能车间，培育若干智能工厂。放大智能制造产业联盟平台作用，大力引进智能制造设备供应商、软件服务商、方案解决商和系统集成商，提升全市智能制造水平。以电子信息、装备制造等行业为重点，每两个月举办行业推进会，培育一批行业智能化示范工厂，推广一批行业智能化解决方案。

2. 加快工业互联网发展。重点推动研华科技对接台资企业，加快台资企业拥抱工业互联网；鼓励星云智能、同日自动化、鲲鹏智能科技向平台服务商转型；支持巨力电梯、金蛋科技等设备平台加强服务能力建设，强化与紫光、赛迪、赛宝等行业领军企业合作。积极争取在昆山率先设立工业互联网标识解析国家二级试点。创建苏州市级以上工业互联网标杆应用企业4家，创建市级以上示范平台3个，争创国家级工业互联网示范平台1个。推进全市工业App开发和应用，新增工业互联网App100个。

3. 积极推动“企业上云”。推动企业核心业务上云，参与云平台的数据共享，召开全市“企业上云”会议。组织企业“上云”示范项目创建，开展星级“上云”企业建设，打造一批有影响力的工业云平台项目，新增上云企业1000家，争创星级上云企业50家。

4. 加快推进企业两化融合。全市培育完成省级以上两化融合贯标试点企业10家，累计培育完成国家级两化融合贯标企业10家，持续开展两化融合评估诊断和对标引导。推动企业实施电商拓市，着力打造重点行业B2B平台及细分行业特色平台。开展工业系统信息安全风险评估和网络安全检查，推动昆山市信息安全产业发展。

5. 深入推进信息基础建设。提前布局大数据、云计算基础设备设施，加快建设国家级超算中心。积极开展5G网络试点，根据5G网络建设需要完成《昆山市信息基础设施空间布局规划》修编工作。支持和推进窄带物联网NB-IoT、LoRa的建设和应用。落实昆山大数据发展行动计划，以花桥创建省级大数据产业园为切入点，引导产业和平台资源向花桥、巴城集聚，为昆山市企业开展工业大数据应用提供技术和服务保障。

6. 推动军民融合产业发展。积极跟踪国家军民融合体制改革和重点工作动向，会同发改委、人武部等部门共同推动军民融合产业发展，争取加快出台军民融合专项扶持政策。摸排全市军工“四证”企业名单及军民融合意向企业名单，辅导意向企业申办军工三证。研究筹建军民融合产业推进平台。积极组织企业申报军民两用新产品新技术、军民融合新技术推广后补助等项目。做好重点军工生产企业夏季能耗保障工作。指导修订周市镇军民融合产业发展规划编制。

（四）围绕节能减排，践行绿色发展理念

1. 抓好节能降耗工作。单位地区生产总值能源消耗下降完成省、市下达任务。落实重点用能企业“百千万”行动，实施用能“双控”考核，对全市新增5000吨以上节能技改项目开展节能审查，严格控制高耗能行业增长。实施重点节能技改，完成百项节能技术改造项目。对石化、化工、造纸、铁合金等重点行业开展节能专项监察，倒逼企业提高能源利用效率。督促重点用能企业设立能源管理岗位，建立重点用能企业能源审计长效管理机制，严格执行重点企业能源利用状况报告工作制，推进重点用能企业能效对标活动，实施重点行业单位产品能耗“领跑者”制度。

2. 积极推动企业绿色制造。重点支持化工、有色金属、电力、交通运输制造业和电子等行业重点企业节能工程，不断提高能源利用效率，降低企业单位产品能耗。坚持源头削减、过程控制为重点，发挥企业主体作用，加强政策引导，推动企业实施清洁生产技术改造，提升清洁生产水平。积极推进省级以上绿色制造示范企业的创建工作。

3. 强力推进淘汰落后产能。持续保持打击取缔“地条钢”高压态势。推进化工企业优化提升整治专项行动，全年关停化工企业不低于10家；完成城镇人口密集区危险化学品生产企业关停搬迁工作。积极借鉴先进地区的成功经验和个别区镇的有效措施，会同国土、环保、安监等部门及各区镇健全体制机制，优化区镇差别化考核机制，分区域成片腾退落后低效产能、腾出发展空间；推动区镇积极嫁接优质项目，实现土地效益最大化、产业结构合理化。

4. 推进新能源汽车推广应用工作。贯彻落实国家、省、市关于新能源汽车推广应用的各项政策，完成省下达年度新能源汽车推广应用和充电设施建设目标，完成年度新能源推广应用省级、市级财政补贴申报清算工作。

2018年吴江区民营经济发展报告

吴江区工商业联合会

2018年，吴江以创新制度供给为出发点，以工业企业资源集约利用为抓手，以智能制造为突破，以“一带一路”倡议为机遇，助推民营企业聚力转型升级、聚智创业创新、聚焦提质增效。全年经济运行稳中有进，高质量发展取得新成效。

一、2018年吴江区民营经济运行总体情况

（一）发展质效稳步提升

经济总量持续增加。2018年，全区实现规模以上工业总产值3537.00亿元，同比增长5.3%。其中四大主导产业合计实现产值2904.42亿元，同比增长5.0%，占规模以上工业总产值的82.1%。在民营企业集中的产业领域，丝绸纺织已达千亿元能级，光电缆和装备制造业规模逾500亿元。

企业效益明显好转。全年规模以上工业企业实现主营业务收入3616.94亿元，同比增长7.4%；实现利税总额274.50亿元，同比增长10.2%；利润总额214.67亿元，同比增长13.8%，增速高于规上工业产值增速8.5个百分点。全年实现主营业务收入超亿元的企业579家，超50亿元企业11家，超100亿元企业2家。

发展定位愈加清晰。优势企业“做大做优做强”。2018年底，恒力炼化项目投料开车，成为全国首个开车的大型民营炼化一体化项目；总投资约775亿元的盛虹炼化一体化项目开工，其独有的油制烯烃、醇制烯烃“双链”并延、协同发展模式，为中国石化产业转型升级提供了新途径。恒力入围世界企业500强、列第235位，盛虹等4家企业入围“中国企业500强”，永鼎等5家企业入围“中国民营企业500强”。中小企业“专精特新”发展。全年新增工信部单项冠军产品1

项，省“专精特新”产品1项，省科技小巨人企业1家，省隐形冠军1家，市“专精特新”示范企业5家。

民资活力有效提升。全区民营企业累计突破6.6万户，注册资本总额超3600亿元，同比增长24.9%。其中新增民营企业10538户，新增注册资本527.32亿元，占新增市场主体的40.0%。全年完成民间投资407.79亿元，同比增长24.6%，民间投资占全社会固定资产投资的比重达71.0%，比上年同期提高7.2个百分点。民营企业累计进出口97.88亿美元，同比增长28.6%。截至2018年底，全区上市公司16家，其中A股上市13家，境外上市3家。

（二）创新动能持续发力

科技研发促技术创新。2018年，全区规模以上工业企业研发经费投入增长50.8%，工业技术改造投资130.84亿元，同比增长30.4%，占工业投资的比重达80.7%。全区大中型工业企业和规模以上高新技术企业研发机构有效建有率首次突破80%，有效高新技术企业数488家。新增国家知识产权示范企业3家、知识产权优势企业7家、中国专利优秀奖4项。全区万人发明专利拥有量超46件。6企业进入省制造业企业发明专利百强。亨通荣获全区首个省科技进步一等奖，通鼎获评江苏省质量奖，永鼎、吴江变压器获评苏州市市长质量奖。

智能制造促转型升级。吴江全力打造智能工业发展标杆，推进智能制造“五个一”工程，着力在智能工厂、智能车间、智能应用和智能管理等方面形成集聚优势。全年完成智能工业投资108.92亿元，新增市级示范智能车间50个，省级示范智能工厂1个，省级示范智能车间39个，12个大类22个项目获国家级荣誉和奖励，获评江苏推进制造业创新转型成效明显县（市、区）。

人才集聚促产业集群。围绕产业结构调整，进一步延伸产业链、布局创新链、提升价值链。全年新增国家级人才计划1人、省“双创团队”1个，“双创人才”6人，“江苏特级技能大师”1人，“海鸥计划”41人。新增高层次人才2200人、高技能人才2057人，全区技能人才总量25.5万人。人才工作进步指数位居苏州大市第二。目前，吴江已形成“4+4+1”产业体系，且新兴产业正逐步向八大战略性新兴产业延伸扩充。全年八大新兴产业共完成投资121.13亿元，增长28.9%。

重点项目促结构调整。坚持把引领性、撬动性强的省市重点项目建设作为稳增长、调结构的重大抓手。京东方智慧终端、国测智慧城市产业化基地等26个省市重点项目和太湖新城总部经济群等322个区重点项目完成投资615亿元。举办深圳、上海、北京、美国硅谷投资说明会，全年累计新增项目164个，总投资1252亿元，其中开工122个，投产80个。新批境外投资项目17个，亨通海缆项目列入省“一带一路”重点建设项目。

（三）营商环境持续优化

政策环境。制定出台扶持政策推动企业高质量发展。近年来，吴江区相继出台智能工业“155计划”、“1+5”产业扶持政策、“创新生态系统24条”“人才新政15条”，启动实施战略性新兴产业“213工程”、“新地标企业”三年培育计划、“创二代薪火工程”等，分层分类激励企业做强做大，并以产业为基础，对重点行业、重点项目进行资助扶持。例如，吴江区科技领军创业人才及企业能获得100万元—200万元的科研经费资助；入选省级以上的领军人才，最高给予500万元的项目资助。

政务环境。着力构建“亲”“清”新型政商关系，全面提升对企服务。实施“嵌入式监督”，创建“廉心正行”监督品牌；深化“一门式”“一窗式”政务服务模式改革；成功首创政务服务“跨省通办”业务；创新成立“三治”办，全力推进治违、治污、治隐患工作，为企业项目落户腾出发展空间。

市场环境。市场监管部门全面实施“多证合一、一照一码”，开设G60科创走廊九城市“一网通办”综合窗口，开启商事登记新模式；司法部门出台《关于司法服务和保障民营企业健康发展的实施意见》维护民营企业合法权益，2018年区法院共审结涉民营企业合同纠纷4240件；区人才办、人社部门成立“苏州湾引才联盟”、实施“名校优生”等引才工程，多举措优化企业人才供给平台；税务部门推行“创二代”、小微企业优辅政策，全年为企业减税约4亿元。支持企业发展的用工、用地等要素市场正在形成。

金融环境。银行加大实体经济的信贷投放，年末辖内金融机构人民币存款余额2739.99亿元，同期贷款余额2642.48亿元，存贷比高达95%；全年共实现保费收入50.36亿元，同比增长13.7%。2018年，全区上市公司、新三板挂牌企业实现融资169亿元。

法治环境。提出了打造“共建共享、共治善治标杆”的新定位，全面宣贯新修订的《中小企业促进法》，建立“基层+专业”两大巡查体系、“一核四元”联动指挥体系和“1+6+8”全域综合执法体系。启动实施安全生产“百千万”工程，落实红黄牌管理制度，全区安全生产形势平稳向好。法治建设满意度位居苏州大市首位。

二、吴江区民营经济发展中存在的问题

2018年，吴江区民营经济发展取得了一定成效，但也显现了一些不可忽视的问题。

（一）部分产业创新能力不足

2018年，吴江电子资讯业实现产值850.23亿元，同比下降4.6%。电子信息产业缺少自主知识产权的核心技术专利，对国外关键技术的依赖性大。同时，大部分中小企业存在轻资产、有效抵押不足等短板，导致该类企业普遍面临融资难、融资贵难题，创新投入偏低。

（二）亩均效益尚有差距

2018年区工业企业综合评价分类结果公布，发布ABCD等级企业11094户。亩均效益在产业、镇区上差异较大，如吴江经济技术开发区亩均税收达22.5万元，是吴江区平均水平的1.7倍，但仍有个别镇区不足全区平均水平的一半，要素资源有待进一步优化。

（三）新旧动能转换不够快

目前，吴江区正处在新旧动能转换的艰难进程中，虽然产业层次、综合实力在不断提升，但新旧发展动力的转换还不够快，新兴产业各项关键技术还处在探索培育阶段，体量偏小；传统产业要素制约趋紧，增长压力加大，转型升级任务艰巨；先导产业规模与工业园区、吴中区等地差距较大。

三、2019年促进民营经济发展的建议及对策

2019年，构筑发展新优势，推动吴江区民营经济高质量发展走在前列，需重点做好以下几方面工作。

（一）突出政策引领，强化创新驱动，增强民营经济发展内生动力

一要完善相关政策。在增总量、上规模、拓市场、提质效等方面下功夫，进一步修订和完善相关政策，切实解决民营企业发展困难。二要突出创新驱动。以先进

制造业为支撑，以现代服务业为导向，以战略性新兴产业为引领，围绕自主可控推进产业结构调整和空间布局优化，延伸产业链、布局创新链、提升价值链，打造高显示度和具有核心竞争力的创新型产业集群。三要狠抓有效投入。以投入产出比为指标，进一步提升亩均工业增加值和单位能耗工业增加值。全力跟踪服务好签约的大项目、好项目，以项目建设的大推进，保持经济发展的大动力。

（二）突出深度融合，优化产业结构，打造民营经济发展新高地

一是加速经济结构转型推进产业融合。以供给侧结构性改革为主线，加快推进三产融合；以信息技术支撑传统产业转型升级，深化两化融合；以创新、协调、绿色、开放、共享五大发展理念指导推动军民融合，全力构建现代产业体系。二是加快长三角一体化实现全面融合。民营企业要把牢长三角区域一体化发展上升为国家战略的重大历史机遇，立足吴江的资源禀赋和产业基础，抢抓改革系统集成、交通互联互通、产业协同发展、公共服务供给四大优势，推动产业、企业、技术、人才、品牌、资本等集聚协同融合发展，努力把吴江建设成为长三角区域一体化发展的先导区。三是加强金融供给服务促进资本融合。全力激发以新产业、新业态、新模式为核心的新动能，着力提升资本市场服务实体经济和科技创新的能力，引导、鼓励、推动企业增资扩股，借力资本市场，加快主板上市、新三板挂牌进程。

（三）突出联动机制，整合资源配置，打造民营经济发展良好环境

一是稳步实施机构改革。加快构建系统完备、科学规范、运行高效、符合地方实际的机构职能体系。加大各项改革试点的推进力度，精简办事环节，压缩办理时限，提高对企服务水平。二是加快建立联动机制。建立区、镇、村三级联动的纵向机制和府院联动的横向机制。强化政务服务大数据应用，提高行政审批服务效率；有效处置“僵尸企业”，提高破产案件处置效率，促进资源集约利用。三是深化资源要素配置改革。土地资源是制约全区发展的最大瓶颈。一方面要大力推进“三优三保”，持续开展批而未供、供而未用、闲置土地和违法用地的清理整改；另一方面用好用活工业企业综合评价系统，建立以大数据为支撑的激励退出机制。全年力争盘活存量土地8000亩，其中异地盘活不少于4500亩。

（四）突出绿色发展，统筹全局谋划，营造民营经济发展健康生态

一要打造绿色发展生态系统。围绕调整经济结构和能源结构等重点，加快

淘汰低效落后产能，培育壮大环保产业、循环经济，统筹推动生态环境保护和治理，建立健全绿色低碳循环发展的生态经济体系。

二要打好污染防治攻坚战。深入开展“三治”工作，深化“263”“331”“三优三保”、城市有机更新等一系列专项整治行动。提高项目准入门槛，把有限资源用在高质量项目上，为全区广大优秀企业和优质项目的进入打开空间。加快绿色智能装备改造升级，以新方法、新工艺、新技术和新思路，改变大量生产、大量排放的粗放型发展方式。

三要提升对外开放水平。坚持“引进来”和“走出去”并重，引资、引技、引智并举。在深化“一带一路”合作上，注重绿色发展，在改善东道国环境条件的基础上开展各种经济贸易和投资活动；在“引进来”上，更加注重绿色环保科技方面合作，重点推动并集聚一批领军型企业到吴江区设立总部、研发机构和产业基地，形成利用外资新的增长点。

2018年吴中区民营经济发展报告

吴中区工商业联合会

2018年，吴中区认真学习贯彻习近平新时代中国特色社会主义思想和习近平总书记在民营企业座谈会上重要讲话精神，坚持稳中求进总基调，以供给侧结构性改革为主线，统筹优化"一核一轴一带"生产力布局，大力落实"优生态、惠民生、兴产城、善治理"工作目标，不断优化营商环境，民营经济保持健康稳定发展态势。

一、2018年吴中区民营经济发展基本情况

（一）个私企业数量持续增长

2018年，全区新增私营企业12464家，私营企业数量达69981家，主要分布：吴中经济技术开发区21037家、吴中高新技术产业开发区10987家、木渎镇19381家、甪直镇6390家、胥口镇5431家；新增注册资本707.46亿元。2018年，全区新增个体工商户17859户，个体工商户达101985户，新增注册资金34.30亿元。

（二）民营工业产值稳步提升

2018年，全区工业总产值1945.91亿元，同比增长8.00%。其中，民营工业实现工业总产值738.56亿元，占比37.95%，同比增长9.40%。其中，电气机械及器材制造业193.54亿元，同比增长2.70%；通信、计算机及电子设备制造业337.37亿元，同比增长2.90%，仪器仪表及文化办公机械制造业71.55亿元，同比增长27.50%，医药制造业66.07亿元，同比增长11.10%。全区工业销售产值1909.28亿元，同比增长18.60%，其中，民营工业销售产值725.41亿元，同比增长9.10%。

（三）民营投资与贡献不断增强

2018年，全区完成固定资产投资486.49亿元，同比增长9.40%。其中，民营

经济投资383.03亿元，同比增长9.90%。2018年，全区个私经济上交税收92.8亿元，同比增长3.60%。占全口径一般预算收入的33.60%。

二、2018年吴中区促进民营经济发展的主要做法

（一）注重政策落地见效，保持经济稳定发展

狠抓以制造业为主的实体经济发展，出台了机器人与智能制造、招商引资、科技创新等一揽子发展计划，实现规模以上工业总产值1500亿元，新增省级示范智能车间2个、“专精特新”产品2个。机器人与智能制造产业产值占规上工业比重达30%，科沃斯成为国内服务机器人第一股。检验检测、现代物流、信息和工业设计等生产服务业加快发展，1家企业入选省级生产性服务业领军企业。加大企业减税降费力度，全年为企业降低成本37.4亿元；积极落实小微企业税收优惠政策，累计减轻纳税人负担4.66亿元。高效配置调度资金、土地等要素，腾出各类土地指标2942亩。加强金融服务实体经济的力度，新设立金融机构9家，新注册创投基金122家，累计规模超480亿元，市级综合服务平台为区内企业解决融资85亿元，“科贷通”为110家企业解决贷款超10亿元，转贷基金累计向232家企业转贷23.4亿元，中小企业贷款增信基金向99家企业授信9.2亿元，挂牌和上市企业直接融资超200亿元。

（二）注重创新驱动发展，加快新旧动能转换

深入实施创新驱动发展战略，启动“人才新政20条”，落实财政性科技投入6.4亿元、高新技术企业减免企业所得税5.16亿元。创新企业主体不断壮大，新增高新技术企业185家，省级创新型企业3家。创新创业载体加快完善，新增国家级、省级技能大师工作室各1家，省级以上众创空间、孵化器20家。人才队伍扩量提质，引育高技能人才超2000人，新增国家千人计划1人，省双创人才3人，姑苏领军人才14人，姑苏重大创新团队1个，国家创新人才推进计划入选2人。科技研发能力持续提升，新增国家级博士后科研工作站1家，省级博士后创新实践基地4家，省级企业技术中心2家，市级以上工程技术研究中心49家，引进新型研发机构3家。新增产学研合作项目130个，万人发明专利拥有量达41.4件，绿的谐波国家重大科技专项正式启动。吴中区跨境电商产业园加快完成，全年电子商务交易额达395亿元。

（三）注重深化改革开放，持续增强发展活力

深入推进“放管服”改革，全区32个职能部门的258项行政许可事项全部进驻政务服务中心，政务服务“一张网”高效运转，“3550”改革不断推进，不见面审批（服务）事项占比达96.8%。投融资体制改革持续深化，吴中太湖度假区、吴中经济技术开发区、角直镇行政审批局正式启动，58个项目通过用地预审，5单信用承诺制投资项目落地。实施外贸优进优出行动计划，新增市级出口名牌企业3家，建成市级服务贸易创新发展试点园区、公共服务平台3个，获评国家外贸转型升级基地。

三、吴中区民营经济发展过程中存在的问题和困难

（一）企业生产经营成本上升

部分企业用料价格因有色金属、化工原材料等价格上涨而上升。一些企业劳动力成本压力较大，目前，吴中区民营企业一线员工的月薪普遍在4000元左右，一些技术岗位和特殊岗位，工资达6000元至10000元。加之社保、公积金扩面，企业用工成本将每人每月增加近千元。据了解，部分企业近5年员工平均工资翻了一番。还有部分企业出口成本增加，受中美贸易摩擦，关税、税率和汇率变动等因素影响，由于预期不明朗，很多企业存在大订单不敢签、不敢接现象。

（二）融资难、融资贵问题依然突出

虽然国家这几年出台了很多扶持民营企业发展的政策，但是从目前区办民营企业反映的情况来看，融资难、融资贵还是没有得到有效解决。中小微企业，特别是无抵押的小微企业基本上得不到银行的贷款。吴中区民营企业没有可以相互依赖的信保担保平台，也没有互助风险基金等金融工具可以依托。金融对民营企业发展的支持和助力作用没有得到有效体现，服务意识和创新手段也有待加强完善。

（三）高端技术人才和一线熟练员工招收难

当前，吴中区正在大力推进智能制造与机器人产业的发展，但是吴中区乃至大市范围内的智能制造技术人才较为缺乏。民营企业对智能制造技术人才需求日益迫切，技术人才招聘难的问题比较突出，特别是人工智能、机电控制、信息技术等领域的专家、高技术人才和熟练技术工人比较紧缺。

（四）企业发展土地、厂房瓶颈制约明显

当前，民营企业用地难问题越发突出，许多项目因土地问题而被搁置，有的企业已经转移到外地。首先是新入初创及成长型企业由于各板块准入条件提高而无法入驻。其次是吴中区制造业民营企业特别是智能制造民营企业大多有着多年技术和市场积累，有着较强的产品研发实力和市场竞争能力，很多企业进入了成长扩张期，对增资扩厂的土地、厂房需求增加，一时无法得到满足，有的不得不将部分产能外迁。

四、2019年吴中区促进民营经济发展的主要措施

（一）以构筑增量、做优存量为重点，增添实体经济动力

1. 坚持靶向发力，攻项目平台。以供给侧结构性改革为主线，在"巩固、增强、提升、畅通"八字上下功夫，促进经济平稳增长、稳中提质。抢抓长三角区域一体化发展上升为国家战略和上海自贸区扩围机遇，深入研究国家、省、市出台的各项政策，争取更多项目列入省、市重点项目。扩大社会资本投资领域和范围，优化重点项目库，推动民营经济投资比例持续上升。加快各类产业园平台整合、产业布局研究，推进苏州（太湖）软件产业园、中农大（苏州）有机循环研究院、科沃斯机器人产业园等平台建设，进一步增强产业集聚能力。发挥科技镇长团作用，加强产学研对接，积极支持民营企业和大院大所合作共建人工智能研发平台、中试基地、成果转化基地和示范工程，打造一批具有影响力和竞争力的载体平台。

2. 坚持精准发力，助企业主体。落实重点企业、重点项目挂钩联系制度，以精准服务为突破口，当好服务企业的"店小二"。鼓励一批重点龙头企业成为行业标杆，推动一批行业小巨人领军企业提升创新能力，扶持一批潜力型科技中小企业走向"专精特新"。强化金融服务能力，优化转贷基金等金融服务平台，扩大各类产业基金规模，拓宽融资渠道，鼓励金融机构加大对实体经济尤其是科技型中小民营企业的信贷投放。围绕企业上市"211"目标，力争新增2家上市企业、3家新三板挂牌企业，组建科创板企业后备库，支持企业率先在科创板上市。深入实施品牌和标准化战略，强化企业质量、计量等基础管理工作，争创10个省名牌产品、30个市级名牌产品。

3. 坚持协同发力，保发展要素。稳步推进国土资源“加减法”和“三优三保”专项规划，拟新增建设用地指标2000亩，产生空间指标1600亩，促进土地资源高效流动。完善工业用地弹性年期出让制度，创新存量低效工业用地盘活方式，统筹做好“征而未用、供而未用、用而未尽”土地处置，盘活存量建设用地2500亩，以“土地存量”换“发展增量”。坚持“亩产论英雄”导向，落实好工业企业资源集约利用差别化价格政策实施意见，稳步推进企业优胜劣汰。修订东吴高层次人才计划，推进人才乐居工程，举办东吴双创峰会、青年博士进企业等活动，拟新增高层次人才950人，助力企业留才用才。更加注重劳动力供需对接，推动职业类技工院校建设高技能人才公共实训基地，化解企业用工供需矛盾。

（二）以创新转型、调优结构为重点，激发产业发展潜力

1. 聚力打造产业发展升级版。牢牢把握先进制造业高质量发展方向，聚焦自主可控，加快建设协同发展的产业体系。围绕机器人与智能制造、生物医药及大健康产业，加快引进和培育一批示范性强、带动性好、支撑作用明显的重点项目，实现规模以上工业总产值增长5%左右。密切关注经济贸易新动向，帮助企业防范系统风险，稳定进出口贸易。组织企业参加境内外展会，推进吴中跨境电商园建设，拓展企业全球贸易网络，推进出口市场多元化。抢抓国家“一带一路”发展机遇，鼓励支持企业对外投资、境外并购，提高国际化经营水平。促进先进制造业和现代服务业深度融合，大力培育总部经济、研发设计、会展会奖等业态，实现现代物流、信息服务、金融服务等生产性服务业提速提质。优化电商发展环境，创新发展传统商贸。研究制定楼宇产业准入“负面清单”，提档升级楼宇业态。

2. 聚力打造创新驱动升级版。坚持以创新引领高质量发展，深入实施创新驱动发展战略，聚焦项目引领，保障要素供给，优化政策配置，健全以需求为导向、企业为主体的产学研一体化创新机制。积极创建省级智能示范工厂（车间），加快实施100个智能化改造项目，推动高新技术产业产值、企业研发投入占比等核心指标不断增长。加快推进“智慧吴中”、工业互联网发展，促进“云计算”“大数据”与实体经济融合，新增150家“上云”企业，打造企业转型升级的“吴中引擎”。深入实施知识产权强区战略，万人发明专利拥有量增至44件，促进知识产权与创新资源、金融资本、产业发展有效融合。

3. 聚力打造营商环境升级版。做精做细审批、商事、信用服务，构建“亲”“清”新型政商关系。加快落实中央、省、市民营企业座谈会精神，出台推动民营经济高质量发展的扶持意见，清理废除妨碍市场公平竞争的规定。强化“预审+代办”全周期监管，深入推进“3550”改革，增强改革整体联动效应。健全“不见面”审批体系，推进各级各类服务大厅无差别窗口设置，落实“一枚印章管审批”。全面推开“证照分离”改革，推进企业登记全程电子化和简易注销登记改革，提供更加规范、便捷的企业名称登记服务，进一步破解“准入不准营”问题。大力开展降低实体经济成本行动，认真落实国家企业减税降费的一系列政策，加快清理和规范涉企行政性收费。抓住苏州市入选国家首批社会信用体系建设示范城市契机，建设民营企业信用体系。

（三）以依法行政、深化改革为重点，释放政务服务全力

1. 突出依法行政，彰显阳光法治的政府形象。尊重宪法权威，把握新时代法治政府建设要求，坚持法定职责必须为，法无授权不可为，依法用权，依法履职，提高政府法治水平。增强行政复议应诉能力，依法化解行政争议。加强执法队伍建设，推进严格规范公正文明执法。提高政府信息和政务公开水平，保持群众的知情权、参与权、监督权。稳妥推进政府机构改革，严格按照上级指导意见，紧盯改革节点，抓牢改革基础，确保权责清单和“三定”规定有机衔接。

2. 突出勤政为民，彰显务实高效的政府形象。持续推进简政放权，放管结合，优化服务改革，实现政务服务“一网通办”，基层“互联网+政务服务”全覆盖。落实木渎、角直经济发达镇行政管理体制改革，深化镇域综合行政执行体制改革。巩固提升“六个一”基层走访调研活动成效，进一步创新服务方式、延伸服务触角，着力提供更加精准、到位的政府服务。围绕高质量发展开展监测评价，有效发挥考评导向、激励、约束作用。

3. 突出从严治政，彰显清正廉洁的政府形象。坚持旗帜鲜明讲政治，牢牢把握正确的政治方向，加强政府系统党风廉政建设。继续做好中央、省巡视整改“后半篇”文章，严格落实巡视整改专项督查反馈要求，持续推进整改，按时逐项销号。严格执行中央八项规定，落实省市区各项规定，驰而不息纠正“四风问题”新表现，集中整治形式主义、官僚主义。坚持从严管理和激励担当相结合，为担当者担当，让改革者有为。

2018年相城区民营经济发展报告

相城区工商业联合会

民营经济是社会主义市场经济发展的重要成果，是推动社会主义市场经济发展的重要力量，是推进供给侧结构性改革、推动高质量发展、建设现代化经济体系的重要主体，也是全国人民实现“两个一百年”奋斗目标和中华民族伟大复兴中国梦的重要力量。2018年，相城区各类民营经济主体面对错综复杂的宏观经济环境，稳定发展信心、加强企业管理、加快结构调整、激发创新动力，在主体规模、投入和产出等方面均呈现稳中向好的发展态势，为全区经济平稳发展提供了有力支撑。

一、2018年相城区民营经济总体运行情况

改革开放40年来，相城区民营经济从无到有、从小到大、从弱到强，不断发展壮大，已成为相城区经济发展的重要支撑、创新创业的主体力量、吸纳就业的主要渠道和创造社会财富的主要来源，呈现出三个方面的鲜明特点。

（一）民营经济总量稳步增长。2018年民营经济对全区经济做出了巨大的贡献。2018年，区内规上民营企业共540家，年度工业总产值712.53亿元，同比增长3.4%，占规上工业总产值的60.1%；实现总利润30.26亿元，同比增长11.2%。

（二）民营行业分布逐步优化。区内规上民营企业主要分布行业及其占比为：计算机、通信和其他电子设备制造业67家，占比12.4%；电气机械和器材制造业61家，占比11.3%；金属制品业67家，占比12.4%；橡胶和塑料制品业57家，占比10.6%；通用设备制造业55家，占比10.2%；纺织业27家，占比5.0%。

（三）民营企业创新能力持续增强。2018年，紧扣创新兴区主战略，推进企

业技术创新体系建设和升级，不断提升企业自主创新能力增强产业核心竞争优势。民营工业企业中，科阳光电、博能传动等11家企业获评省级企业技术中心，友尼可紧固件、美声电子等12家企业获评市级企业技术中心；新增美的清洁、未来电器等7家省级示范智能车间；新安电器、法泰电器、金宏气体等企业列入省重点技术创新导向计划35项；普发科技、苏品家具获评省级工业设计中心；金宏气体获得江苏省科技小巨人企业称号。

二、2018年促进民营经济发展的主要做法

（一）实施多项举措，加强政策服务。进一步加大民营工业企业服务力度，加强政企互动，着力解决当前民营企业面临的困难。一是建立健全2018年局领导“重点企业、重点项目”挂钩联系制度，确定局领导和相关科室以走访、座谈等形式深入了解中小微企业，帮助协调、解决重点民营工业企业发展、重点项目推进过程中遇到的困难矛盾。二是分类指导优化民营企业服务，切实提升服务实效。建立运营相城区工业企业综合服务平台，该平台包含通知公告、企业风采、产品展示、企业供需、项目申报、咨询建议、信用公示等模块，便于企业及时了解相关政策动态，搭建了民营企业之间、民营企业与政府之间的交流互动平台。运营“相城工信”微信公众号，搭建企业服务掌上信息平台，直接面向企业发布各类项目申报、政策解读等内容。2018年共推送文章280篇，阅读量超过77000次。三是强化政策引导。由于国家停止对外资企业的优惠政策及企业上市要理清股权的需要，民营企业的优惠政策吸引了不少原来由外商占股的企业转全民营企业，如新亚电通有限公司已从港资企业转为内资企业。同时，相城区制定出台了《关于推进相城区转型升级创新发展的若干扶持政策（试行）》《相城区智能制造行动三年提升计划（2018—2020年）》及《关于促进相城区智能制造产业发展的奖励办法（试行）》，加快转型升级步伐。

（二）搭建合作平台，加强融资服务。牢牢把握服务工业经济发展这一基础工作，坚持金融服务实体经济的本质要求，围绕银企对接、融资担保、转贷资金等方面做好工作。一是充分发挥政府职能部门作用，加大银企合作力度，梳理调整区转型升级创新发展若干政策，鼓励企业使用省经信委与江苏再保集团合作推出的“信保贷”产品。二是加强融资担保行业监管工作，积极发挥企业转贷资

金池作用，着力缓解民营企业融资困难，完成转贷9笔，转贷近7600万元。

（三）完善载体建设，加强市场服务。加强民营企业服务载体建设，加快推进小企业创业辅导基地、中小企业公共技术服务等平台建设。一是加强企业间的信息沟通。注重建设政府主导的中小企业公共技术服务平台和创业基地，入驻企业家数分别为高铁新城大数据产业园40家、阳澄湖文创园186家、西交大漕湖科技园110家、汽车零部件产业基地29家。二是不断完善中小企业创业创新支撑体系，做好企业公共服务平台建设等服务工作。推荐苏州市相城区环境监测有限公司、苏州天正技术服务平台等10家平台申报一二星级平台，推荐苏州小样青年社区、西安交通大学苏州科技园等5家平台申报三星级及以上平台。

（四）提升企业家素质，加强人才服务。引导广大民营企业不断提升干事创业的精神境界，大力组织人才培训和搭建人才交流平台，年内组织16批次各级各类企业经营管理人才培训活动，受训人员约1860人次。一是自主组织举办各类人才培训，主要包括协办以“大数据时代的智能制造产业创新综合服务体系建设与应用”为主题的第二期相城大讲堂；举办“经信连千企”推进智能制造（机器人）专题活动，通过经验分享和案例介绍让区内100家企业负责人感受智能化改造的优势；组织2018全球未来产业创新大会，邀请1000家企业参加；组织邀请30家企业参加与隐形冠军企业同行走进相城活动；组织60家企业参加“强富美高”看江苏活动。二是参与省、市经信委组织的各项培训、学习，包括组织相城区15家企业的20位企业经营管理人才参加“苏州市中小企业政策法规宣贯培训班”、参与两个批次的“与隐形冠军同行”参观学习，陪同相城区企业实地走访了吴江和姑苏的隐形冠军企业、组织5家企业参加“区块链技术与应用”讲座；组织企业参加融资担保公司监督管理条例及配套制度解读培训班，邀请2家担保公司参加；邀请2家企业参加2018年苏州市“专精特新”企业创新创业项目路演系列活动；组织5家企业参与全市民营经济座谈会。三是安排企业参与各地各类大型会议，包括组织相城区500家企业参加工业互联网苏州峰会；邀请30家企业参加第十三届中国电子信息技术年会；组织150家企业参观2018中国（昆山）品牌产品进口交易会；组织60家企业参加第十四届中国（南京）国家软件产品和信息服务教育博览会拓宽企业管理经营人才视野；邀请22家企业参加全区民营经济座谈会，进一步了解企业需求、探讨发展思路。

三、相城区民营经济发展过程中出现的问题

（一）经济成本不断上升。复杂的国内外环境使得企业的成本在上升。一是受中美贸易战影响，对美出口的企业成本大大增加；同时，由于在供应链中间环节的企业谈判能力低，相对于供应链下游企业处于弱势地位，利润空间不断被挤压。二是生产要素成本上升，由于环保、社保等原因，导致原材料、人工等费用在升高。

（二）社会因素不断变化。2018年，大部分“90后”踏入社会，第一批“00后”已成年，这两代人的消费观念与上代很不相同。一是面临企业产品被淘汰的风险，部分企业的产品已得不到年轻一代的青睐，企业只有不断更新产品及理念才能生存下去；二是劳动力短缺，“80后”“90后”等劳动力市场的主力军大部分为独生子女，人口的下降导致企业面临招人、用人、留人难的问题。

（三）配套服务有待完善。一是相城区缺乏优质的高等教育和专业的职业教育机构，产学研支撑平台较少，增加了人才引进的难度。二是近年来，相城区出台的支持民营经济发展的政策措施很多，但企业与政府间还存在政策信息不对称现象，各类惠企政策未能及时有效传递到所有有需求的企业。

四、2019年相城区民营经济发展工作计划

2019年，相城区将认真贯彻习近平新时代中国特色社会主义思想，全面落实习近平总书记在民营企业座谈会以及对江苏工作系列重要讲话精神，积极抢抓长三角一体化发展机遇，全力争创枢纽经济发展新优势，加快建设“苏州市域新中心”，推动相城区民营经济高质量发展。重点抓好以下四个方面工作。

一是构筑产业经济新格局。坚定不移做大做强高铁枢纽这一核心资源，不断放大拉动效应，充分发挥在扩大对外开放、促进区域融合、优化产业格局、服务经济发展中的辐射带动作用，构建开放新枢纽、拓展发展新空间。聚焦新经济新产业，推动研发经济、数字经济、互联网经济、人工智能等向高端领域攀升，打造全国领先的大数据、无人驾驶、金融科技、工业互联网、先进材料等五大产业高地。不断强化科技金融产业支撑，发挥科技金融产业园核心带动作用，加快集聚商业银行、金融保险、商业保理、中介服务等金融机构100家以上，打造股权投资基金集聚区、科技金融合作创新示范区、现代金融服务样板区。围绕

民营企业服务需求，协调推进会展经济、总部经济、现代商贸、国际物流等产业发展，推动人才、资金、信息、技术等生产要素高效融通。

二是激活产业转型动能。实行工业企业资源集约利用综合评价分类管理，以差别化的资源价格、信贷支持等推进企业加快转型升级。深入实施智能制造行动计划，实现规上企业智能化改造90%以上。着力构建企业为主导的自主创新体系。全力攻坚自主可控，深入实施企业创新能力提升行动计划，引导民营企业开展新技术、新工艺、新产品、新装备研发及应用，促进企业形成自主知识产权，运用标准化手段提升科技创新能力、转化自主创新成果，促进科技与产业深度融合。优化标准化工作机制，激发市场主体活力，发挥民营企业在标准研制和实施中的主体作用，提升企业核心竞争力。

三是加快产业人才建设工程。大力实施姑苏重点产业紧缺人才、高技能人才计划、人才乐居工程，鼓励企业通过中介机构招才引智，切实降低企业引才用才成本。持续加强高层次人才一站式服务，帮助企业吸引、用好更多高层次人才。坚持国际化、高端化、市场化取向，大力引进国内外科技领军人才、拔尖人才和创新创业团队。确保新增院士团队5个以上、博士后工作站8个以上，新增国家“千人计划”10人以上、省“双创计划”7人以上，全区高层次人才增长30%以上。立足民营经济发展需求，有针对性地引进、培养相关的专业人才，加强紧缺人才队伍建设的支持，引进一批高质量紧缺人才，特别是掌握核心技术、具有持续研发能力的创新领军人才与创新团队，按照高级工及以上人才培养量给予单位奖励。

四是降低企业经营成本。不折不扣落实增值税简并降率、进口关税降税和减免税、提高出口退税率、高新技术企业所得税优惠、研发费用税前加计扣除比例提升、印花税核定征收标准调整等政策。允许符合条件的财政性资金准予作为企业所得税不征税收入。对符合享受税收优惠政策条件的民营企业与其他纳税人一律平等对待，确保小微企业免征增值税、小型微利企业普惠性所得税减免政策落实到位。贯彻落实好国家、省统筹降低社会保险费率相关部署安排。按照国务院“总体上不增加企业负担”的部署，在社保征收机构改革到位前，确保社保费现有征收政策稳定，确保总体上不增加企业负担。掌握民营企业用工现状与需求，精准对接企业用工需求，实现需求信息一点录入、全网推送。

2018年姑苏区民营经济发展报告

姑苏区工商业联合会

2018年，姑苏区坚持以习近平新时代中国特色社会主义思想和党的十九大精神为指导，坚决贯彻苏州市委勇当“两个标杆”、落实“四个突出”、建设“四个名城”的决策部署，统一思想行动，锐意改革创新，始终坚持把稳增长与促转型紧密结合起来，突出龙头企业带动和重点项目拉动，经济增幅创历史新高，全区经济社会发展取得新进步。

一、2018年姑苏区民营经济发展基本情况

2018年，姑苏区积极应对宏观经济形势下行压力，坚定不移推进供给侧结构性改革，经济运行总体平稳，结构调整继续深化，新兴动能不断壮大，全区地区生产总值首次突破700亿元，达到709.35亿元，同比增长6.00%；实现一般公共预算收入62.3亿元，同比增长16.90%，经济增幅创历史新高，位居全市各板块首位。

全区新增市场主体27723户，同比下降1.57%，注册资本531.85亿元，同比下降35.29%。其中新增企业13492户，同比下降13.66%，注册资本571.49亿元，同比下降41.53%；新增个体工商户14231户，同比增长13.49%，注册资本14.36亿元，同比增长12.36%。截至2018年底，姑苏区注册在业市场主体151629家，同比增长13.93%。其中内资企业77777家，同比增长15.78%，注册资本3410.89亿元，同比增长20.38%，其中：有限公司75682家，注册资本3159.71亿元；个人独资企业1336家，出资额3.68亿元；合伙企业247家，出资额231.88亿元；集体企业512家，出资额15.62亿元；个体工商户73852家，同比增长12.03%，资金数额58.12亿元，同比增长17.51%。

二、2018年姑苏区促进民营经济发展的主要做法

（一）优化产业布局规划，抢抓时机加快转型。围绕高端服务经济集聚区建设，聚焦科技创意、特色商贸、文化旅游三大主导产业，优化产业空间布局，突出错位发展。扎实推进5大类37个重点项目，苏州华贸中心列入省重大项目投资计划并启动施工，中广核苏州科技大厦建成启用。精心组织武汉智慧产业招商推介会、杭州酒店投资品鉴会、香港高端服务业说明会等活动，签约项目29个，储备落地华软资本、狗尾草科技、联恩贸易等一批优质产业项目。博信股份正式迁入，实现主板上市企业零的突破，“姑苏天安云谷”产城融合社区一期项目已招商运营，全年新增规模型企业3200家，同比增长11.60%。成立姑苏文化新经济发展中心，完成产业协同生态圈顶层布局，获评全国第二个“国家文化新经济开发标准试验区”，成功举办苏州国际设计周金秋经贸招商系列活动。提升商旅文产业融合度，获评全国第七个“中国商旅文产业发展示范区”，观前商业街获评首批“江苏省老字号集聚街区”。不断放大科技镇长团产学研合作的纽带作用，加强高新技术企业培育，认定高新技术企业26家，实施人才引育“拓源提质”工程，新增省双创人才1人、双创博士1人、省科技企业家3人、市姑苏领军人才2人。

（二）综合服务不断完善，楼宇贡献稳步提升。建成姑苏区楼宇综合信息管理平台，通过对接原有的楼宇直报系统、服务业税收分析系统，综合利用各项数据资源形成楼宇资源一张图，以图表形式清晰直观反映全区楼宇经济发展全貌，同时通过互联网对外展示楼宇信息、扶持政策、招租求租信息及平台活动，对部分有条件的楼宇还进行了平面图招租情况动态展示，拓展了楼宇招商途径，增强了楼宇宣传展示，为楼宇招商引资提供强有力支撑。新建江苏有线苏州传输中心楼宇社区，全区8个楼宇社区全年共为楼宇企业提供了咨询服务508次、培训服务76次、联谊活动42次、招商服务635次，为楼宇企业员工办理党组织关系转接567次，新发展楼宇党员16名。截至2018年末，全区纳入统计的121幢商务楼宇共有商务面积148万平方米，其中空置面积10.71万平方米，楼宇平均入驻率92.77%。所有行业（含房地产开发经营和房屋建筑业）的税收情况：共有纳税企业7136家，完成一般公共财政预算收入16.72亿元，同比增长39.23%，占全区一般公共财政预算收入比重为26.84%；完成全口径税收34.06亿元，同比增长35.08%；单位面

积出税2301.52元/平方米，同比增长31.99%。全区共有“亿元楼宇”（不含房地产开发经营和房屋建筑业的全口径税收）2幢，其中万融国际大厦新晋“亿元楼宇”，国发大厦连续两年保持“亿元楼宇”称号。万达广场、新联大厦税收在9000万元以上，接近亿元。全区税收1000万元以上的楼宇共63幢，比2017年增加了12幢。含房地产开发经营和房屋建筑业全口径税收亿元以上楼宇达到8幢。

（三）做优综合服务平台，打通企业融资难点。姑苏区以做优综合金融服务平台为重点工作目标，扎实推动辖区企业在苏州综合金融服务平台注册和发布融资需求。2018年，姑苏区根据上级要求，积极落实《苏州市金融支持企业自主创新行动计划（2015~2020）》（苏府〔2015〕136号），通过实地走访、组建企业QQ群、微信群等方式，号召辖区企业积极报名，并通过全方位的联络指导，2018年苏州综合金融服务平台中姑苏区新增企业852家，超过了过去3年的总和。目前，姑苏区加入苏州综合金融服务平台的企业数量达到了1654家，2018年共发布1045项需求，其中814项需求得到了解决，累计为企业解决融资需求52.74亿元。其中企业数量较多的类别分别是金融类企业、文化创意类企业、交通运输类企业、批发与零售类企业、科技制造类企业，多元化的产业发展从不同维度推进了全区经济金融的融合发展。

（四）持续推进简政放权，优化区域营商环境。2018年姑苏区持续推进简政放权、放管结合，优化服务改革，创新工作方式，提升服务质量，多举措优化营商环境，激发市场活力。一是大力简政放权，推进登记便利化改革。按照企业登记就近便民、高效优质的原则，严格建立窗口干部带班制度，严格执行限时办结制度，严格执行一次性告知制度，以制度提效率、以制度促优质、以制度强服务。2018年底，将注册登记条线的警示管理、黑名单管理权限下放至基层分局，进一步简化了注册登记流程。从下放运行情况看，新设企业100%在3个工作日内登记办结，事权下放审批前移，有效提高了审批效率，力争让企业少跑路、快办事。同时，大力推进网上名称核准、电子化登记、登记住所改革、不见面审批、企业简易注销、“集群化”登记和“商务秘书公司”托管等工作，创新“一窗受理、集成服务”登记模式，试点个体户经营权变更业务，创新个体工商户App网上注册、企业股权变更远程服务、前台股东身份认证，食品经营注册登记“证照联办”套餐业务等，群众和企业的满意度获得感进一步增强。二是坚持问题导向，切实解决企业合理诉求。积极利用“六个一”走访契机，坚持点面结合、注重“精准”，重点走访骨干企业、重大项目，走进企业，深入车间，详细了解企业发展基本情况，询问企业需要解决的困难。市场主体监管、行政审批、消费维权等相关业务部门尽力支持，帮助解难，鼓励企业做强做优品牌，加快转型升级。2018年11月下旬，组织20多位民营企业家召开民营企业座谈会，倾听民营企业诉求，畅言发展中遇到的问题，记录问题26条，梳理汇总成11类，主要涉及招工用工、证照管理、企业年检、资格认证、注册窗口服务效率等方面。通过这一系列的有效举措，极大改善了区域营商环境，为企业健康发展提供了有力保障。

三、姑苏区民营经济发展过程中存在的问题和困难

（一）科技创新能力不足。近年来，姑苏区紧抓实施创新驱动战略的重大机遇，全力抓好科技创新工作，进一步推进理念、体制、服务创新，促进创新资源有效配置，激发市场创新活力。但同时在提升科技创新能力方面仍存在着一些问题和制约因素，主要表现为：1. 缺乏专业人才。辖区许多科技企业都面临招聘专业人才难、人才流失的双重困境，普遍缺乏行业领军型人才和拥有核心技术的创新型高级研发人才，人才对科技产业的支撑作用有待强化。2. 研发能力有限。企业对技术创新、产品创新等理念和意识亟待提高。科技企业总体缺乏关键的核心技术，高技术研发的产品和创新性收入占比较低，企业的研发机构数量不足。本地大专院校和科研院所对区域内企业科技创新所提供的服务有限。3. 规模偏小。科技企业虽然近年来得到了大力发展，但由于老城区空间有限、产业配套不全等因素，造成不少成熟型科技企业外迁。现有高新技术企业数量和规模偏小，科技产业作为“姑苏区三大重点现代服务业”之一，税收贡献度相对不足。

（二）文旅资源优势还未充分显现。从目前情况看，虽然已设有教育体育和文化旅游委员会，但要真正形成整体合力，统一协调交通、景点、住宿、餐饮等文化旅游资源尚需时日。在市场主体层面，条块分割、互相挤压、自我封闭的现象还较为严重，各种要素尚未充分激活，文旅融合发展的“最后一公里”尚未真正打通。从效益的角度看，如何真正成为“旅游目的地”，如何充分调动社会各界加大对文旅产业投入的积极性，如何整体提升姑苏区文化旅游的经济效益、文化效益和社会效益，等等，仍是需要继续深入研究解决的课题。

四、2019年姑苏区促进民营经济发展的主要措施

2019年姑苏区将聚焦特色化发展，整体提升古城产业能级，深刻领会苏州市委、市政府对经济形势的判断和部署，聚焦特色、聚焦产出，着力提高产业集聚密度和发展能级，加快形成质量高、效率优、创新强、体制活、协调性好的产业体系。

（一）主导产业要错位发展突出特色。坚持发展科技创意、特色商贸、文化旅游三大产业不动摇，组织实施好产业空间布局规划调整，做好产业功能分区、政策优化、载体提升等工作，力争打造3个具有鲜明特色的产业集聚示范区。在科技创意产业上重点支持互联网服务、人工智能、研发设计、技术服务等创新型企业；在特色商贸产业上重点发展老字号、老品牌和时尚新零售、高端商务、电子商务等主流新型业态；文化旅游产业上重点培育文创IP、授权经济、数字文化、全域旅游等新经济模式。加大老旧楼宇改造升级、闲置楼宇启动利用、新建楼宇招商引资的力度，着力提升楼宇经济质效。提档升级桃花坞、69阁、德必等特色园区，招引一流运营团队，打造一批功能齐全、链条完备、特色鲜明的产业载体。

（二）引培企业要集聚资源形成品牌。坚持“追高求新、非大即特”招商导向，重点招引一批具有市场主导权和行业话语权的领军企业。强化专业招商，培养一支懂产业、通政策、善谈判、有情怀的“招商劲旅”，在重大项目上实现持续突破，力争全年引进2家以上总部企业和一批总部性质的企业。加快已落地项目转化见效，推动“姑苏天安云谷”打造高端科技服务业集聚区，支持承兴国际、博信股份在姑苏区深耕布局人工智能等高附加值产业链。加快古城运营管理、传统文化开发、高端创意设计、老字号传承等特色人才引育。持续优化企业服务，大力弘扬企业家精神，强化“一企一策”扶持和“一企一事”会办，搭建税务、融资等平台，提高企业舒心度和抗风险能力，为企业营造良好的发展环境。

（三）特色街区要提档升级引领消费。坚持做大规模与提升质态并重，抓好观前、石路、南门三大商圈的综合提升，优化服务性综合配套设施，积极培育新零售新模式，持续巩固商贸强区的核心地位。以“传统、特色、名品”为目标，通过引入战略投资、推进技术改造、挖掘文化内涵、加强市场营销等方式，加强观

前街业态定位与调整控制，今年要取得突破性进展，尽快实现主街70%店面用于老字号或本地知名品牌，从而将观前街打造为苏州老字号的集聚区和传统文化的展示区、体验区。加快推进华贸中心建设，引领商圈提升消费档次和品质品位，将石路商圈打造成古城未来商贸商务新高地。

（四）文旅品牌要发挥优势打造示范。围绕古今辉映的历史文化名城建设，研究制定《坚定文化自信，加快建设文化强区的实施意见》，积极推进大运河文化带姑苏段建设，深度挖掘古城与现代生活的历史关联，推动文化价值的弘扬与传承。以“创意·四季桃花坞”为主题，每月在桃花坞举办宣传推介活动，推进文化IP活化开发，提升文化资源的市场化转化效能。以提升全域旅游体验感为目标，推动旅游管理条例立法，继续规范整治旅游市场，强化重点环节监管和跨区域执法，斩断非法“一日游”利益链，净化旅游市场环境。深度融合旅游要素，打造一批苏式生活特色街巷，探索“分散式酒店”管理模式，规范民宿行业发展，全面提升文旅品牌附加值和竞争力。

2018年高新区民营经济发展报告

高新区工商业联合会

2018年苏州高新区新增私营（内资）企业4902户，注册资金总额406.75亿元。高新区的大市外内资注册数据在苏州全市范围排名上，累计外地注册、到账都保持在前三位。

一、加强顶层设计谋划，促进产业转型升级

近年来，高新区以科学精准的政策集成优势和协调配套的政策统筹规划，全力打造政策引导支持高地，精准谋划了全区“1+5”产业发展指导意见，相继制定出台了支持工业经济转型升级、加快智能制造发展、鼓励企业上市挂牌、促进金融机构集聚发展、加快发展总部经济、上市三年行动计划、促进楼宇经济发展等20多项支持实体经济发展的政策意见，在加快企业转型升级，促进企业上规模、上档次、上台阶等方面发挥了积极作用，支持龙头型产业项目和高端载体平台落户高新区。全区牢牢抓住先进制造业和现代服务业两大产业支撑点，不断调优区域产业结构，特别是通过大力实施传统产业提升发展和新兴产业倍增发展计划，产业发展水平和能级逐步跃升，为企业上下游配套、资源整合提供了良好的产业生态。鼓励发展前景良好、与我区重点发展产业方向不相符合的企业向苏盐合作园区转移，维德木业、宝馨科技、苏钢已与苏盐合作园区签约。

二、强化金融服务支撑，全面落实服务举措

强化高端金融资源对接，与全国股转系统合作成立全国首家委托服务机构“太湖金谷”、与深圳证券交易所共建“苏南科技金融路演中心”、与上海证券

交易所共建新兴产业培育基地、与中欧国际交易所成立“一带一路”国际合作推进基地，为实现产融高效对接提供了重要支持，累计IPO上市、新三板挂牌企业分别达16家、47家。其中苏南科技金融路演中心已累计开展常态化路演27期，共为53个项目获得超16.23亿元融资。切实推动金融服务实体经济，创新推出总规模20亿元的“高新贷”产品，针对性解决创新型企业融资难、首贷难问题；设立规模25亿元上市企业区级纾困基金，探索帮助胜利精密降低股东股权质押率，并缓解了公司资金流动紧张。高效运作“高新区中小微企业转贷资金池”，累计完成转贷资金业务43笔，累计转贷金额2.32亿元。

三、拓展服务渠道，助力创新创业

苏州高新区以企业为中心，以服务为宗旨，积极应对各种矛盾和困难，整合区域创新资源，建设公共服务平台，以热忱的态度、准确的定位助力区内民营企业成长壮大，以创新的思路、优质的服务不断推进高新区高质量发展。积极探索，开发“政策雷达”平台，使企业与政府之间政策信息对称。加强对“高新区工业经济发展专项扶持资金”的宣传和落实，2018年共兑现资金6120.3万元。有效整合各方资源，共组织各类中小企业主题活动76场次，包括政策解读、专题讲座、研讨会、参观交流、沙龙论坛、人才招聘等形式，服务人数达5000余人。联盟、协会等还组织企业赴深圳、广州开展广汽本田、华为等标杆企业的参观调研活动。2018“创客中国”预选赛暨江苏省创新创业大赛中小企业创新创业大赛决赛在苏州高新区成功举办。大赛历时两个多月，得到了全省各地创客精英们的热烈响应，共吸引了上百高层次人才（团队）携项目报名参赛。参赛项目涵盖新一代信息技术、医疗器械和生物医药、新能源、高端装备制造、软件和集成电路等先进制造业，以及文化创意产业和现代农业等领域。办赛4年来，共吸引310个项目团队参赛，太湖金谷成为全省首家中小企业创新创业基地，营造了浓厚的“双创”氛围。

四、注重人才服务，提升发展后劲

成功举办“2018年浙江大学苏州高新区中小企业管理创新研修班”“2018年上海交通大学苏州高新区‘专精特新’中小企业管理创新研修班”和“浙江大

学智能制造产业人才培训班”。全区近百位企业家参加了培训活动，通过学习，进一步提升了自身素质，拓宽了视野，了解了国际国内最新经济动向，掌握了最前沿的产业发展方向，从而推动企业健康快速发展。

五、鼓励企业创新，聚焦专精特新

加大对新兴产业的扶持和引导，积极发掘一批区内“专精特新”中小企业，全年共有219家企业纳入苏州市“专精特新”企业库。11家企业获评苏州市中小企业“专精特新”百家示范企业。积极申报项目，对上争取资源。2018年成功获评国家级中小企业公共服务平台1家（太湖金谷），获批一、二星级中小企业公共服务平台6家，累计拥有省星级中小企业公共服务平台37家。成功组织企业获批省隐形冠军企业、省专精特新产品、省中小企业数字化智能化改造升级优秀服务商各一家。2018年获批省级工业和信息产业转型升级专项资金近400万元、市级打造先进制造业资金366.49万元，另有75家企业获得中小企业国际市场开拓资金1500.61万元。

六、创新企业服务模式，打造企业服务平台

转变政府职能，积极营造民营经济发展的氛围。加快高新区经济的飞跃式发展，必须进一步解放思想，更新观念，真正把企业摆在重要位置，彻底消除阻碍企业发展的各种思想障碍，推进企业新发展和大发展，为企业发展创造优良的竞争环境。完善“苏州高新区企业提升发展服务平台”，打造“线上一个入口、线下一个窗口”的一体化高效服务模式。区企业服务中心于2018年10月10日揭牌运营，中心按照标准化流程并引入ISO体系认证，集中承接100多个委托服务事项；截至2018年12月，企业服务云平台线上注册用户2000多家，办理信用查询、项目申报等事项3000多件，为民营企业提供了良好的办事环境。

及时了解企业经营情况，既关注重点企业，也在面上整体推进，全面落实习近平总书记在民营企业座谈会以及对江苏工作系列重要讲话精神，积极构建公平竞争的市场环境、“亲”“清”和谐的营商环境、简明有效的政策环境、公平透明的法制环境，为民营经济发展创造更好的环境和更广阔的舞台。

七、下一步工作计划

20多年来，高新区经济发展取得的丰硕成果与高新区良好的发展环境是密不可分的。为进一步扶持民营经济发展，接下来，高新区将加快形成民营企业创新优势，加快形成创新载体集聚优势，加快形成人才引领特色优势，加快形成开放包容创新环境优势，推动先导产业跨越发展，推动传统产业转型发展，推动现代服务业优化发展，持续不断优化营商环境，激发民营经济发展活力和创新活力。

2018年苏州工业园区民营经济发展报告

苏州工业园区工商业联合会

一、园区民营经济发展情况

苏州工业园区（以下简称园区）的民营经济是在园区外资经济高度发达的大背景下发展起来的，因此融合外资经济来发展民营经济是园区经济发展的一条独特路径。近年来，国内经济增速放缓，低成本的人口红利消失，区内外资和国有企业经济规模的占比均出现下滑。虽然同样面对复杂的市场环境，但是民营企业总体上表现更具韧性。

据统计，2018年园区生产总值2570.27亿元，同比增长7.10%。工业总产值为4911.19亿元，同比增长5.80%。截至2018年末，累计注册登记私营企业73395户，累计注册资本7341.18亿元；当年新增注册登记13809户，新增注册资本1325.16亿元。累计注册登记服务业私营企业63656户，累计注册资本6697.76亿元；当年新注册登记12498户，新增注册资本1299.51亿元。由于2018年其他数据尚未公布，以下内容均采用2017年数据。

（一）企业总量分析

截至2017年，园区存量民营企业总量为62726家，占全部企业的比重连续5年提升，达94.05%。但从趋势上来看，企业净增速度下降，全年净增企业9325家，同比减少2835家。

（二）主要经济指标分析

2017年园区民营企业合计实现营业收入3136.79亿元，对全园区营收总量占比从2013年的26.80%上升至2017年的35.77%，民营企业成为经济贡献的主力军，对园区经济的稳定发展起到积极作用。

虽然2017年民营企业营收全年增长10.58%，大幅回落至2015年的水平，但在三大所有制企业中仍然增长最快。

2017年园区民营企业最终实现净利润148亿元，占全部企业净利润总额的22.00%，相比2016年下滑4个百分点。民营企业净利润在全园区的比重小于营业收入的比重，说明经营质量还有待提高。

从盈利的增长率方面来看，园区民营企业2017年净利润增长率从2016年的53.53%大幅下滑至10.16%。

（三）模型分析

我们按照企业的营业收入排名把企业群体分为3个区间：

1. 头部区间，营收规模排序前1000家企业；

2. 中部区间，营收规模排序1001—5000名的企业；

3. 尾部区间，营收规模排序在5001名及以后的所有企业。

在营业收入方面，2017年1000家民营头部企业共实现营业收入2426.52亿元，占到整个民营企业总收入的77.36%。

表1　工业园区民营企业营业收入占比情况

	2015年		2016年		2017年	
区　间	绝对量	占比	绝对量	占比	绝对量	占比
头部企业收入（亿元）	1874.58	82.08%	2309.24	81.40%	2426.52	77.36%
中部企业收入（亿元）	320.79	14.05%	391.22	13.79%	491.73	15.68%
尾部企业收入（亿元）	88.48	3.87%	136.34	4.81%	218.55	6.97%

从盈利能力来看，头部企业净利润总额表现强劲，全年增速高达30.00%，达到191.31亿元，对民营企业净利润总额拉动的贡献占到了129.04%。尾部企业盈利恶化，虽然从营收增长来看尾部企业同比增长了60.00%，但并未带来盈利水平的改善。相反，尾部企业的亏损总额由2016年的12.45亿元增加到2017年的51.71亿元，拖累园区民营企业净利润总额约35个百分点，反映出小企业每况愈下，面对较大的压力。

表2　工业园区民营企业净利润占比情况

	2015年		2016年		2017年	
区　间	绝对量	占比	绝对量	占比	绝对量	占比
头部企业净利润（亿元）	94.49	107.79%	146.53	108.88%	191.31	129.04%

续表

区 间	2015年		2016年		2017年	
	绝对量	占比	绝对量	占比	绝对量	占比
中部企业净利润(亿元)	3.02	3.45%	0.50	0.37%	8.66	5.84%
尾部企业净利润(亿元)	–9.85	—	–12.45	—	–51.72	—

(四)综合盈利水平

下表是三大所有制非金融企业的销售净利率比较,从整体表现来看,民营企业利润率微薄,三年平均水平不到3%。外资企业净利率三年稳定在7%左右。外资的高销售净利率靠的是较高的盈利能力来驱动的,而民营企业整体的盈利情况较差,头部企业表现优秀,且销售净利率在逐年提高,与外资企业相差无几,国企的盈利能力波动率最不稳定。

表3 工业园区民营企业的销售净利率情况

	2015年	2016年	2017年	三年平均
民营企业—全部	2.00%	2.10%	2.96%	2.40%
民营企业—头部企业	5.04%	6.35%	7.88%	6.42%
国有企业	3.89%	1.33%	9.18%	4.73%
外资企业	6.50%	7.12%	7.42%	7.03%

总体上民营经济的整体运行状况还有待提高,但是民营企业中头部的1000家企业的表现是十分优秀的。

(五)税收贡献分析

2017年园区民营企业纳税总额135.9亿元,同比增长30.00%,在过去的3年里民营企业纳税总额占比有显著提升,目前已经占到了接近四分之一。

表4 工业园区民营企业纳税总额分析

类 型	2015年		2016年		2017年	
	绝对量	占比	绝对量	占比	绝对量	占比
民营企业纳税总额(亿元)	90.48	20.70%	104.06	20.05%	135.90	24.63%
国有企业纳税总额(亿元)	58.09	13.29%	62.30	12.01%	51	9.29%
外资企业纳税总额(亿元)	288.91	66.09%	352.48	67.93%	364.60	66.07%

用纳税总额与营业收入的比值来衡量企业的税负情况时,我们发现实际承担的税负在各规模不同的企业中分化较大。

表5　工业园区民营企业纳税总额占营业收入比重

	2015年	2016年	2017年
头部企业：纳税总额/营业收入	3.48%	3.18%	3.91%
中部企业：纳税总额/营业收入	4.35%	4.44%	4.39%
尾部企业：纳税总额/营业收入	12.77%	9.65%	8.85%

从数据我们可以看到，尾部企业的税负虽然是在逐年降低，但是相比头部和中部企业分别高出2—3倍。

（六）劳动力就业贡献

从三大所有制企业来看，2013年园区就业方面主要由外资企业支撑，但是到了2017年民营企业的员工总数占比从38.54%增长至56.66%，已经在就业市场的贡献度上超过了外资企业，成为吸纳就业的主要力量。

表6　工业园区民营企业吸纳就业人员情况

企业类型	2017年员工总数(人)	2013—2017年员工总数变化（人）	2013年员工总数占比	2017年员工总数占比
民营企业	461,748	176,028	38.54%	56.66%
国有企业	39,379	–8,088	6.40%	4.83%
外资企业	313,590	–94,455	55.04%	38.48%

二、行业结构与发展趋势

（一）行业分类标准的重构

我们根据园区各大行业的经济属性，结合行业之间的相关性，将园区18大国民经济行业进行二次合并，成为行业属性相对集中、行业协作相对关联的9大产业集群，在此基础上来分析园区民营经济产业结构发展的基本特征。

表7　工业园区9大产业的合并模型

二次归并行业	17类国民经济行业
商贸业	批发和零售业
	交通运输、仓储和邮政业
科技与信息技术业	科学研究和技术服务业
	信息传输、软件和信息技术服务业
制造业	制造业

续表

二次归并行业	17类国民经济行业
城市建设和公共事业	房地产业
	建筑业
	电力、热力、燃气及水生产和供应业
	水利、环境和公共设施管理业
公共服务业	文化、体育和娱乐业
	卫生和社会工作
	教育
生活服务业	住宿和餐饮业
	居民服务、修理和其他服务业
农业	农、林、牧、渔业
金融业	金融业
租赁与商务服务业	租赁与商务服务业

（二）行业发展趋势分析

从表8数据中我们可以看到，商贸业、制造业、科技与信息技术业、城市建设和公共事业、租赁与商务服务业等5大产业集群营收均超过400亿元，且其占比综合超过民营企业整体规模的95.00%，5大产业集群构成了园区民营经济的基础。

表8　工业园区各行业营收情况分析

产业集群	营收规模（亿元）	营收占比	营收增速
商贸业	833.99	26.59%	16.33%
制造业	625.38	19.94%	12.97%
科技与信息技术业	560.62	17.87%	30.53%
城市建设和公共事业	553.36	17.64%	4.63%
租赁与商务服务业	428.21	13.65%	–11.24%
金融业	80.44	2.56%	6.15%
生活服务业	29.91	0.95%	–7.92%
公共服务业	22.12	0.71%	36.68%
农业	2.77	0.09%	169.81%

从收入结构的演变来看，园区民营经济发展有两个最明显的变化：一是来自商贸业及城市建设和公共事业这两大“旧经济”行业所占的比例从2013年以来逐步下降；二是科技和信息技术行业、租赁与商务服务业占比从2013年的

6.85%和4.16%分别提升至2017年的17.87%和13.65%。数字的一进一退，是园区这些年以来产业转型、新旧经济切换与博弈的缩影。

（三）对经济贡献的变化

从表9可明显地看到，科技与信息技术行业在2017年对整个民营经济收入增量的贡献率高达43.00%，但是在2014年的时候，这个数值只有12.20%。

表9　工业园区各行业2014年与2017年营收增量与贡献率对比

	2014年（亿元）	贡献率	2017年（亿元）	贡献率
科技与信息技术业	37.23	12.20%	131.11	43.70%
商贸业	42.74	14.00%	117.07	39.02%
制造业	60.87	19.94%	71.80	23.93%
城市建设和公共事业	43.06	14.11%	24.48	8.16%
公共服务业	2.20	0.72%	5.94	1.98%
金融业	0.51	0.17%	4.66	1.55%
农　业	–0.34	–0.11%	1.74	0.58%
生活服务业	0.95	0.31%	–2.57	—
租赁与商务服务业	118.07	38.68%	–54.21	—
合　计	305.29		300.02	

三、园区民营经济未来发展思路的建议

（一）园区民营经济的发展特征与总体发展思路

在苏州以及苏南各地的乡镇区域中，普遍存在着一个个规模巨大的、以传统制造业为主的本土民营经济产业群落，比如常熟的纺织业等，张家港的钢铁业，而在园区却并不存在这样的产业群落。与全国民营经济税收贡献超过50%、国内生产总值占比超过60%等指标相比，园区民营经济在整体经济数据中的分量还相对薄弱。造成这种现状的主要原因一是园区原先“一乡四镇”乡镇经济比较薄弱，二是外向型经济长期主导园区发展。因此，园区民营经济要立足于其自身禀赋，在外向型经济基础上有序地实施新兴产业创新工程，通过开放与创新的融合机制来发展新兴的本土主导产业，推动民营经济进一步发展。

（二）提升园区经济发展的治理能力

经济发展治理能力是一个地区的地方政府的核心能力之一。经过25年的发

展，“园区经验”已经成为园区发展的一个软实力品牌，不过我们也要看到园区经验的1.0版主要还是集中在亲商服务方面，亲商服务对园区引进外资、发展外资经济起到了关键作用，这也是新加坡经验在园区落地的一项重要内容。但是，未来在培育本土产业方面，更需要的是体系化的经济发展治理能力，需要在产业规划、推动双创、市场培育、外联拓展、政策引导、数据监测、绩效评估等方面取得，这是需要投入大量知识性劳动才能完成能力培养和积累的工作。

（三）科学规划园区民营经济的产业发展路径

园区经济的一个特征是经济发展动力主要来自于外源，因此规划园区民营经济产业发展可从以下方面着手。

1. 完善外向型经济的衍生经济群落

2017年园区在外资企业的营业总收入中，扣除净利润、人员成本、税收和进口额，剩下的基本上可以看成是外资企业在境内本地的采购费用。这个数据大概是1000亿元左右，也就是说外资经济实际上在境内释放了1000亿元的上游市场，这个额度大概占据2017年园区民营经济总收入的三分之一，这是本土企业发展的重要空间。因此，园区应该梳理外资企业和本土民营企业的协作关系，要把外资企业作为结点，建立以外资企业为中心的衍生经济群落，以此为基础推动民营经济的发展。同时需要通过建立稳定的协作关系，避免外资企业撤离园区时会带来巨大经济伤害和社会影响。

2. 强化发展创新型经济

从2006年开始，园区即开始了促进创新创业、产业升级转型的发展之路，以科技人才创业、科技项目引进为主要原动力的科技创业经济已经成为园区经济版图中的重要组成部分，而科创经济的一个重要特点就是民营化，科创经济也是民营经济的重要组成部分。目前，科创经济主要覆盖了园区“3+2”产业群体，2017年科技经济创造的收入超过700亿元，占民营经济总量的22.00%，净利润达到53亿元，占民营经济总量的30.00%。由于科创经济与国家级的产业发展战略相一致，同时科技行业的高额收益也吸引了大量的社会资本进入，因此对于园区来讲，科创经济是除了外资经济之外的另一个重要的输入型发展原动力。

3. 主攻生产性服务业

首先，园区地处苏南腹地，而苏南又是国内的制造业基地，在产业升级转型、向现代企业过渡的过程中，需要大量的生产性服务业的支持，尤其是融合了先进技术的解决方案。这些都为生产性服务业提供了广阔的市场空间，有可能形成生产性服务业的产业群落，这也是园区民营企业未来的最大机会之一。其次，相比较苏南的其他开发区，园区存在地方性金融高地优势，这也为园区生产性服务业"走出去"打下了良好的基础条件。

4. 精耕先进制造业

园区要对民营制造业进行深入研究和梳理，把代表产业和技术发展方向的企业甄别出来，给予政策上支持。同时，结合"一带一路"的契机，利用园区是国家级境外投资示范平台项目的优势，发展境外园区经济，推动企业走出去，同时进一步发展总部经济，通过外部资源来放大园区现有的经济能力。

5. 生活性和公共服务业

园区应继续鼓励民营企业发展生活性服务业和公共服务业，为吸引高端人才集聚提供保证，为本地居民提供更多就业机会，为产城融合和产业转型升级配套更完善的功能。

乡镇、街道篇

2018年张家港市南丰镇民营经济发展报告

张家港市南丰镇商会

2018年，是全面贯彻党的十九大精神的开局之年。一年来，张家港市南丰镇坚持以习近平新时代中国特色社会主义思想为指引，在张家港市委、市政府和南丰镇党委的正确领导下，全力实施“园区项目建设年”“民生实事深化年”“党建品牌提升年”三大行动，统筹抓好转型升级、创新驱动、生态环保、城乡建设、民生改善等各项工作，全镇社会经济持续健康发展。

一、2018年南丰镇民营经济发展的基本情况

2018年全镇实现地区生产总值143亿元，人均达24.65万元，高于全市平均水平14.0%；完成规上工业总产值490.25亿元，同比增长10.5%；公共财政预算收入15.22亿元，同比增长50.7%；进出口总额19.5亿美元，同比增长16.32%。2018年全镇民营经济发展呈现如下特点。

（一）园区建设深入推进。张家港市静脉科技产业园基础设施项目建设进展有序，区内项目全面启动。东沙物流园LNG综合能源项目完成公司组建，国家长江沿江布点工作协调推进。原东沙化工区关停转型后续工作持续推进，面向智能装备、新材料、汽车零配件等优质产业加快完善规划和招商选资，宝冶PC构件区域总部项目开工建设。冶金产业园区、精密机电产业园区、现代农业园区的发展水平不断提升。

（二）传统产业提档升级。永钢集团“十三五”转型升级示范工程稳步推进，积极实施产能置换，不断调优产业结构，企业利税指标再创历史新高，获评“钢铁行业改革开放40周年功勋企业”，入选国家工信部第二批“绿色工厂”。

金陵体育产业园、博朗能源特种装备项目等重大产业项目加快推进，金陵体育智慧篮球项目、海锅深海采油高端锻件项目竣工投产。持续优化服务效能，帮助企业对上争取各类扶持资金超3000万元。大力实施淘汰落后、“腾笼换凤”工作，腾出低效土地876亩，淘汰落后企业30家。

（三）招才引智卓有成效。获评苏州姑苏领军人才1人、张家港市领军型创业人才项目5个；新增高新技术企业6家、省级研究生工作站8家、省工程技术中心2家；2018年新增发明专利210件，新增授权发明专利50件；市级以上众创空间、市级重点研发计划、工程技术中心、国际合作项目等均完成上级下达指标。发挥东南大学张家港工业技术研究院平台作用，切实推进产学研深度融合。

二、南丰镇民营经济发展中存在的主要问题和矛盾

当前，南丰镇民营经济正朝着健康科学的方向发展，但我们也清醒地认识到南丰镇民营经济发展存在不少问题。一是企业科技含量不高。南丰镇机械加工、传统企业较多，高科技、高附加值以及外向型的企业少，大部分企业缺乏竞争力。二是企业创新能力不够。大部分企业经营者小农经济、小富即安的观念根深蒂固，缺乏创新意识、创新能力，制约了企业的发展。三是规模企业数量不多。高新企业经济规模还不大，企业发展存在不平衡现象，全镇的经济总量主要还是依托永钢集团，规模梯队尚在进一步培育中。

三、2019年南丰镇民营经济发展目标

（一）主要工作目标

实现地区生产总值145亿元，完成公共财政预算收入15亿元，完成进出口总额120亿元，规上工业总产值、工业开票销售收入、固定资产投资等指标均实现稳中有升。

（二）主要工作举措

一是加快项目建设进程。稳步推进东沙产业园开发建设，放大平台优势，强化招商选资。紧抓市静脉科技产业园基础设施项目建设，全力推进光大等入园项目落地开工；继续推进LNG综合能源项目进程，密切配合项目前期筹备工作，协调解决好项目进程中各类难题，推动码头项目尽早落地开工；全面完成原东

沙化工区关停扫尾工作，积极对外招商，高起点高标准建设智能装备产业园，打造“腾笼换凤”典范。跟踪推进永钢集团“十三五”转型升级示范工程，提升企业绿色发展水平，加快推进总投入25亿元的五大生态环境工程，努力打造“花园式工厂”。金陵体育产业园一期加快新项目入驻投产，启动产业园二期工程，打造南丰镇产业发展新亮点。

二是全力服务企业发展。引导企业建立现代管理制度，重视新生代企业家培养、人才引进和技术革新，加快智能制造创新变革，大力推进智能车间、智能工厂建设。支持永钢集团加快智能装备应用，推进自动化和无人化改造。继续关注、支持金陵体育、海锅锻件、创基机械等骨干企业做强做大，加强各级各类扶持政策的宣传和落实，鼓励企业做特做精，在细分领域上打造行业“小巨人”，积极为企业争取更多的资源配置和资金支持。

三是增强科技创新实力。加快构建科技人才创新体系，全力推动人才项目产业化进程，积极做好各级人才项目、企业研发机构及各类专利的申报工作，确保完成2019年科技指标任务。积极发挥众创空间、中试基地、东南大学张家港工业技术研究院等平台的科技支撑和带动作用，持续开展产学研对接活动，帮助企业解决技术难题，促成产学研合作。有序做好科技企业培育工作，辅导企业掌握并运用各类科技政策，不断激发企业的创新活力。

2018年张家港市凤凰镇民营经济发展报告

张家港市凤凰镇商会

2018年，凤凰镇以促进经济高质量发展，建设现代经济体系为目标，积极应对复杂的外部环境，营造良好发展环境，全镇经济保持健康运行。

一、2018年凤凰镇民营经济发展基本情况

2018年全镇完成工业开票销售收入370亿元，同比增长7.60%；销售超亿元企业达56家，完成工业开票销售235.8亿元，同比增长5.30%；完成规模以上工业总产值250亿元，增长2.60%；完成入库税收15亿元，在扣除3.14亿调库因素后，同比增长10.33%。这些增长，是在光伏企业受产业政策，韩系汽配企业受市场低迷以及行业退税政策等影响的情况下取得的，反映出凤凰镇经济发展动能有多点支撑，企业抗风险应对有效，经济整体结构合理，发展潜力和韧劲不断提升。

二、促进镇民营经济发展的主要做法和经验

（一）狠抓项目投入质态。总投资6500万美元的国一制纸三期项目、总投资10亿元的智能制造产业园项目、总投资8000万元的澳洋中药项目相继落地。2018年实现到账外资3584万美元，完成年度任务的102.00%，继续在张家港市乡镇板块保持领先。2018年实施新改扩建工业项目28只，当年完成工业投入6.9亿元，其中新兴产业投资完成6.48亿元，占比达94.00%。总投资15亿元的达丽新材料、富淼膜科技、华程特种材料、思淇特种防护材料、晶樱研发中心、可隆车用新材料等6个超亿元高新产业工业项目顺利推进，2018年底均能完成基建，

2019年将陆续投产。中新鹭山、凤凰春晓、苏州中昂等7个重点服务业项目加快推进，2018年完成服务业投资14亿元，服务业增加值占地区生产总值比重达到41%，比2017年提高1个百分点。

（二）狠抓创新型经济发展。新增姑苏领军人才3名、市领军人才6名；人才企业年开票销售14亿元，同比增长7.70%，入库税金5500万元，同比增长9.00%；全镇销售超千万人才企业达14家，销售和税金位居全市前列。富淼科技、广大特材喜获省重大科技成果转化项目扶持；凤凰科创园连续2年在省科技厅组织的全省省级及以上孵化器绩效评价中获优秀（A类），成功入选全市乡镇首家苏州市留学回国人员创新创业园。2018年新增省级及以上企业研发平台7家，创历年新高。26家企业27个项目申报市先进制造产业专项资金，2家企业申报江苏省工业奖补资金；申报省级智能车间1家（晶樱光电），推介智能诊断服务商2家（卓樱光电、先锋自动化）。企业开展智能化改造的意识大大增强，积极性大幅提升。新增新兴产业企业4家（旭骏机械、凯比制动、锦力标准件、嘉泰超纤），全镇新兴产业企业达43家；申报高新企业7家，全镇高新企业有望超过40家。

（三）狠抓资源整合集约发展。飞翔集中区整治提升方案获苏州市人民政府批准，为打造环境友好、绿色安全的百亿级新材料基地创造了基础性条件。2018年完成减煤7.72万吨，全镇非煤电企业全部实现清洁能源替代。收储龙跃锂能、中鼎化学等近300亩工业用地，关停低效企业24家、区外化工企业6家，“腾笼换凤”土地200亩，为新项目入驻腾出宝贵空间。积极开展2018年度资源集约利用综合评价，完成455家企业信息采集核对以及评价公示任务，“以亩产论英雄”的意识得到进一步强化。

三、凤凰镇民营经济发展中存在的问题和不足

凤凰镇民营经济工作虽然取得了一定成绩，但是也还存在不少问题和困难，有待于下阶段工作中着力破解。一是宏观形势仍然严峻，虽然目前供给侧结构性改革深化、各项指标增速回暖，经济形势稳定向好的主基调不变，但是也要看到基础原材料涨价、人民币汇率波动、中韩关系进入低谷、实体经济仍面临较大困难等不利因素也在集聚，宏观基本面仍不容乐观。二是转型升级还有差距，大项目、新项目对转型升级拉动作用还不明显，科技人才产业化对全镇经济体

量来说支撑作用还不足，中小企业智能化信息化水平还不高。三是服务水平还有待提升，服务理念需要进一步创新，精细化、专业化、个性化服务还不够。特别是镇属企业划到属地化管理后，服务还存在衔接不够紧密、镇村脱节等情况。

四、2019年凤凰镇民营经济发展的目标构想

2019年，经济发展局将对照高质量发展指标体系，紧扣项目落地、产业升级、创新驱动、环境提优等关键环节，进一步创新思路、优化工作，以过硬措施，实现新的突破。

（一）加快信息项目落地。依托专业机构、骨干企业、资本市场，充分发挥对韩招商传统优势，紧盯国内高端产业发展前沿，重点加强智能制造、精密机械、汽车发动机核心部件等“两新一高”产业的引进力度，重点紧盯总投资16亿元的万国数据、总投资2000万美元的换热器、总投入1.5亿元的镁铝合金汽配等信息项目，力争在重大外资项目上有新的突破。

（二）推进在建项目投入。加快总投资15亿元的富森膜科技、达丽新材料、思淇新材料、华程特种材料、可隆车用装饰材料等结转项目进入设备安装、试生产阶段，确保完成投入4.5亿元。全力服务好总投资21.25亿元的兰生智产业园、华程特材二期、国一制纸三期等8项5000万元以上新开工项目，当年完成投资4亿元，确保2018年工业投入不低于8亿元。加快中新鹜山、凤凰春晓、凤凰印象、凤鸣水岸等重点商业房产项目建设，推进凤凰医院、便民服务中心等公共服务项目，服务业投资达15亿元。

（三）提升企业发展质量。集中优势资源，进一步壮大亿元企业俱乐部，力争销售超亿元企业达62家；集中精力做好小巨人企业培育，入选全市小巨人企业培育库不少于5家。以重点支持威亚汽配、晶樱光电、协昌科技、爱森思等创建智能车间为抓手，加快提升高端装备、半导体行业的智能化水平，鼓励企业引进自动化生产设备，加快提升全员劳动生产效率。继续推进富森科技、国龙光伏、广大特材等企业上市，积极引导企业利用好多层次资本市场，全力实现凤凰企业上市零突破。更加注重科技人才与企业需求、产业升级的有效对接，更好提升科技人才创新驱动力。

（四）促进产业提档升级。对照2020年完成飞翔集中区整治提升的目标，统

筹做好区外农户搬迁、区内生产布局调整、安全环保提升、产业提档升级四大任务，做强做优新材料产业。以全市大力发展化合物半导体产业为契机，以企业资源集约利用综合评价、“263”整治、蓝天保卫战等为抓手，以产业领跑、智能制造、绿色发展、质量提升、创新发展等优惠政策落地为推手，把正面引导与反面倒逼有机结合，切实提升企业“以亩产论英雄”“以创新论英雄”的意识和自觉性，为产业提档升级注入强劲动力。

2018年张家港市冶金工业园（锦丰镇）民营经济发展报告

张家港市冶金工业园（锦丰镇）商会

2018年，张家港市冶金工业园（锦丰镇）全面学习贯彻习近平新时代中国特色社会主义思想，坚持稳中求进总基调，坚持新发展理念，坚持以供给侧结构性改革为主线，开拓思路、创新措施，推动工业园（镇）民营经济全面步入高质量发展轨道。

一、2018年度工业园（镇）民营经济运行情况

一是经济发展成色十足。积极应对国内外日益复杂、严峻的经济形势和下行压力，在调结构中稳增长，主要经济指标保持在高位上实现新的增长。2018年实现地区生产总值669亿元，同比增长8.0%；规模以上工业总产值1760亿元，同比增长4.0%；进出口总额48.95亿美元，固定资产投资62.5亿元，实际利用外资5000万美元。沙钢集团的龙头作用更加凸显，完成炼铁3183万吨、炼钢4066万吨、轧材3954万吨，实现销售收入2410亿元、利税330亿元，较上年均有新的提高，连续10年跻身世界企业500强。玖隆物流园的平台作用得到持续发挥，吸引岳林钢管、哥林曼特涂膜等一批实体企业入驻，引入建华集团管桩销售、建材租赁、矿业、物流四大板块，2018年实现开票销售2200亿元，入库税收5亿元。

二是转型步伐升级加快。浦项、沙钢集团、爱丽家居、保丽洁等10家企业完成技改项目备案25只，项目备案总投资达26亿元。沙钢集团等民营企业在高端装备制造、科技研发、环保技改、现代服务业等产业板块竞相发力，累计上马13个重大项目，投资总额超220亿元。沙钢技改综合、信义集团储能锂电池等7个

项目启动建设，沙钢冷轧硅钢、优易机器人电缆制造等6个项目竣工投运。37家低端产能落后企业有序退出，腾退土地307.53亩。鑫茂机械、豪杰包装、奇能电气、力勤机械完成建设方案报建等开工前准备工作。博丰新能源、中电重工、中科景盛3家企业厂房建设已完成。40家民营企业落户医疗器械贸易集聚区。

三是绿色基因厚植厚培。围绕2018年规上工业企业能耗总量控制在1351万吨标煤任务，各民营企业以高度的政治责任感、使命感做好节能减排任务。2018年规上工业企业能耗1470.4万吨标煤。与此同时，加大节能工作力度，沙钢集团总投资11500万元的加热炉汽化冷却、总投资6600万元的焦化干熄焦余热锅炉能效提升等项目已竣工，沙电总投资4499万元的2号锅炉炉内提效升级改造项目已完成技改备案。在2017年拆除浮法3号线基础上，2018年继续推进拆除浮法1号、2号两条生产线窑炉及新型玻璃试验线，累计实现去产能超1000万重量箱，提前完成“十三五”去玻璃产能目标任务。玻璃行业去产能已由江苏省工信厅现场验收确认，并推荐为全省去产能示范项目。东方物资、海盛化工、勤跃化工三家企业悉数关停到位。沙钢、沙印等重点用煤企业，主动采取检修、工艺优化、合理安排生产调度等措施，2018年非电行业煤炭消费量在2016年的基础上削减65.1778万吨。

四是资本运营动作频频。中环海陆、保丽洁、爱得科技、爱丽家居、博云塑业和欣荣博尔特在资本运营方面均有所作为。爱丽家居和博云塑业均已签订上市辅导协议，并被市金融办确认为拟上市企业。爱丽家居已完成股改并取得江苏省证监局同意辅导备案的函，正式进入辅导阶段，相关历史遗留问题正抓紧处理，进展顺利。博云塑业公司上市工作正在有序推进中。积极通过外拓合作伙伴和内强联系的方式，全力破解融资难题，例如，通全球、莱能士、博强等企业参加银企恳谈会，保丽洁、迪威高压、硕亚环保和永志环保等企业参加第四届港城合伙人峰会。

五是科技含量显著增强。各企业主动对接“中国制造2025”和“互联网+”计划，大力发展智能装备和智能产品，加快提升智能制造整体水平，2018年新增使用工业机器人60台、苏州市级示范智能车间1家、省级示范智能车间1家。江苏冶金技术研究院与多家钢企签订技术开发协议，高品质特殊钢冶金与制备国家重点实验室张家港产业中心进入试运行阶段，青柚智慧客厅获评省级众创空间。新增高新技术企业5家、省民营科技企业8家，引进市领军型创新创业人才10位，获批省“双创计划”人才项目1个、省研究生工作站5家，有2家企业进入省科技企业上市培育入库计划。

二、工业园（镇）民营经济发展中存在的主要问题

2018年，从中央到地方相继出台了一系列利好民营经济发展的“政策包”，尤其在11月1日中央民营企业座谈会后，利好消息更是“接二连三”。例如：央行承诺拓宽民营企业融资途径；银保监会拟在新增贷款中大幅提高对民营企业贷款比例；最高法院将继续加大甄别纠正涉产权和企业家合法权益的冤错案件，尽快发布保护产权和企业家权益的第二批典型案例；等等。这些政策在一定程度上让民营企业缓了一口气，助其解决燃眉之急，但是由于政策力度上的问题，始终没有从根本上解决问题。

一是公平竞争落实不足。有关部门发布的“非公经济36条”等政策中，始终强调一视同仁或非歧视的公平待遇。但是由于国企地方政府资源等均优于民营企业，在去产能和环保政策执行过程中，民营企业受到的冲击更大，甚至存在“一刀切”的现象。辖区内的钢铁、印染等企业受到的冲击较大。备案程序烦琐，尽管企业对外投资项目已经改为备案制，但所需报送审核的材料清单并没减少，手续复杂、时间长等问题仍未得到根本解决。

二是减税降费力度不足。支持民营企业和民营经济发展，减税是最值得推行的政策。虽然我国已经连续3年达到万亿元级别的减税降费规模，但是各个地方都有确保税收持续增长的重任，对小微企业实行轻税、免税政策的路很长也比较难，企业的获得感依然不强，特别是在规范用工和加强社会保险费征缴的政策影响下，民营企业普遍担心未来负担加重。

三是资金供给准度不足。长期项目融资利率逼近7%。在缺乏对支持对象准确有效划分的前提下，银行出于风险考虑，比如民营企业普遍缺乏资本金和抵押品，缺乏健全的财务管理体系及内控制度，利润粉饰的动机更强，等等，对民营企业普遍有惜贷心理，政策极易跑偏。

三、2019年工业园（镇）民营经济发展计划

2019年，冶金工业园（锦丰镇）以习近平总书记在民营企业座谈会上的重要讲话为指引，充分发挥“招商引资”集中突破年战略支点作用，做优做细服务，深化机制创新，推动民营经济实现数质“双提升”。主要预期目标：国内生产总值增长7.0%，固定资产投资增长10.0%，进出口总额增长5.5%，利用外资增长10.0%，进一步推动万元GDP能耗下降，不折不扣完成化学需氧量（COD）和二氧化硫（SO_2）排放总量削减率。具体而言做到“三个加快”：

一是加快重点项目建设。主动对接国家产业政策，支持和鼓励沙钢集团全面提升内涵品质，力促在“减量发展”的钢铁大变局中完成华丽“蜕变”。依托江苏冶金技术研究院、国家重点实验室张家港产业中心两大平台，发展冶金新材料产业，引进一批已完成中试的产业化项目。具体而言，总投资85亿元的沙钢集团环保综合技改、总投资4.5亿元的沙钢集团高端线材智能制造、总投资10亿元的爱丽家居绿色环保创新型弹性地板、总投资20亿元的信义玻璃等重点项目将“上马运行”。鑫茂机械、豪杰包装、奇能电气、力勤机械4家企业建成投产。

二是加快新旧动能转换。主动对标“中国制造2025”和“互联网+”计划，以物联网技术、工业机器人等智能装备应用、新一代信息技术与制造技术融合为突破口，加快实施冶金、五金医疗、新型建材三大行业智能化技术改造，每个行业重点培育1—2家标杆企业。创新探索供应链金融新模式，不断拓展供应链板块，促使冶金物流、互联网金融等生产性服务业向专业化、高端化转变。深入实施行业小巨人企业、超5000万元税收企业培育计划。瑞典特殊钢制造基地、美国铝合金车体、德国机器视觉设备等一批项目将有序落地。博云塑业、爱丽家居、欣荣博尔特、保丽洁、中环海陆完成主板上市，浦项不锈钢在香港上市。

三是加快节能减排工作。按时序推进污染减排工程建设，确保全面完成上级下达的二氧化硫、氮氧化物减排任务。沙钢集团废钢资源综合利用、联合铜业水资源综合利用、液化空气后备汽化器蒸汽阀改造等节能及循环经济项目投产运营。各中小企业将更大力度做好挥发性有机物治理，年内完成9家企业的挥发性有机化合物（VOC）治理改造，PM2.5年均浓度同比下降5.0%。

2018年常熟市古里镇民营经济发展报告

常熟市古里镇人民政府

古里镇位于常熟市东郊，东距上海80公里，北距常熟港15公里，南距苏州40公里，距离常熟市区仅5公里，现行政区域由原古里镇、淼泉镇、白茆镇经两次行政区划调整合并而成。城镇面积96.4平方公里，户籍人口6.7万人，常住人口10.7万人，下辖2个办事处、17个村（社区）。全镇工业企业绝大多数为民营企业，总数1741家，目前初步形成“服装针纺、有色金属、医疗器械、建筑装饰、智能制造”并驾齐驱的产业格局。近年来，古里镇紧紧围绕“产业强镇、富民立镇、环境兴镇、文化活镇”四大战略，全镇经济和社会事业发展迅速。

一、古里镇民营经济总体发展稳中有进

2018年，古里镇政府在宏观经济背景趋紧、消费需求不旺的大背景下，把稳定实体经济作为首要任务，着力推进全镇经济在较高平台上稳定发展。2018年，全镇完成地区生产总值110.5亿元，同比增长8.0%；财政总收入15.75亿元、一般公共预算收入8.5亿元，同比分别增长12.8%和17.0%；完成全社会固定资产投资24.3亿元，工业投资11.2亿元，工业技改投资8.7亿元；实现工业总产值301.8亿元和工业开票销售收入337.4亿元，同比分别增长13.8%和10.6%。规模经济持续发挥重要支撑作用，全镇125家规上工业企业实现产值213.9亿元，利税16.4亿元。其中，全镇重点民营企业稳健发展，波司登集团集中势能拉高品牌价值，在古里区域实现开票销售收入96.7亿元、纳税3.46亿元。强盛化工、常铝铝业、金辰针纺等骨干企业积极应对国际国内各种挑战，修内功，强管理，在严峻形势下保持了稳健的发展态势。同时，突出科技引领作用，不断彰显创新驱动的核心作用，深

入实施产业"三区建设"，发挥平台载体创新引领作用，依托古里科创园，引进机器人创新中心、汽车尾气燃烧器等项目，通过产业拓展区医疗器械公共技术服务中心承接5600多批次产品检测服务，新引进医疗器械项目3项。新建苏州市级及以上企业创新载体5家，组织实施产学研项目21项，有力推进了民营经济动能的积极转换。

二、目前古里镇民营经济发展存在的困难

在肯定成绩的同时，我们也要清醒地认识到，全镇民营经济发展仍然存在不少问题和薄弱环节。一是传统产业转型压力较大。针纺、印染、服装等传统企业目前仍属于劳动密集型企业，受到劳动力缺口大、用工成本高、外贸订单转移等诸多不利因素影响，形势不容乐观。二是高新特色企业尚未形成集群效应，增长后劲不足。目前高新企业储备数量偏小，现有企业产值在全镇的占比偏低，新技术、新产品等增长亮点不多，人才科技项目引进培养机制有待进一步完善。三是生态环保、安全生产的标准要求不断提高。抓安全生产和生态环境综合整治，是中央到地方不断督察反馈整改落实的要求，也是维护改革发展稳定大局的要求，减能减排、环境保护任务艰巨，生态保护和修复任重道远，消防、安全生产等领域的风险隐患不容忽视。四是如何突破资源瓶颈成为难点。目前，资源尤其是土地资源相对稀缺，粗放式的经济发展结构难以为继，盘活存量资源难度较大，闲置厂房缺乏配套无法匹配现有招商项目需求，大部分镇村两级集体厂房破旧，亟待翻建，相关资产的盘活和利用仍需政策制度完善。

三、2019年古里镇民营经济发展思路

2019年是中华人民共和国成立70周年，也是决胜全面建成小康社会的关键之年。古里镇将深入贯彻习近平总书记在民营经济座谈会上的讲话精神，紧紧围绕市委、市政府的决策部署，突出创新在转变经济发展方式中的支撑引领作用，不断推动民营经济增强发展内生动力，抓落实、降成本、促发展，聚焦智能化改造，培育高附加值品牌，不断提升企业竞争力，实现民营企业更高质量发展。

（一）加快智能化技术改造，力促民营企业转型发展

要鼓励、引导、奖励企业加大技改力度，修订完善年度产业奖励政策，奖

励总金额计划比2018年有大幅增长，力争2019年完成工业技改投入9亿元。

1. 扶持龙头企业。加快推进投资5000万元的波司登雪中飞智能工厂项目，加快启动建筑面积达2.4万平方米的波司登商学院项目。支持常铝铝业积极应对中美贸易摩擦和“双反”挑战，抢订单、争市场，抓开发、推新品，鼓励企业向汽车零部件、电池新能源、健康医疗等产业方向发展。

2. 支持传统针纺企业开展绿色化、智能化改造，围绕印染行业高质量发展，结合古里实际情况，配合做好印染行业发展专项规划编制工作，有保有压，优化完善印染企业布局；以绅贵服饰、吴坤纺织为样本，支持传统针纺服装企业开展绿色化、智能化改造，大力推进中小企业进行“机器换人”行动，提升工艺，降低成本，夯实巩固古里镇针纺特色产业集群地位，预计全年完成企业智能化改造项目20个以上。

3. 创新企业运营模式，促进一批企业两化深度融合。实施信息化+制造业推动行动，重点支持纺织服装企业应用电子商务、企业资源计划管理等系统，不断促进中小微企业信息化推广应用，实现企业降本增效。

（二）推动存量资源质效提升，力推存量企业“零地增长”

1. 加强规划引领。坚持“多规合一”，对全镇空间形态、产业布局等进行全面规划、系统设计。深化古里产业创新区、淼泉产业提升区、白茆产业拓展区“三区建设”。围绕青墩塘路南产业新区，着力打造区域创新发展新高地。加快推进中心镇西北片区发展，进一步优化完善规划、提升改造基础设施，打造功能提升、宜居生态的新居住空间。

2. 深化“腾笼换凤”。进一步深化镇村两级闲置厂房管理，实现对闲置资源的兼并利用，为中高端产业入驻提供载体。鼓励金辰、雄鹰、飞奥压力3家公司进入“零地增长”试点企业，提高工业用地产出效益；加强对工业用地两级市场交易行为的监督管理，设定门槛，从严把关，严格审核，杜绝和防止低端产业进驻，突出亩均产出，以“亩产论英雄”，逼高土地“含金量”。

3. 淘汰落后产能。强化企业集约利用资源综合评价成果运用，加快实施“退二优二”，坚决淘汰关停低端企业。以“三优三保”“263”“散乱污”“331”等各类整治为抓手，加快推进村级工业用地整优，全年完成村级零星工业用地整优不少于500亩，加快复耕复垦，全年盘活存量复耕复垦土地不少于800亩，

2019—2021年计划复耕复垦1500亩。

（三）提高民营企业科技创新水平，实现创新驱动

要贯彻落实各级人才科技新政，结合古里镇实际进行精准扶持。加强创新要素支撑，充分利用金融资本，成立产业发展引导基金，重点投向支撑全镇经济发展后劲的高新产业，促进科技资本与产业发展深度融合。发挥创新平台作用，以常熟装备制造创新服务平台、江南大学针织技术工程研究中心等为载体，聚焦大院大所，促进院企深度对接，完成产学研合作项目15项以上。突出企业创新主体地位，全年组织申报省高新技术企业10家以上、省工程技术研究中心等苏州市级及以上研发平台3家。打造特色创新平台。推动医疗器械公共技术服务中心、科创园等载体建设，新引进项目2项以上。增强人才综合竞争实力，组织申报各级各类人才计划3项以上，完成精英周落户项目2项以上，新增高层次人才20人以上。

（四）落实服务保障到位，强化主动服务意识

进一步营造支持民营企业、服务实体经济的社会氛围，积极统筹各类生产要素，改善服务质量，减少各类工作干扰，鼓励规模支柱企业和有发展前景的企业负责人全身心地投入经营发展和产品创新上。用足用好市委、市政府关于推动科技创新、促进经济转型升级发展的一系列政策，进一步加强部门协作，在项目审批申报、生产要素调配、人才和科技成果引进、新品研制开发等方面，给予企业重点帮助。高度关注中小微企业生产经营状况，重点解决企业生产经营过程中产生的融资担保、劳资纠纷等突发矛盾，维护区域金融生态环境。同时，要进一步加强安全生产、消防和环保等各方面工作，规范企业经营行为和劳动用工制度，确保企业稳定健康发展。

2018年常熟市海虞镇民营经济发展报告

常熟市海虞镇商会

常熟市海虞镇地处长江之滨，全镇总面积109.97平方公里，户籍人口9.01万人，下辖2个办事处、1个农场、5个社区居委会和17个行政村。先后获得"全国特色小镇""全国重点镇""全国环境优美镇""国家卫生镇""全国发展改革试点小城镇""全国第一批试点示范绿色低碳小城镇""中国苏作红木家具名镇""中国产学研合作创新示范镇""中国美丽乡村建设示范镇"等荣誉称号。近年来，海虞镇围绕"产业优、生态优、配套优、文化优、服务优"特色内涵，坚持以高质量发展为导向，积极践行五大发展理念，经济社会持续健康发展。

一、2018年海虞镇民营经济发展基本情况

2018年是贯彻落实党的十九大精神的开局之年，海虞镇积极适应经济发展新常态，认真落实高质量发展总要求，紧紧围绕建设"大美海虞 无忧小镇"目标，齐心协力，开拓奋进，民营经济发展呈现稳中有进、稳中提质、稳中向好的良好态势。

（一）发展质态不断提升

全年实现地区生产总值104.6亿元，同比增长6.4%；财政总收入25.8亿元，同比增长10.4%；一般公共预算收入11.5亿元，同比增长15.5%；工业开票销售收入311.3亿元，同比增长18.4%；实现规模以上工业总产值223.2亿元，同比增长5.5%；高新技术产业产值78.5亿元，同比增长7.2%；新兴产业产值125.5亿元，同比增长11.0%；工业技改投资11.2亿元，同比增长33.4%，占工业投资比重的67.9%；全社会研发经费支出占地区生产总值比重3.5%，企业研发经费投入占主营业务比重1.5%。社会消费品零售总额59亿元，同比增长6.7%；进出口总额

15.4亿元，同比增长11.0%。

（二）发展动能加快转变

鼓励企业加快转型升级，全镇净增高新技术企业7家，4家企业获认定进入省高新技术企业培育库，小微企业进入规模企业8家，新增工业机器人50台（套）。常吉化工成功申报省级工程技术研究中心，华益科技被认定为苏州市“两化融合”示范企业，三爱富中昊等4家企业获评2018年市级智能制造示范企业，华益科技无菌真空瓶项目成功申报市级“专精特新”产品。通润装备“零地增长”项目正式开工，盘活土地资源10亩，新建2万平方米生产车间。完成智澜服装针织智能共享平台建设签约启动工作。人才集聚效应持续增强，全年新增硕士（副高）以上高层次人才29名，高级技师5名，技师8名。成功举办2018年常熟精英周生物医药和高端医疗器械项目对接专场，完成签约项目3个。突出产学研协同创新，全年新增产学研项目15个。

（三）发展后劲持续增强

全年完成全社会固定资产投资32.2亿元，增长47.8%。引进南天内饰件、华东氟化工交易中心等10个新签约项目。按照智能制造的产业定位，重新规划城市综合物流园和绿色再制造产业园，积极对接中新集团，聘请毕马威、济邦等专业机构探索联合开发新模式。进一步提升海虞电子商务产业园综合服务软实力，新增项目20个，入驻企业达162家，获得“江苏省乡镇电子商务特色产业园”“江苏省巾帼电商示范园”等荣誉。积极打造金融载体平台，“基金一条街”“金融商业街”正在规划建设中。获批设立苏虞海创生物医药及新材料产业基金，首期规模2.05亿元，长祥二期、苏虞海创一期累计完成项目投资10个。

二、海虞镇民营经济发展过程中存在的主要问题

2018年，海虞镇民营经济延续了向好发展态势，发展动能十足，但同当前高质量发展要求相比还存在不少问题和短板：一是因长江生态环境保护，新材料产业园沿江地带发展受限；二是受宏观政策影响，主导产业之一的化工新材料类项目准入受阻，新项目审批困难、落地时间较长，企业又面临环保管控、节能减排等压力，产能释放明显受到制约；三是全镇民营企业总体上创新意识不强，核心技术匮乏，科技孵化平台和创新型人才不足，特别是传统产业人力资源成

本高、效益低等特点，使得产业转型升级压力较大，综合竞争力不够；四是绿色发展观不够强，土地利用率低，能源消耗率高，土地集约水平、亩均产值、亩均效益偏低；五是商贸流通业发展质态不优，房地产行业趋弱，居民消费能力有限，服务业有待提升；六是全社会投资结构不优，工业投资尤其是技改投资不足，影响经济发展后劲；另外经济、金融、财税、人社等有关政策层面影响投资信心等。

三、2019年海虞镇民营经济发展的总体思路

2019年是中华人民共和国成立70周年，也是决胜全面建成小康社会的关键之年。民营经济是全镇实现高质量发展、打造精致特色新城镇的重要支撑。海虞镇始终把发展民营经济作为打造“大美海虞 无忧小镇”的重要抓手，聚力创新促发展，聚集资源解难题，聚齐合力精管理，推动经济社会发展迈上新台阶。

（一）深耕细作特色产业

完善产业规划布局定位，推动“一城三园”特色产业载体建设，构建含氟新材料、生物医药、智能制造、商贸物流、创意设计、健康休闲“1+5”特色产业体系。继续发挥全球氟产业链最长、聚集度最高的氟材料专业园区领先优势，重点发展以含氟高分子材料、含氟精细化学品为主的新材料和节能环保等主导产业。发挥苏州生物医药产业园产业合作优势，积极引进生物医药、高端医疗器械等新兴产业。推进与中新集团的深度合作，以智能化产业为导向，以汽车零部件、高端装备制造、数控机床和机器人等主导产业为依托高标准建设智能制造产业园。继续引导企业积极融入互联网平台，推动纺织服装、红木产业增强创意设计能力，着力推动传统产业转型升级。继续推动电子商务产业园发展，做优做强以家居服供应链为优势的特色电商产业集群。

（二）扩增量积蓄发展动能

融入全市招商体系，完善项目评价“选商”机制，突出项目质效、产出贡献等项目门槛，守牢安全环保风险底线。设立镇重点产业投资促进中心，鼓励新旧动能转换，延伸产业链条，重点引入基地型、支撑型、创新型、生态型高质量项目。突出企业创新主体，鼓励科研技改，突破技术壁垒，形成知识产权优势，构筑核心竞争力。鼓励企业参与产学研合作和研发机构建设，形成招才引智集

聚效应，积蓄创新发展动能。深化“众创魔方”、生物医药智慧谷和新材料产业园创新服务平台三大“双创”载体战略布局，培育资源共享平台和创新发展生态圈，创新驱动高新技术产业发展。强化实施企业走访，宣传“机器换人”、两化融合等相关扶持政策。引导企业融入“互联网+”战略，推动红木产业、纺织服装向时尚创意产业发展，启动苏作红木产业园建设，促进传统产业转型升级。

（三）优存量提升经济密度

深化企业综合效益分类评价制度，建立绩效管理信息系统，推进企业分类综合评估，落实用电、用水、用气等差别化配置措施，逐步退出落后过剩产业，推动低效企业加速转型，促进资源要素向高产出高收益、高技术高成长性企业集聚。鼓励现有企业“零地增长”，力争全年工业用地亩均税收提增10%。结合供给侧结构性改革、“263”“散乱污”专项整治，倒逼淘汰落后产能，淘汰高耗高污和高风险企业及其生产工艺设备。强化“亩均效益论英雄”思维，加快盘活闲置土地厂房。完善低端低效村级工业用地处置退出机制，持续整合优化资源配置。制定推进产业振兴实现高质量发展工作意见，在招商引资、产业投资、科技人才等方面给予支持和奖励，夯实经济发展基础。持续推进“海虞金融街”“惠融商业街”建设，集聚银行证券、保险、创投基金等金融服务资源。强化商会服务功能，搭建企业家交流平台，筹建亿元企业家俱乐部。坚持落实领导联系企业制度，提供“店小二”式服务，帮助企业解决项目建设、安全、环保等领域存在的困难和问题。

2018年太仓市璜泾镇民营经济发展报告

太仓市璜泾镇商会

踏着改革开放的鼓点，太仓市璜泾镇以敢闯敢干的勇气和自我革新的担当，从偏隅一角的落后小镇一举跃升为太仓乃至苏州著名的民营企业重镇，赢得了“中国加弹第一镇”的盛誉，书写了民富镇强的绚丽篇章。

2018年，璜泾镇紧紧围绕太仓市委、市政府工作中心，依托优势资源，创新发展思路，加快推动产业结构调整和企业转型升级，有力促进民营企业发展提升到一个新的境界。2018年全镇民营工业总产值205.7亿元，占全镇工业的95.8%。实现主营业务收入202.2亿元，占全镇工业的94.6%，完成利税总额4.1亿元，占全镇工业的87.0%，完成利润总额1.48亿元，占全镇工业的73.0%。2018年全镇民营经济发展态势继续向好，特别是在传统产业——加弹行业变化无常的情况下，新注册私营企业和个体工商户分别为261户和1048户，新登记注册资本总额19.62亿元，同比增长2.6%，净增注册资本20.27亿元，同比增长31.5%，持续领跑太仓民营经济发展“第一方阵”。

一、2018年璜泾镇民营经济发展的特点

（一）打响“化纤加弹”品牌。自21世纪初至今，化纤加弹是璜泾镇民营企业不可替代的支柱产业。璜泾镇化纤加弹的产量一度占全国的20%，璜泾镇因此被中国纺织工业协会、中国化纤工业协会确定为纺织产业集群试验基地，被命名为“中国化纤加弹名镇”。2018年化纤加弹在传统模式困难重重的情况下逆境重生，成功推广PBT加工新化纤产品。PBT的产生促使化纤加弹企业扩大了市场，全镇参与企业约400台（套），给棉纺行业增添了一个不可多得的新产品。随着应用

领域的不断扩展，PBT的包芯纱将更上一层楼，为璜泾镇化纤加弹再创辉煌打下坚实的基础。

（二）提升支柱产业能级。2017年6月组建的民营企业创新发展联盟，迄今已集结40多家行业领军型、科技领军型企业，有效推动科研合作、创新资源、行业要素集聚以及加快科技成果转化，从而提升了实体经济质效。与此同时，加弹企业是高能耗的企业，财税产出比例不高。2018年璜泾镇开展了集约利用工作。第一阶段宗地数据采集调查，对照宗地清单信息进行摸排，回收了“工业宗用地调查信息表”302份；第二阶段通过发放工信局数据导出的“工业企业资源集约利用性情况体检表”，发放体检企业407家，回收401家；第三阶段进行评价分类，全镇有A类企业38家，B类企业158家，C类企业211家，D类企业20家，对照工信局要求对此评价结果已公告发布，后续工作正在加紧推进。

（三）淘汰行业落后产能。通过稳步推进改革步伐，以科技、节能、环保、生态为导向，“破”“立”结合，努力实现企业转型升级。2017年和2018年已经分别关停相关企业9家和8家，共计17家。2018年分别组织申久化纤、荣文合成纤维，华伦皮塑等企业申报“迈向中高端”专项资金项目，以引领化纤加弹名镇以崭新的面貌迈入健康、持续的发展之路。

（四）加快“民企重镇”发展。璜泾镇“1123”重点企业发展迅速。2018年璜泾镇共有6家民营企业纳入太仓“1123”行动计划。申久化纤在2018年投入11500万元开发资金，企业研发人员占员工总数的11%，截至2018年底，共有授权自主发明专利23件。荣文库柏2018年投入研发费用1550万元，研发新型LED照明灯具，销售收入37451万元，荣获江苏省工程技术中心“苏州市信用管理示范企业”称号。苏州惠林节能材料2018年研发投入190万元，研发人员占比30%，成立江苏省研究生工作站，公司拥有发明专利8项、实用新型专利12项，产品符合绿色建筑要求，销售网点遍布全国20多个省份，获得了苏州市工程技术中心“热回收技术国内领先”的荣誉。瑞高新材料2018年研发投入1075万元，研发人员占比16%。企业生产TPO革属于国内首创，2018年销售总额1.4亿元，同比增长37%。天丝利塑化2018年研发投入686万元，研发人员占比20%，拥有发明专利5项、实用新型专利3项，审核中发明专利13项，2018年销售10523万元，利税879万元。

二、2019年璜泾镇民营经济发展目标和措施

2019年是中华人民共和国成立70周年，也是决胜全面建成小康社会的关键之年。习近平总书记关于民营企业和民营企业家的系列讲话精神，极大地激发了广大企业家的创业热情和干劲，也成为进一步推进民营经济发展的澎湃动力。璜泾镇要抓住太仓高质量建设“两地两城”的新机遇，争当富裕宜居的“生力军”，继续弘扬敢为人先的改革精神，大胆探索，勇于开拓，创造新的发展奇迹。

（一）实施创新驱动发展战略。以化纤加弹业为重要抓手，为企业发展提供优质外部环境。通过抱团发展、技术革新、产业延伸、品牌打造等一系列创新转型举措，推动传统产业向着规模化、集约化、高端化和精细化的发展目标迈进。借助璜泾镇临沪位置、港口区域、企业集群等优势，以科技为引领，加快“民企重镇”转型步伐。要充分利用政企对接、银企合作、法企合作、校企合作、企企合作五个平台，不断增强企业发展的可持续能力。要继续大力培育化纤加弹产业集群，积极引导企业通过上下游配套拉长产业链，完成由“一根加弹丝”向“纤维新材料”的华丽嬗变，并努力实施“优化提升发展载体”“推动科技创新”等新举措，带领全镇加弹业实现新的突破。

（二）提升民营经济发展品质。开发新产品是企业转型升级的一个重要途径，也是企业高质量发展的保证。2019年要在璜泾加弹名镇的基础上继续扩大新型开发，不断扩大市场的同时继续做好产业链的延伸工作。继续做好喷水织机企业的污水清理工作，真正做到绿色环保、健康可持续发展。深入引导传统骨干企业做好功能性纤维开发工作，引导支持小微企业深耕细分市场，打造具有璜泾产业特色的“行业巨人”和“隐形冠军”。认真做好申久化纤、荣文合成纤维的生产技术改造。组织金舟利纺织、银鹿服饰、双宏化纤等17家企业加入国家中小企业生产经营运行监测平台。组织太仓荣文合成纤维有限公司申报苏州名牌，组织大田铭博包装容器申报市级企业技术中心。

（三）提升现代企业管理水平。组织一批骨干企业参加苏州工业设计中心培训，培育一批市级以上“专精特新”企业、科技小巨人企业。以发展高端环节提升产业层次，建议一批智能制造示范车间，树立智能制造标杆提升发展，增强民营经济发展实力。加快传统产业优化升级，引导企业迈向价值链的中高端。利用镇新联会等载体，继续举办“高校行”“校企项目技术对接会”“管理能力提

升班”“主题沙龙”等系列活动，让更多民营企业家和新的社会阶层人士参与到共享发展中来，携手共建璜泾美好未来。

（四）助力行业发展提供保障。商会工作坚持以打造“政府的助手、企业的帮手、行业的推手”为目标，以“引导产业发展、提升行业品牌、推动企业升级”为重点，以创建全国“四好”商会活动为抓手，进一步做好商会工作，提升服务水平，为全镇经济持续健康发展献计出力。要强化政治引领，实现党建促会建的发展目标，同时要创新服务平台，拓展商会管理服务功能。丰富商会活动，不断提高商会服务水平，始终牢记“政治建会、团结立会、服务兴会、改革强会”的初心，努力实现“携手给力，凝聚璜商正能量；强化服务，成就会员新梦想”。

“点丝成金”造就民富镇强的“黄金效益”。在中国特色社会主义进入新时代下，“加弹名镇”璜泾镇将蓄势待发，全力为企业再“加弹”再发力，璜泾镇将以民营经济发展的高质量与新成就，为太仓高质量建设“两地两城”添砖加瓦。

2018年太仓市双凤镇民营经济发展报告

太仓市双凤镇商会

太仓市双凤镇坚持新发展理念，深入学习贯彻习近平新时代中国特色社会主义思想和党的十九大精神，围绕太仓“两地两城”战略目标，坚持推动高质量发展，坚持以供给侧结构性改革为主线，坚持“稳增长、优结构，促新兴、提传统，抓项目、强动力”的主基调，注重发展汽车部件、新材料等特色产业，大力扶持民营企业发展，双凤镇民营经济实现了平稳健康发展。

2018年，双凤镇民营经济累计实现工业总产值92.87亿元，同比增长81.3%，其中规模以上民营企业产值68.27亿元。新增个私注册资本15.69亿元，净增个私注册资本18.42亿元。民营企业万人发明专利约50件，民营高新技术企业36家。

一、双凤镇民营经济发展特点

（一）优化产业空间布局。双凤镇结合独特区位优势，近年来民营经济得到快速发展，从21世纪初开始，双凤镇民营经济发展呈现爆发式增长，特别是从温州工业园建设开始，大量吸引温州民营企业落户双凤镇。与此同时，随着集体经济的转制，双凤镇涌现出大量本土民营企业。通过相互学习、借鉴及十多年的发展，双凤镇民营企业由小到大，由弱变强。这几年，随着太仓接轨上海的步伐加快，不少原来在上海的民营企业落户太仓，双凤镇民营经济有了“新的血液”，如今双凤镇民营经济由本土民营企业、浙江民营企业、上海转移产业民营企业三部分组成。双凤镇民营经济比重占双凤镇工业经济的81.3%，成为双凤镇经济发展的绝对主力。与此同时，双凤镇民营经济的产业集聚度不断增强，通过三优三保、土地流转和供给侧改革，双凤镇逐渐把民营企业从区外集聚到区内，目前双凤镇民营企业，特别是规模型民营企业基本集中在新湖、黄桥两大工业区内，而区外的民营企业逐渐减少，且以小规模的民营企业为主。

（二）民营经济特色优势彰显。通过多年的发展，双凤镇民营经济产业特色集聚度和优势彰显，目前主要集中在汽车部件和新材料产业。特别是最近几年双凤镇利用上海汽配产业的溢出效应，并作为高新区汽配产业的配套区，引进了一大批汽配民营企业。这些企业通过技术改造和信息化建设实现转型升级，推动了企业从粗加工到精加工，从单一零部件到总成化、系统化和模块化发展的转变。一大批成长性很强的企业，如宏马科技、众铄汽配、辉泰汽配等，撑起了双凤镇汽车零部件产业集群。双凤镇民营企业的另一个特色是新材料产业。双凤镇的新材料产业园新材料种类较多，特别是聚集了一系列的特种新材料民营企业，主要有汽车、高铁相关新材料，包装材料，胶粘制品，等等，比如优珀斯新材料、希普拉斯新材料、联畅特种纤维、健能新材料等。除了汽车部件、新材料两大特色产业外，双凤镇还有精密机械产业、休闲食品产业等产业，像食品产业的口水娃、飞凤食品等，但是这些产业企业数量较少，没有像汽配及新材料形成集聚规模。

（三）民营企业转型创新加速。近两年，双凤镇民营企业积极转型升级，越来越多的双凤镇企业通过工业技术改造，开启“机器换人”时代，富尔达、宏马科技等民营企业纷纷进行“机器换人”。在当前的经济形势下，面对激烈的市场竞争，技术改造、“机器换人”已成为不少企业转型升级、实现绿色化生产的法宝。此外，企业通过发展绿色制造，强化产品全生命周期绿色管理，以减量化、再利用、资源化为重点，构建了高效、清洁、低碳、循环、安全的绿色制造体系。兑现转型升级奖励资金，高新技术企业、规上企业研发经费投入中大多数为民营企业，各大民营企业积极建设研发机构，建有率位列全市乡镇板块前列。申请发明专利364件，拥有有效发明专利301件。东南佳获省成果转化项目立项，宝马油脂、东南佳获“省贯标优秀企业”称号。加快转型升级，申报智能车间1家，省名牌1个，苏州市名牌3个，起草行业标准1个。加大载体建设，双凤镇民营企业积极推动搭建产学研合作平台，新增产学研联合体3家、产学研协议15项，积极牵线胡建江、马芳武、李若欣博士等专家教授团队。

（四）双凤镇民营企业积极对接德资企业。太仓集聚了300多家德资企业，被工信部授予全国唯一的中德（太仓）中小企业合作示范区。利用这一优势，太仓推动民营企业与德资企业开展多方面合作，促进中德企业围绕先进制造模式在太深度对接。双凤镇的民营企业也与德资企业开展了广泛合作。宝马油脂设备有限公司与德国西门子合作开发油脂智能设备系统；苏州圣雷动力机械有限公司连续十年以德国作为主要出口国，并在德国建立产品售后服务组织；苏州东南碳制品有限公司、太仓正信干燥设备科技有限公司、苏州市富尔达科技股份有限公司等民营企业高层参与由国家工信部组织的赴德国学习考察培训班……双凤镇一些民营企业积极学习德资企业经验，发扬工匠精神，积极打造行业“隐形冠军”，比如宝骅密封成为核密封产业的领头羊、东南碳制品成为碳制品行业的领头羊、富尔达成为闭门器行业的领头羊。

二、对双凤镇民营经济发展的思考

虽然近年来双凤镇经济发展迅速，民营经济发展呈现出自身特点，但同时也面临不少困难。比如，双凤镇民营企业以中小型民营企业为主，体量小，没有龙头企业，抗风险能力不强；产学研紧密度不高，缺乏科技人才，研发能力不强；工业区内的企业不多，分布杂乱，政府配套设施不完善，特别是在集宿区、集体宿舍、廉租房等方面的缺失是近几年来民营企业反映比较突出的问题。面对困难，双凤镇将争创新优势，谋求新发展，为高质量建设“两地两城”积极贡献双凤镇民营企业的力量。

（一）增强民营经济发展动力。创新决定企业发展速度、效能、可持续性，加大高新企业培育力度，培育更多民营企业进入高新技术企业行列，制定积极的政策，鼓励民营企业加大研发投入，建立自身的研发机构，与高校院所开展产学研合作，努力在引才育才、新品研发、基础设施、产业导向等方面取得新进展。大力培育科技型民营企业，做好专利挖掘与保护，提升民营企业核心竞争力，特别是加大民营科技人才项目引进力度，培养一批专注于产品技术研发、质量提升、工艺改进的工匠型人才，聚智聚力推进民营经济加快创新转型；切实推进供给侧改革，淘汰一批污染严重、能耗高的传统型民营小企业，鼓励有能力的民营企业进行技术改造，进行转型升级，培育更多科技型民营企业；建成一批苏州市级以上智能制造示范车间，树立智能制造示范标杆，培育一批市级以上“专精特新”企业、科技小巨人企业。

（二）增强民营经济发展实力。双凤镇将巩固和厚植民营经济原有优势，找出民营经济发展的短板，在补齐短板上下功夫，帮助更多企业获得国家和省政策扶持，用好工业经济发展向中高端迈进等政策，扎实推进应急转贷和融资担保，为成长型民营企业发展缓解燃眉之急；挖掘民营经济发展潜力，继续鼓励民营企业做大做强，优化提升民营经济产业布局，引导更多区外民营企业向区内转移集中；组织开展民营企业基层管理者业务能力培训班，帮助民营企业管理者提升和成长；开展各类高级管理人才培训，积极推进民营企业管理创新，不断提升民营企业管理人员素质和能力。通过这一系列举措力争发展更多规上民营企业，引进更多民营汽车零部件企业，为初步形成以汽车核心零部件为特色产业集群的“汽车零部件小镇”贡献民营企业的力量。

（三）增强民营经济发展活力。实践告诉我们，要发展壮大，必须主动顺应经济全球化潮流，坚持对外开放，充分运用人类社会创造的先进科学技术成果和先进管理经验。把握长三角一体化发展机遇，持续做好“融入上海”和“对德合作”两篇文章；组织更多的民营企业家赴德国参加“太仓日”活动，促进太仓民营企业与德资企业融合发展；加强民营企业与上海科研院所的合作交流，对接上海汽配、新材料企业，吸引更多优质民营企业落户双凤镇，形成更加完善的上下游产业链；双凤镇还将大力发展跨境电商等新业态，推进加工贸易类的民营企业转型升级，鼓励更多民营企业“走出去”。

2018年昆山市锦溪镇民营经济发展报告

昆山市锦溪镇商会

党的十九大报告指出，“要支持民营企业发展，激发各类市场主体活力，要努力实现更高质量、更有效率、更加公平、更可持续的发展”。民营企业用近40%的资源，缴纳了50%以上的税收，创造了我国60%以上的国内生产总值，贡献了70%以上的技术创新和新产品开发，提供了80%以上的就业岗位，发展成为社会主义市场经济的重要组成部分和我国经济社会发展的重要基础。

一、锦溪镇概况

锦溪镇位于昆山市西南隅，东临淀山湖，距上海市区50公里；西依澄湖，距苏州市区30公里；15分钟可达沪常、沪宁、常嘉等多条高速公路及京沪高速铁路。区域交通便捷，地理位置优越。镇区总面积90.69平方公里，下辖20个行政村和3个社区，常住人口10.8万人，其中户籍人口4.4万人。先后获得中国历史文化名镇、国家4A级旅游景区、中国民间博物馆之乡、全国环境优美乡镇、中国人居环境范例奖、中华宝钢环境优秀奖等国家级荣誉。

近年来，锦溪镇在昆山市委、市政府的正确领导下，以习近平新时代中国特色社会主义思想为指引，按照高质量发展的要求，积极探索差异化发展路径，立足自身生态人文的特色优势，着力打造“崇文书香”“田园稻香”“健康休闲”三个小镇名片，奋力谱写新时代生态人文“水美锦溪”新篇章，经济社会各项事业保持平稳健康发展。2018年全镇完成地区生产总值86亿元，同比增长14.5%；工业总产值333亿元，同比增长62.6%；一般公共财政预算收入8.1亿元，同比增长14.6%；固定资产投资26亿元，同比增长20.4%，其中工业投资14.4亿元，同比增长65.5%；服务业增加值32.3亿元；进出口总额23.5亿美元，同比增长63.2%；实际利用外资1220万美元，新增注册内资8.3亿元。

二、锦溪镇民营经济发展概况

锦溪镇民营经济发展大体经历了三个阶段：20世纪80年代中期，起步阶段；20世纪90年代中期，稳定发展阶段；2000年至今，迅速发展阶段。尤其是2001年民营企业开发区建设全面启动，锦溪镇民营经济呈现出蓬勃发展和上档升级的良好态势，近几年发展速度更快，其作为经济增长点、经济支柱、生力军的地位日益凸显。截至2018年，全镇登记注册民营企业1573家，从业人员近6万人。

——从行业分类上看，主导产业比较突出。初步形成了以计算机及周边产品、电子元器件为主的电子信息产业，以汽车零配件、模具制造等为主的智能装备产业，以体育（休闲）运动、服装、木器加工、塑胶制品等民生消费品为主的民生用品制造业，以现代物流、信息技术、服务外包为主的现代服务业。

——从规模上分析，一批民营企业成长为行业小巨人。2018年全镇产值超亿元民营企业12家；产值超5000万元民营企业21家；规模以上民营企业33家。2018年规模以上民营企业实现产值共计235.10亿元，占工业总产值75.3%。

三、当前锦溪镇民营经济发展中存在的问题和不足

经过多年发展，锦溪镇民营经济综合实力得到稳步提升，主导产业日益壮大，新兴业态发展势头良好。与此同时，锦溪镇经济的发展也面临更多的挑战与束缚。

（一）工业发展空间趋紧及生态承载压力加大。土地资源的紧缺已成为锦溪民营企业发展的瓶颈，现有未开发土地受城市规划调整的影响限批。省环保厅对昆山下达的环保限批令虽已解除，但生态环境和自然资源已经成为全镇经济发展的刚性约束条件。

（二）民营投资缺乏。绝大多数民营企业投资方面表现保守，基本处于维持状况，持币观望心态明显，“有宝不显”“存钱备用”的观念根深蒂固，舍不得投资导致了或投资延后或分期投入的情况。

（三）创新能力有待加强。锦溪镇民营企业较多属于劳动密集型加工企业，

附加值低、技术含量不高，产业内部的分工与合作不成熟。绝大部分企业的创新主要停留在拆解模仿阶段，原始创新、集成创新及二次创新的意识和能力较弱，产业的核心竞争力有待进一步培育。

（四）民营企业融资困难。民营企业特别是中小型民营企业生产经营压力较大，银行对风险把控过于严格，审批门槛过高，贷款审批时间过长，融资困难，直接影响了企业继续投资和扩大规模的步伐。

四、加快锦溪镇民营经济发展的几点思考

一要坚持抓大扶小，提升民营经济发展总量。巩固集团型企业的引领。紧抓立讯集团新品布局的机遇，尽力做好配套服务，不断推进高端产品落地，在稳定存量的基础上争取新的增量。提升智能制造企业的份额。激发宝锦激光、森立玛电机、华都精工等一批科技型、创新型、智能制造企业的发展潜力，提升企业在全镇产业中的份额。加快规上企业的培育。鼓励小微民营企业坚定发展信心，增加科技创新投入，增强企业的竞争能力，在稳的基础上向量扩展，不断增加规上企业的数量。

二要坚持招商引资，增加民营经济投资规模。转变招商思路。紧紧围绕转型升级，不断提高产业的质量效益。在现有的通讯、汽车零配件、智能制造为主的产业体系下，以特色资源为抓手不断培育壮大新增长点。做好招商选资。变存量为增量，有效嫁接闲置或低效厂房等资源，继续加大“无地”招商力度，增强民资投入，注重引进人才科创型、“种子”型、环境友好型、财税贡献型项目。不断拓宽招商渠道。进一步发挥对台沿沪优势，积极融入长三角一体化发展，紧抓上海自由贸易区建设的新机遇，吸引一批增强锦溪镇民营经济产业体系的项目。

三要坚持盘活存量，优化民营经济运行质量。继续做优存量文章，不断推进“退二优二”步伐。引导入驻的民营企业合理规划功能布局和空间利用，通过设备更新、经营方式转变等方法，提升资源的综合利用率和贡献率。统筹建立健全“亩均效益”综合评价机制。建立全镇工业企业“亩均效益”大数据平台，将资源要素向高效益、高技术、高成长性民营企业集聚，

四要坚持精准服务，降低民营企业发展成本。民营经济是社会主义市场经济发展的重要成果，是推动社会主义市场经济发展的重要力量。要以“人无我

有、人有我优、人优我精”为追求，深入贯彻实施苏州市委、市政府《关于进一步降低实体经济经营成本 发展壮大民营经济的实施意见》、昆山市政府《进一步降低企业负担 促进实体经济高质量发展的若干政策措施》等文件精神，加快推进民营企业智能化改造，降低运行成本，优化发展环境，切实让民营企业有更多的获得感、归属感。

2018年昆山市周市镇民营经济发展报告

昆山市周市镇商会

民营经济是稳定经济的重要基础，是经济持续健康发展的重要力量。改革开放40年来，民营经济从小到大、由弱变强，在稳定增长、促进创新、增加就业、改善民生等方面具有重要作用。近年来，周市镇高度重视民营经济发展，以习近平新时代中国特色社会主义思想为指导，全面贯彻党的十九大会议精神，坚持“毫不动摇鼓励、支持、引导非公有制经济发展”，形成了以华辰精密、萨驰集团等为代表的机械设备，以凯迪汽车、正通电子等为代表的汽车零部件，以宜美照明、兴协和光电等为代表的电子信息三大主要产业，民营经济在复杂多变的宏观环境下继续保持良好的发展势头，有力地促进了全镇经济的平稳发展。

一、周市镇民营经济发展现状

（一）民营经济发展速度不断加快

2018年周市镇实现一般公共预算收入30.77亿元，其中民营经济贡献10.07亿元，贡献率达32.73%。2018年民营企业新增2316家，增资企业454家，累计注册资金116.03亿元，同比增长4.90%，其中工业企业新增注册资金32.85亿元，同比增长22.07%。成功引入了泰芯智能科技、聚祥新能源、璞宏精密科技等一批专业性强、成长潜力大的优质民营企业，为周市镇民营经济发展注入强劲动力。

（二）民营经济运营质量稳中有进

2018年周市镇共有规上民营工业企业91家，比上年增加14家，实现工业总产值124.45亿元，同比增长9.20%，占全部规上产值的36.30%；实现主营业务收入130.64亿元，占全部规上主营业务收入的37.70%；实现利税总额15.39亿元，同比增长29.30%，占全部规上利税总额的41.20%，其中利润总额10.59亿元，同比增长44.30%，占全部规上利润总额的37.20%；实现增加值30.05亿元，同比增长9.20%，占全部规上工业增加值的36.30%。世名科技、宜美电子等7家民营企业成功上市，华辰重机、力好工程等5家民营企业被认定为昆山总部经济，萨驰集团、华辰精密装备2家企业获得省科技成果转化项目立项，昆仑、华辰精密、萨驰集团3家企业细分领域国内排名第一，世名科技国内排名第三。

（三）创新发展能力不断增强

2018年周市镇有效高新技术企业认定134家，其中民营企业认定88家，占比65.67%。企业研发经费投入预期完成2.9亿元，同比增长18.90%，占全镇企业研发经费投入的39.90%。近三年，周市镇自主申报国内发明专利的民营企业占比由62.00%上升至66.70%，在国内企业申请的国际专利中，民营企业申报数量由75.00%上升至83.30%。三年来，完成认定昆山市级研发机构65家，民营企业占比80%；苏州市级以上工程中心18家，民营企业占比72.00%；省研究工作站18家，民营企业占比61.00%；博士后科研工作站3家，其中民营企业2家。

（四）民营企业载体建设助力发展

围绕全市"一廊一园一港"科创载体建设布局，提出打造"1+3"北中环产业科创带，助力企业发展。打造昆山智能装备制造产业中心，为企业提供孵化载体。探索建立了以华辰、世名等一批企业为主体、"民办官助"的科创平台，为企业引进高端人才、加快技术联合攻关和成果转移。签约设立昆山新材料与智能装备制造研究院、吉林大学昆山信息技术研究院等项目，为企业提供科创载体。

二、周市镇民营经济发展中存在的问题

（一）创新意识不强

一些民营企业家思想不够解放，"小富即安"，缺乏长远规划，创新意识淡薄。有些民营企业负责人素质不高，受教育程度低，不注重文化建设，对员工关心不够，无法吸引高素质管理人才和技能型人才，优秀人才匮乏，留不住人才。部分中小民营企业生产方式落后，产品质量不高，疏于产品和技术研发，缺乏自主科技创新能力，在时间和工资上抠效益，市场竞争力不强，难以可持续发展。少数企业管理制度落后，管理不规范，缺乏理性决策，甚至陷入股东纠纷。

（二）融资依然困难

民营企业融资难的问题长期以来一直困扰并阻碍着企业发展，通过对部分小微民营企业调查问卷发现，找银行贷不到款，一些企业出现资金流短缺、资金链断裂、入不敷出等现象，均是资金管理出现了问题。民营企业规模小，发展资金不足，核心竞争力不强，财务不规范，缺少足够担保抵押，融资难、融资贵现象依然突出，银行绩效考核导致一些好的融资政策难落地。

（三）发展空间有限

大部分民营企业单体投资小，单位面积产值低，不符合全市工业用地出让指标要求，达不到财政扶持政策门槛。政府目标考核倾向于国企、央企的大项目、外资项目，本地成长型、科技型民营企业在争取用地方面难度较大。当前土地资源等要素紧张，受上海地区溢出效应影响，厂房租金成本迅猛增长，政府回购等政策不完善，难以将资源要素转移至有实际需求的民营企业。

（四）转型难度较大

转型升级涉及到企业战略层面的决策，依赖路径、人才、技术和资金，一旦决策失误容易使企业陷入困境甚至破产倒闭，民营企业想转却不敢转。

（五）经营成本攀高

近年来，随着我国经济的快速增长，企业职工的工资水平不断上涨，同时社会保障体系的建立和完善，社会保险费、职工福利费以及其他人工成本费用逐步纳入劳动力成本的范围，劳动力成本不断提高。另外，国内各区域政策差异较大，对法律法规执行力度不同，导致昆山这样合法合规地区生产成本较高，各类因素加速提高企业经营成本。

三、2019年扶持民营经济发展的主要举措

2019年是中华人民共和国成立70周年，也是决胜全面建成小康社会的关键之年。站在新时代的新起点，全镇将以新时代的新作为，抢抓机遇、开拓创新，积极为民营企业发展营造更好的环境。

（一）完善民营企业扶持机制

镇党委、政府坚持“两个毫不动摇”的思想，高度重视民营经济，鼓励、支持、引导民营企业健康发展。定期召开民营企业座谈会，深入民营企业开展走访

调研，帮助民营企业解决发展中遇到的困难。在政策制定上考虑到民营企业发展现状，给予更多关心。周市镇制定了《周市镇加快创新转型推进经济高质量发展三年提升工程》，对民营企业实施技术改造和节能改造、引进高端人才创新创业、搭建平台载体、鼓励军民融合发展等方面给予更多扶持和奖励。

（二）引导民营企业创新转型

激发民营企业的创新精神，积极引导民营企业走创新驱动、高质量发展之路。鼓励企业加大研发投入，提升产品科技含量，实施技术改造，推动“两化融合”。鼓励企业创牌定标，积极推动企业商标品牌建设，参与标准制定。要更大力度推进传统产业转型升级，加大与大院大所对接，为民营企业提供人才、科技上的服务，增强企业核心竞争力。

（三）培育民营企业做大做强

培育民营企业上市，挖掘科技含量高、市场前景广、经营业绩好的优质民营企业纳入上市后备资源库，给予重点跟踪和指导。培育小巨人企业，将44家民营企业纳入小巨人企业培育名单，围绕规模型、质量效益型、快速成长型和科技创新型，培育成为细分领域的隐形冠军。培育军民融合产业，鼓励民营企业对接军民融合项目，与大院大所联合研发核心技术并推进产学研一体化。要促进土地、厂房等资源要素向这些企业集中，帮助民营企业开展银企对接，充分发挥好省、市各类金融平台作用，引导社会资本进入，解决企业资金问题，逐步培育成有规模、有实力的民营企业，使其留在当地深根壮大。

（四）加快民营载体平台建设

对民营企业提供载体和平台支持，着力打造创新氛围浓厚、产业特色鲜明的“1+3”北中环产业科创带，加快完善以企业为主体、市场为导向、产学研相结合的技术创新体系。推动符合条件的已批未开发企业加快处置，尽早动工建设，鼓励企业利用闲置土地和厂房，搭建科技创新平台，盘活存量资源，为先进制造业等优质民营企业提供发展空间。

2018年江苏省汾湖高新技术产业开发区民营经济发展报告

汾湖高新区总商会

2018年，在吴江区委、区政府的坚强领导下，汾湖高新技术产业开发区党工委、管委会坚持稳中求进的工作总基调，着力推进经济高质量发展，全力打好“三大攻坚战”，深入实施“555计划”，积极打造“八大标杆”，转型升级持续推进，质量效益不断改善。全年经济运行总体平稳，主要经济指标保持在合理区间，部分指标好于预期。

一、2018年开发区经济运行总体情况

2018年，汾湖高新技术产业开发区实现工业总产值687亿元，比2017年同比增长11.7%；工业开票销售收入696亿元，同比增长12.9%；全社会固定资产投入71.51亿元，同比增长7.7%，其中，工业投入19.26亿元，同比增长8.0%，服务业投入52.24亿元，同比增长5.7%；全年完成公共财政收入26.34亿元，同比增长6.6%；新增外资注册资本1.21亿美元，同比下降62.4%；到账外资0.94亿美元，同比下降35.2%；进出口总额15.63亿元，同比增长11.6%。

二、2018年开发区工业企业运行特点

（一）经济运行质效得到新提升

1. 规模总量不断扩大。2018年汾湖高新技术产业开发区工业开票销售收入696亿元，增长12.9%，保持两位数增长，经济总量进一步扩大。规模以上工业企业中全年销售超亿元企业122家，较2017年增加9家，亿元企业阵营进一步壮大。

2. 企业效益止跌回升。受原材料成本上升特别是钢材价格居高不下的影响，汾湖高新技术产业开发区规模以上工业企业利润总额一季度增速为–34.4%，创近年来新低，二季度开始利润增速有所回升，降幅呈逐月收窄态势，到11月份浮出水面，实现正增长，扭转了前三季度负增长的不利局面。12月份增速明显回升，增长11.9%，增速超收入增速5.6个百分点。亏损情况有所好转，规上统计数据显示，2018年亏损企业54家，亏损面为18.9%，较三季度下降了4.6个百分点。

3. 主导产业支撑有力。2018年，汾湖高新技术产业开发区主导产业装备制造业始终保持着产值两位数增长的平稳发展态势，全年共实现规模以上工业总产值201.09亿元，增长14.7%，增速超全部规上产值增速5个百分点，占全部规上产值比重为40.7%，较2017年同期提高1.8个百分点，支撑引领作用进一步增强。食品加工业目前规上企业8家，2018年实现规上产值42.56亿元，同比增长7.7%。其中超亿元企业6家，顶津食品继续领跑该行业，全年产值增长7.5%。

4. 重点企业做大做强。部分已建成投产项目加快产能释放，拉动汾湖高新技术产业开发区经济增长。如欧普照明2018年销售首次突破20亿元，同比增长20.7%，利润总额1.9亿元，同比增长65.5%；亚德林2018年销售6.02亿元，同比增长34.3%，利润总额0.61亿元，同比增长35.3%；欧圣电气2018年销售5.90亿元，同比增长25.1%，利润总额0.56亿元，同比增长48.2%；易昌泰2018年销售5.28亿元，较2017年翻了一番，利润总额1.08亿元，同比增长97.1%。重点骨干企业进一步做强，全力推动经济发展。威特电梯2018年销售超20亿元，税收1.67亿元，为汾湖高新技术产业开发区工业企业第一纳税大户；合兴食品2018年销售7.45亿元，增长23.0%，利润总额1.52亿元，同比增长13.2%；法兰泰克2018年销售7.23亿元，同比增长26.1%，利润总额0.54亿元，同比增长8.0%。

（二）转型升级发展取得新进展

1. 产业转型升级方面。加快发展智能工业。围绕全力打造智能工业发展标杆的三年行动计划，积极推进智能工业发展，2018年全年智能工业投入约20亿元。2018年完成省级智能车间7个（海岸药业、永鼎股份、康力电梯、海顺包装、亚德林、新里程、诚模精密）；新增市级智能示范车间4个（海岸药业固体制剂1号智能生产车间、欧普照明自动化生产车间、申龙电梯门板智能生产车间、亚德林股份轻量化压铸智能生产车间）。积极培训新地标企业。建立“新地标企业”计划培育库，支持和扶持广大企业做优做大做强，着力推动企业主体创新。2018年顶裕节能、艾维科斯两家企业新增入库，目前汾湖高新技术产业开发区共有13家企业进入吴江“新地标企业”名单。

2. 淘汰落后产能方面。加快促进新旧动能转换，坚持优化存量资源配置，2018年盘活存量用地1182.07亩。积极引导企业开展节能减排工作，2018年完成申报吴江节能项目6个，苏州节能项目3个；永鼎股份获评国家级“绿色工厂”；亚德林股份和海顺包装2家企业完成清洁生产企业验收；布莱凯特、亚德林股份、东吴水泥、亨特陶业4家企业完成节能监察工作。稳步推进“减化”“减煤”和去产能工作。2018年关闭化工生产企业4家；非电规上耗煤企业用煤9.30万吨，较2016年同期的10.88万吨，共减少1.57万吨，同比下降14.5%。

（三）高质量发展迈出新步伐

1. 产业向更高层次迈进。“一廊五园”产业发展加快布局，成功签约了中国中车、集创北方等一批优质项目，英诺赛科、永鼎光棒等重点项目开工建设，技美科技、天加新材料等一批潜力项目竣工投产，加速形成新型半导体产业集群。全年新兴产业投资额14.36亿元，增长14.5%，高于全社会固定资产投资增速6.8个百分点，新兴产业投资成为产业结构调整的新动力。

2. 创新驱动迸发新活力。汾湖高新技术产业开发区以创建国家级高新区为契机，加快建立创新驱动的产业转型升级内生动力机制。激发企业研发投入积极性，2018年向上争取经费预计超5800万元，万人有效发明专利拥有量提高至52.04件。科技企业集群不断壮大，2018年获批高新技术企业36家，累计拥有有效高新技术企业106家。创新载体建设不断加快。2018年新增创新载体12家，包括省级众创社区1家、省级众创空间1家（集萃）、省级科技创业孵化链条试点1家（汾湖科创园）、省级科技企业孵化器1家（西交大科创园）、省工程技术研究中心1家（台菱）、市级工程技术研究中心6家、市级重点实验室1家（太湖）。产学研合作不断深化。2018年共有16家企业与国内有关高等院校、科研院所新签订了产业关键技术攻关、新产品开发、建设研发中心等合作协议共21项；新增4个产学研联合体。

3. 环境保护取得新进展。有效整合“263”“331”“散乱污”等专项整治，统筹推进“三治”工作。狠抓中央环保督察整改，强势推进华莺、北厍、秋田等重点区块集中整治，取缔“散乱污”企业（作坊）2955家，拆除各类建筑物30万平方米，销号曝光环境问题28件，妥善处置环境信访1082件（次）。拆除内河沿线无证码头44个。大力度“减煤”“减化”，淘汰喷水织机6000余台，关停各类低效企业336家。规上工业万元产值综合能耗下降8.2个百分点。

三、开发区民营经济发展中存在的问题

从2018年经济运行情况看，尽管总体经济保持平稳较好发展态势，但全区短期稳增长和长期调结构压力并存，经济发展中不协调、不平衡、不稳定的因素仍然存在。

（一）经济下行风险继续加大。从先行指标工业用电量相关数据情况来看，自6月以来增速呈逐月递减趋势，2018年工业用电量26.87亿度，增长3.1%，增速较前三季度回落1.9个百分点，较上半年回落2.4个百分点。

（二）企业运行压力不断加大。一是生产成本刚性增加。2018年规上工业主营业务成本增速高于主营业务收入增速0.5个百分点，销售毛利率为16.6%，较2017年下降0.4个百分点。二是用工成本增加。2018年规上工业企业应付职工薪酬52.22亿元，同比增长9.9%，但平均从业人员人数却为负增长，同比下降2.2%。三是融资成本增加。规上工业企业2018年利息支出3.83亿元，同比增长26.5%，企业融资成本居高不下。

（三）增长点培育速度放缓。近两年来工业投资回落，建成投产项目少，形不成对工业增长的有力支撑。2019年新增规上企业中仅和器、新朋制造2家企业为新投产企业，其他均是由以前几年投产企业慢慢增长，超亿元企业仅永鼎光纤和斯必克2家，规模达产周期长速度慢，对于汾湖高新技术产业开发区工业经济来说既缺少量的支撑又缺乏质的提升。

2018年苏州太湖国家旅游度假区民营经济发展报告

苏州太湖国家旅游度假区商会

苏州太湖国家旅游度假区成立于1992年10月，规划面积11.2平方公里。2002年度假区扩容，所辖范围延伸至金庭镇、光福镇，辖区面积达173平方公里。20多年来，度假区坚持“在开发中保护、在保护中开发”的发展理念，以规划引领发展，初步形成了度假区中心区，金庭、光福“一体两翼”发展格局。

2018年，度假区紧紧围绕区委、区政府的战略部署，按照“环太湖生态文旅产业带”总体布局和“实业兴区”总基调，坚定“休闲度假目的地和新兴服务业高地”建设步伐，立足新发展理念，通过拆迁清零、精准招商、生态治理、国企改革等举措，不断探索“绿水青山就是金山银山”现实路径，经济社会呈现稳健向好的发展态势。

一、2018年太湖国家旅游度假区民营经济发展情况

全年实现地区生产总值77.1亿元，同比增长5.4%；完成服务业增加值55亿元，同比增长9.5%；实现公共财政预算收入7.83亿元，同比增长17.8%；完成全社会固定资产投资25亿元，其中第三产业投入23亿元，新增注册资本75亿元。全年完成新兴产业产值35.8亿元，高新技术产业产值14.2亿元，同比分别增长31.8%、3.6%，服务业增加值进一步提升，占地区生产总值比重达64.4%。

（一）新兴服务业发展务实有为。视源、龙文、青客三家专项服务业用地企业完成地下结构施工；成功引进深圳长园集团、锦良光电、艾华科技等上市企业再投资优质项目，新增注册项目40个，招商项目实现税收8386万元，同比增长

51.9%，微谷楼宇企业完成税收1969万元。

（二）工业经济稳步增长。近年来，度假区根据产业规划，通过工业用地腾退转优、鼓励现有优质企业发展等途径，适度合理发展工业经济，实现工业经济平稳发展。2018年，度假区实现工业总产值61.47亿元，其中，29家规模以上企业，实现工业总产值45.2亿元。工业增加值14.33亿元，占地区生产总值比重的23.3%。新增注册内资注册资本63亿元。

（三）项目建设持续推进。2018年度假区列入区级及以上重点项目30个，年度计划投资29.87亿元，全年完成投资32.05亿元，占年度计划的107.3%，超额完成2.18亿元。太美香谷里、金庭镇2018年民宿群项目、安洁科技研发总部大楼项目、苏州太湖水上运动中心（涵碧晓筑）、苏州锦良光电材料有限公司、艾华新动力电容（苏州）有限公司、西山洞庭矿泉水厂瓶装饮用天然泉水项目、安洁科技技改项目、环太湖路和舟山路部分路段改造工程等项目顺利竣工投用；青客总部大楼、龙文科技、视源科技、凤凰谷项目、苏州太美丁家坞酒店、香山慧境（总部基地）、苏州南峰太湖酒店、光福苏作红木展示馆等项目按施工节点顺利推进；项目储备继续增加，苏州华正工业科技有限公司、安洁科技新能源汽车器件制造项目、太湖科技产业园智创园二期高标准厂房东地块、太湖科技产业园智创园二期高标准厂房西地块等项目进入前期手续报批阶段。

二、太湖国家旅游度假区民营经济发展遇到的问题和存在的不足

（一）受经济下行压力影响较大，民营企业增速有所放缓。2018年度假区规模以上民营企业从2016年的41家减少到29家，完成总产值45.25亿元，同比增长5.4%，其中12家企业2018年产值低于2017年，有5家企业降幅超过15%。

（二）民营企业总量、规模小。2018年，辖区内民营经济超过5亿元规模企业屈指可数，特别是服务业企业规模大都偏小，缺乏大型特色旅游项目。

（三）“三难”制约民营经济发展。土地、人才、资金缺乏仍是当前民营企业反映最多的问题。随着国家土地审批政策日益严格，民营企业用地难问题越发突出，许多项目因土地问题而被搁置。部分民营企业人才短缺、企业家素质不高、技术落后，造成管理粗放、家族式管理，影响了民营经济健康快速发展。融资难问题突出表现在金融机构以银行为主，方式单一，但银行的放贷准入门槛

高，导致企业融资困难问题长期存在。

三、2019年太湖国家旅游度假区促进民营经济发展的工作思路

（一）进一步优化产业结构，提升产业集聚速率。一是要进一步促进企业增加技改投入力度，提高劳动生产率，消化劳工成本和物价上涨的压力，加快传统产业升级步伐。积极鼓励规模以上企业通过新办项目、加快技改、资产重组等方式调优产品结构，延长产业链，形成产业集群。二是围绕安洁科技等新兴产业企业，引进一批电子信息产业产品及零组件公司等高附加值企业，通过工业用地腾退转优方式，加快新兴产业集聚。三是加快度假区2.5产业园、总部基地、太湖文化中心、舟山文创园等载体建设，依托度假区生态、文化资源及产业基础，加快文化创意产业集聚。

（二）突重点强布局，文旅融合要在统筹发展中取得新突破。强化全域统筹，充分发挥各板块自身优势，推进文体农旅深度融合。中心区要以做优会议、体育、研学、度假"四大经济"为抓手，通过一站式、一体化的统筹营销，形成游客度假产品补位化、差异化和链式服务。2019年，要实现过夜游客50万人次，辖区过夜率力争达15%，客房率、会场使用率均维持在60%以上，年营收超2.4亿元；进一步完善苏州太湖足球运动中心，拓展水上运动项目，强化活动品牌打造，2019年计划引入大型体育赛事10场、各类活动15场、品牌活动3场，吸引客流5万人次，带动消费2500万元；整合湖滨湿地、香谷里公园、舟山核雕村等具备自然生态、创新要素和开放公园功能的资源载体，探索发展研学旅行；太美·逸郡酒店、悦家和西湾民宿上半年试营业，渔洋码头6月完成景观提升工程，2号楼B楼约4000平方米餐饮、住宿功能区改造上半年开工建设，同步加强酒店会场、景区项目与市区热点旅游资源共享互通。金庭镇围绕美国汉舍和苏州观音园等龙头项目，推进传统景区与知名旅游集团合作，深化民宿精品化、集群化打造，提升镇区环境、振兴乡村旅游、丰富游客体验，推进农、文、养、旅融合发展。光福镇以沿太湖岸线配套提升作为旅游空间和服务的新增长点，制定环太湖大道沿线民宿及农家乐整体发展规划，引导相关产业向岸线纵深发展；围绕苗木产业特色，聚焦梅花、樱花、桂花、木荷花，擦亮"中国花木之乡"金字招牌，实质性推进冲山半岛文旅及金大地项目，搭建古镇工艺文化载体，做好"旅游+"外

延型旅游产业文章。

（三）筑增量优存量，实体经济要在服务提质中跨上新台阶。以供给侧结构性改革为主线，扩展集约发展空间、优化营商环境，着力构建现代产业体系。一要注重产业空间拓展。进一步加大拆迁清零力度，推进产业园内107户民房和5家企业约500亩土地、香山街道20户重点民房和4家企业以及金庭镇汉舍项目已确定新建道路范围内的攻坚；光福镇老工业南区的“退二优二”和产业园空间拓展上力争年内再腾出2—3幅不少于500亩可用空间，加快150亩实体企业产业用地和60亩专项服务业用地供给。二要注重集约利用存量。推进环太湖“加减法”，做好800亩“三优三保”、1000亩“占补平衡”、700亩“增减挂钩”和1600亩高标准农田建设，落实管委会大楼北侧213亩、产业园大楼西北侧115亩，金庭镇汉舍一期355亩、农民自建房和50亩多层商品房土地上市以及光福镇230省道以西区域170亩三产用地的上市工作。三要注重加快项目落地。始终把招商引资作为扩大增量的主抓手，2019年，累计注册内资企业要超1000家；年内完成落地专项服务业项目3个、产业用地项目2个、高标准厂房项目3个，楼宇载体出租率维持在70%以上，招商新增实体经济税收2000万元左右。四要注重提优营商环境。聚焦“放管服”改革，实现审批路径、职责重心和工作作风的根本性转变，营造“互联网+政务”营商环境。

2018年吴中区胥口镇民营经济发展报告

吴中区胥口镇商会

吴中区胥口镇位于苏州西郊的太湖之滨，景色秀丽、气候宜人，素有“太湖明珠”之美誉，相传为伍子胥开凿胥江入太湖之口而得名。胥口镇域总面积36.4平方公里，下辖6个行政村、1个社区居委会，户籍人口3.6万人，常住人口近11万人，是苏州市的文化强镇和工业重镇。胥口是古吴文化和香山帮古建技艺的发祥地，胥口的香山古建（一把刀）、藤艺制品（一根藤）、吴门书画（一支笔）远近闻名。先后被国家文化部命名为“中国书画之乡”和“文化（美术）产业示范基地”，2009年“香山帮传统建筑营造技艺”成功列入世界级非物质文化遗产名录，为人类留下了东方建筑艺术的典范。胥口与古城苏州同龄，距今已有2500余年历史。春秋战国时期，胥口乃吴国的战略要地。苏州历史上的三大名人——阖闾、伍子胥、孙武都与胥口结下了不解之缘。胥口作为苏州最早引入外商投资企业的乡镇之一，自1988年第一家日资企业入驻以来，目前已有外资企业近200家，松下、日立、东丽、丰田、可口可乐、光宝等世界500强企业和世界知名企业，都先后落户胥口。在外向型经济不断繁荣的同时，胥口的民营经济也蓬勃发展：全镇现有民营企业3500多家，其中包括苏州天烨集团有限公司、苏州朗高电机有限公司、苏州斯莱克精密设备股份有限公司、苏州华之杰电讯股份有限公司、苏州汇德电气制造有限公司等一批优秀企业。

一、2018年胥口镇民营经济发展情况

2018年，全镇上下立足“根植吴文化，建设新胥口”美好蓝图，以实业兴镇为引领，围绕创新驱动，全力推动经济转型升级，2018年，胥口实现地区全年生

产总值118亿元，同比增长6.6%；全口径财政收入20.2亿元，同比增长6.2%；实现工业总产值252亿元，同比增长6.6%，其中规模以上工业产值202亿元，同比增长7.2%。

从以上主要经济指标完成情况看，民营经济的持续健康发展，成为胥口经济和社会又好又快发展的重要基础和支撑。全镇民营经济发展呈现以下特点。

（一）民营经济队伍不断壮大。近年来，胥口镇民营经济发展环境不断优化，民营经济发展动力不断增强，民营经济发展空间不断扩大。2018年新增注册内资37.3亿元，形成了新能源新材料、电子信息、高端装备制造、节能环保四大支柱产业。民营经济呈现出高质量快速发展的良好态势。

（二）规模企业引领发展。全镇规模以上内资工业企业共计139家，产值超128亿元，形成产值超亿元企业34家、产值超3000万元企业55家的规模群体。内资拥有纳税超5000万元企业1家，超1000万元企业17家。规模以上企业有力支撑着胥口镇经济发展，带领全镇中小企业健康发展，齐头并进。

（三）科技创新驱动增强。坚持科技强镇、人才引领，重点引进和培育一批重点科技人才项目，提升自主创新能力水平，争创更大的特色亮点，为经济转型升级提供支持。以创新载体为依托，以提升引才质量为动力，以产业化为导向，不断强化创新驱动。2018年全镇新增高新技术企业10家、高新技术产品65只，市级以上工程技术研究中心4家。入围“千人计划”答辩1人，引进“千人计划”专家1人，入选“国家创新人才推进计划”人才1人。新增省博士后创新实践基地2家，新增省科技企业家5人、市科技企业家17人、东吴创新创业领军人才3人。申报各类专利1500件，其中发明专利450件。

二、当前胥口镇民营经济发展遇到的主要问题

（一）厂房资源紧缺。目前，胥口36.4平方公里的区域内，很少有新的厂房资源可以作为民营经济发展的空间。据不完全统计，目前胥口镇涉及厂房出租的企业共有120多家，共有厂房面积141万平方米，已出租厂房面积135.8万平方米，可供出租厂房面积5.2万平方米。厂房资源的紧缺，束缚了优质企业的发展壮大，资源紧缺成为制约企业发展的最大问题。

（二）新兴产业仍然较少。民营企业主要集中在制造业和商贸流通等传统行

业，新兴产业所占的比重很小，并普遍存在着规模小、资金少、产业结构单一、附加值低和生产效率不高等问题。随着发展方式进一步转变、环境保护力度加大，一些资源消耗高、环境污染大的中小企业面临十分紧迫的调整压力。

（三）融资难度大。由于民营企业规模小，核心竞争力不强，加之此前部分企业发生信用违约，拉低了民营企业整体社会信用度，导致企业贷款难、融资难、融资渠道不畅问题得不到有效解决。此外，多数民营企业或因达不到金融机构信用贷款评级要求，或因不符合金融机构规定的抵押物种类，在市场低迷、经济下行压力加大的背景下，融资问题凸显，导致企业利润空间大幅缩减，经济效益不断下滑。

（四）运作不规范。主要表现为企业体制机制未理顺，多数民营企业仍保持家庭作坊和家族式管理，也有部分企业虽名义上为公司制、股份制，但实质并没有严格按股份制运作，仍然是家族制、家长式运作。这些企业受体制束缚，普遍技术装备水平落后，管理和财务成本较高，生产效率低下，尤其在经济环境恶化的情况下，由于缺乏创新活力、革新能力和转型动力，在市场竞争中处境十分艰难。

（五）自主创新能力有待提高。知识产权和品牌效应对企业来说至关重要，直接影响着企业的市场竞争力。相比之下，许多民营企业发展还不成熟，特别是中、小企业在拥有知识产权的科技创新和品牌开拓能力上，实力明显不足，缺乏自主科技创新能力，在市场竞争中只能以尾随模仿的方式、以数量来参与竞争。长此以往，势必不能取得良好的效益，企业将难以发展。

三、推进胥口镇民营经济发展的思考和建议

（一）规范民营企业管理，加强队伍建设。引导民营企业施行规范化的公司管理制度，以适应现代市场经济要求，一要完善财务制度，最大限度地提高企业效益和降低企业经营风险；二要加强民营企业沟通，优化民营企业的信用体系，确保各类经营活动依法进行；三要提高人才意识，建立完善的用人机制，确保企业最终制胜；四要重视企业文化建设，培育企业精神，确保企业能留住人才。在良好的企业管理架构基础上，民营企业发展关键取决于决策者的水平，要着重对企业决策者加大培训力度，以带动提升企业总体经营水平。

（二）调优载体，空间发展实现突破。如今土地资源越加宝贵，原有的一些

企业产能落后，污染超标，却占据着较大土地资源，从全镇经济利益出发，应开展以下工作：一是通过政策奖励开展“腾笼换凤”的工作，逐步淘汰一些经营情况较差、污染较为严重的企业，为优质民营企业腾出宝贵的土地；二是落实好存量统计工作，及时准确地了解闲置厂房和仓库的情况，通过租赁和招商，尽快将存量利用起来，发挥其经济效益。

（三）打造诚信企业，解决融资难题。“打铁还需自身硬”，民营企业要想赢得社会认可，加强企业自身建设非常重要。一方面，要加强内部信用制度建设，强化诚信意识，营造重合同、守信用的企业形象。另一方面，要不断推进技术革新，提高产品科技含量和附加值，打造自身核心竞争力，进一步提高对资本的吸引力。通过提升自身信用度，来培育良好的社会信用环境，赢得金融机构及社会各界的信任，吸引社会资金流入，减缓融资难问题。

（四）加大人才引进，提高管理水平。要鼓励引导企业采取多种方式引进人才、留住人才、储备人才，最大限度地发挥各类高层次人才潜能。要加强组织面向民营企业管理技术人员的技能培训，同时，积极引导大中专毕业生至民营企业就业，由组织人事、工会、商会等部门依据企业需求，主动联系大专院校，采用专场招聘会等方式，构建院校与企业之间高技能人才的互动平台。

2018年相城区澧湖街道民营经济发展报告

相城区澧湖街道商会

相城区澧湖街道位于苏州古城西北端，下辖卫星村、汤浜村、下堡村、澧湖花园一社区、澧湖花园二社区、观塘社区和永昌泾社区7个村（社区）。街道南至太东路、东至苏虞张、北至冶长泾、西至西塘河，区域面积47.6平方公里，与苏相合作区规划四址一致。街道户籍总人口2.2万人，常住外来人口2.6万人。作为相城区较为年轻的行政区域，澧湖街道基础设施齐全，服务体系完善，生态环境优美，百姓民生幸福。

一、2018年澧湖街道民营经济发展的情况及特点

一是经济运行稳步发展。全街道拥有民营企业100多家，形成了电子信息制造、高端装备制造、战略性新兴产业等几大主要产业。2018年完成地区生产总值79.58亿元，同比增长15.00%，全社会固定资产投资56.78亿元，同比增长36.00%，实现工业总产值128.34亿元，同比增长8.76%，进出口总额10.14亿美元，同比增长20.43%。其中52家规模以上工业企业是绝对主力，全年完成产值125.25亿元，同比增长8.76%，占工业企业总产值的97.59%；两税合计4.24亿元，占工业企业总税收的88.70%；销售收入132亿元，占工业企业总销售收入的90.00%。

二是项目引建成果丰硕。2018年新投产项目16个，占地853.48亩，建筑面积44.82万平方米，销售收入32.49亿元，占全街道工业企业销售收入21.00%，两税合计1.14亿元，占全街道两税合计23.00%。新投产企业有效弥补了澧湖区域工业经济因宏观经济影响带来的下行压力。目前尚有在建项目9个，建筑面积70.86

万平方米。近期又将有一批科技型企业落地漕湖街道，如新松机器人、国方汽车电子等。

三是转型创新步伐加快。坚持把创新放在漕湖发展的核心位置，扶持优秀创新企业发展，科技创新成效显著。年内完成技改投入19.92亿元，新增7家省级高新技术企业，总数达到36家。新增1家省级研发机构、2家企业技术中心、1家工程中心、2家博士后工作站。

四是招才引智脚步加快。不断加快高层次人才的培养与引进，新增国家“千人计划”人员1名、阳澄湖科技领军人才2名。高层次人才是一个地区可持续发展的驱动力，尊重劳动、尊重知识、尊重人才、尊重创造正成为更加深刻和广泛的社会共识，越来越多的优秀人才正用智慧和力量，推动漕湖在高质量发展的道路上不断前行。

五是营商环境不断优化。积极服务产业发展，一年来，街道为辖区企业代办、帮办工商登记、发改委立项118件，代办项目报批报建24件，收集、解决企业各类诉求304件。开展企业走访，了解企业运营情况，为企业送政策、送服务。邀请区人社局为企业举办人才、劳动监察政策解读座谈会，组织企业参加市、区各类政策宣讲活动。举办专场招聘会4次、小型招聘会38场，为企业发展添砖加瓦。

二、漕湖街道民营经济发展中存在的问题

近年来，全街道的民营经济得到了较快增长，为漕湖的经济发展做出了重大贡献，但在自身的发展过程中还存在一些问题。

一是发展环境不够优。目前漕湖街道民营企业大多数为中小企业，技术力量薄弱，人才资源匮乏，市场竞争力不强，需要政府帮助提供创业辅导、技术支持、信息共享、法律援助、员工培训等服务，部分企业的安全环保意识不够强。

二是民营投资不够多。民营经济的投资增长对当前经济发展尤为重要。由于受到外部大环境的影响，当前企业在投资方面表现保守，对财务状况要求更高，持币观望心态明显，出现了投资延后或分期投入的情况，加上工业用地的集约政策，供地要求提高，对落户企业的审核程序更加严格，造成民营企业的增长数量放缓。

三是企业融资难度高。民营企业融资难的问题长期以来一直阻碍着企业发展，在经济进入新常态下，民营企业融资受到多种因素的制约，融资压力加大。首先是民营企业大多处于起步阶段，可抵押担保资产较少，在银行授信额度和贷款申请上受限较多；其次是民营企业融资渠道狭窄，大多只能通过银行贷款或者自行筹借来提供运营所需的资金，而民间借贷的利息较高，民营企业融资成本上升；最后是银行与民营企业信息不对称，受固有观念的影响，银行授信重点侧重于部分优质、重点骨干企业，而相当一部分中小企业不能满足银行放贷条件，融资渠道不畅问题一直难以解决。

三、推动漕湖街道民营经济发展的建议

一是进一步优化发展环境。民营经济的发展速度，很大程度上取决于环境宽松与否、政策落实和法律执行的力度。政府要一方面继续引导企业增强安全环保意识，既要企业壮大发展，又要企业安全生产，环保达标，不能以破坏和牺牲环境为代价取得经济发展；另一方面要加强安全环保执法力度，继续解放思想，进一步营造关心、鼓励、支持民营经济发展的良好氛围，重点开展对民营企业的帮扶，解决好民营经济发展中存在的体制性障碍和环境障碍，为其健康成长创造良好的政策环境和平等竞争环境。

二是大力培植民用骨干企业。坚持增量优化与存量调整相结合、资本运作与科学管理相结合，集中力量扶持一批民营企业壮大规模、提高素质，引导民营企业尤其是有一定实力的企业，以资本为纽带，通过联合、兼并、收购、合资、合作等方式，实施低成本扩张，尽快形成一批市场竞争能力强、辐射带动作用大的民营企业集团。

三是引导推动民营企业加快体制创新、管理创新。积极推动民营企业进行股份制改造，通过参股控股、企业间相互持股等多种方式，加快投资主体多元化，逐步建立起较为完善的法人治理结构，实现从传统的家族式经营向科学的现代企业制度转变。

四是大力推广扶持技术创新。引导支持企业把信息技术应用到企业管理之中，使企业优化业务流程，实施精细化管理，提高经营绩效。推动提高产业和科技水平，引导企业努力增加积累，增加技术投入，加快科技进步，用高新技术和

先进适用技术改造传统产业，尽快改变装备落后、工艺技术落后、产品档次较低的现状。加大新产品研发力度，加快产品升级换代步伐，培育发展新材料、新能源、环保等高新技术新兴产业。鼓励支持企业加强与高校、科研单位的交流与合作，形成多形式的技术研发体系，开发拥有自主知识产权的系列产品。

五是加快培育战略型新兴产业。围绕电子信息、新能源、高端装备制造等产业，鼓励传统工业向战略型新兴产业转型。在先进制造业方面，鼓励高端装备、汽车及零部件等行业龙头企业，加快建设研发平台，开发核心技术，瞄准提升核心竞争力，提高行业话语权；在战略性新兴产业方面，鼓励企业选择有基础有条件的领域集中突破，培育一批新的增长点。

2018年相城区渭塘镇民营经济发展报告

相城区渭塘镇商会

渭塘镇，旧名渭泾塘，地处苏州市域中心，相城区北部，东临上海，北依长江，占地面积39.3平方公里，居住人口超过10万人，先后被评为国家生态镇、国家卫生镇、江苏省文明镇。2017年获批江苏省经济发达镇行政管理体制改革试点乡镇。

一、2018年渭塘镇经济运行情况

（一）综合实力持续增强。坚持把提质增效放在经济工作首位，经济运行保持总体平稳，主要经济指标全面完成目标任务，部分效益指标完成情况好于预期。2018年完成地区生产总值80.8亿元，同比增长7.3%；一般公共预算收入7.8亿元，同比增长10.5%；全社会固定资产投资21.6亿元，同比增长40.0%。

（二）工业经济增势稳健。完成工业总产值181亿元，同比增长5.8%，其中规模以上企业产值116亿元，同比增长6.0%。外向型经济逆势增长，完成进出口总额3.2亿美元，同比增长10.7%，实际利用外资3510万美元。

（三）服务业量质并举。完成服务业增加值39.2亿元，同比增长6.2%。举办珍珠产业发展论坛，成立亚太设计师联盟（苏州）珠宝设计中心，实现珠宝交易额超10亿元，被评为省级乡镇电子商务特色产业园区。国展和昌府开盘销售，保利地产、建发阳光城等商业楼盘项目顺利推进，俪珠华庭商业中心开业运营。吴江农商行设立营业网点。

（四）现代农业稳步推进。优化农业示范园规划布局，北天河废旧市场基本拆除。清理整改农业“大棚房”19个，稳妥推进阳澄西湖生态养殖区禁养工作。福家农庄创成市级菜篮子基地工程，新增苏州市名牌产品2个。新培育阳澄湖农业领军人才1名、新型职业农民6名。全面实施村级集体资产集中经营管理，收回历史欠款4300万元，厂房租金单价水平增长12%，完成村集体收入1.85亿元。

（五）转型升级取得成效。着力抓改革、重创新，动力活力有效释放。招商引资取得重大突破。年内新增注册内资12.7亿元，注册企业户数增加24.2%。载体建设加快推进。优化中汽零产业基地合作模式，获评市级平台经济特色基地。完成1941家企业资源集约利用综合评价。高新技术产值和新兴产业产值占规模以上产值比重分别达47.0%和51.7%，同比增长0.1个百分点和1.1个百分点。企业创新能力不断加强，实施技改项目12个，完成技改投资8500万元，规模以上企业智能化改造率达80%。新增高新技术企业14家、入库培育企业15家，建成省级工程技术研究中心2家、技术中心2家、示范智能车间1家、工业设计中心2家，市级工程技术中心11家、新型研发机构1个、信用贯标企业5家。创新资源、要素更加集聚，引进海美国际智造研发社区等重大平台，完善清华大学苏州汽车研究院（相城）发展模式。建成国机智能机器人展示厅。新增省级科技孵化器1个。新引进“千人计划”1人，新获评姑苏领军人才等高层次人才15人。申请发明专利267件、授权47件，万人有效发明专利，拥有量达40.4件。

二、渭塘镇民营经济发展过程中存在的主要问题

（一）企业拆迁困难较多。“263”“散乱污”整治造成工业产值“阵痛”。渭塘镇2018年面临大拆迁，特别是高铁新城的渭南、骑河两村，共有企业441家，企业年销售近40亿元，其中规模以上工业企业18家（全镇99家），2017年销售23.6亿元，占全镇销售的23%，拆迁后引起一定的经济总量冲击。同时，2018年渭塘镇计划关闭散乱污企业660家，目前已关停企业123家，其中包括一些规模较大的企业，对全镇的经济总量增长亦有一定的影响。

（二）骨干企业成长不够快。全镇工业经济过多依靠新燕集团、苏万隆、联胜化学等老牌龙头企业的支撑，实现爆发式增长的空间有限，缺乏新的增长点、新的亮点，导致全镇经济总量增长不快。

（三）中汽零基地龙头效应不明显。中汽零基地现有不少项目仍处于培育增长期，在建项目较多，一些大项目还在建设中，仍处于培育发展期。

三、推动渭塘镇民营经济发展的主要举措

（一）在完善产业体系中着力推动转型升级。更大力度优化现代化产业体系，突出抓好盘活利用土地、建设产业园区等关键措施，全力促进经济实现高质量发展。发展主导产业。按照全区“3+2”产业发展定位，积极发展以研发为主的先进制造业，重点在人工智能、高端智能制造、新一代信息技术、新材料等领域定向施策，着力推进培育龙头企业、完善核心产业链、建设产业支撑平台等重点工作。

（二）在提升产业能级中放大标杆效应。布局建设智能制造产业园、蔓园总部经济园、明珠产业园等产业园区，提高准入标准，加快项目落地，培育新的经济增长极。扎实推进中汽零产业基地企业“腾笼换凤”，加快淘汰不达标企业，招引优质项目，做大做强核心产业规模层次。聚力扶持民营经济，布局建设明珠产业园，采用先租后让、个性定制等方式，重点支持培育本土民营企业优化发展空间、提振发展信心、提升发展质量，推动本土优势产业再升级、产业集群发展再跃升。构建“亲”“清”政商关系，与企业同心同德、互相扶持，及时落实上级减税减费政策，主动关心协调企业发展遇到的重点难点问题，年内新增销售超10亿元企业2家，力促艾尔发智能科技完成主板上市。

（三）推动文旅融合。挖掘“渭塘三宝”等传统文化资源，依托江南小镇的文化底蕴，实施文旅融合三年提升工程，谋划布局大文化产业。推动建设珍珠博物馆，实施珍珠城区域环境提升工程，加强优势资源、先进理念导入，以系统化思维激活提升珍珠产业。加力发展文化创意产业，探索存量资源市场化开发运营模式，推动建设渭塘老街文化创意街区，打造文创产业发展新板块。推动建设非遗产业园，提升准入门槛，助推行业抱团集约发展，提升市场份额，提高行业话语权，做强传统知名品牌。优化农业示范园规划布局，清理回收低效农业用地，规划建设“一网五园”，启动建设刘家门农文旅艺术社区，打造集农业、旅游、民宿、文化等于一体的现代化农业园区。布局北雪泾禅养项目，进一步做大养老幸福产业。

（四）深化精准招商。全力以赴抓招商、引项目，为未来发展提供新支撑、新动力。创新招商工作机制，突出招商质量和效益，推进招商工作向专业化、精准化转变。坚持开展产业链招商，瞄准高端智能制造、高端服务业、高端研发等产业，深化“创新论英雄”和“亩产论英雄”理念，重点引进“投资强度高、产出效益

高、科技含量高、税收贡献高”的“四高”项目，加快推动威龙汽车等企业落户，力争引进投资超10亿元的重量级项目。

（五）盘活存量资源。着力克服土地资源瓶颈约束，积极盘活、利用存量低效地块、闲置空间资源，加快启动渭中路老旧工业片区、村级工业园等优化提升，盘活产业储备用地500亩以上。充分发挥工业企业资源集约利用综合评价等政策作用，加大D类企业淘汰力度。动态梳理集体、个人存量厂房资源，及时更新资源库。抓好项目预审管理，实现存量资源利用效率最大化。完成“三优三保”复垦一期工程1300亩。

（六）在优化创新生态中着力推动赶超发展。完善区域创新体系、创新资源环境，为大研发产业发展提供有力支撑，努力实现高新技术和新兴产业产值占规上工业产值比重的双提升。

（七）着力完善平台载体。开工建设海美国际智造研发社区、张江国际孵化器等平台，做好珍珠湖国际新经济研发社区、蔓园总部经济园等开工准备，提升创新创业承载力。深化大院大所合作，力促南航先进无损检测技术研究院落户。加强日常管理考核力度，推动清华大学苏州汽车研究院（相城）、上海交大新材料研究院等平台发挥更大的作用。围绕数字经济、总部经济、平台经济和文化创意等新兴产业，全力推动各类众创空间建设。

（八）全力培育创新主体。全面落实上级有关工业经济、科技创新高质量发展等系列政策，加速创新企业集群培育，新增高新技术企业11家。深度推进“两化融合”，引导企业技术改造、智能化改造，确保规上企业智能化改造率达90%，完成技改投资超9000万元。新增省、市智能车间（工厂）3家、区级智能制造示范项目8个，推广应用机器人140台。强化科研经费投入，提高全社会研发经费投入占地区生产总值的比重。支持企业加快研发机构建设，鼓励技术产品开发，新增省级企业技术中心1家、市级工业技术中心3家，大中型工业企业和高新技术企业研发机构建有率达99%。

（九）加力推动引才引智。强化招商引资与招才引智有机结合，促进企业、项目、人才、科技的“多赢”。建成一站式人才服务中心，新改建一批人才公寓，帮助解决出行、子女就学等问题，打造一流的人才服务环境。积极培育高技能、专业性技术人才，完善镇域人才结构，激发人才活力。

2018年姑苏区金阊新城民营经济发展报告

姑苏区金阊新城党工委、管委会

2018年，金阊新城在区委、区政府的正确领导下，紧紧围绕年度目标任务，立足实际，锐意进取，开拓创新，扎实推动辖区经济稳步发展。

一、金阊新城民营经济发展的基本情况

（一）民营经济发展速度加快

2018年，金阊新城始终把发展作为第一要务，稳增长、调结构，着力提升发展质量和效益，强抓招商选资、巧抓产业转型、狠抓创新发展，经济工作亮点频出。全年实现一般公共预算收入3.327亿元，完成工作指标的130.47%，同比增长34.31%。

1. 招商选资成效显著。运用“1+X”政策提高招商选资质效，先后引进博信股份、苏科环保等优质企业270家，引进深圳天安骏业集团整体运营“姑苏云谷”项目。

2. 重点项目势头强劲。苏州传化公路港全年实现一般公共预算收入6481万元，同比增长3.00%，新引进企业45家，营业额超千万驻港企业59家；安博（金阊）物流中心投用并实现满租，成功引入天猫超市合作商心怡网络科技有限公司；苏州城市公共配送枢纽项目一、二期普通库已投用；中国邮政长三角电商产业园项目于9月开工；婚纱礼服跨境电商综合服务平台项目计划2019年3月开工建设。

3. 专业市场提档升级。机电五金城、一力钢材市场等传统市场借力“互联网+”平台实现转型升级，出税率明显。六大专业市场全年实现一般公共预算收入13131

万元，占比39.47%。

（二）民营经济发展环境持续优化

1. 区位交通优势

金阊新城位于苏州老城区西北部的白洋湾地区，占地面积18.5平方公里，东至沪宁高速公路与相城区相连，南沿苏虞张连接线和苏州著名的虎丘风景区相邻，西临京杭大运河与苏州高新区隔河相望，北接苏州高新区浒关工业园，汇集公路、水路、铁路等交通干线。区内有铁路货运西站，有12条铁路专用线延伸其中。

2. 公建配套优势

金阊新城自2004年启动建设，基础设施及配套工程已完成约四分之三。"五横五纵"主干路网及主要支路除局部节点外已基本完成，主要的雨污水、供电、供水、供气、弱电管网已基本贯通，共完成道路建设约35公里，完成河道及驳岸整治约19公里，新增绿化面积约75万平方米。辖区内有物流服务大厦、北居住区社区服务中心、医疗服务中心、消防站、新城体育场馆、南居住区农贸市场、白洋湾湿地公园、虎丘湿地公园等公共配套设施。

3. 教育文化优势

新城人可以享受到家门口的优质教育资源，辖区内有江苏省苏州第十中学分校高中1所、新城实验中学初中1所、金阊实验小学等小学3所、长青幼儿园等幼儿园4所。金阊新城深入挖掘区域传统文化，在文化保护和传承方面不断取得新突破。辖区内除了有国家一级文化站1个和苏州图书馆分馆2个，还有书画室、老年大学、民俗苑、盆栽蔬菜科普馆、消防体验馆、白洋湾山歌教育基地、蔬菜园艺场青少年教育基地等各种丰富的教育、文化资源平台。

4. 资源集聚优势

金阊新城辖区内高端仓储、干线运输、商贸物流等业态错位发展、功能互补，产业形态不断丰富，不断焕发创新活力。

（1）楼宇载体资源集聚

金阊新城目前有四个重要的楼宇引才载体，承担着金阊新城招才引智的重任。物流服务大厦、旺思楼、城市照明科技大厦均属于达标楼宇，总面积约5万平方米。2018年7月，"姑苏云谷"一期正式启动，项目启动区总面积约152亩，启动区一期由6幢商业办公楼宇组成产业园区，总建筑面积20万平方米。该项目将建设成为国家级产业创新示范区、创新创业示范区、绿色生态示范区，并计划在5年内吸纳1万余名人才，引入科技企业200家，实现年产值100亿元。

（2）物流产业资源集聚

金阊新城辖区内传化物流整合互联网、移动互联等信息化平台，构建了全国智慧公路港网络化运营体系。目前，传化物流已吸引、集聚、孵化了各类物流企业600余家，培育出2家营业额亿元级物流企业，建成管理服务、信息交易、零担快运、车源中心、后勤配套等功能中心，且正打造以云车、云物流、互联网云金融为核心的互联网物流、互联网金融、公路港物流优势互补的“物联网+物流+金融”体系。

（3）跨境电商资源集聚

金阊新城以铁路物流中心为核心，打造跨境电商综合试验区，积极协助新城投资公司推进江苏（苏州）国际铁路物流中心的建设，加快推进中国邮政长三角电商产业园（一期）和苏州婚纱礼服跨境电商综合服务平台的建设，加快完成跨境电商网上服务平台建设，吸引一批跨境电商企业进驻，集聚一批跨境电商和现代物流人才。

（4）创新创业资源集聚

金阊新城积极组织辖区内项目企业参加苏州国际精英创业周活动。2018年姑苏创新创业精英团队大赛，金阊新城推荐的6D智能面部分析与眼瞄系统等4个项目成功进入到决赛。创业周期间，开源无人机的开发与测试、基于艾驰平台型产品开发出关于寿命测试和产品下线测试解决方案等5个项目成功落户金阊新城。基于自动建模技术的数字影视内容制作工具及产业化和基于云语音的智能盒子及智慧养老管理后台两个科技人才项目获得2018年度姑苏区科技创新创业领军人才立项项目。

（三）服务民营经济的能力不断加强

1. 金阊新城商会激发民营经济发展新活力

金阊新城商会于2019年1月筹备成立，现有会员单位50家，会员单位主要为辖区行业龙头企业与辖区内物流、高新技术、房地产及建筑等行业的优质企业。商会务实进取，开拓创新，群策群力，在区、新城工商联的关心和支持下，得到了较好的发展，为辖区企业架起了沟通的桥梁，为区域经济发展做出贡献。

2. “优企连心”助力民营经济发展新动力

金阊新城设立“优企连心”服务团队，创新建立民营企业“一对一”帮扶策略。一方面，经常组织企业参加各类融资大会，为企业推介优质融资平台，全方位地引导服务领域民营企业申报市、区服务业引导资金。同时，通过“一事一议”政策为传化、苏科环保、博信股份（承兴国际）、瑞领等重点企业给予相应比例的资金扶持。另一方面，积极为辖区民营企业做好全方位的企业服务，有效帮助企业开辟专利申请“绿色通道”。同时，按需搭建企业产业链供需服务平台并共享市场信息，多方协助民营企业及商户办理、代办工商、税务注册登记手续等方式，为辖区企业转型、发展、创新提供“贴心保姆”式优质服务。

3. “科技镇长团”开辟民营经济发展新思路

2018年8月，西安电子科技大学任智源博士到街道挂职，双方以此为契机展开了多次交流、沟通。10月29日西安电子科技大学蔡觉平、岳鹏教授来访，带来了电子皮肤等多项最新项目，研发团队依托西安电子科技大学通信、芯片领域专家，博士、硕士主导研发，市场、管理、财务人员配置完整，主要方向为通信和计算机领域的芯片和软件研发，以及人工智能前沿技术研究。蔡觉平已申报2019年姑苏区领军人才项目。

二、金阊新城民营经济发展过程中存在的问题

2018年，金阊新城民营经济的发展取得了一定的成绩，但还存在一些问题需要进一步解决，主要有以下几方面。

（一）民营经济发展融资较难，竞争能力不强

当前，市场经济的下行压力较大，民营企业大部分规模较小，企业资金回笼困难，核心竞争能力不强，再加上原材料、劳动力、流通领域成本上升，民营企业的诚信度远低于国有企业，一定程度上导致了民营企业融资渠道不畅，民营企业贷款难、融资难。

（二）民营经济增长需求调整，亟需提档升级

国内消费结构全面升级，需求结构快速调整，对民营企业的供给质量和水平提出了更高要求。市场的波动、经济的起伏和客观环境的变化带来了民营企业的长期调整压力。在这样的背景下，部分优势企业胜出，但绝大部分民营企业

却遇到了转型的困难和问题。

（三）民营经济人才总量不足，缺乏高端人才

金阊新城位于姑苏区西北角，人才相较于城区基础薄弱。目前传统物流、婚纱制作、小商品市场等产业正处于转型升级中，急需专业技能型人才；同时，软件科技等高端产业也在迅猛发展，对高层次人才的需求也比较迫切。而辖区内高层次人才缺乏，有实际操作能力的适用型人才、技能型人才紧缺。

三、关于加快金阊新城民营经济发展的建议

（一）拓宽民营企业融资渠道

扩大金融市场准入，拓宽民营企业融资途径。设立民营企业信贷融资担保机构和金融支持体系，调动民营银行、小额贷款公司等金融机构向有条件的民营企业放贷，降低放贷利率，帮助民营企业解决融资难问题。条件成熟还可以适当改革金融机构监管考核和内部激励机制，把金融机构的业绩考核同支持民营经济发展挂钩，解决不敢贷、不愿贷问题。

（二）继续扶持企业做优做强

加强与企业的交流、联系，帮助民营企业向产业价值链高端延伸，向智能化技术产业发展，提升民营企业的科技含量。一方面，重点引进高科技、高产值、可持续发展的成熟型企业，对引进企业的项目签约、手续审批、投资建设、投产运营、优惠政策等全环节进行跟踪服务，积极协调解决存在的困难和问题。另一方面，始终主动关心、关怀企业，定期上门走访、举办政企座谈会，充分利用公共技术平台，想方设法为民营企业提升技术降低风险、成本，逐步推进民营企业的技术开发、转型升级。

（三）积极主动引留人才

鼓励民营企业引进培养顶尖人才、高层次领军人才、高技能人才及青年英才等各类人才，支持民营企业申请建立科研工作站、创新实践基地，并对建设成功民营企业每年给予一定的经费资助。深化民营企业与重点高校优势专业的合作，积极搭建民营企业与高校院所产学研合作平台，不断提升校企合作水平。持续发挥科技镇长团人才科技资源优势，结对联系重点民营企业，帮助企业对接人才、科技、资本等创新资源要素。

2018年高新区狮山街道民营经济发展报告

高新区狮山街道商会

苏州高新区狮山街道成立于1994年11月，辖区总面积18.6平方公里，区域内共有常住人口约2.5万户，约8万人，总人口数近20万人，是高新区最早实施开发建设的区域，也是高新区经济社会发展的一个窗口。

街道辖区内拥有29所学校，其中6所中学（四星级高中2所），6所小学，17所幼儿园，均衡优质的教育资源在全市享有较高美誉度。先后成立了馨泰等8个社区居委会，原14个行政村于2007年底全部完成股份制改革并相应成立14个村股份合作社，2012年完成了股份合作联社的注册登记。

街道在二十多年的开发建设中，始终坚持围绕经济建设中心工作，经济结构得到不断优化，经济发展后劲不断增强，而作为重要组成部分的民营经济也在不断迈上新台阶。

一、2018年狮山街道民营经济发展概况

2018年，街道上下高举习近平新时代中国特色社会主义思想伟大旗帜，深入贯彻党的十九大精神，自觉对标习近平总书记对江苏工作系列重要指示，在区党工委、管委会的坚强领导下，有效应对环境变化带来的挑战和“三期叠加”（增长速度换挡期、结构调整阵痛期、前期刺激政策消化期）带来的影响，保持定力、坚定信心、攻坚克难，扎实推进“一体化”发展和“十大街区”建设，高质量发展实现良好开局。全年完成地区生产总值392亿元，公共财政预算收入首次突破40亿元大关，继续位居全区第一。全年新增内资企业2048家，新增注册资金76.06亿元；增资企业293家，增资额35.03亿元；迁入企业129家，迁入额5.49亿元。

狮山街道在二十多年发展中形成了科技工业园、新技术产业园、新升工业园和狮山工业廊“三园一廊”的工业载体，以及以赛格电子市场为主体的电子商业中心，以永利广场为核心的餐饮航母，以狮山路沿线龙湖、金鹰等为辐射的金融商贸中心及金河国际、金狮大厦、高新广场等一大批三产服务业载体的格局。2018年狮山街道新办企业1868家，新办个体工商户1888家。截至2018年底，狮山街道共有企业12222家，其中民营企业10908家，占全部企业的89.24%。综观以上不难看出民营经济在街道经济发展中起到了举足轻重的作用，并且呈现以下发展特点。

（一）传统特色行业发展良好。电子、精密制造等是街道主要的工业行业，作为龙头骨干的科达科技、通锦精密等企业对街道民营经济发展起到了支撑和拉动作用。长久以来，狮山街道高度重视扶持和培育重点企业及有发展潜力的中小企业：一是贯彻落实优惠扶持政策，确保将有关奖励政策和扶持内容宣传到位，同时针对符合要求的企业积极协助其申报专项引导资金；二是配合市经信委、人社局等部门组织开展企业家培训、创业培训，不断提高企业管理水平，鼓励企业重视技术改造，开拓市场，提升企业核心竞争力；三是协调金融部门不定期开展银企对接活动，为辖区内的民营企业发展搭建对接平台，缓解企业在发展过程中遇到的资金困难问题。这些举措帮助骨干企业生产规模稳中有增，为本地民营经济发展起到了良好带动作用。

（二）三产服务业发展后势强劲。街道在扶持原有行业企业做大做强的同时，不断加大招商引资力度，提高三产服务业所占比重。狮山路沿线陆续建成的商业综合体是狮山商贸区、高新区的形象工程，代表了辖区服务业的新高度、新规模。随着近年来龙湖基业、融鼎置业、佳鼎投资等一批优质企业的落户投资，带动了街道三产服务业的快速发展，成为狮山民营经济发展的新增长点。

（三）企业挂牌上市热情高。狮山街道建立了上市后备资源库，形成结构合理的上市梯队，实现“储备一批、培育一批、扶持一批、申报一批、上市一批”的目标，真正做到利用资本市场发展地方经济，促进街道民营经济持续、快速、健康发展。

（四）科技创新推动企业发展。2018年狮山街道新增科技企业291家，累计获批高新技术企业63家，累计批准研发机构139家，累计批准省级以上研发机构

18家，累计获批领军人才49人，其中市级以上8人，累计PCT专利申请125件，累计万人发明专利拥有量88件。充分发挥已建领军人才沙龙平台和科技服务中介的功能、优势，以博引博，定期组织人才企业开展政策宣讲和交流培训等活动，积极帮助人才解决企业发展、安家落户、子女上学等实际困难，让各类人才“进得来、留得住、有发展”。区域科技创新能力的不断提高，有效提升了企业在市场上的竞争力。

二、狮山街道民营经济发展过程中存在的困难和问题

在过去的一年中，狮山街道民营经济保持了良好的发展态势，但是在发展过程中也凸显不少困难和问题。

一是经济结构战略性调整逐步压缩低端产业发展空间。从国内趋势来看，由于资源、环境等多方面的因素，原来的以牺牲资源和环境为代价的粗放式发展已经难以为继，随着经济结构战略性调整的力度不断加大，产能过剩的低端产业被财政、税收、土地、差别电价、淘汰落后产能、资本市场和金融支持等压缩。

二是受到经济下行的压力和国际、国内两个市场的影响。劳动力成本上升，企业生存比较艰难，表现出生产业务不足、部分企业订单减少、产销受阻、业绩下滑等情况，甚至出现收入负增长。受宏观调控影响，部分重点企业拟实施的搬迁、技改、扩建和招商引资项目，受资金等因素制约，难以开工建设。特别是土地资源缺乏，限制企业发展。目前，受国家严格的土地政策限制，新增建设用地指标十分有限，企业用地需求得不到根本满足，加上征地成本高，一定程度上制约了本地优质企业的增资扩产和对外来项目的招商引资。

三是民营中小企业融资难，严重制约企业发展。目前民营企业的资金来源主要有：企业自有资金、金融机构资金、资本市场融资、商业信用融资、民间资金融通。我国对进入资本市场的企业有严格的限制条件，债券的发行受到严格限制，需要较多信用评级、资产评估，企业上市融资比较困难，大多数民营企业由于规模小、资本金有限，难以达到主板上市的条件，被拒于证券市场之外。此外，企业法人的进入门槛过低，缺乏一定的社会信用和社会经济基础，同时这些企业大多缺少贷款所必需的资产抵押或担保，因而很难得到正规金融体系的信贷支持。如果依靠民间借贷，不仅风险大，而且成本高。这些融资难的情况都会

影响企业的生存，制约企业进一步扩大生产。

三、2019年促进民营经济发展的举措

2019年是中华人民共和国成立70周年，也是决胜全面建成小康社会的关键之年，机遇与挑战并存。我们既要看到外部环境复杂严峻，经济下行压力加大，经济运行稳中有变、变中有忧；更要看到变中有机、危中有机，善于变中寻机、化危为机。必须充分调动各方面积极性，形成全局工作强大合力。街道将坚持以科学发展为导向，开放创新为动力，转型升级为支撑，革新民营经济发展方式，进一步壮大经济规模总量。

（一）突出转型升级，引导企业扩规模上档次。坚持产业为本，加快产业结构战略性调整，形成以先进制造业和现代服务业为主体的适合我们的产业体系。加强规模龙头企业培育，坚持集群化、高端化、品牌化发展导向，推动优势传统产业延长产业链、增加附加值，致力于培育一批符合产业发展方向的规模企业，使之成为经济发展的主导力量。同时，支持传统产业电商化发展，推动商务电子化和运营数据化。推进产业融合跨界发展，打破产业边界，促进制造业与服务业紧密结合，高端化发展先进制造业，高标准发展现代服务业，推动产业向中高端攀升。此外在招商过程中要积极引入一些投资规模大、科技含量高、规模效益明显、带动作用强的项目，以达到逐步改善产业结构类型，促进街道经济持续健康发展的目的。

（二）强化要素保障，抓好重点项目建设。积极探索供给侧结构性改革，提高供给体系质量和效率，创造新供给、释放新需求，培育民营经济增长新动力。我们将进一步强化对即将开工或已开工重点项目的跟踪服务，细化对口部门，明确责任人，突出抓好项目建设工作，克服各种困难，每月更新一次开工进展情况，保障重点项目的快推进、快达产、快见效。对新增项目，做好与相关部门的沟通协调，会同企业充分做好开工建设前的准备工作，确保成熟一个开工一个；对已入驻的企业，要加大力度解决企业发展难题，解除企业的后顾之忧，努力培育民营经济发展后劲。

（三）营造良好环境，提升企业服务含金量。狮山地区具有很好的工业产业基础和服务业发展空间，可以利用目前区域内商业项目建设进度和商业载体，引

进现代服务业企业，而横塘地区建材装修产业发展规模效应日渐显现，两区域既可以资源互补、平衡产业结构，又可以增强民营经济发展实力。我们要有效利用自己的优势，打造良好的投资环境。一方面完善工作机制，做好民营经济发展工作的统筹和规划，为民营经济可持续发展提供有力保障；另一方面加强与企业的交流，不定期走访企业，了解其发展状况，倾听企业心声，共同为企业出谋划策。根据企业需求开办各类讲座培训，邀请专家和成功企业家传授现代企业经营管理理念，建立现代企业管理制度；组织企业外出参展洽谈、投资考察、开拓眼界、以商会友、挖掘商机；充分发挥街道商会组织作用，探索行业抱团发展模式，共同促进民营企业发展。

（四）突出创新主题，为街道发展提供不竭动力源泉。积极引导企业推进科技创新、制度创新和管理创新，开展质量强企、强业活动，强化自主品牌培育，提升核心竞争力，形成一批优势特色产品，引进培育一批“百年老店”，推动民营经济品牌化。引导大型民营企业增加有效投入，以智能化为重点提高技改投资占比，不断提高自主创新能力，促进企业做大做强。同时进一步提升新兴产业、现代服务业投资占比，创新企业投融资体制，形成多元化、可持续的资金投入机制，发挥投资对增长的关键作用。科技是第一生产力，我们要鼓励企业借助各类科研项目、科技成果和各级领军人才，将科技创新转变为现实生产力，从而提高企业在市场中的竞争力。

民营企业历来是狮山经济发展的重要组成部分。随着狮山横塘一体化发展，我们可调配的资源更多，可腾挪的余地更大，可选择的路径更广。古人云：昔日之得，不容以自矜；后日之成，不容以自限。我们将继续着重推进产业结构调整、提高企业服务质量、提升企业核心竞争力，遵循“创新、协调、绿色、开放、共享”五大发展理念，不断加快民营企业发展步伐，在更高起点上实现高质量发展，走在时代最前列，以优异成绩迎接中华人民共和国成立70周年！

2018年苏州工业园区娄葑街道民营经济发展报告

苏州工业园区工商联娄葑商会

2018年，娄葑街道贯彻习近平总书记对江苏工作的重要指示精神，认真落实省、市、区决策部署，坚持稳中求进工作总基调，全力推进娄葑街道经济快速稳定发展。2018年通过产业升级，结合街道与园区中新合作区区域一体化建设的不断融合，街道经济社会发展总体良好，其中民营经济取得了较好的发展。

一、2018年娄葑街道民营经济发展概况

娄葑街道在2018年工作中提高企业服务质量，优化产业结构，全街道经济发展态势良好。全年完成公共财政预算收入15.1亿元。新增民营企业3486家，民营注册资本净增117亿元。全年民营经济发展呈现如下特点。

（一）转型升级不断加快。2018年完成“新三板”挂牌上市3家：苏州革新百集传媒科技股份有限公司、苏州合展设计营造股份有限公司、苏州工业园区蓝鼎餐饮管理股份有限公司。同时培育苏州鸿基洁净科技股份有限公司、苏州健康在线医疗科投股份有公司、苏州一航科技股份有限公司等“新三板”梯队企业3家。截至2018年底，街道共计“新三板”挂牌企业20家，位列区内各街道之首。苏州玩友时代科技股份有限公司、八方电气（苏州）股份有限公司进入主板上市辅导期，计划在2018年后冲击主板上市。完成火炬计划企业278家，新增高新技术企业16家。全街道企业专利拥有量累计近2800个。

（二）亲商服务水平全面提升。2018年娄葑街道在企业服务工作上抓落实，在服务中要效益，在服务中要发展，协助企业转型升级，推动园区经济健康稳定发

展。2018年街道各级部门走访企业500余批次、重点企业300多家，协调解决各类重大事件30余起；同时对内做好经济数据的排查和整理工作，运用网格化管理工作，摸清家底，合理分配街道资源，全面做好企业服务和招商引资工作。

二、当前娄葑街道民营经济发展中存在的主要问题及矛盾

当前娄葑街道民营经济发展良好，但我们也必须充分认识发展过程中存在的不足。一是科技型企业不多，企业产品的技术含量不高，传统行业占比较大，高科技和高附加值的企业比较少。二是企业的创新能力不够，大部分民营企业缺乏创新意识和创新能力，从而制约了企业的发展。三是上规模的民营企业不多，以中小企业为主。四是园区劳动力成本、租金成本等生产要素成本的增加，制约了本身科技含量不高的民营企业的发展。五是高层次人才引进困难，面对外资企业高福利待遇的竞争，民营企业难留人才的问题日益突出。

三、2019年娄葑街道民营经济工作目标与打算

（一）盘活现有资源，逐步淘汰低效企业，确保经济平稳增长

1. 全面梳理辖区内的工业载体，对产值低、纳税低、附加值低的企业，特别是国有载体、集体载体中的租赁企业逐步清退，通过街道、社区自身的招商部门，通过园区上级招商条线引进产值高、纳税高、科技含量高的企业，合理利用现有资源，实现资源效益最大化和社会效益最大化。

2. 拓宽工作思路，鼓励民营企业向科技企业转变。用好园区的科技政策，在企业的高企培育、人才引进、专利申请等方面扶持企业向科技型企业转变，提高企业的科研能力，加强产品的科技含量。紧跟园区产业布局，重点引进智能制造、生物医药、新材料等新兴行业。力争在2019年引进相关企业10家。

（二）弘扬园区“亲商、安商、富商”传统，当好服务企业的“店小二”

1. 建立健全服务机制，成立企业服务领导工作小组。同时建立企业服务快速响应机制，对于需要街道各部门协调解决的事宜，及时形成报告单制度，确保三天内予以答复。

2. 将走访企业常态化、制度化。从以前企业反馈问题再协调处理问题变为主动了解企业发展过程中遇到的问题，将被动服务变为主动服务，让企业有归属

感。2019年在保持常规走访的前提下，把街道划分为4个区域，企业服务分部门分片区，明确职责，建立网格化管理制度，做到企业服务无死角。

3. 政策到家，服务不断推进。不断学习和了解园区的各种政策并通过网格员、信息网络平台、微信公众号等渠道推送给相关企业。同时请相关专家来给企业开展相关政策培训。预计全面开展培训活动12场，参会企业超300家。

（三）经济发展从量变到质变的探索与突破

着力引进科技项目，推进创新发展，排摸娄葑各辖区内的科技载体企业，掌握各产业园的企业情况，加强企业走访与服务，深挖各产业园的科技型企业。以国家火炬计划企业申报为抓手，在上级下达的企业库中发掘优质科技企业的同时加大各科技载体、各社区载体内科技企业的挖掘。结合园区各大政策，在申报国家高企、省双创人才、姑苏领军人才、园区领军人才工作中，加强相关企业的培育，运用产业导向和政策支持，从而推动娄葑产业升级和产业转型。

2019年培育以及储备一批“新三板”生力军，增强企业二次技术创新的能力。2019年力争完成申报国家高企52家、技术开发项目备案60家、火炬计划上报企业278家、新建区级科普示范基地2家。年内积聚金融、投资、总部、研发以及战略性新兴产业等项目100余家，逐步形成新的发展动力。

总之，娄葑街道以提升服务创新为基础，提高科技发展水平为目标，高度重视民营经济发展，扎实推进民营经济工作，街道各级部门凝心聚力、同心同德为民营经济的发展、为建设“强富美高”新娄葑做出应有的贡献。

企业篇

江苏沙钢集团有限公司发展报告

江苏沙钢集团有限公司

一、2018年发展概况

2018年是贯彻落实党的十九大精神的开局之年，也是沙钢集团实施“九五”发展规划的关键之年。面对国家稳步推进供给侧结构性改革、着力化解钢铁过剩产能、钢材市场形势稳中转好的有利时机，沙钢在上级党委政府的正确领导和社会各界的关心支持下，以“质量、效率、效益”为中心，大力抓好安全环保提升，切实加强生产组织管理，积极开展降本挖潜增效，加快调整产品结构优化，深化实施经贸管理创新，全面推进文化队伍建设，企业生产经营总体保持了平稳发展态势。

（一）生产经营取得较好成绩。2018年，沙钢集团共完成炼铁3183万吨、炼钢4066万吨、轧材3954万吨，同比分别增长-1.3%、1.8%、3.6%；实现销售收入2410亿元、利税330亿元，同比分别增长9.5%和29.7%，企业效益水平实现了稳步增长。

（二）降本节支增效成效显著。2018年，沙钢集团本部开展160个降本节支、创新挖潜、增效支撑项目攻关，实际完成131个，项目完成率达82%，全年累计实现降本金额超10亿元，取得了较好攻关成效。

（三）品种结构不断优化提升。2018年，沙钢集团本部共开发新品53只，其中冷轧SPCC-EC和SPCC-B出口油桶钢，宽厚板S460N Z25、S355N Z25、S460M Z25佩列次茨大桥用结构钢，线材SGLX82AD帘线钢等34只新品已实现批量化生产，新品累计销售243万吨，销售收入超119亿元，开发创效约1.12亿元。

（四）“四化”水平不断提高。2018年，以决策支持综合管理系统、安全信息系统、棒材在线工艺监控系统、环保设备工控画面等为重点的一批信息化项目成功上线运行。另外，围绕智能制造，完成了动力能源管控中心远程集中控制、东区无人堆取料机、炼钢自动接电极等智能化项目，进一步带动了沙钢集团机械化、自动化、信息化、智能化“四化”水平的提升。

此外，企业综合实力和品牌形象不断扩大，沙钢集团连续十年跻身世界500强，继续保持竞争力极强钢企第一方阵，入选“钢铁行业改革开放40周年功勋企业”；沙钢集团董事局主席沈文荣荣膺“改革开放40年百名杰出民营企业家”“为江苏改革开放做出突出贡献的先进个人”称号。

二、主要做法

（一）围绕提高市场效益，优化生产组织管理。2018年，面对市场形势好转的有利时机，沙钢集团全力以赴抓生产，吃饱开足，满负荷组织生产，保证企业效益最大化。如围绕高产高效，炼铁突出抓牢高炉，稳产高产，炼钢重点抓牢废钢比提升，轧材切实抓好生产异常消减、产线专业化分工，生产效率显著提升，5月份沙钢集团本部钢材产量达到218万吨。同时，围绕效益抓好选择性生产，通过对主导品种盈利能力的测算，严格按照先算账、再生产，盈利高品种多产、快产的指导思想，在激烈的市场竞争下多创效，如5月份盈利相对更好的板材优先安排、开足生产，最大限度地保证了产销平衡和经济效益。

（二）围绕增强成本优势，全面开展降本节支。沙钢集团坚持眼睛向内，把持续开展降本节支、创新挖潜增效，作为增强企业竞争优势和效益水平的重要举措。2018年，沙钢集团以先进企业为标杆，共有梳理重点降本项目160项，通过组织实施，取得了明显攻关成效，全年降本支撑项目完成率82%，其中，板块目标增效6.6亿元，完成率90%，负面清单损失总额较2017年下降19%。同时，深入抓好工艺优化降本，如通过以铌代钒、提锰降钒等措施，实现合金降本约1.6亿元。

（三）围绕提升品牌效益，深入推进“两高两提”。面对市场竞争激烈、用户对质量要求日益提高等新形势，沙钢全面推进实施“两高两提”战略工程，即开发高端目标用户和高附加值产品，提升高附加值产品销量和提升效益。通过强化销售、生产、技术、研发等条线的协作能力，对客户的需求形成快速的反应机制，较好地缩短了产品投放市场的时间；通过收集用户标准，形成新的技术方案，按照标准化的要求，制定完善各重点产品的生产工艺、作业标准，同时加大岗位操作人员的培训，提高员工操作技能，确保产品质量的稳定。通过实施“两高两提”战略，进一步提升了企业核心竞争力和应对市场变化的能力。2018年，沙钢集团本部高效益品种钢销售量达1104万吨，共增效1.37亿元。

（四）围绕低碳绿色发展，强化环保节能管理。沙钢集团按照环保新要求，继续加大了环保节能新技术、新工艺的推广应用，重点推进实施了焦化球团脱硫脱硝、15万吨中水回用、烧结余热回收等环保节能技改项目，对提高企业环保治理水平、降低生产能耗起到促进作用。目前沙钢主要能耗、环保排放指标均处于全国同行前列。同时，坚持抓好煤气、蒸汽、炉渣、焦化副产品和工业用水等“五大循环回收利用工程”，产生了经济效益和环境保护的联动效应。2018年，沙钢集团通过回收利用高炉、转炉、焦炉煤气和蒸汽发电59亿千瓦时，自发电比例达50%以上。

（五）围绕提升运行质量，抓好基础管理提升。按照2018年是沙钢集团基础管理提升年的总体部署和任务要求，从年初开始在全公司开展2018年任务指标细化分解和基础管理梳理提升工作。通过细化分解任务指标，根据挂钩对象不同将目标逐级细化，分解成众多小目标，有效提高了各层级的责任感和紧迫感，确保公司较好地完成了时序任务目标，特别是效益指标和轧材产量保持了较高增长水平。通过开展基础管理提升，重点抓好各项规章制度、业务流程和各类报表的梳理整改、修订完善，2018年，沙钢集团各专业条线、生产分厂共排查梳理制度、流程6800余项、排查问题2500余个，整改完成率100%，有效促进了各项工作更加标准化、规范化、高效率地开展。

三、存在的不足

2018年虽然取得了一定成绩，但与现代企业发展要求相比，与年度任务目标相比，还存在一些不足和差距，主要表现在：部分任务指标仍有脱标，少数技经指标还有较大提升空间，安全生产管理工作还有待加强，产品质量服务有待进一步提升，基础管理工作还不够精细，等等。

四、下一步工作规划

下一步，沙钢集团将坚持高起点定位，围绕推动企业实现高质量发展和绿色发展目标，坚持“以钢为基、结构调整、优化投资、多元发展”总基调，坚定“做精做强钢铁主业、做大做优现代物流、做好做实非钢产业”发展战略不动摇，实施创新驱动，加快转型升级。重点做好五个方面工作。

（一）狠抓产品结构提档升级。沙钢集团将坚持以“造世界精品、创中国名牌”为目标的品牌发展战略，立足国内，面向国际，以提升产品质量稳定性为前提，瞄准中高端目标客户，强化中高端产品研发生产，将汽车用钢、建筑结构用钢、军工用钢、超薄带生产线相关配套产品等作为战略开发的重点，加快冷轧硅钢线等在建项目的早日达产达标。在兼并重组东北特钢的基础上，力争形成规模为1800万—2000万吨的优特钢生产板块，并使其成为在国际、国内规模最大、品种最全、档次最高，具有国际品牌影响力和竞争力的优特钢生产企业，更好地满足国家对优特钢用材的需求。同时，沙钢还将围绕国家及江苏省打造钢铁产业集聚区基地战略，通过在省内适当实施收购兼并重组，进一步调优产品结构，做大、做精、做强钢铁产业。

（二）狠抓环保提标升级。在质量提升、安全生产的基础上，沙钢集团将以上级部门检查问题为切入点，以第三方专业机构现场全面检查诊断方案为依据，全面实施环保治理提档升级，按超低排放标准要求落实行动计划，加快“花园工厂”“清洁工厂”的实施建设。将投资约85亿元，全面实施水、气、声、渣等“四大环保工程”，主要有焦炉烟气脱硫脱硝改造，焦炭、煤筒仓封闭项目，C型料场封闭项目，料场棚化改造，等等，通过引进国内外最好、最先进技术，努力使环保管控水平达到甚至低于国家最新超低排放标准。

（三）进一步抓好创新平台建设。在现有沙钢集团钢铁研究院的基础上，加大投入，运营好江苏冶金技术研究院，建立开放型的冶金人才和技术集聚高地，力争打造“国内前三、世界一流”的冶金创新平台。通过该平台，进一步提升研发能力，促进产品结构加快优化调整，至“十三五”末板卷比力争达到60%以上，包括冷轧在内的高附加值产品比达到60%以上；进一步加快国际国内前沿工艺技术应用，如超薄带（双辊薄带连铸技术）、超洁净钢生产、无渣出钢等技术的应用，不断优化提升装备水平，从而使沙钢集团产品品质和核心竞争力进入国内、国际钢铁行业第一方阵。

（四）全力推进智能制造。以“中国制造2025”为行动纲领，加快“互联网+”推进，改进完善ERP系统，大力推进精益生产、能源环保管理、大物流管理、工程项目管理、决策支持综合管理等系统建设，实现对生产、质量、物流、设备、能源等运行数据实施在线采集监控，自动汇总分析，且根据不同模型实现工艺自动调整；着力推进炼铁、炼钢、轧材等主要生产车间智能化改造，抓好智能化样板车间建设，进一步改善职工工作环境，降低职工劳动强度，提高劳动生产率，至“十三五”末，力争有1000个以上岗位实现用机器人替代，钢铁主业人均产钢量力争达到1500—1600吨，达到国际领先水平。

（五）大力发展非钢产业。以服务主业、配套主业为原则，以提升集团整体竞争优势为目的，以投资多元化、贸易社会化为抓手，大力搞好钢铁物流和钢铁电商平台，积极推进产融协同联动，大宗原辅料保供、钢铁产品外销以及上下游关联产业社会贸易，推进全系统、全过程的水陆物流运输整合，积极审慎开展对外投资业务，打造以钢铁主业为核心的多元产业链条。至“十三五”末，力争非钢产业效益贡献度达到30%以上，形成钢铁主业既优又强、多元产业齐头并进的产业发展格局。

江苏永钢集团有限公司发展报告

江苏永钢集团有限公司

2018年，总体上钢铁行业运行良好，盈利能力普遍较强。虽然遭遇中美经贸摩擦，原辅材料供应吃紧、价格抬高等不利因素影响，但得益于2017年以来钢铁行业“去产能”、打击“地条钢”，以及一些钢厂因受环保限产、停产等影响，钢材的供需关系发生变化，全年钢材价格整体高位运行，企业盈利空间扩大。面对市场机遇，永钢集团有序推进产供销各项工作，同时优化体制机制、加快绿色发展、深化科技创新、提升多元产业发展水平，累计实现销售收入380亿元，利税80亿元，利税指标再创历史新高。

一年来，永钢集团坚定不移推进转型升级，一些工作取得了较好的成绩。主要表现在以下几方面。

一、综合竞争实力增强。在冶金工业规划研究院所做的中国钢铁企业综合竞争力评级结果中，永钢集团连续第三年获评“A级竞争力特强企业”。被《中国冶金报》评选为“钢铁行业改革开放40周年功勋企业”。

二、绿色发展水平提升。从提升全员环保意识、加强环保项目建设、推进超低排放改造、提升清洁运输水平、加强内外环境整治等方面发力，打好“蓝天保卫战”。成为全国第一家同时获得“绿色工厂”和“绿色供应链管理示范企业”的钢铁企业，成功通过了能源基金会“气候领袖企业”的评审。年内还筹建了循环经济产业园，目前3条钢渣3D打印生产线已经投产。

三、外贸出口再创佳绩。全年完成钢材出口156万吨，累计出口国家和地区达108个，其中“一带一路”沿线国家和地区32个。外贸出口位列全国对外贸易企业500强第233位、全国民营对外贸易企业500强第33位。

四、科技创新能力提升。参与了37项国家、行业标准的制（修）订；全年获得授权专利114件，其中发明专利37件。迄今已累计获得授权专利582件，其中发明专利236件。炼钢车间荣获江苏省智能制造示范车间称号。企业成功被认定为江苏省高新技术企业，位列民营钢铁行业专利创新指数第一位。

五、非钢产业继续壮大。建设板块稳健发展，精筑建设集团完成销售收入16.9亿元，利税1.9亿元，从2016年至今，与央企的合作额达12.3亿元，实现了“走出去”发展。成立了联卓建筑科技公司，投资1.6亿元的PC构件（装配式建筑）一期项目于2018年4月投产。11月，与上海宝冶合作的二期项目正式开工。旅游板块在农耕园取消门票、下半年升级改造的情况下，全年实现营收5900多万元，接待游客近60万人次。

六、组织建设得到加强。企业党总支升格成为党委，新的党委班子学历层次更高，年龄、知识结构更加优化，为企业转型升级提供了坚强的组织保障。

受全球经济增速正在放缓，中美经贸摩擦，国内房地产、汽车等钢铁下游行业预期走低等因素影响，钢铁上下游行业都将产生持续性影响，预计2019年钢铁行业的日子会比较困难。但是，我国经济正由高速增长阶段转向高质量发展阶段，体量大、市场深、韧性强等基本态势没有变。一是国家“一带一路”倡议的推进，推动我国钢材出口；二是国内各省基建投资计划，总规模将达到10万亿元左右；三是中央经济工作会议提出更大规模减税降费，这些都将会给钢铁行业带来潜在的增长机会。

综合研判形势，永钢集团确定2019年为“抓管理、提质量、增效益、促转型”之年，生产经营目标是：完成钢产量830万吨，力争实现集团销售收入350亿元，利税32亿元。为了实现这一目标，将主要抓好以下几个方面的工作。

一、做精做优钢铁主业。一是坚定不移推进产品结构调整。聚焦于能源领域用钢、交通领域用钢、生活领域用钢三个产品序列，加快市场容量大、产品附加值高的新产品开发工作，朝着普钢特钢“532”的目标迈进。二是加快由产品制造商向材料服务商转变。以用户为中心，围绕用户需求，将服务延伸到客户的生产过程中，全面优化材料设计、质量、成本、交期、订单精细化、配送服务等方面工作，帮助客户实现质量稳定和成本下降，建立售前、售中和售后全过程服务管理体系。三是努力抓好市场开拓工作。积极参与国际、国内重大工程建设，提升企业的品牌形象。继续致力于扩大出口，重点开拓远洋市场，并紧跟国家“一带一路”倡议，加大“一带一路”沿线国家和地区的市场开发力度。2019年力争完成150万吨出口目标。

二、做大做强非钢产业。用2—3年时间，使非钢板块营收比突破20%，甚至30%，有3—4家年营收超过10亿元的企业。

一是继续壮大PC构件产业。加快张家港装配式基地建设，争取尽早投产；充分利用与上海宝冶合作的契机，尽早形成集研发、设计、生产为一体的产业链，成为张家港市乃至苏州市装配式建筑龙头企业。二是做大金融投资板块。按照“1+N”的发展思路，实现拥有1家上市公司、成为若干家上市公司前十大股东的产业布局，增强企业在金融板块的实力。三是培育壮大环保产业。把循环经济产业园的规划逐步落地，加快转底炉、钢渣综合利用、烧结电除尘灰无害化处理、3D打印等项目建设，打造水、气、声、渣等处理、循环再利用的环保产业集群，并进行市场开拓。

三、深入推进绿色发展。一是加快重点项目建设。对总投资超过16亿元的原料堆场大棚封闭、煤气发电烟气超低排放改造等剩余21个环保项目，加快推进，确保项目在2020年全部建成投产，实现超低排放。二是继续推进清洁运输。完成球团厂码头到厂区的清洁运输改造。增加内河船舶数量，做到船等码头，提升船运比。推进运输工具的绿色改造，包括内河船舶LNG清洁能源改造，增加绿色能源车辆等。三是推进环境美化工作。对厂区现有绿化进行提档升级改造，打造具有永钢特色的园林景观。加快河道湿地建设，把永联村、永钢集团融合起来打造成绿色发展示范区。

四、持续抓好党建工作。2019年是永钢集团党委成立后展开整体工作的第一年，党建工作做实了就是生产力，做强了就是竞争力，做细了就是凝聚力。新一年党委工作将紧紧围绕企业转型升级中心工作，切实履行宣传贯彻党的路线方针政策、团结凝聚职工群众、维护各方合法权益、建设先进企业文化、促进企业健康发展、加强自身建设等主要职责，以“组织战斗力”“党员带动力”“文明感召力”“职工凝聚力”的“四力工程”建设为抓手，为实现企业年度生产经营目标任务提供思想保证、组织保证。具体抓好党委班子建设、开展党员“四有四无”活动、开展第八届职工劳动竞赛等21项工作。

2019年，永钢集团将迎来建厂35周年。过去35年，永钢集团在改革开放的政策哺育下，从一个30万元起家的作坊式小厂，蜕变为中国民营企业500强，成绩令人瞩目。站在新的历史节点上，永钢集团将进一步永攀高峰，百炼成钢，不断迎接新挑战，增创新优势，着力实现高质量发展！

亨通集团有限公司发展报告

亨通集团有限公司

2018年是亨通集团第九个三年战略发展规划的收官之年。过去一年，亨通发展面临的国际国内环境复杂严峻，多重困难和挑战相互交织。在集团党委书记、董事局主席、总裁崔根良的坚强领导下，全体亨通人迎难而上，锐意进取，以自身发展的确定性对冲外部环境的不确定性，总体较好完成了集团年度各项任务目标。

一、聚力发展，经营成果再创新佳绩

全年实现营业收入1019亿元，同比增长30.6%，企业的良好运行发展主要表现在通信、电力两大产业的稳步增长，全球化布局与新产业发展，以高质量发展迈上了千亿元级发展新台阶。

二、聚焦创新，产业发展再添新动能

2018年，亨通重新构建通信产业集团、电力产业集团、新产业发展集团、国际产业集团、通信运营板块、金融控股集团、投资控股集团及文旅地产板块，聚焦创新，各产业发展取得一系列突破，特别是新兴产业的发展硕果累累，新产业的布局规划更清晰，方向更明朗，发展更聚焦。

（一）通信产业迈上发展新进程

1. 通信传输产品及解决方案

2018年，亨通旗下通信产业取得骄人成绩，“棒—纤—缆”产业综合产能、关键产品技术能力、成本竞争力均达同行领先水平；开发的超低损耗光纤、多模光纤、传感光纤、激光光纤等产品效益显著；天线产品在国内外市场齐迸发；特种工业缆高端产品已初具规模。

2. 5G通信产品体系布局

各公司围绕5G通信网络基础建设及应用，对当前5G用光纤、高速数据缆、光模块等产品体系进行迭代升级，并延伸数据中心、ICT业务与物联网等应用，均已取得阶段性的突破。

3. 通信运营业务发展

跨洋通信运营又是一个走在同行前列的尝试，在继“宁沪量子干线”“苏通量子干线”建设完成后，具有重大意义的“京雄量子干线”在2018年底顺利完成验收。大数据运营已成功进入全国18个省级运营商系统，大数据安全系统成功进入10个运营商体系。

（二）电力产业布局发展新领域

电力产业推动海洋能源传输、超高压、智能电网、新能源技术、储能等产业的创新发展及转型升级，进一步优化产业结构，在500千伏海缆、防火电缆及国内外重大EPC总包工程取得重大突破，并积极推动高压附件、充电桩等业务的融合发展，提升电力产业综合竞争力。

1. 海洋领域的布局与进展

2018年，海洋产业已构建海底电力缆、海底光缆、海上工程、海洋装备四大系统整合，打造海洋产业全价值链业务体系。

2. 储能领域的布局与进展

紧跟电力供给侧改造、需求侧改造与电网综合能源的开展，主打分布式冷热、蒸汽的储能项目，积极参与电厂侧灵活调峰，实现冷热电全线检测控制，并积极推动制定热储能的行业标准，开启亨通进入储能产业的新篇章。

3. 新能源汽车配套领域与进展

围绕新能源汽车配套，已布局新能源汽车高压线、线束及连接器、充电枪、充电桩设备产品及充电站建设与充电运营。充电站及充电运营服务已覆盖17个省市73个地市级大中城市，发展电动物流车销售、租赁业务等。

（三）新产业步入发展新格局

2018年正式成立新产业发展集团，推进新产业快速健康发展，重点在半导体芯片及材料、产业电商及工控安全、物联网传感技术、智能装备、新能源电池材料、港务物流等布局初具雏形，为将来拓展集团的成长空间打下了坚实的基础，部分技术已具备一定的市场竞争力。

三、聚能聚势，全球发展再绘新蓝图

2018年，我们奋力在全球开疆拓土，多点发力、内外联动，积极开拓新市场、新业务，加快海外业务转型升级，推动海外产业运营管理取得新成效。

海外产业与海外业务迸发增长，业务增长超50%以上，全年新增5个产业研发基地和2个研发中心。

目前，一批布局未来的国际化项目正在稳步推进。海外销售实现六大洲全覆盖。通信产品包涵光纤、光缆、天线、馈线、数据缆、市话缆、ODN等；电力产品覆盖输电系统、配电系统、发电系统和海缆系统。2018年通信新增入围大T客户14个，电力新增大E6家；中标某国EPC重大工程项目，这是中国国际工程总承包企业在西欧地区首次签约海缆总包项目。

全球影响力稳步提升，2018年共组织29场展会，被20多个国家50多家重要客户评为优秀供应商。

四、聚合资源，推动产业转型升级

为适应集团转型升级，实现从规模型向质量型的转变，我们本着“三个有利于”原则（有利于产业集团内部的资源整合和业务协同；有利于提升产业集团和各公司降低经营管理成本、提高效益，能够提升公司竞争力；有利于各产业及各公司可持续发展），对集团组织架构进行了调整和优化。一年来，围绕企业的内生增长和平台化、集约化管理要求，通过管理体制、运营架构和运营体系的变革，有效推动了企业内部资源整合，集团竞争力持续增强。

（一）坚持自主技术创新，推动向产业中高端转型

近年来，亨通通过不断加大创新投入，开展原创性、自主性技术的研发创新，国内外专利、国际国家标准取得了重大突破，打破了光通信海洋领域很多关键核心技术长期被欧美巨头垄断的局面。先后荣获中国工业大奖、袁宝华企业管理金奖，入选工信部国家工业强基工程、国家绿色集成制造项目。下一步，亨通将围绕新一代5G通信、大数据物联网、网络信息安全、环保监测等领域，加强

与国内外大院大所的创新合作，加快产业化步伐，让科技更好更多地造福人民群众的美好生活。

（二）坚持制造模式创新，推动向高端智能制造转型

智能制造是智能技术与制造技术的融合，用智能技术解决制造的问题。最近几年，亨通积极践行智能制造，努力打造制造服务新模式。围绕智能工厂，大力推进"制造精益化、管理信息化、工厂智能化"建设，保障产品的柔性定制生产，运营质量、效率大为提高。目前，已建成14个省级示范智能车间，两家企业入选"全国两化融合管理体系贯标试点企业"，获江苏制造突出贡献奖、全国质量标杆企业、中国出口质量安全示范企业等殊荣。

（三）坚持系统集成创新，推动向全价值链制造服务转型

制造业竞争不仅仅是产品集群的竞争，更是一个"产品+技术+工程+服务"的综合实力竞争。这几年，亨通围绕向系统集成服务商转型，面向全球打造出在通信、电力、海洋等领域的全价值链系统服务能力，承担了埃及总统府通信工程、马尔代夫环岛海洋通信工程、圣彼得堡能源电网项目、跨亚马逊河特高压工程等多个国际大项目，为全球光纤网络和能源互联网建设提供了中国方案。

（四）坚持质量品质第一，为中国制造赢得全球声誉

创新决定了我们能飞多高，而品质决定了我们能走多远。中国企业要获得世界的认同，不仅要有资本实力，还要有技术水平、产品品质，要让国际市场对中国制造、中国质量放心。正是因为拥有高品质，亨通的产品、服务已覆盖全球130多个国家和地区，占据全球市场15%以上。目前，亨通集团已在119个国家注册商标，取得66个国家和地区的商标核准保护，位居全球光纤通信前3强。

五、再接再厉，社会影响力持续提升

2018年，全集团获国家级荣誉22项，其中15项为首次获得。如2018年制造业与互联网融合发展试点示范项目、国家工信部第三批绿色制造、中国质量奖提名奖等。在"中国企业500强"（第216位，上升44位）、"中国民营企业500强"（第62位，上升8位）等榜单上排名不断攀升。

过去一年，集团董事局主席崔根良继续当选十三届全国人大代表，受邀参加习近平总书记主持召开的民营企业座谈会，被评为"改革开放40年全国百名杰

出民营企业家”“全国关爱员工优秀民营企业家”“全国脱贫攻坚奉献奖”，当选江苏省光彩基金会理事长。

2018年，亨通亮相中央电视台《大国重器》，参与改革开放40周年《我们一起走过》节目录制，重磅推出在海洋、通信、智能制造等方面的科技成果，展现亨通在系统集成及网络服务的风采。同时，入选《中国改革开放与企业发展》一书，入选《中国民营企业社会责任报告蓝皮书》；《亨通社会责任报告》入选《中国民营企业20家社会责任优秀案例》。

2018年，亨通举办中央党校民企党建研讨会。亨通党建在吴江发布的全国首个非公党建组织力体系建设中作为龙头向全国推广。全年到访亨通的客户突破3万人，来自全国26个省及海内外。

六、聚焦产业发展，筑造亨通蓝图

当前，政府扶持民营企业推出了有史以来最好的政策，这些都是促进企业发展的有利外部条件和环境，但企业要真正走出转型，迈向高质量发展，还必须靠自身变革。企业必须头脑清醒，根据对国内外经济形势、产业前景的预判，从发展规律和事物本质上去把握未来3年及更长时期的产业发展路线，坚持战略定力，加快全球产业布局。

（一）聚焦主业是实现高质量健康发展的重要前提

不要放弃自己擅长的主业，要聚焦主业，心无旁骛地把行业产品做精做专，甚至在大行业细分市场中，把某个产品做到全球领先，我们要向日本、德国百年企业学习，做成全球行业的“隐形冠军”。

企业要健康发展，必须有所为、有所不为。要经得起诱惑，做实业的不要过度去做虚拟经济，不盲目于资本投资赚快钱，不要过度跨行发展。有句话叫“隔行如隔山”，每进一个新行业，都是企业发展的新雷区。所以要充分估计自身的经营能力与发展能力。

（二）聚力创新是实现高质量健康发展的关键

制造业的核心就是关键技术。作为企业，今天不创新，明天就落后，后天就淘汰，创新是企业发展的原动力。从亨通来说，一是聚焦主业，二是聚焦创新，瞄准世界光通信前沿科技及相关领域，提前布局多个领域关键技术自主研发。

一是布局5G商用领域。5G是智能社会发展的重要通信技术，亨通将依托全球领先的光通信产业综合优势，为5G及后5G时代的网络升级和应用需求进行全产业链解决方案布局。

二是布局物联网应用。物联网是万物互联的重要基础设施，跟我们每个人、每个家庭的生活、工作密切关联。

三是布局半导体材料产业。从光电子、硅光子到航空航天领域各种各样的芯片材料，把亨通升级打造成为集电子材料、半导体材料为一体的新兴材料高科技公司。

（三）聚焦全球化是实现高质量健康发展的战略选择

企业“走出去”，能检验产品竞争力，推动产品及技术的创新，提升核心竞争力，决不能故步自封、小富即安，要敢于走国际化的道路，敢于跟国际化企业去竞争，敢于在国际市场攀高峰、闯大业。

亨通未来增长的最大动力来自亨通的国际化产业，亨通走的是国际化道路。

江苏吴中集团有限公司发展报告

江苏吴中集团有限公司

江苏吴中集团有限公司组建于1993年，经过20多年的发展，现已成为一个多元化与专业化相结合、以现代服务业为主导的大型现代服务业企业集团，先后登陆上海、深圳、香港资本市场。被列为江苏省重点培育发展企业；连续8年蝉联“中国民营企业500强”“中国服务业企业100强”榜单；连续8年荣获“苏州市地标型企业”称号；连续11年被评为“江苏省文明单位”；连续多年成为苏州市纳税大户、吴中区纳税大户。2018年，集团实现营业收入180亿元，较上年同期增长13.2%。

一、吴中集团发展理念

“为您创造美好生活”是吴中集团战略发展方向，在2018年，吴中集团制订了新的三年（2019—2021年）发展战略规划，致力于成为便利化、精细化、品质化的城市生活综合服务供应商，为高品质生活群体提供优质服务的产业平台。

因此，吴中集团始终不懈追求着这样一种企业文化：让吴中集团成为社会上令人尊敬的企业，让吴中集团每一个员工的家庭成为社会上令人羡慕的家庭。集团倡导“昨天、今天、明天，向上、向上、向上”的企业精神，努力实践着“优待干部、厚待员工、共享阳光”的经营理念，“看见吴中”公益基金会、吴中互助基金、健康管理计划、吴中学院等渗透到全体员工的工作、学习、生活中。

二、吴中集团经营成果

吴中集团坚持以“为您创造美好生活”为战略目标，目前已形成以城市建设与运营、金融服务、汽车销售服务为主力板块，教育和高科技投资为战略新兴板块的生活性服务业产业布局。

（一）推动城市家庭居住条件改善。集团吴中地产是苏州较早从事房地产开发建设的专业公司之一，从最初改善教职员工住宅起步，现已成为具有国家房地产综合开发一级资质的企业。26年来开发住宅精品楼盘50多个，不断实践着建筑中国精神的理想，目前已先后布局苏州、嘉兴、南通、扬州、长春等城市，累计为10多万户家庭提供了良好的居住环境，获得了诸多国家级、部级、省级优秀工程奖项，为我国的城市化进程和人民的安居乐业贡献了力量。

（二）提升城市家庭出行的消费升级。随着城市家庭的消费升级，吴中集团目前已获得红旗、奔驰、奥迪、捷豹路虎、玛莎拉蒂及阿尔法罗密欧等豪华车品牌授权4S店20余家，布局江苏、浙江、安徽等地，2018年销售额60多亿元，为人们出行和商务活动提供细致服务。在汽车后市场，马上汽车快修连锁品牌应运而生，现已形成3个旗舰店、12个直营店、27个直控店的网点布局，为百姓美好生活提供便利的服务。

为城市提供公共事业服务的供水和教育服务，既是吴中集团产业的重要组成部分，也是吴中集团社会责任的重要体现。吴中供水是苏州城南最大的水务运营商，日供水能力55万吨，覆盖苏州城南的居民和工商企业超过百万户，水质、客户满意度一直排在各供水公司前列。吴中供水以保证供水核心业务的长治久安为基石，加快以物联网和大数据为核心的智慧型城市供水建设，进一步保障城市供水，以源源不断的清水滋润着万家生活。

（三）教育是吴中集团的情结所在。吴中集团的教育事业坚持以高端民办高中、幼儿教育为主体，社会化培训为补充。吴中集团旗下苏州高博软件技术职业学院，在校人数超6000人；与北卡罗莱纳州立大学合作的苏州北美国际高级中学是教育部备案的江苏省内第一所中外合作举办的国际高中，截至2018年底，在校生人数超1000人，毕业生100%进入美国和加拿大前100强的大学。旗下天成幼儿园被评为江苏省优质幼儿园。吴中集团的教育始终致力于为每一个家庭的下一代规划成长之路。

在高科技投资和促进实体经济发展方面，吴中集团以投资近15亿元、32万平方米的第一工园生态工业企业总部示范基地为基础，先后在甪直、常熟、太仓、武汉、南京等地进行拓展，建立生物医药、新能源（节能）环保、信息科技等产业园区，致力于成为中国最专业的区域产业服务商，有力促进了当地经济和企业发展。

（四）支持创新创业。吴中集团旗下的江苏蓝园，致力于成为城市历史文化的保护者、科创产业的推动者，把一批城市历史遗留的旧厂房、旧学校等物业形态，改造成为创业空间和中小企业之家。2018年总服务面积超50万平方米，覆盖苏州、扬州、南京、嘉兴、天津、镇江等地，入驻企业超过2000家。集团旗下中国汇融2013年10月在香港主板上市，成为国内首家在香港上市的经营短期抵押金融服务的纯典当企业，上市至今已累计为上万家中小企业解决了短期的资金需求，有力促进了中小企业的发展。

（五）养老及康养业务领域。集团旗下瑞颐养老社区，作为苏州首个高端精品创新养生社区，包含精品酒店、护理院、农场以及省内一流的老年病专科医院等配套设施，可同时容纳千余名老人居住，是集住、医、乐、学、养等为一体的综合性养生养老社区。

（六）传承和发扬传统的苏式文化。由黄金水岸、环秀晓筑、涵玉晓筑为主要载体构成的吴中集团旅游板块，以“养生、乐活、雅活”三大主题为特色，定位于高端、定制、休闲旅游市场，通过平台和渠道汇聚资源，推动苏式特色传统文化旅游产品的设计、研发及销售工作，成为知名的“苏式特色文化旅游”品牌，为苏式文化的传承和发展做出了较大贡献。

三、吴中集团生态文明建设

吴中集团积极践行“绿水青山就是金山银山”的生态理念。参与成立苏州市建筑材料再生资源利用有限公司，年处理建筑垃圾100万吨和装修垃圾30万吨，用先进的设备和科学的处理方法，实现建筑垃圾的减量化、资源化、无害化处理。

吴中集团积极倡导生态种植理念，在金庭镇天王坞投入资金3000余万元，发展高效、科技农业，创建中国名牌农产品、江苏省名牌“玉品”牌洞庭山碧螺春茶，传承和发扬了优秀的碧螺春茶文化，引导当地农民走上专业化、合作化的增值创收之路，对区域生态文明的建设发展起到了良好的示范和带动作用。

保护太湖水源地。在太湖水源地蓝藻防治方面，吴中集团旗下吴中供水更是发挥了积极作用，制定了《水源地蓝藻应急处置预案》，根据水质检测结果启动响应等级，在取水泵站建立太湖原水水质自动监测站，进行24小时在线监控，形成区环保局、水利局和吴中供水三方联动应急处理机制。自2018年起投入2亿多元进行深度处理改造，预计2019年建成，将进一步提升对原水水质的处理能力。吴中供水连续多年向社会举办水厂开放日，目前累计参观人数已超过3000人次；还积极开展放养花白鲢等系列净化母亲湖公益志愿活动，有效地提升了广大群众的环保节水意识，更是用实际行动改善了太湖水域的生态和水质安全。

四、吴中集团社会责任

（一）构建和谐劳动关系

坚持和谐为目标，建立稳定协调的劳动关系。规范完善全员劳动合同制度，依法与员工签订并严格履行在工作内容、劳动保护、劳动报酬、休息休假等涉及员工权益的约定，切实维护员工正当权益。

坚持民主管理，充分发挥工会优势。积极开展职工运动会、扶贫帮困、员工健康体检、优秀员工出国旅游等员工关爱活动，形成朝气蓬勃、奋发向上、互帮互助的企业文化氛围。

加强队伍建设，注重员工素质提升。公司全面开展“青蓝”“星火”人才工程计划，组织劳动技能竞赛、营销创新大赛、学历提升补贴等活动，努力打造新型职工队伍，进一步提高员工管理水平与技能。

加强企业党建，发挥党建引领作用。吴中集团在发展过程中，持续发挥党组织在企业管理中的作用，不断强化党的领导核心作用，积极营造“组织有力量、干部有担当、党员有示范、员工有奉献”的企业文化氛围。

（二）主动依法纳税

作为有责任心的企业公民，吴中集团一直把依法纳税作为履行社会责任、回馈社会的最基本要求。随着公司综合实力的不断提升，对地方政府和经济发展的贡献也不断增大，吴中集团自改制以来累计上缴税收近70亿元，2018年上缴税收8.4亿元。多次被评为苏州市纳税大户，8次名列吴中区纳税大户第一名。

（三）积极参与公益慈善事业

吴中集团于2017年9月在苏州市民政局注册成立“看见吴中”公益基金会，

扶助对象是全国范围内因贫困而无法实施眼角膜移植的角膜盲症患者。基金会第一期计划为10年，计划募集不少于3000万元，每年捐助100例，合计捐助1000例贫困患者。

基金会成立一年多来，已成功捐助全国范围内150余名患者，先后被江苏公共新闻频道、江苏卫视、江苏动视、苏州电视台、人民日报官方微博、央视微博、《苏州日报》《姑苏晚报》等媒体广泛报道。

五、总结展望

未来，吴中集团将继续坚持“为您创造美好生活”的目标，深度开发各个阶段、各个环节的生活性需求和消费升级，致力于成为便利化、精细化、品质化的城市生活综合服务供应商。同时集团将继续贯彻落实国家“一带一路”倡议发展目标，继续积极深入践行生态文明建设，持之以恒地恪守诚信经营体系，努力回馈社会。吴中集团将以更大的担当承担更多的社会责任，做一名优秀的企业公民。

昆山华都精工精密机械股份有限公司发展报告

昆山华都精工精密机械股份有限公司

一、企业发展概况

昆山华都精工精密机械股份有限公司（以下简称“华都精密”）成立于2011年，坐落在中国江苏省昆山市锦溪生态产业园，注册资本4725万元人民币，总投资3亿元人民币，占地面积43413平方米。企业经营范围：五轴、六轴卧式镗铣床，卧式加工中心，龙门加工中心，立式加工中心等高端数控机床的生产和销售。目前，是国内高端数控机床卧式系列领导品牌，自主研发生产的高端六轴卧式镗铣系列处于国内领先水平。

目前华都精工已拥有数十件专利技术，先后被认定为“国家级高新企业”“江苏省民营科技企业”。华都精工共有员工100余人，其中中高级技术研发人员20余名、多名超强的机电专家。于四川成都设立西南分公司、广东东莞设立广东分公司，同时在武汉、长沙、厦门、青岛设立办事处。公司一直十分注重核心技术研发，充分发挥团队精神，为华都精工未来的发展注入不竭动力。

二、2018年度公司运营与行业情况

（一）所处行业的基本情况

由于国内环保风暴以及贸易战进一步打压市场，国际国内经济持续低迷，国内固定资产投资增速放缓，致使机床市场需求严重下降。制造业产能严重过剩，供需矛盾十分突出，市场竞争加剧，导致价格持续下降。同时，各个行业都在转型升级的调整中，市场需求的结构和层次发生了变化，加之受汇率因素的影响，国外机床的价格也降低很多，使得进口机床的比例在上升。

机床行业已处于洗牌变局之中，昆机、汉川、大连、长征连续处于退市、倒闭潮，行业“十八罗汉”除济南二机、北一、秦川，基本都处于风雨飘摇中，民营机床厂如雨后春笋般成长，并逐步在细分市场蚕食老牌企业固有市场。高端市场为日本、欧洲牢牢把控，并逐步扩大优势，市场形势更加严峻。

（二）公司运营情况

公司发展态势稳定，资金利用率情况良好。2018年公司实现营业收入突破1亿元大关，相比2017年营业收入同比增长100%，年销售产值和产能规模均得到释放，特别是卧式系列突破历史成绩创新高。

（三）公司在行业中的竞争优势

公司在经济大环境不景气的情况下，积极加大研发和市场推广力度，取得了逆水而上的不凡业绩。公司以高度贴合市场需求为前提，不断研发创新，同时在已有产品基础上升级，努力为客户提供高精密、高品质的产品。

1. 规模优势和综合配套优势。生产车间配置有一批世界级的加工母机：OKUMA、KURAKI、FEMCO、PREEPORT等品牌的高精度五面体CNC、卧式CNC、卧镗CNC、导轨磨，恒温车间装配。为满足订单需求，2017年底将生产规模扩大了一倍。

2. 产品优势。公司根据不同行业的应用特点，将多款产品升级改良。例如将工作台式卧式粗框机升级为两线一硬款提升设备稳定性，开发线轨款镗铣系列满足模具行业高精度复合型加工要求，升级落地式卧式加工中心的主轴箱形式解决客户重粗加工时高切削力的要求，开发并升级创新型铣磨加工中心极大提升客户加工效率，等等。同时六轴镗铣床获得2017年“中国制造之美”优秀奖，铣磨复合一体机获得2018年“中国制造之美”机械制造银奖。

3. 销售布局和优势。在公司原有的成熟销售队伍基础上，于2017年在广东东莞成立广东分公司、2018年在四川成都成立西南分公司，同时在武汉、长沙、厦门、青岛成立办事处，进一步完善销售网络，拓展客户资源，稳固与下游客户的合作关系。近年来，公司高度重视拓展客户行业，加大行业标杆企业、上市公司等客户开发。

4. 技术优势。公司掌握镗铣制造核心科技，致力于经营顶级镗铣CNC研发制造。生产车间配置有一批世界级的加工母机：OKUMA、KURAKI、FEMCO、

PREEPORT等品牌的高精度五面体CNC、卧式CNC、卧镗CNC、导轨磨；恒温车间装配。拥有多名超强机电专家的研发团队，能把握市场前沿方向，开发出更加适应市场需要的产品。

5. 区位优势。公司主要生产经营场所位于中国“百强县”之首——江苏省昆山市，工业发达，交通便利。江浙沪地区模具等加工行业十分发达，靠近消费市场而不是原料产地是机床生产企业分布的重要特征。另外公司靠近沪宁高速、沪常高速等交通要道，为公司就近开拓市场创造了条件。

6. 配件使用优势。公司与国内外各大配件供应商有着长期合作往来，并凭借着良好的合作关系和需求的支撑，拥有一定的成本优势。而且配件部分公司优先选用德国、日本、中国台湾等国家和地区的可靠品牌，确保了产品精度与品质。

7. 管理优势。公司管理团队拥有丰富的机床企业管理经验。公司于2016年通过ISO9001质量管理体系认证。

三、公司未来主营业务发展思路

（一）总体目标

振兴民族工业，打造专业、顶级的镗铣制造企业，为中国成为制造强国尽一份力。华都精工具有完善先进的制造体系，逐步形成计算机集成制造体系及精益制造体系，使数控技术、信息化技术、并行制造技术等得到广泛应用，争取把公司打造成上下游一体化、工艺装备先进、产品品质一流、环境建设友好的大型公司，保持并增强公司在全国机床行业的领先地位，使公司成为民族工业的骄傲。

（二）业务经营目标

继续以镗铣系列为核心，逐步完善高端卧式系列产品，逐步拓展客户领域，以高性价比的产品和完善的服务体系占领市场，重点突破专业发展。其中重点突破领域有模具行业、泵阀、军工、航空航天、工程机械，公司将贴合目标市场需求，开发出更多更好更适应市场的产品，进一步提高市场占有率。

（三）业务发展计划

1. 产品的研究和开发计划。公司将进一步完善已形成的创新机制，加强新产品开发。加大科研开发所需的人力和经费投入，建立成熟、完善的研发体系，将标杆产品研究与独立机床基础理论研究相结合，研发与行业工艺相结合，研发与市场需求相结合，研发与制造相结合。

2. 市场开发与营销网络建设计划。公司将树立“立足华东，布局全国”的总部经济原则，通过积极参加行业会议、行业论坛和专业性、针对性较强的展会，以及签订各地优质代理商，建立稳定业务关系等手段，推行品牌战略，增强在本行业和下游行业的影响力。公司将发挥产品优势，开发专用产品细分市场，避开通用产品的过度竞争，增强抗风险能力。公司在销售网络布局上将以总部为根据地，在现有广东、西南分公司基础上，逐步扩张分网点分布。并利用中国制造、阿里巴巴等专业电子商务平台和公司网站开辟网上交易，形成多层次的营销网络。

3. 专业化人才队伍培养计划。紧紧围绕公司发展战略目标，本着“用好现有人才，引进急需人才，培养重要人才”的原则，推进公司人才战略建设，合理使用和开发公司人力资源。综合考虑公司现有人力资源状况和发展需要，未来三年公司人才需求类型主要集中在：市场管理营销人才、产品研发人才、技术管理人才、高技能生产工人等类型人才。

4. 深化改革和组织结构调整规划。公司将在现有管理体制的基础上，进一步深化改革，完善公司管理结构，规范公司运作，提高公司经营管理和决策水平；建立健全公司职工及高管人员的激励机制，完善管理、核心技术人员的绩效评价机制；不断改进和调整机构设置和人员安排，完善组织管理系统，形成科学、高效的公司组织结构体系。

苏州工业设备安装集团有限公司发展报告

苏州工业设备安装集团有限公司

苏州工业设备安装集团有限公司（以下简称“苏州安装”）始创于1956年，2003年由国有企业改制为有限责任公司。苏州安装主要从事工业企业和建筑楼宇的机电安装工程，拥有机电工程总承包一级和市政公用工程总承包、石油化工工程总承包、建筑工程总承包、消防设施工程专业承包、电子与智能化工程专业承包、城市道路照明工程专业承包、钢结构工程专业承包、建筑装修装饰工程专业承包、安防工程、压力管道、压力容器等37项施工、设计资质，现为中国安装协会理事单位、江苏省安装行业协会副会长单位和苏州市建筑安装行业协会常务副会长单位。

一、2018年发展情况

2018年，面对放缓的经济增长形势和复杂多变的行业竞争格局，建筑安装施工企业的经营环境更加严峻，开工项目逐步减少。与此同时，建筑行业自身推行的一系列改革，也对行业发展产生了深远影响。面对压力与挑战，苏州安装坚持从实际出发，牢牢把握稳中求进的工作思路，全力推动稳增长、调结构、防风险、促改革等各项工作有序开展。

在苏州安装管理层和全体员工的共同努力下，2018年苏州安装各项经济技术指标超额完成，全年累计签订工程施工合同总额15.14亿元，比上年增长22.0%；完成工程结算收入11.87亿元，比上年增长33.7%，并荣获“江苏省安装行业百强企业”和“江苏省总工会模范职工之家”称号。

2018年，苏州安装开展的重点工作，主要体现在以下方面。

（一）经营品质逐步提升

2018年苏州安装根据市场变化的特点，抢抓机遇，积极开拓各地各行业的市场，进一步提高和扩大了苏州安装在建筑市场中的份额、地位和品牌效应。主要体现在三方面。

一是伴随着企业资质的逐步完善，苏州安装的业务逐步由传统的水电、消防设施和设备安装等向电子与智能化、燃气、压力管道、净化和电力输配等领域发展，企业的综合施工服务能力显著提升。

二是高端市场有突破。先后中标江苏亨通5G光纤、武汉国家存储器基地、广州富士康·超视堺10.5代线、无锡SK海力士、中国电信太湖国际数据中心等一批在国内有重大影响力的项目。

三是以精细管理和优良品质与电子领域的亨通集团、SK海力士、国巨、捷普科技、希捷、三星，造纸领域的福伊特、芬欧汇川、斯道拉恩索，制药领域的扬子江药业、卫材药业、辉瑞制药、诺华制药、华润药业，汽车领域的东风汽车、捷豹路虎、博世，能源领域的华能、港华燃气、阿特斯光电和食品领域的百胜集团、洋河酒厂、百威英博、康师傅、雪花啤酒等企业建立了长期合作机制。

（二）项目管理不断细化

苏州安装建立了公司、分公司和项目部三级项目管理分工负责制，从监管机制上避免了职责不清、监管不严等问题；推行劳务人员由建筑公司派遣的准入机制，加强劳务人员的信息、考勤、技能、安全和工资发放等管理，逐步实行劳务用工实名制，减少和规避欠薪、工伤等意外给企业正常运行带来的风险。

（三）安全管理紧抓不懈

一是提升认识，深入开展安全教育培训。苏州安装以加强职工教育培训为着眼点，着力提升企业管理层、工程技术人员、特种作业人员和从业人员的安全意识和安全技能，做到了在建工程的安全教育全覆盖。

二是全面落实安全生产责任制。公司与项目部签订《安全生产、文明施工目标责任书》，明确安全管理的目标、职责和奖惩等内容，层层签订、落实到人、定期考核。制定施工现场环境治理办法，严控扬尘污染，积极融入文明卫生创建活动。

三是严格过程监督，基本做到了安全检查深入每一个在建施工现场，覆盖每一个工程的全过程。

四是深入开展“安全生产年”主题活动。围绕“综合治理，保障平安”和“增强安全意识，促进和谐发展”的主题，开展了形式多样、趣味丰富的安全活动。通过板报评比、智力竞赛等手段，宣传督促项目部预防工伤事故的发生、控制施工扬尘的污染，在企业内部营造了一个“注重安全、爱护生命”的良好安全生产氛围。

（四）工程质量不断提高

2018年苏州安装强化了对在建施工项目的施工质量、技术、材料设备管理预控和符合性检查，确保了工程一次交验合格率100%，全年无质量事故发生。常熟世界联合书院水源热泵项目获得2016—2017年度国家优质工程奖，摩恩1号2号生产车间消防改造项目获得2017年度江苏省优质工程奖“扬子杯”。

（五）风险管控继续强化

一年来，苏州安装继续加强企业风险预防控制，重新梳理和完善了企业内部风险防范的管理体系。一是完善项目经营的风险控制，在原有项目信息登记审查的基础上，进一步对建设单位的社会信誉、项目地域、资金来源及资金支付和中标后的经济风险等进行风险评估；二是定期对分公司的财务风险进行预警评估和资金收支、工程成本、票据管理及账务处理的检查，发现问题和风险及时处置；三是加强企业法律纠纷案件的管理，制定管理办法规范法律纠纷案件的处理行为，对已发生的法律纠纷案件必须妥善处理，对可能发生的法律纠纷案件要及时预防，尽可能避免法律纠纷案件的发生。

二、2019年发展思路

（一）继续努力开创承接施工任务的新局面，抢抓机遇，大力推进特色经营。

（二）拓展经营业务的延伸范围。为了充分发挥苏州安装专业技术的特长，进一步参与建设项目的深化设计，充分发挥现有技术力量的作用，苏州安装成立了设计中心，由现有的压力管道设计逐步拓展到具有消防设施、电子与智能化、电力与输变电、建筑装修装饰等工程的设计能力。

（三）加强技术管理人员储备，引进和培养一批懂技术、会管理、有专业知识积累的青年人才，为企业的持续发展注入新的动力。

（四）积极参与国家职业教育的改革。苏州市安装职业技术培训学校为苏州安装全额投资的培训机构，主要从事建设领域职业技能证书和管理人员岗位证书的培训，职业技能证书的培训种类主要有建筑焊工、压力容器焊工、管道工、维修电工、机械设备安装工、设备安装起重工等，岗位证书的培训种类主要有施工员、质量员、材料员、机械员和资料员等，具有较强的师资队伍和一定规模的教学及技能操作的培训设施，在安装行业有一定的知名度。

目前，苏州安装正积极寻找与苏州市的职业院校合作开展职业教育培训的机遇，使苏州市安装职业技术培训学校成为苏州市“1+X”证书制度试点工作的培训基地，为国家实施职业教育改革贡献自己的力量。

苏州华成集团有限公司发展报告

苏州华成集团有限公司

苏州华成集团有限公司创建于1997年9月9日，集团成立22年来始终坚持贯彻落实党的方针政策，认真学习习近平新时代中国特色社会主义思想，把党的要求落到实处，保持清醒头脑，遵纪守法，以“创造卓越、追求完美”为企业宗旨，以创建“华成”百年品牌为企业发展目标，现拥有员工近2000人，占地面积360亩，经营面积28万平方米，是目前苏州地区影响极大的拥有自主进出口经营权的集新车销售、二手车置换、汽车维修、汽车装潢、保险代理、汽车分期付款、汽车融资租赁等业务为一体的以汽车贸易和服务为主的企业集团。目前已成功代理15个国际知名品牌，在苏州地区投资组建了24家专营汽车的全资公司，一家新能源汽车公司，一家二手汽车公司，一家机动车检测公司，一个汽车美容装潢中心，一家融资租赁公司，一家网络科技公司，一家多品牌汽车销售服务公司——苏州华成车生活汽车销售服务有限公司，以及一家在新三板挂牌的、具有全国性经营权、拥有全国互联网保险经营牌照的保险代理公司——华成保险代理股份有限公司。

2018年，恰逢中国改革开放40周年，华成集团在改革开放的好政策下，在地方党委和政府的关心下，在社会各界朋友的帮助下，秉承“幸福都是奋斗出来的”理念，秉承革新、创新的精神，锐意进取，诚心诚意做好客户满意度，赢得了广大车主的认可，取得了一定的成绩。

一、2018年的发展情况

2018年，华成集团共销售新车34677辆，售后入厂30.68万台次，保费总额4.9

亿元，融资数量为19601件，总销售额60亿元。华成人在如此严峻的市场形势下，始终坚持发挥狼性精神、争一创优，奔跑在梦想的道路上，努力走在同行队伍前面，做到苏州大市汽车市场占有率8.8%，苏州市区汽车市场占有率18.0%。先后获得“吴中区优秀商贸流通企业”“江苏汽车销售市场领军企业”“中国汽车经销商集团自媒体运营全国TOP10”“江苏汽车销售服务50强”“2018中国汽车经销商百强集团”第67名（比上年度提升14名），“2018苏州民营企业50强”（总第33位，比上年度提升2名，零售行业第1位）等奖项。同时在凯迪拉克、别克、荣威、MG、上汽大众等众多品牌公司召开的年会上获得“销售售后双五星奖”“六星级经销商”等荣誉称号。

二、主要做法

（一）在公司发展方面，汽车板块、保险板块、融资板块共同发力，促进集团稳步发展。汽车板块方面：华成林肯中心于2018年6月通过验收，7月时任林肯中国总裁梅蔼明女士及团队至华成视察工作，对集团大楼、林肯中心的硬件设施和软件管理都大为赞赏；英菲尼迪品牌于2018年4月顺利签订意向书，经过四个月的展厅改造，8月通过厂家验收顺利试营业；集团所代理的第一个新能源汽车品牌——电咖也于2018年9月正式取得授权，并顺利设立江苏省范围内的汽车销售服务公司；2018年12月取得零跑新能源汽车授权书，成为零跑汽车苏州唯一经销商。保险板块方面：2018年年初完成寿险基本法等顶层设计，2018年5月寿险系统上线，为寿险业务的顺利开展奠定了良好的基础，全年共设立了苏州、北京、天津、蓟州、昆山五家分公司；11月，经过长达6个月的审批周期，华成保险成功取得全国网销牌照，并在中国保险行业协会官网正式对外披露；12月，通过苏州市总部经济发展领导小组前期严格评审，公司被正式认定为苏州市总部经济。2019年1月28日，苏州市吴中区人民政府正式发文认定华成保险代理公司为吴中区总部企业。融资板块方面：在做好传统分期付款业务的同时，新增以租代售业务，累计放款315单，放款金额达到4231万元，为未来租赁业务打下了基础。

（二）在公益事业方面，关心环境，关注教育事业，关心弱势群体，2018年累计捐款近90万元。4月，在“第五届保护母亲河，我们在行动”洁净太湖水公益放鱼活动中，华成集团积极参与，被授予“好美吴中、和合至善”共鸣共建单位。集团还连续两次向中国绿化基金会捐款，累计金额达26.1万元，为保护绿化、美化环境贡献自己的一份力。同时，集团还先后向上海仁德基金会捐款41万元，向金庭镇林屋村购买扶贫大米2万斤计10万元，向贵州铜仁学校捐助电脑设备等1万元，向无锡南洋职业技术学院捐款5000元，向身患白血病的员工捐款3万元。董事会常年资助常熟孤寡老人，2018年捐款金额超过5万元；资助常熟一名学生上学，每月资助其2000元，并将持续至其大学毕业。董事会还热心腾讯各类公益活动，如水滴筹等，每年捐款近万元。

（三）在安全工作方面，按照国家规定做好硬件设施改建，制定规章制度，确保管理有效实施。2018年，加大对环保、消防投入，进一步重视安全工作。华成集团认真贯彻落实习近平总书记“金山银山不如绿水青山”的讲话精神，为政府分忧解难，改造废弃物品回收中心，同时与汽车行业商会、吴中区消防大队共商汽车4S店消防安全事宜。集团制定了《危险废弃物管理制度》《危险废弃物处置管理制度》《消防控制室值班管理制度》《消防控制室应急处置预案》《停电应急预案》等各类规章制度，并多次召开安全工作专项会议，明确组织架构、管理职能，要求各级人员签订安全责任状，并加强对保安的培训，在集团内设立微型消防站，把一切不安全因素扼杀在萌芽状态。

（四）在人才培养方面，进一步重视高学历人才的引进与培养。2018年，集团提高了对本科学历员工的补贴。集团内部先后举办销售主管、销售总监、服务经理、售后总监岗位竞聘三次，涌现出了一批专业素质强、管理思路明，有想法、敢担当的后备干部人选。他们既年轻有干劲，又成熟有经验，是华成未来发展的坚实根基。

三、2019年发展思路

2019年，将迎来中华人民共和国70周年华诞，这将是机遇与挑战并存的一年，华成集团将在地方党委和政府的坚强领导下，踏踏实实、心无旁骛地做企业、做事业、做实业，不忘初心，固守汽车，升级传统、新能源汽车品牌，完善汽车产业链。同时，传承创新，做好保险代理、融资租赁、网络科技三大板块，提高集团可持续发展能力。确保集团满意度成绩位列品牌公司第一梯队，整车销量达到40500辆，苏州大市占有率达到9%、市区占有率达到19%；入厂台次达到

32万台次，售后产值达到4.26亿元；实现财险保费总额5.48亿元，寿险保费总额5038万元，寿险分支机构设立达到50家；融资渗透率达到65%。

（一）人才培养上，大力培养有德有才的人员。2019年，在人才培养上，华成集团将紧跟党中央步伐，在稳就业上下功夫，为年轻人发展提供有利条件，特别是在招聘一些大学毕业生后，管理层将用新时代中国特色社会主义思想铸魂育人，帮助他们成长，同时要贯彻党的教育方针，落实立德树人根本任务，抓好核心价值观，做好对员工的爱岗敬业教育，将他们培养成企业发展的骨干力量。加强与员工的沟通，了解他们的思想动态，使其成为充满正能量、有德有才的华成人。

（二）经营工作上，充满信心闯出自己的天地。2019年，华成集团将从做精做强，进一步提高企业竞争优势方面发力。我们坚信在国家为各类所有制企业营造的公平、透明、法治的发展环境下，在支持民营经济发展的各项政策措施下，虽然目前经济形势比较严峻，但只要大家充满危机意识，把握好市场节奏，化压力为动力，调动各方积极性，奋斗不息，作为苏州汽车行业的领军企业，华成集团一定能够实现稳步发展，继续为国家缴纳税费，为员工提供就业岗位。

（三）管理工作上，多管齐下抓细节抓过程。2019年，在管理工作上，发挥集团优势，统一管理出成果，分开管理出特色。特别是不能放松过程管理、细节管理、流程管理、制度管理、安全管理。中国特色监察体系在不断改革、突破创新、步步推进，企业也要与时俱进，充分履行审计职能，分析回访调查报告，加强各类风险防范。充分尊重审计结果、尊重客户回访结果，不断整改、提高，确保公平公正，杜绝不正之风。

2019年，我们将迎来祖国70周年华诞。在这意义非凡的一年，华成集团全体员工在苏州这片土地上，将继续恪尽职守、兢兢业业做好各项工作，努力在严峻的市场环境下改革创新，优化管理，提高效益，保障就业，让员工安心工作，提高员工幸福指数。华成将用自己的实际行动谱写企业未来发展新篇章，为伟大祖国献礼。

苏州上声电子股份有限公司发展报告

苏州上声电子股份有限公司

苏州上声电子股份有限公司(以下简称“苏州上声”)是致力于专业设计与制造汽车扬声器音响系统及相关电子产品的高新技术企业，公司注册资本12000万元，占地面积90000平方米，建筑面积128000平方米。公司拥有专业技术人才队伍和成套先进设计、测试、制造等方面的自动化设备。40多年来，苏州上声与国内外知名汽车制造商建立了稳定的零部件配套、合作关系，是国内外品牌汽车制造商的定点零配件供应商。

一、公司发展现状

苏州上声创建于1975 年，从一家乡镇企业发展过来，注册资本12000万元。公司为了更好地拓展全球业务、推动全球布局，在苏州建立了5家子公司(包括3家制造工厂)的基础上，先后在欧洲、北美、南美设立3家扬声总装工厂(2010年创建捷克工厂，2012年创建巴西工厂，2017年创建墨西哥工厂)。目前，公司在苏州总部建有近30条扬声器生产线、3条电子产品制造线、80台注塑机、2个关键零部件生产基地。

苏州上声是国家重点高新技术企业、江苏省级高新技术企业、国家火炬计划骨干企业，拥有省级研发中心与先进的设计技术，具有与整车厂同步开发汽车音响系统的能力，并有先进完备的实验室和试听室，能满足各大汽车制造厂测试和试验要求，具备一定的模具设计和制造能力。

公司具备完善的质量保证和环境管理体系，通过了IATF16949质量体系、GBT22080信息安全体系、ISO14001环境体系和OHSAS18000职业健康安全体系等认证。公司主要产品配套于大众全球（宾利、奥迪、大众、斯柯达、菲亚特等品牌），全球通用（美国、德国、韩国、巴西、中国等国家），全球福特（美国、德国、韩国、中国、巴西等国家）以及宾利、蔚来等国内外品牌汽车企业，其中 60%的产品出口海外。

二、公司发展的主要措施。

（一）确立公司宗旨和经营理念

为了实现可持续性发展，苏州上声制定了“遵循国家法律法规，遵守市场交易规则，为社会、客户、股东、职工创造价值，促进企业与各方和谐相处，使企业持续长久发展”和“上声音响、不同凡响，响亮品牌、时尚品位”的企业宗旨，也确立了“以不断进步的技术和良好的服务，努力实现让用户绝对满意的目标”的质量方针。公司在生产管理过程中：严守标准，切实遵照标准化程序作业；质量保证，确保质量稳定和可靠度；持续改善，PDCA的循序运作“打造中国扬声器第一品牌”的经营理念。超前的发展理念，满意的服务理念，为企业赢得了发展新平台。始终坚持做好优质服务，严格质量标准，为企业发展提供了可靠安全的技术支撑。

（二）打造智能化制造基地

2016年起，苏州上声开始全面打造智能化制造基地，相继投入2.5亿多元，对300多台设备和16条生产线进行全方位改造，自主对设备进行自动化规划、方案设计和制造能力评审，通过使用专机、机械手、机器人等设备，提高企业生产制造自动化水平，每条流水线的用工数由50人减少到22人。

为保证产品质量，苏州上声投巨资从日本、美国、丹麦等国引进气味、环境及性能测试试验室，包括MLSSA性能测试仪和B&K测试仪、恒温恒湿仪、紫外线测试仪、冷热冲击箱、高温箱、振动台、盐雾试验机等。这些仪器能满足福特、菲亚特、大众等各种车厂、车型的试验要求，为扬声器及其零部件的测试提供完备的保障，这些设备甚至连国内许多重点大学的实验室都没有，其投入之巨、品位之高可见一斑。

（三）引进专业人才队伍

苏州上声在注重培养企业内部科技人员研发能力的同时大力引进技术人

员，充实和加强检测团队。公司高层把人才资源作为战略资源，紧紧围绕培养人才、吸引人才和用好人才三大环节，努力走培养和引进人才之路。2008年以来，公司先后引进、吸纳博士4名，组建了由博士后带领、74名工程师参与的120人研发团队，专业从事声音数字化、降噪化、智能化等高新技术产品的研发。现阶段根据新能源电动车发展趋势与公司发展战略规划相结合，公司还将继续引进高端人才，优化人才结构，完善用人机制。同时不断加强与高校及科研机构的合作，促进“产学研一体化”，通过清华大学、苏州大学、武汉理工大学这些高校的加入，为苏州上声开展新技术开发、产品检测、人员培训提供了坚实的基础。2013年实现了数字信号传输芯片开发并申请了专利，电动车警示器的批量生产；声音均衡算法、虚拟环绕算法初步形成成果并将转化为产品，为企业产品转型升级奠定了基础。

（四）建立海外生产基地

苏州上声在立足国内的同时又远望海外市场，2004年在美国投资注册设立服务公司，跨出了走出去的第一步，又相继在德国、中国香港等国家和地区设立服务公司和科研工作室。在加强与海外客户联系的同时，提高对当地客户的工程支持和技术服务水平，提升与客户的有效沟通，提升企业在海外市场的竞争能力。2010年，苏州上声在捷克投资300万欧元建立扬声器生产基地，利用捷克生产基地“近距离”抢占欧洲市场。2012年，苏州上声又投资750万美元在巴西建立扬声器生产基地，重点为南美汽车制造企业配套服务。2017年，苏州上声再投资500万美元在墨西哥建立扬声器生产基地，重点为北美洲汽车制造企业配套服务。3个海外生产基地、3家海外服务公司，使苏州上声构建起了覆盖全球10多个国家和地区的国际营销网络。

（五）加快进入资本市场运作

一个公司想要做大、做强，资金是强力支撑。随着公司的壮大，单靠原始积累已不能满足公司运营大发展的需要，上市是现代企业发展的必然选择。公司上市后，融资渠道将更加宽阔，有了充足的资金保障，有了可复制的连锁经营模式，企业就可以大展拳脚，更好更快地推进企业向更高层次发展。而公司能够上市，是对公司管理水平、发展前景、盈利能力的有力证明，股票交易信息可通过各类宣传媒介不断向社会发布，可扩大公司的知名度，提高公司的市场地位和影响力，有助于公司树立强大的品牌形象，使公司能获得更多全球项目、获得更多的发展机遇，发挥更大潜力，更好地做大做强，进而在行业细分市场能进入国内第一、国际领先行列。

苏州上声于2014年底筹划IPO，根据资本市场发展战略，聘请东吴证券股份有限公司、上海安永华明会计师事务所、通力律师事务所等中介机构提供IPO上市服务，为公司管理层进行了为期三次的辅导培训，主要讲授上市流程、关联交易、首发核查注意事项、上市前的财务准备与要求、公司法、证券法、内部控制、信息披露方面的内容。公司于2017年12月完成了公司股份制改造，根据上市计划表推进进程，将于2019年提交上市申报资料，争取在2020年获得证监会批准上市。

（六）加强企业信息化系统的管理

“没有管理的管理”才是管理的最高境界。一个具有竞争力的企业，必须有一套完整的组织架构及完善的信息化管理系统的支撑。明晰的责权架构与覆盖运营各个节点的系统应用将使每个员工都能轻易地找准自己的定位，使管理变得更加轻松。

苏州上声早在1999年就与南京金思维合作，为生产管理配备了ERP系统。为了更有效地整合信息技术与公司科学的管理理念，实现企业货物流、资金流、信息流、生产工序全程跟踪一体化管理，经过多年反复探索、改进修正和升级，现已形成了一套较完善的、专属的、个性化的信息集成管理系统。建立了以PDA便携终端为载体实现的移动信息化系统，将IMS、无线网络、OA系统三者有机结合，实现任何办公地点和办公时间的无缝对接，提高了办公效率。从每一个扬声器零部件的条形码标签到每道工序的流程采集；从客户的远程查询下单到生产线的电子看板即时计件；从单一的进、产、销、存到系统全面覆盖公司各个部门及控制点，为传统的扬声器制造行业找到了智能化营运管理的新模式。

三、公司未来发展目标

“长期服务市场，在不同行业建立起完整的技术应用体系，并能够对客户需求实现一体化解决方案。”苏州上声倾听市场声音，面对新时期经济新常态，及时调整和优化战略，加快转型升级步伐，把重点放在产品质量和精致、精细和精良上，根据客户诉求设计，邀请专家评审标准，系统开发产品，实现从产品制造商到产品服务商的转变，力求扩大出口配套，使产品遍及全国，并远销美、日、英、韩等国家和地区，从而赢得两个市场的协调发展。目前正围绕“中国制造2025”及“长江经济带”等发展机遇，重点做好汽车配件扬声器主业，以点带面，全面推进，实现建成“我国汽车扬声器研发制造的国际一流企业”的目标。

苏州市英硕精密电子有限公司发展报告

苏州市英硕精密电子有限公司

2018年，汽车行业经历十多年高速发展之后，进入下行轨道，给汽车配件和电镀市场产生较大冲击。此外，环保压力、安全管理压力、日益激烈的市场竞争也进一步压缩企业利润空间，企业管理经营的难度显著加大。

面对诸多不利因素，全体同仁同心同德，大力弘扬“勤奋实干，团结开拓”的英硕精神，奋勇拼搏，努力攻关，较好完成了全年生产经营的目标任务。全年销售收入1.85亿元，实现税收接近2000万元，被常熟市沙家浜镇党委、镇政府授予“纳税超千万元企业”称号，位列常熟市委、市政府排定的“2018年度亩均税收工业企业50强”第16位，继续保持稳定、健康的发展势头。回顾2018年工作，我们主要在以下方面强化了工作，取得了成效：

一是加大技改投入力度，不断提升企业生产能力。投入1500万元，建设了全自动双挂环形线和新的喷涂线，企业规模进一步扩大，抗击市场风险的能力进一步增强。

二是加大市场开发力度，不断提升可持续发展能力。与TRW、科世达、均胜百高等汽车行业大客户建立了合作关系，全年共承接新项目363个，为企业的“稳增长”奠定了良好基础。

三是加大环保投入力度，增强防范政策风险的能力。全年投资200多万元，完成了电镀用水的循环利用、化学镍水的无排放蒸发、电镀车间排气的改造，推进了企业绿色生产和节能环保工作。

四是加大内部管理力度，不断提升企业制度化建设水平。公司先后出台了关于加强质量管理、安全管理、值班管理等一系列制度，狠抓了制度的落实工作，员工的制度意识明显增强，更自觉按规矩办事。

在取得明显成效的同时，也应该看到，企业在过去一年的工作中，还存在着一些不足和需要改进的地方，比如：经过多年高速增长之后，企业销售收入的增幅出现了回落；企业内部管理的秩序还没有很好地理顺，职责交叉、职能发挥不力的现象还明显存在；内部管理细化、深化力度不够，企业经营利润与销售收入不相匹配；干部角色定位不是很明确，独当一面、自动自发开展工作的能力还偏弱等等。这些不足和缺点，都需要在新的一年工作中加以解决和克服。

2019年是经济社会发展转型之年，也是英硕谋求再发展、做大做强的关键之年。做好这一年的工作，就能为英硕的更好发展和再一次跨越发展创造良好的条件。2019年，英硕工作的指导方针是：进一步弘扬“勤奋实干，团结开拓”的英硕精神，强化“实事求是，雷厉风行”的工作作风，以落实“管理之年”的要求为指导，调整内部管理结构，优化管理程序，强化成本管控，精减人员，提升效率，充分提高企业应对外部竞争环境能力，确保企业在不利的市场环境下保持良性的发展势头。为此，2019年将着重做好以下几件工作：

一是深挖潜力，使设备运行更加合理。科学编排生产计划，合理调度电镀产线产能，平衡好产能、交货、良率、用工、轮修之间的关系；做好喷涂新线投产工作，在降低成本的同时，发挥好老线应有的作用；确保成型车间设备转动率处于较高水平，确保公司整个生产处于高效、科学的运转状态。

二是积极开源，确保经营实现预订目标。2019年，公司营收目标是2亿元。我们要在开发、承接好去年新订单的基础上，花力气进一步开发新产品、新客户、新市场。充分抓住TRW、百利得等国际大型汽车配件企业向我公司转移产品的有利机遇，做好服务，抓牢大客户，确保公司在低迷的市场环境中不减产。

三是开源节流，落实各项年度目标任务。开源节流，是企业健康发展的两个轮子。公司将2019年确定为“管理之年”，就是要在减员增效、节支降本上大做文章，求实效。要调整、优化组织结构，深化6S管理，突出做好质量工作，有效精减人员，强化成本考核，使公司经营利润在2018年的基础上有较大幅度的提升。

四是强化管理，提升员工队伍综合素质。公司经过这些年的发展，在做大做强的道路上扎实迈进，到了提档升级的关键时期。然而，企业的做强，关键还是要员工队伍的提档升级。新的一年，我们要进一步加大干部队伍的培养力度，通过管理培训和外出学习，转变干部的角色定位，开拓眼界，落实责任；加大员工的培训力度，强化责任意识，提高技能水平；加强人员的沟通交流，减少人为阻碍，促进信息的畅通流动。

在新的一年，企业将担负新的使命。面对新的机遇和挑战，让我们团结一致，咬定目标，勤奋实干，开拓进取，夺取新的一年企业发展的全新胜利。

苏州未来电器股份有限公司发展报告

苏州未来电器股份有限公司

苏州未来电器股份有限公司坐落于苏州市相城区北桥街道，占地面积约70亩，员工620多名，其中技术人员占60%。公司主要从事低压电器各类功能附件的研发、制造和销售，产品覆盖了框架断路器附件、塑壳断路器附件和智能终端电器，广泛应用于无人值守的智能电网、智能楼宇、通信基站、轨道交通、分布式光伏等领域，是构建泛在电力物联网的末端核心模块。30余年的研发投入和技术经验积累，奠定了公司在低压电器功能附件这一细分领域的龙头地位。同时，公司拥有强劲的零件生产制造能力，包括了模具开制、金属零件加工、线路板焊接、注塑成型、核心零件焊接等完整的生产工艺能力，特别是从德国引进的2台高端电子束焊接设备，使得未来电器成为国内鲜有的拥有该类设备的民营企业，为提升公司核心能力提供了有力支撑。

一、2018年企业发展概况

2018年，在市场整体景气度不高的情况下，公司以“稳增长、稳利润”为首要目标，以持续提升效率为重点导向，在保障业绩稳步提升的同时，加强新产品创新与推广，夯实全公司数字化、协同化基础，深入开展运营效率、先进制造工艺、自动化装备的研究、实施和提升，总结为以下几个方面。

（一）资质和荣誉

2018年，公司在行业内先后获得苏州市电器工业协会副理事长单位、中国电器工业协会低压电器分会先进会员单位、中国电器工业协会智能电网设备工作委员会先进会员单位、中国电器工业协会会员单位等称号。

2018年，智能终端产品生产车间被评为“江苏省示范智能车间”及“苏州市示范智能车间”，企业成为相城区智能制造产业联合会监事长单位；获得2018年相城区优秀企业“社会责任奖”、相城区“纳税贡献奖”等荣誉。

（二）科研项目建设

1. 产品开发紧跟标准先行，为满足实际应用升级需求，截至2018年末，公司已参与或起草制定国家、行业相关标准8项，包括已发布实施的《自恢复式过欠压保护器技术规范》（JB/T12762—2015）、《电能表用外置断路器技术规范》（T/CEC 115—2016）、《电能表用外置断路器技术规范》（CQC1121—2016）、《与附加功能组合的剩余电流保护电器》（GB/Z 36281—2018）。特别是参与中国电力企业联合会《电能表外置断路器的标准》制定，制定过程中提出了多个改善意见，使技术可行性及应用可靠性得到有效提升。同时以技术、品质保证为基础投入开发的电能表外置断路器，适时地满足了标准及实际应用需求，在国家电网及南方电网的各省网公司持续推广应用，占据了市场的主导地位，在此细分领域获得了较高的评价。

2. 当年申请专利11项，其中发明专利2项；授权发明专利3项，实用新型专利11项。截至2018年底，拥有有效专利140余项，其中发明专利20项。电能表外置断路器顺利通过江苏省经信委新产品新技术鉴定，苏州市创新能力提升项目顺利通过苏州市科技局中期检查，内轴驱动自动转换开关通过相城区科技局项目验收，并在相城区科技协会的推荐下，公司成立企业科协，促进了企业科技进步及技术创新。

3. 小型断路器、塑壳断路器、剩余电流动作断路器、漏电断路器均通过中国质量认证中心CCC产品认证；电弧故障保护器通过中国质量认证中心CQC产品认证；电能表外置断路器通过中国质量认证中心CCC和CQC认证。

4. 与河北工业大学合作建立了国内首个断路器附件的可靠性试验基地。同时，与上海电器科学研究院、苏州大学、南京理工大学、常熟理工学院等院校建立了长期合作关系，2018年度与福州大学共建研发中心，为公司新产品、新技术的研发提供了有力支撑。

（三）人才队伍建设

未来电器在注重培养企业内部科技人员研发能力的同时大力优化人才结构。公司上下把人才资源作为第一资源，紧紧围绕培养人才、吸引人才和用好人才三大环节，努力走培养和引进人才之路，2018年组织年轻技术人才评定高级职称1人、中级职称3人，从结构上优化了技术人才。公司与常熟理工学院长期合作，设立实习生基地，常熟理工学院每年为公司输送应届毕业生。根据公司发展战略规划以及整体经营目标，公司还将继续引进高端人才，优化人才结构，完善用人机制，同时不断加强与高校及科研机构的合作，促进“产学研一体化”，高端人才的加入为公司新产品的技术开发、人员培训提供了坚实基础。

（四）信息化建设

公司开始了工业互联网的基础架构搭建工作，已落地实施ERP、MES、PDM、PLM及e-HR软件系统，部署信息中心机房、数据备份、网络交换系统及基本的信息安全保护。

二、企业发展规划

（一）围绕智能终端系列产品，致力于以打造苏州未来Witera品牌为中心，高度集中上下、内外，纵横各种一切可调动的资源，全力提升公司知名度和品牌影响力。

（二）以发展壮大实业为基本点，坚持附件专业不动摇，致力于做专、做精、做大、做强，时刻关注行业新动态，服务好客户，满足客户个性化需求。

（三）加大自主研发和引进力度，以持续创新的能力和速度获取更大市场。

（四）加快技术、研发、营销、管理团队建设，倡导“不积跬步，无以致千里”“不聚小流，无以成江海”的劝学精神，营造好学、勤思、至悟的氛围，培养和引进专家级领军人才，以提升领导力、创新力、执行力。

（五）随着工信部两化融合的持续推进，当前全国已全面开展工业互联网的建设与应用推广，未来电器作为泛在电力物联网产业的主要成员之一，必须加快工业互联网的搭建工作并大力推进智能制造，才能先发夺人，在新一代的市场竞争中立于不败之地。

第一步，搭建工业互联网基础框架。涉及到的工作有：设备互联互通，车间及物流的精益化改造，部署数字化运营平台（DOP），重建数据中心，搭建私有云平台和紫光云平台的混合云，PLM系统，部署工业级信息安全防护等。

第二步，完善工业互联网平台应用。工作重点：借助紫光云引擎，搭建工业大数据平台、企业云图、工业物联网平台，全面上云并逐步开发工业App，打通企业、供应链、终端用户及开发者，发挥工业互联网的支撑平台作用。

大事记

2018年度苏州市民营经济发展大事记

【1月】

1月2日下午，苏州市工商联党组中心组召开2018年第一次专题学习会。会上传达了苏州市委十二届五次会议精神以及江苏省委召开的全省领导干部警示教育大会精神。苏州市委统战部副部长、市工商联党组书记谢正才主持会议并就工商联贯彻落实上述会议精神提出了要求。

1月4日下午，苏州市工商联（总商会）与中信银行苏州分行举办了战略合作签约仪式。根据协议，双方将建立“资源互惠，合作共赢”战略合作关系，充分发挥各自优势，共同支持苏州地区中小企业和民营经济发展。

1月9日，苏州市政协十四届二次会议隆重开幕。苏州市工商联界别政协委员肩负全市50多万民营企业的重托，以饱满的政治热情出席大会。经过前期的深入调研和广泛征集，苏州市工商联为本次会议交上了一份沉甸甸的履职答卷，通过大会发言和提案为加快苏州民营经济发展建言发声。苏州市工商联为本次会议精心准备了2篇大会发言稿，提交了8件集体提案。

1月18日，由姑苏晚报、苏州市餐饮业商会联合主办的“慈善结亲”活动在苏州日报社会议室举行。一年一度，30个来自城区的困难家庭代表，又一次得到了姑苏晚报和市餐饮业商会爱心企业家的关心和爱心资助。从2004年至今，这个一帮一“慈善结亲”活动已持续开展了14年。14年的爱心坚守，让很多贫困家庭看到了希望，也帮助近60户家庭走出生活困境。苏州市委统战部副部长、市工商联党组书记谢正才参加活动并讲话。

1月19日下午，苏州市工商联十四届二次执委（扩大）会议在苏州市会议中心召开。会议全面回顾了2017年工作，共同谋划了2018年工作。苏州市委常委、统战部部长姚林荣，苏州市政协副主席、市工商联主席李赞出席会议。大会对我市荣获全国“五好”县级工商联、苏州市“五好”乡镇（街道）商会、“四好”商会、先进行业商会称号的各商会及全市工商联系统创新亮点工作进行了表彰。会议审议通过了人事调整事项。

1月19日下午，苏州市光彩事业促进会换届大会暨五届一次理事会召开。大会审议通过了光彩事业促进会工作报告、人事安排说明、第五届理事会领导班子人选建议名单、常务理事人选建议名单、理事建议名单和章程。会上，表彰了光彩事业获奖个人和企业。会前，亨通集团董事局主席崔根良等发起倡议，进行光彩捐赠，与会企业家积极响应。现场，24家民营企业竞相举牌，向市光彩事业促进会捐款，现场捐赠额超过1700万元。

1月20日，在刚刚结束的2017年度“创新中国”工商联（商会）工作特别奖评选活动中，苏州市工商联“企业家关爱工程”受到了广泛关注和好评，微信公众号投票数始终遥遥领先，荣登全国地市级工商联前三甲，喜获2017年度“创新中国”工商联（商会）工作特别奖。

1月20日，按照苏联发〔2016〕52号《关于开展创建“五好”乡镇（街道）商会活动的通知》要求，经市、区工商联初评、推荐，苏州市工商联复核、评估，认定张家港市大新镇商会等30家商会为2017年“班子配备好、会员发展好、制度规范好、工作保障好、作用发挥好”的苏州市“五好”乡镇（街道）商会。

1月26日，2018年的大雪如期而至。早上7点不到，全市工商联系统干部、职工纷纷走上街头扫雪，保障安全暖人心。大家赶在早高峰之前拿起铁锹，铲除道路上的冰雪为群众的安全出行保驾护航。

1月30日下午，江苏省十三届人民代表大会一次会议举行第三次全体会议，选举产生了江苏省出席第十三届全国人民代表大会代表150名。苏州市共9人当选，其中有3位民营企业家，他们是（以姓氏笔画为序）：吴惠芳、崔根良、戴雅萍（女）。

【2月】

2月9日上午，苏州市委常委、统战部部长姚林荣来到市工商联走访调研，与市工商联负责人进行了座谈交流。在走访调研期间，姚林荣到市工商联各处室亲切看望全体机关干部。在随后召开的座谈会上，姚林荣听取了市工商联工作汇报，对工商联下一步工作提出了要求。

近日，由江苏省政府新闻办、省经信委、省工商局、省质监局联合发布的2017年“江苏省自主工业品牌五十强”放榜。苏州地区的多家民营企业上榜，其中亨通集团位列榜首。

2月28日，苏州市政府根据《关于打造先进制造业基地的若干措施》（苏委发〔2016〕29号）文件精神，对首次入围“世界企业500强”的恒力集团和首次入围“中国企业500强”的通鼎集团，分别给予3000万元和1000万元专项奖励。当天下午，苏州市委、市政府举行首批自主品牌大企业和领军企业先进技术研究院授牌仪式暨全市民营企业家座谈会。会上，苏州市委副书记、市长李亚平向恒力、通鼎颁发奖励，李亚平为首批20家苏州市自主品牌大企业和领军企业先进技术研究院建设企业授牌。

【3月】

3月6日，苏州市委宣传部与市工商联就优化营商环境、改革开放40周年纪念活动等工作进行会商。为了研究、判断苏州民营经济运行情况，进一步优化营商环境、构建“亲”“清”政商关系，苏州市工商联主动作为，与市委宣传部、市经信委、市司法局等多个部门建立了部门会商机制，加强对话交流，充分整合资源，集中部门智慧和力量，不断服务好“两个健康”，当好贴心“店小二”。

3月9日，苏州市工商联邀请非公经济人士召开构建“亲”“清”新型政商关系专题座谈会。会议在苏州天灵中药饮片有限公司召开。会上，与会人员就《关于构建“亲”“清”新型政商关系的若干意见（初稿）》展开讨论并提出修改意见。

3月12日至13日，苏州市工商联组织为期2天的企业家主席、会长助理培训班。培训期间，学员们先后参观、考察了常熟开关厂、沙钢集团和康得新集团，实地感受到了先进企业的管理经验、企业文化。助理们纷纷发言，详细介绍了企业的发展情况。我国经济由高速增长阶段转向高质量发展阶段，民营企业希望有更多的政策支持。

3月13日至14日，全国工商联经济部部长谭林带队来苏赴亨通集团、沙钢集团开展民营企业进入金融领域情况专项调研。苏州市委常委、统战部部长姚林荣会见了谭林一行；苏州市政协副主席、工商联主席李赞，苏州市委统战部副部长、工商联党组书记谢正才，省工商联经济处处长罗向阳陪同调研。

3月16日上午，江苏省委常委、苏州市委书记周乃翔视察了拉瓦锡谷众创社。周乃翔认真听取了创办人郑炜对拉瓦锡谷众创社建设情况的汇报后指出，通过党建引领，走专业化的众创孵化模式，致力于企业家的二次创业，拉瓦锡谷很有特色，为楼宇经济的转型升级，为行业组织参与苏州的新一轮发展，为苏州的创新创业工作做出了亮点，具有示范作用。周乃翔希望全市的众创孵化团队认真学习贯彻党的十九大精神和习近平新时代中国特色社会主义思想，希望拉瓦锡谷加快“谷”系列的二期建设和品牌建设，以实际行动助推苏州市的“创新创业名城”建设。

3月中旬，美国加利福尼亚州（以下简称“加州”）苏州商会在美国加州正式成立，这是苏州第一家海外商会。苏州市工商联常委、苏州市民办教育商会会长马骏代表苏州市工商联赴美国加州，对美国加州苏州商会的成立表示祝贺。iEducation（NASBC Services）董事长勇湧当选为美国加州苏州商会首任会长。美国江苏商会代表到会祝贺。

3月29日，苏州市工商联十三次全体主席（会长）会议在康力电梯股份有限公司召开。会上，全国人大代表、苏州市工商联副主席、亨通集团董事局主席崔根良传达了全国两会精神。与会人员围绕贯彻落实全国两会精神，构建“亲”“清”新型政商关系、推动民营经济高质量发展进行了交流讨论。会议通过了苏州民营企业家《践行“亲”“清”新型政商关系，争当新时代优秀建设者的倡议书》。苏州市委常委、市委统战部部长姚林荣到会讲话。

【4月】

4月2日，全市人才工作大会召开，会上公布了第五届“苏州杰出人才奖”获奖名单。一共有10人获此殊荣，其中6人为企业家，他们是：苏州旭创科技有限公司执行董事兼总经理刘圣；江苏沙钢集团有限公司董事长沈彬；苏州电器科学研究院股份有限公司董事长胡德霖；信达生物制药（苏州）有限公司董事长兼总裁俞德超；盛虹控股集团有限公司董事长缪汉根；启迪设计集团股份有限公司董事长戴雅萍。

4月10日，由江苏省工商业联合会、江苏省新闻工作者协会、新华日报社联合开展的2017年度“江苏省非公有制经济好新闻”评选揭晓。来自全省各类媒体的30篇非公经济新闻作品获奖。苏州市选送的作品《开展“创新四问 苏商在行动”系列报道》《亨通集团：看着世界地图做企业》《沈彬：从钢铁大院走来的“沙钢少帅”》分获一、二、三等奖。

4月13日下午，苏州市工商联机关支部以“学讲话、悟初心”为主题举行党日活动，机关党员们齐聚一堂，深入学习了习近平新时代中国特色社会主义思想，重温入党誓词，唱响红色旋律，回顾领悟共产党人的初心和使命。

4月中旬，苏州市工商联成立了市政协工商联界别委员参政议政工作小组，启动十九大开局之年民营企业调查研究工作。调研启动前，苏州市工商联进行了研究和部署，根据区域和行业将工商联界别委员分为3个小组，实行组长负责制。调研活动按照“五个一”（开展一次调研活动，开展一次部门视察，完成一篇调研报告，撰写一件市工商联集体提案，召开一次参政议政工作会议）要求进行落实。

4月18日至19日，全国工商联副主席谢经荣率队来苏开展“民营企业参与乡村振兴战略”专题调研。苏州市委常委、市委统战部部长姚林荣会见了调研组一行。江苏省工商联副主席周洁，苏州市政协副主席、市工商联主席李赞，苏州市委统战部副部长、市工商联党组书记谢正才等陪同调研并参加座谈。

4月，全国工商联组织开展民营企业参与军民融合普查和第八次民营企业军民两用高新技术及产品研发生产情况专项调查工作。在第七次民营企业军民两用高新技术及产品研发生产情况专项调查工作中，苏州市有8家企业入选推荐目录。他们是：苏州东菱振动试验仪器有限公司、常熟华东汽车有限公司、张家港保税区灿勤科技有限公司、苏州路之遥科技股份有限公司、苏州船用动力系统股份有限公司、张家港市广大机械锻造有限公司、常熟市特军特种装备有限公司、全感（苏州）智能技术有限公司。推荐目录将分送军队装备采购管理部门和军工集团在武器装备竞争性采购中参考，对于企业产品进入军队采购具有重大意义。

4月22日至23日，全国政协副主席、全国工商联主席高云龙率调研组来苏调研军民融合发展工作。调研组由全国工商联副主席、武汉高德红外股份有限公司董事长黄立，全国工商联党组成员、秘书长赵德江等组成。在苏期间，江苏省委常委、苏州市委书记周乃翔看望了高云龙一行。江苏省人大常委会副主任、省工商联主席许仲梓，江苏省政协副秘书长、省工商联副主席周洁等陪同调研。

4月22日，苏州市芜湖商会举行一届一次会员大会，苏州市芜湖商会正式成立。据不完全统计，目前苏州大市范围内有1000多家芜湖人创办的企业，涉及流通、制造、医疗、教育、法律、金融等各个领域。江苏四周通建设工程有限公司董事长潘诗周当选苏州市芜湖商会首任会长。

4月25日，苏州市政府第36次常务会议审议通过了《苏州市金融支持制造业发展若干具体政策》。政策以支持优质制造业企业为导向，目的是更好地引导金融资源向优质制造业企业配置。同时引入企业信用评分机制，信用评分在600分以上的企业，一般情况下拥有较好的经营管理水平、财务水平。

4月下旬起，苏州市委统战部、苏州市工商联正式启动2018年度“企业大走访”工作。走访调研工作重点围绕当前民营经济发展中的重点、难点问题展开，主要包含民企高质量发展、提升营商环境、打造“亲”“清”政商关系、加快推进供给侧结构性改革、弘扬企业家精神等，深入基层和企业，访企业最真实的状态，听企业家最真实的声音，为下一步以问题为导向，对症下药解决问题，精准施策推动发展发挥好参助作用。

【5月】

5月2日下午，市工商联机关党支部开展“迎五四、感党恩、学讲话、悟初心”主题党日活动。活动中，青年党员们结合各自工作和思想实际，回顾了自己的青葱岁月，畅谈了入党初心和工作经历，交流了入党以来思想境界的提升和自身的成长。大家纷纷表示要深入学习领会党的十九大精神，不忘初心，牢记使命，砥砺前行。

5月4日，苏州新一代民企、侨企共话发展峰会举行，来自苏州市新一代企业家商会、苏州市侨商会的企业家们共同重温五四精神，并围绕“展新一代苏商风采，做新时代发展表率”进行主题对话，通过相互学习借鉴、合作共赢，实现共同发展。

5月7日，由苏州市委“两新”工委、统战部和市工商联联合举办的苏州市非公经济代表人士（出资人）理想信念教育培训班开班仪式在苏州市会议中心多功能厅举行。苏州市政协副主席、市工商联主席李赞出席并讲话。全市100多名非公经济人士参加了开班仪式。苏州市非公经济代表人士（出资人）理想信念教育培训班已连续三年举办，受到企业家们的热烈欢迎和广泛好评。

5月9日，苏州市人民政府出台《关于加强智能制造生态体系建设的若干措施》（苏府〔2018〕49号），围绕支持工业企业智能化技术改造、培育智能制造支撑主体、构建智能制造创新体系、加快工业互联网发展、打造智能制造生态环境等方面出台奖励措施，对新建的国家级科研机构给予不低于5000万元的重点支持。

5月9日，“产融双驱 智创未来”苏州市外经贸企业与创新资本发展对接会举行，本次对接会由市商务局、市台办、市贸促会（国际商会）、市工商联（总商会）联合中国银行、工商银行、渣打银行等金融机构共同举办，吸引了软银中国资本、金沙江联合资本、雏菊机构等20余家金融机构以及200余家苏州企业的负责人参加。

5月17日，黔南州（苏州）投资合作恳谈会在苏召开，通过对接洽谈，本次活动共有6个项目达成合作意向并现场集中签约。签约项目包括苏州金螳螂市政一级公司总部将搬迁至都匀市等。会议期间，苏州企业家与黔南州招商团进行了热烈的交流互动。

5月28日下午，苏州市工商联召开解放思想大讨论活动动员部署会，苏州市政协副主席、市工商联主席李赞出席会议并讲话，会议由苏州市委统战部副部长、市工商联党组书记谢正才主持。市工商联全体干部、职工参加了此次动员部署会。

截至5月底，全市拥有私营个体市场主体137万多家，其中私营企业57万家、总注册资本3.2万亿元，规上民营工业企业总产值占全市比重达33%，23家民营企业建有国家企业技术中心，数量位居全国地级市之首。

【6月】

6月4日下午，美国加州苏州商会会长勇湧一行拜会苏州市工商联。勇湧简要介绍了商会成立以来的工作情况，并就下一步深入推进苏州与加州交流合作等方面事项与苏州市工商联领导交换意见。苏州市政协副主席、市工商联主席李赞，苏州市委统战部副部长、市工商联党组书记谢正才等会见了勇湧一行。

6月14日，在苏州市光电缆业商会二届一次会员大会暨推进光电缆业高质量发展授牌仪式上，苏州市光电缆及光通信产业知识产权运营中心、苏州市光通信产品公平贸易工作站正式揭牌成立，苏州市光电缆及光通信行业20强企业同时对外发布授牌。江苏省工商联副主席丁荣余，苏州市委常委、市委统战部部长姚林荣等领导出席。

6月14日，由苏州市委“两新”工委主办，苏州市总商会党委、苏州市社会组织党委、苏州日报报业集团党委承办的“‘红色心桥’：‘两新’组织党组织助力乡村振兴活动”正式启动。“红色心桥”旨在深入学习、贯彻习近平新时代中国特色社会主义思想和党的十九大精神，认真落实中央、省委、市委决策部署，引导工商资本和社会力量参与乡村振兴，鼓励“两新”组织党组织在乡村振兴中勇当“红色引擎”，争做“红色先锋”。

6月19日下午，民营企业参与乡村振兴战略倡议活动在全国工商联机关举办。全国政协副主席、全国工商联主席高云龙出席活动并讲话。中央统战部副部长、全国工商联党组书记、常务副主席徐乐江主持活动。会上，沙钢集团沈彬、永钢集团吴惠芳等34位知名民营企业家代表向全国广大民营企业家发出倡议。永钢集团董事局副主席、张家港市永联村党委书记吴惠芳等企业家代表，结合自身实际，围绕参与乡村振兴战略做了交流发言。

6月20日，由世界品牌实验室（World Brand Lab）主办的第十五届“世界品牌大会”在北京举行，会上发布了2018年《中国500最具价值品牌分析报告》。报告中，江苏省共有来自食品饮料、纺织服装、文化传媒、信息技术、家用电器等行业的25个品牌入选。苏州地区有8家民营企业进入榜单，分别是沙钢、协鑫、恒力、亨通光电、梦兰、波司登、雅鹿、好孩子，占江苏入围企业的三分之一，品牌价值合计达到1963亿元。

6月21日至22日，江苏省人大常委会副主任、省工商联主席许仲梓率调研组来苏走访调研民营企业。苏州市人大常委会主任陈振一，苏州市委常委、统战部部长姚林荣，苏州市人大常委会副主任王鸿声分别会见调研组一行。苏州市政协副主席、市工商联主席李赞，苏州市委统战部副部长、市工商联党组书记谢正才陪同调研。调研组先后走访调研了苏州同程旅游网络科技有限公司、苏州路之遥科技股份有限公司等5家企业。

6月22日，江苏省科技企业家人选出炉并公示，共计1480名。其中，苏州320名企业家入围，数量位居全省第一。江苏省其他城市中，南京217名，无锡182

名，常州114名，镇江51名，扬州90名，泰州79名，南通132名，盐城73名，淮安45名，宿迁54名，徐州79名，连云港44名。

6月23日，苏州市工商联和苏州大学共同举办“苏州市工商联企业家培训基地”揭牌仪式，标志着针对我市民营企业家队伍的教育培训工作又增添一大新的平台。苏州市委统战部副部长、市工商联党组书记谢正才，苏州大学党委常委、副校长刘标，苏州大学继续教育学院院长缪世林出席活动。参加活动的还有苏州市工商联各商会负责人、企业家，苏州大学相关学院负责同志等。

6月26日，经苏州市政府第41次常务会议审议通过，印发《关于构建一流创新生态建设创新创业名城的若干政策措施的通知》（苏府〔2018〕62号），旨在全力打造稳定、公平、透明、可预期的营商环境，擦亮营商环境“苏州品牌”。此次发布的政策共包括7大方面26条措施100多个具体政策点。

6月29日下午，苏州市召开民营经济高质量发展大会。江苏省委常委、苏州市委书记周乃翔讲话，苏州市委副书记、市长李亚平主持。大会下发了苏州市委、市政府《关于进一步优化营商环境打造良好创新生态行动方案》（苏委发〔2018〕23号）。会上播放了《苏州市民营经济高质量发展巡礼》专题片，表彰了一批优秀民营企业和民营企业家。企业家代表宣读了“弘扬企业家精神 践行‘亲’‘清’新型政商关系 争做新时代表率”倡议书。苏州市经信委、亨通集团有限公司、苏州国芯科技有限公司、同程网络科技股份有限公司做了交流发言。

上半年，全市新增私营企业5.4万户，新增私营企业注册资本6071亿元，其中新增私营服务业企业户数占比超八成，达80.7%；新增个体工商户8万户，注册资金106.5亿元，分别同比增长8.9%和25.3%。截至6月末，全市私营个体市场主体总量达到138.9万户，注册资金3.3万亿元。

【7月】

7月5日至6日，江苏省工商联党组成员、副主席陈京带领调研组来苏，开展年轻一代民营企业家传承和弘扬优秀企业家精神走访调研活动。7月5日，调研组走访了江苏吴中实业股份有限公司，听取了企业情况介绍，并围绕“年轻一代民营企业家传承和弘扬优秀企业家精神”的主题，同主要来自苏州新一代企业家商会的企业家代表们座谈。7月6日，调研组走访了苏州腾晖光伏技术有限公司和江苏波司登集团，并与年轻企业家们交流。

7月11日，以“智能经济 发展引擎”为主题的“2018长三角智能经济高峰论坛”在苏州市相城区开幕。江苏省人大常委会副主任、省工商联主席许仲梓，民建中央副主席、上海市政协副主席周汉民，苏州市委常委、统战部部长姚林荣参加相关活动。论坛由江苏省委统战部副部长、省工商联党组书记顾万峰主持。本次论坛是长三角一体化进程加速以来，由长三角区域合作办公室，上海、江苏、浙江、安徽三省一市工商联首次共同举办的活动。苏州市工商联、相城区政府承办了本次论坛，来自智能经济相关产业领域的专家学者、企业精英共600余人出席。

7月12日，苏州市委副书记朱民带领调研组赴苏州市工商联开展“民营企业参与乡村振兴”专题调研座谈活动。参加调研的有苏州市委副秘书长祁立春、市委农办主任张伟、市农委主任吴文祥、市委办综合三处副处长郭玙。苏州市政协副主席、市工商联主席李赞，苏州市委统战部副部长、市工商联党组书记谢正才，苏州市工商联副主席邱良元以及部分市区工商联代表、企业家代表出席了座谈会。

7月17日，苏州市工商联组织观摩、学习非公企业党建工作。苏州市委“两新”工委副书记、统战部副部长、市工商联党组书记谢正才带队，先后走访、学习了红豆集团、波司登集团和中亿丰建设集团的企业党建工作。中国民间商会副会长、无锡市工商联主席、红豆集团党委书记、董事长周海江接待了学习观摩团。

7月18日下午，苏州市辽宁商会正式成立。苏州市政协副主席、市工商联主席李赞，辽宁省驻江苏省办事处主任顾春宁等出席成立大会。苏州市万家灯火大酒店有限公司董事长张振凯当选苏州市辽宁商会首任会长。

7月18日，由苏州市经信委、市政府台湾事务办公室、市工商业联合会共同举办的苏州市“企业创新标杆活动月”启动仪式在苏州广播电视总台举行。“活动月”期间，围绕权威解读、标杆引领、对话论坛、素质提升、创新创业等专题，在苏州市级层面组织了20余场活动，进一步加大了对我市优化营商环境政策解读和宣传力度，激发全市广大企业及企业家追求创新、争做标杆的积极性，着力营造浓厚的创新创业氛围。

7月23日，苏州市各市、区工商联工作会议在常熟召开，回顾总结上半年工作，研究部署下半年工作。会上，各市、区工商联负责同志围绕上半年开展的重点工作以及下半年的工作思路进行了回顾和展望。苏州市工商联机关各处室负责同志围绕中心工作，结合处室下半年工作打算，同市、区工商联进行了交流。

7月25日，苏州市工商联十四届四次全体主席（会长）会议在中亿丰建设集团股份有限公司召开。会上，审议了《苏州市工商联十四届二次常委会工作报告（征求意见稿）》，并讨论通过了相关人事调整事项，决定增补江苏吴中实业股份有限公司董事长赵唯一为苏州市总商会副会长候选人。苏州市安监局党组成员、副局长葛卫就苏州市安全生产有关情况做了介绍。苏州市环保局监察支队支队长许皓做了苏州市环境保护有关情况介绍。

7月26日下午，苏州市科技装备商会正式成立。苏州市委常委、市政府常务副市长王翔，苏州市政协副主席、市工商联主席李赞，全国工商联科技装备业商会秘书长乔晓林等出席会议。据不完全统计，我市"民参军"企业超过150家，其中取得"四证"的约占四分之一。依托苏州的产业优势、科技优势和市场优势，我市涌现出一批科技含量高、参与程度深的"民参军"领军代表企业，主要集中在电子信息、通信设备、环境测试、电气制造、新能源动力、汽车船舶制造、高端装备制造、新材料等领域。

7月30日下午，苏州市工商联十四届二次常委会议暨全市年轻一代民营企业家理想信念报告会召开。会议传达了中共苏州市委十二届六次全会精神，总结了上半年工作，部署了下半年任务，审议通过了人事调整事项。苏州市委常委、统战部部长姚林荣出席会议并讲话。会上发布了"2018苏州民营企业50强"榜单和《2017苏州民营企业社会责任报告汇编》。

7月30日，由苏州市工商业联合会发布的"2018苏州民营企业50强"榜单出炉。"2018苏州民营企业50强"营业收入入围门槛为30.43亿元，比上年提高3.43亿元。其中营业收入超1000亿元的企业4家，超500亿元、300亿元、200亿元和100亿元的分别为6家、11家、17家和27家。

【8月】

8月7日，江苏省委常委、统战部部长杨岳，江苏省工商联副主席陈京到苏州进行专题调研。杨岳一行实地走访了协鑫（集团）控股有限公司、同程网络科技股份有限公司、苏州工业园区职业技术学院，听取了相关情况的汇报，详细了解了苏州民营企业的发展情况，并与苏州市企业家代表进行座谈。

8月5日至8日，苏州市政协副主席、市工商联主席李赞率民营企业家代表团一行16人赴河北学习、考察、调研。保定市工商联主席霍占利、副主席陈玉胜等参加座谈或陪同调研。考察团一行先后实地考察了保定、徐水、容城以及雄安新区的投资环境和建设发展情况，并走访调研了位于保定市的巨力集团、晨阳水漆集团和大午集团，在巨力集团召开苏州和保定两地民营企业家交流座谈会。

8月10日，苏州市清华企业家商会向2018年被清华大学录取的5名苏州地区学子发放奖学金。苏州市政协副主席、市工商联主席李赞，苏州市工商联副主席周显芳，苏州市教育局副调研员陶旭东，清华企业家商会代表，部分高中学校的校长，获奖学生及其家长参加了奖学金发放仪式暨座谈会。

8月11日，北京大学苏州校友会、苏州市北大企业家商会在中科院苏州纳米与仿生技术研究所为9名苏州籍北大新生送行。苏州市委统战部副部长、市工商联党组书记谢正才，苏州市人民政府教育督导室副主任顾乃肖，中科院苏州纳米与仿生技术研究所所长杨辉等出席活动。

8月18日至21日，第十二届全国政协副主席、第十一届全国工商联主席王钦敏来苏调研。在苏期间，王钦敏详细了解了苏州城乡经济社会发展情况，视察了苏州市文化事业发展和古城保护利用现状，并专门听取民营经济发展和苏州市工商联工作情况汇报。其间，王钦敏还出席了太湖·西湖企业家论坛。

8月24日，苏州市政府副市长陆春云到市工商联调研，听取市工商联工作情况汇报并对下一步工作做出指导。苏州市政府副秘书长卢渊等随同调研。陆春云对近年来市工商联工作所取得的成绩给予充分肯定。苏州市工商联充分发挥组织优势，当好政府服务民营企业的桥梁、纽带和助手，为助力苏州民营经济高质量发展再立新功。

8月29日上午，全国工商联在沈阳召开“2018中国民营企业500强峰会”系列活动，会上发布了“2018中国民营企业500强”榜单。苏州市共有19家企业上榜，入围企业数继续保持全省领先，其中进入全国排名前100强的有4家。全国工商联同时还发布了“2018中国民营企业制造业500强”和“2018中国民营企业服务业100强”榜单，苏州市分别有24家和1家企业入围。

8月28日至30日，苏州市政协副主席、市工商联主席李赞带队赴宿迁、连云港等对口帮扶地区召开“百企帮百村”扶贫攻坚推进会。苏州市委农办、市工商联相关处室负责同志，各市、区工商联负责同志等共计20余人参加此次活动。

【9月】

9月2日，“2018中国企业500强”榜单在陕西西安发布。此次苏州13家企业上榜，与去年相比增加2家，入围企业数继续保持全省领先，再次彰显了苏州实体经济的强大实力。其中，来自吴江的恒力集团，以2017年度营业收入3079.41亿元，列第51位，在苏州上榜企业中排名最前；同程控股股份有限公司、江苏中利能源控股有限公司为首次上榜。

9月6日，《苏州日报》以“非公经济画出最大同心圆”为题，在头版显著位置刊发文章，报道了苏州市工商联在推动民营经济高质量发展中的实践。

9月6日，苏州市甘肃商会举行一届一次会员大会暨成立大会，苏州市甘肃商会正式宣告成立。甘肃省工商联副主席姬书平，苏州市政协副主席、市工商联主席李赞出席大会。苏州市甘肃商会现有会员100多家，涉及工业制造、商业服务、金融、医疗、教育、法务、环保等众多领域。江苏康德堂生物股份有限公司董事长康文俊当选苏州市甘肃商会首任会长。

9月7日，中国香港苏州商会正式成立。苏州市委常委、统战部部长姚林荣，江苏省委统战部副部长瞿超，苏州市人大常委会副主任王鸿声，苏州市政府副市长陆春云，苏州市政协副主席陈雄伟，苏州市政协副主席、市工商联主席李赞，苏州市委副秘书长傅泉福出席成立大会。成立大会前，中国香港苏州商会一届一次董事会和一届一次常务董事会顺利完成了各项议程，审议通过了《中国香港苏州商会章程》，选举产生了领导班子，协鑫（集团）控股有限公司副董事长朱钰峰当选中国香港苏州商会首任会长。

9月9日至16日，苏州市政协副主席、市工商联主席李赞带领苏州市工商联经贸交流团赴捷克、俄罗斯开展为期8天的经贸交流活动。出访期间，苏州市工商联经贸交流团拜访了捷克经济商会和俄罗斯谢斯特罗列茨克市政府，双方就发展对外贸易、开展招商引资等话题进行了交流，就建立友好商会、积极拓展对外贸易渠道等达成了初步意向。

9月21日，“律商论道，共襄发展”——服务高质量发展（苏州2018）高峰论坛成功举办。此次论坛由苏州市工商业联合会、苏州市律师协会主办，苏州市姑苏区律师协会、北京市隆安(苏州)律师事务所承办。苏州市政协副主席、市工商联主席李赞出席相关活动。300余名高校学者、企业家、律师代表参加论坛。

9月17日至20日,苏州市总商会党委党建工作培训班在青岛举行。苏州市工商联副主席、市总商会党委书记周显芳带领各商会党支部书记、党务工作者近40人参加了培训。培训期间,大家先后参访了海尔集团、青岛啤酒、特锐德电气等知名企业的党建阵地,学习了非公党建的先进经验。

9月20日,苏州市人社局、市总工会、市工商联和市社会信用体系建设领导小组办公室联合发布了《关于对劳动关系和谐企业给予正向激励的意见》(苏人保监〔2018〕26号)。此后被评估认定为苏州市、县(市)、区“劳动关系和谐企业”的企业,享受七项激励政策。

9月26日,江苏省光彩事业基金会三届二次理事会在苏州召开。江苏省光彩事业促进会会长、省委统战部副部长、省工商联党组书记顾万峰出席会议。据悉,截至会议召开前夕,江苏省光彩事业基金会下设子基金——江苏民营企业决胜小康精准扶贫基金,共接受社会各界捐款9685万元,其中苏州市民营企业家捐款占半数。近年来,苏州广大非公有制经济人士积极履行社会责任,扶危济困、乐善好施,取得了显著成效。

9月28日,江苏省年轻一代民营企业家理想信念报告会在南京召开。会上,来自全省的7名优秀年轻一代民营企业家代表围绕各自筑梦前行的经历发了言。同程网络科技股份有限公司联合创始人、董事长吴志祥作为苏州的年轻一代企业家代表,以《长征精神 我们创业路上攻坚克难的制胜法宝》为题发了言。

9月28日晚上,苏州旅港、旅澳各界人士庆祝中华人民共和国成立69周年、改革开放40周年联欢晚会暨中国香港苏州商会第一届董事会就职典礼在中国香港举行,苏州旅港、旅澳各界人士齐聚香江之畔,共话桑梓,祝福祖国。

2018年以来,苏州民营经济发展势头良好,呈现“民营工业贡献提升、民间投资支撑明显、民营企业出口较好、民营市场主体增长较快”四大特点。统计显示,前三季度,全市规模以上民营工业产值8160.2亿元,对规模以上工业产值增长的贡献达48.0%,同比提高14.4个百分点。完成民间投资2273.1亿元,占固定资产投资比重达64.9%,同比提高5.9个百分点。民营企业出口335.9亿美元,高于全市出口平均增速6.3个百分点。

【10月】

10月起，“苏州民营中小企业巡礼”专题报道陆续在苏州广播电视总台《第一时间》栏目多频道展播。“苏州民营中小企业巡礼”专题报道由苏州广播电视总台、苏州市工商业联合会共同打造，通过寻访一批苏州中小型企业，讲述他们的发展故事，形成一组“纪念改革开放四十年 在苏州共成长”的专题报道，并通过全媒体宣传，进一步营造企业家健康成长环境，弘扬优秀企业家精神，从而营造尊重和激励企业家干事创业的氛围。

10月9日至10日，苏州市工商联启动了2018年常执委企业家健康体检工作，此次共有40多位常执委企业家参加体检。为更好地贯彻落实中央和江苏省关于营造企业家健康成长环境、弘扬优秀企业家精神的相关要求，苏州市工商联坚持实施企业家关爱工程，将关心关注非公经济人士的身心健康作为关系到我市非公经济健康发展的一项重要工作。

10月11日，第十七届电博会“人工智能 两岸机遇”企业家论坛暨苏州市企业卓越运营协会成立大会召开。苏州市政协副主席、市工商联主席李赞，苏州市台办副主任沈蓉等出席活动。本届电博会在苏州国际博览中心开幕，主题为“创新科技·未来已来”，重点展示智慧制造及物联应用。此次电博会上，在苏州市工商联、苏州市台办指导下，苏州市总商会、苏州市苏台工商协进会主办了“人工智能 两岸机遇”两岸企业家论坛。论坛上来自佳世达、台达、创世纪、易德龙科技等4家企业的高管围绕“智能制造”主题展开了精彩分享。

10月17日晚，亨通集团党委书记、董事局主席崔根良在北京参加全国脱贫攻坚奖表彰大会暨脱贫攻坚先进事迹报告会，荣获“全国脱贫攻坚奉献奖”。

10月24日，全国工商联在北京举行新闻发布会，发布《改革开放40年百名杰出民营企业家名单》。沙钢集团董事局主席沈文荣、亨通集团董事局主席崔根良入选。

10月24日，由中华工商时报社主办的江苏民营经济传媒智库成立仪式暨2018年度“构筑非公经济舆论阵地”先进单位暨个人表彰大会在南京国际会议中心举行。会上，苏州市工商联、张家港市工商联、常熟市工商联、昆山市工商联、太仓市工商联、吴中区工商联、姑苏区工商联等7家单位喜获“2018年度构筑非公经济舆论阵地先进单位”称号。

【11月】

11月1日上午，中共中央总书记、国家主席、中央军委主席习近平在北京主持召开民营企业座谈会，同来自全国各地的50多位民营企业家代表进行交流。苏州市工商联副主席，亨通集团董事局主席、党委书记崔根良参加了座谈会。

11月8日，作为年度“苏州市企业创新标杆月”系列活动的重要组成部分，2018苏州市“专精特新”企业创新创业项目路演暨第24期苏南科技金融路演活动在苏州金融小镇成功举行，苏州市政协副主席、市工商联主席李赞出席活动并讲话。苏州市经信委副主任杨秀英、市台办副主任沈蓉等出席了当天的活动。

11月13日，江苏省委、省政府召开全省民营企业座谈会，学习贯彻习近平总书记民营企业座谈会重要讲话精神，听取民营企业家对发展民营经济的意见、建议。苏州市企业家代表沈文荣、陈建华、周荣、唐梦潇、吕青、潘成华等参加了座谈会。江苏省委书记、省人大常委会主任娄勤俭强调：民营经济发展与中国改革开放的历史进程相伴随，是社会主义市场经济发展的重要成果。江苏发展走在前列，民营经济做出了巨大贡献，发挥了重要作用。我们要深入学习贯彻习近平总书记重要讲话精神，不折不扣落实好中央决策部署，努力为民营经济发展创造更好条件和宽松环境。广大民营企业家要坚定发展信心，踏实办好企业，为江苏高质量发展走在前列提供强有力支撑。江苏省委副书记、省长吴政隆主持座谈会。

11月21日，江苏省委常委、苏州市委书记周乃翔到苏州市高新区调研民营经济发展情况，鼓励广大民营企业家树立起攻坚克难的必胜信心，在新时代改革发展的大潮中实现更大发展。苏州市委常委、副市长王翔，苏州市委常委、秘书长俞杏楠，苏州市政协副主席李赞，苏州市政府秘书长周伟参加调研。周乃翔强调，要深入学习贯彻习近平总书记在民营企业座谈会上的重要讲话精神，毫不动摇地支持民营企业发展并走向更广阔的舞台；广大民营企业家要把握时代大势，心无旁骛，创新创造，踏踏实实办好企业，开创民营经济更加美好的明天，为国家发展和人民幸福做出更大贡献。

11月21日上午，苏州市工商联和驻苏州的企业界省市人大代表、政协委员和部分民营企业家代表赴苏州市检察院视察调研检察工作，共商推进我市民营企业健康发展大计。苏州市委统战部副部长、市工商联党组书记谢正才陪同视察调研。苏州市检察院党组书记、检察长闵正兵主持视察调研活动。

11月26日，苏州召开民营企业座谈会，深入学习贯彻习近平总书记在民营企业座谈会上的重要讲话精神，全面落实江苏省民营企业座谈会精神，听取民营企业家对发展壮大苏州市民营经济的意见、建议，研究推进苏州民营经济发展工作。江苏省委常委、苏州市委书记周乃翔在会上强调，要以习近平新时代中国特色社会主义思想为指导，自觉把总书记重要讲话精神作为推动民营经济发展的行动纲领，转化为鼓励支持民营经济发展的政策办法，牢牢把握民营经济发展的重大政治机遇、政策机遇、开放机遇和市场机遇，用改革和发展的思路去看待问题、化解困难、战胜挑战，不断改善民营经济发展条件和环境，充分激发民营经济的强大活力和创造力。

11月28日，第三届中国军民两用技术创新应用大赛颁奖活动在湖南长沙举行，历时7个月的大赛圆满结束。常熟瑞特电气股份有限公司的“舰船电场综合防护系统”、张家港保税区灿勤科技有限公司的“耐高温天线的研发和产业化”项目从众多项目中脱颖而出，最终斩获金奖。苏州获金奖项目占全国的三分之一。

11月29日下午，第十届苏州市光彩事业教育奖励金颁奖仪式在苏州市第十二中学校举行，全市120名师生喜获“光彩奖”。苏州市委统战部副部长、市工商联党组书记、市光彩事业促进会理事长谢正才出席活动。自2008年以来，苏州市光彩事业促进会累计投入720万元用于开设光彩班，连续10年举办苏州市光彩事业教育奖励金颁奖典礼，投入800余万元用于老师、学生的奖励，获此嘉奖的师生累计已达6560余人次。

【12月】

12月4日，苏州工业园区工商业联合会第三次代表大会召开，来自园区非公有制经济的企业家代表近300人参加会议。会议总结了过去5年的工作成绩，选举产生了第三届领导班子，明确了下一阶段的目标任务。苏州市委常委、园区党工委书记吴庆文，苏州市政协副主席、市工商联主席李赞出席会议。

12月4日晚，由中共中央宣传部、中央广播电视总台联合制作的18集大型电视纪录片《我们一起走过——致敬改革开放40周年》第6集《爱拼才会赢》，登陆中央电视台综合频道（CCTV1）。亨通集团作为本集的压轴企业一展风采，以自主创新，研发制造国内最大长度海底电缆，与民企国企大协作参与中国最北端海上风电场建设，向我们伟大的祖国致敬。

12月4日至5日，江苏省工商联所属商会改革和发展情况座谈会暨“四好”商会建设推进会在苏州举行。会上，苏州、无锡、南通、盐城等市级工商联以及常熟、江阴、海安等县级工商联围绕各地开展“四好”商会建设、深化商协会改革发展等方面工作进行了交流。苏州市光电缆业商会等商会代表结合自身建设经验发了言。

12月7日上午，江苏省委常委、统战部部长杨岳一行9人来苏州市吴江区调研民营企业发展情况。江苏省委常委、苏州市委书记周乃翔会见调研组一行。江苏省委统战部副部长、省工商联党组书记顾万峰，苏州市委常委、统战部部长姚林荣陪同调研。杨岳一行先后走访了亨通、恒力、康力电梯、博众精工等企业。杨岳充分肯定了吴江民营经济发展所取得的成绩。他希望民营企业要坚定发展信心，坚守实业定位，继续坚持创新驱动，注重品牌质量，探索资本经营，加快推动民营经济高质量发展。

为纪念改革开放40周年，江苏省委、省政府决定评选一批为江苏改革开放做出突出贡献的先进集体和先进个人。苏州有3位民营企业家入选先进个人的拟表彰名单。他们分别是江苏沙钢集团原党委书记、董事长沈文荣，常熟市支塘镇蒋巷村党支部书记、常盛集团董事长常德盛，苏州市工商联副主席、亨通集团党委书记、董事局主席崔根良。

12月20日，全国就业与社会保障先进民营企业暨关爱员工实现双赢表彰大会在北京召开。苏州市中亿丰建设集团股份有限公司荣获“全国就业与社会保障先进民营企业”称号，亨通集团董事局主席、党委书记崔根良荣获“全国关爱员工优秀民营企业家”称号。

12月24日，苏州市各市、区工商联工作会议在昆山召开，回顾总结2018年工作，研究谋划2019年工作重点。会上，各市、区工商联负责同志围绕2018年重点工作及2019年工作思路进行了回顾和展望，交流了工作中遇到的难点和需要统筹协调的问题。苏州市工商联机关各处室负责同志和苏州市委统战部综合处负责同志围绕中心工作，结合2019年工作打算，分别进行了汇报、交流。

12月28日，苏州市委十二届七次全会召开。江苏省委常委、苏州市委书记周乃翔代表市委常委会讲话。苏州市委副书记、市长李亚平就经济工作做具体部署。全会认真总结2018年经济社会发展和党的建设工作，研究部署2019年工作。此次市委全会特地邀请了党外的民营企业家代表参会，郑重地邀请民营企业代表恒力集团董事长陈建华登台发言，一同交流、研究减轻企业负担、发展壮大民营经济的“苏州策”。